马克思主义是怎样生根中国的

——马克思主义在山东早期传播研究

闫化川　著

方志出版社
Publishing House of Local Records

图书在版编目(CIP)数据

马克思主义是怎样生根中国的:马克思主义在山东早期传播研究/闫化川著. --北京:方志出版社,2017.8

ISBN 978-7-5144-2470-6

Ⅰ.①马… Ⅱ.①闫… Ⅲ.①马克思主义—传播—研究—山东 Ⅳ.①D61

中国版本图书馆 CIP 数据核字(2017)第 175572 号

马克思主义是怎样生根中国的
——马克思主义在山东早期传播研究

著　　者: 闫化川
责任编辑: 齐　笑

出 版 人: 冀祥德
出 版 者: 方志出版社
地址　北京市朝阳区潘家园东里 9 号(国家方志馆 4 层)
邮编　100021
网址　http://www.fzph.org
发　　行: 方志出版社图书经销中心
电话　(010)67110500
经　　销: 各地新华书店
排　　版: 北京宝蕾元科技发展有限责任公司
印　　刷: 北京中科印刷有限公司

开　　本: 700×1000　1/16
印　　张: 22
字　　数: 322 千字
版　　次: 2017 年 8 月第 1 版　2017 年 8 月第 1 次印刷

ISBN 978-7-5144-2470-6　定价: 88.00 元

第四批《中国社会科学博士后文库》编委会及编辑部成员名单

序　言

2015 年是我国实施博士后制度 30 周年，也是我国哲学社会科学领域实施博士后制度的第 23 个年头。

30 年来，在党中央国务院的正确领导下，我国博士后事业在探索中不断开拓前进，取得了非常显著的工作成绩。博士后制度的实施，培养出了一大批精力充沛、思维活跃、问题意识敏锐、学术功底扎实的高层次人才。目前，博士后群体已成为国家创新型人才中的一支骨干力量，为经济社会发展和科学技术进步作出了独特贡献。在哲学社会科学领域实施博士后制度，已成为培养各学科领域高端后备人才的重要途径，对于加强哲学社会科学人才队伍建设、繁荣发展哲学社会科学事业发挥了重要作用。20 多年来，一批又一批博士后成为我国哲学社会科学研究和教学单位的骨干人才和领军人物。

中国社会科学院作为党中央直接领导的国家哲学社会科学研究机构，在社会科学博士后工作方面承担着特殊责任，理应走在全国前列。为充分展示我国哲学社会科学领域博士后工作成果，推动中国博士后事业进一步繁荣发展，中国社会科学院和全国博士后管理委员会在 2012 年推出了《中国社会科学博士后文库》（以下简称《文库》），迄今已出版四批共 151 部博士后优秀著作。为支持《文库》的出版，中国社会科学院已累计投入资金 820 余万元，人力资源和社会保障部与中国博士后科学基金会累计投入 160 万元。实践证明，《文库》已成为集中、系统、全面反映我国哲学社会科学博士后优秀成果的高端学术平台，为调动哲学社会科学博士后的积极性和创造力、扩大哲学社会科学博士后的学术影响力和社会影响力发挥了重要作用。中国社会科学院和全国博士后管理委员会将共同努力，继续编辑出版好《文库》，进一步提高《文库》的学术水准和社会效益，使之成为学术出版界的知名品牌。

哲学社会科学是人类知识体系中不可或缺的重要组成部分，是人们认识世界、改造世界的重要工具，是推动历史发展和社会进步的重要力量。建设中国特色社会主义的伟大事业，离不开以马克思主义为指导的哲学社会科学的繁荣发展。而哲学社会科学的繁荣发展关键在人，在人才，在一批又一批具有深厚知识基础和较强创新能力的高层次人才。广大哲学社会科学博士后要充分认识到自身所肩负的责任和使命，通过自己扎扎实实的创造性工作，努力成为国家创新型人才中名副其实的一支骨干力量。为此，必须做到：

第一，始终坚持正确的政治方向和学术导向。马克思主义是科学的世界观和方法论，是当代中国的主流意识形态，是我们立党立国的根本指导思想，也是我国哲学社会科学的灵魂所在。哲学社会科学博士后要自觉担负起巩固和发展马克思主义指导地位的神圣使命，把马克思主义的立场、观点、方法贯穿到具体的研究工作中，用发展着的马克思主义指导哲学社会科学。要认真学习马克思主义基本原理、中国特色社会主义理论体系和习近平总书记系列重要讲话精神，在思想上、政治上、行动上与党中央保持高度一致。在涉及党的基本理论、基本路线和重大原则、重要方针政策问题上，要立场坚定、观点鲜明、态度坚决，积极传播正面声音，正确引领社会思潮。

第二，始终坚持站在党和人民立场上做学问。为什么人的问题，是马克思主义唯物史观的核心问题，是哲学社会科学研究的根本性、方向性、原则性问题。解决哲学社会科学为什么人的问题，说到底就是要解决哲学社会科学工作者为什么人从事学术研究的问题。哲学社会科学博士后要牢固树立人民至上的价值观、人民是真正英雄的历史观，始终把人民的根本利益放在首位，把拿出让党和人民满意的科研成果放在首位，坚持为人民做学问，做实学问、做好学问、做真学问，为人民拿笔杆子，为人民鼓与呼，为人民谋利益，切实发挥好党和人民事业的思想库作用。这是我国哲学社会科学工作者，包括广大哲学社会科学博士后的神圣职责，也是实现哲学社会科学价值的必然途径。

第三，始终坚持以党和国家关注的重大理论和现实问题为科研主攻方向。哲学社会科学只有在对时代问题、重大理论和现实问题的深入分析和探索中才能不断向前发展。哲学社会科学博士后要根据时代和实践发展要求，运用马克思主义这个望远镜和显微镜，增强辩证思维、创新思维能力，善于发现问题、分析问题，积极推动解决问题。要深入研究党和国家面临的一系列亟待回答和解决的重大理论和现实问题，经济社会发展中的全局性、前瞻性、战略性问题，干部群众普遍关注的热点、焦点、难点问题，以高质量的科学研究成果，更好地为党和国家的决策服务，为全面建成小康社会服务，为实现“两个一百年”奋斗目标和中华民族伟大复兴中国梦服务。

第四，始终坚持弘扬理论联系实际的优良学风。实践是理论研究的不竭源泉，是检验真理和价值的唯一标准。离开了实践，理论研究就成为无源之水、无本之木。哲学社会科学研究只有同经济社会发展的要求、丰富多彩的生活和人民群众的实践紧密结合起来，才能具有强大的生命力，才能实现自身的社会价值。哲学社会科学博士后要大力弘扬理论联系实际的优良学风，立足当代、立足国情，深入基层、深入群众，坚持从人民群众的生产和生活中，从人民群众建设中国特色社会主义的伟大实践中，汲取智慧和营养，把是否符合、是否有利于人民群众根本利益作为衡量和检验哲学社会科学研究工作的第一标准。要经常用人民群众这面镜子照照自己，匡正自己的人生追求和价值选择，校验自己的责任态度，衡量自己的职业精神。

第五，始终坚持推动理论体系和话语体系创新。党的十八届五中全会明确提出不断推进理论创新、制度创新、科技创新、文化创新等各方面创新的艰巨任务。必须充分认识到，推进理论创新、文化创新，哲学社会科学责无旁贷；推进制度创新、科技创新等各方面的创新，同样需要哲学社会科学提供有效的智力支撑。哲学社会科学博士后要努力推动学科体系、学术观点、科研方法创新，为构建中国特色、中国风格、中国气派的哲学社会科学创新体系作出贡献。要积极投身到党和国家创新洪流中去，深入开展探索性创新研究，不断向未知领域进军，勇攀学术高峰。要大力推进学术话语体系创新，力求厚积薄发、深入浅出、语言朴实、文风清新，力戒言之无物、故作高深、食洋不化、食古不化，不断增强我国学术话语体系的说服力、感染力、影响力。

“长风破浪会有时，直挂云帆济沧海。”当前，世界正处于前所未有的激烈变动之中，我国即将进入全面建成小康社会的决胜阶段。这既为哲学社会科学的繁荣发展提供了广阔空间，也为哲学社会科学界提供了大有作为的重要舞台。衷心希望广大哲学社会科学博士后能够自觉把自己的研究工作与党和人民的事业紧密联系在一起，把个人的前途命运与党和国家的前途命运紧密联系在一起，与时代共奋进、与国家共荣辱、与人民共呼吸，努力成为忠诚服务于党和人民事业、值得党和人民信赖的学问家。

是为序。

张江

中国社会科学院副院长

中国社会科学院博士后管理委员会主任

2015 年 12 月 1 日

说　明

1. 文稿中的立场、观点，仅代表作者本人。如果出现断章取义或者理解偏颇、乃至错误等，相应文责亦由作者一人承担。

2. 文献资料的析出、引用及考证范式等，均参照了《历史研究》的规范要求。

3. 注释内未注明出处，以及“笔者”“闫注”之类文字，如无另外说明，均系指作者本人。

4. 涉密文献，已在文稿中做了一些技术处理；原档案编号等可能泄密信息，也做了酌情删减和处理。

5. 使用文献资料的原则，尽量以一手的、公开的权威出版物为依据；其他文献资料，则于该注释之前或之后另加注明。

6. 同一文献，在同一章节内首次出现，均规范引用；再引，一般只引书名，以省文字。

7. 同一注释内，若引用文献较为集中，则按其内容归类排序；同类文献，以刊出时间为序。

8. 书稿尽量避免了使用网络资料。如确有必要，则按照“网站名称＋网址＋引用时间”的标准格式引用，以便检查。

9. 参考文献，划分为论文、著作（含博士学位论文、硕士学位论文）、网络资料、报纸（早期）、档案五个类别；各类文献，均按其首字英文字母排序。

中文摘要

马克思主义是怎样生根中国的？比较现实可行的考察办法，便是以个案形式予以解析，从而用尽可能多的历史碎片完成这幅拼图。马克思主义在中国的落地生根，也是马克思主义在中国本土化传播的早期阶段。由于历史的原因，现在所能见到的关于马克思主义在山东早期传播的真正具有实证价值的原始资料很少，因此国内外学术界一致认为它的研究难度非常大。

马克思主义在山东的落地生根和根深叶茂，山东党组织从无到有、从弱到强、从涣散状态到建立我们党领导下的全国第一个完整意义上的省级政权，肇始于马克思主义在山东地区早期传播的燎原之火。先进分子暨地方精英作为火种，为马克思主义在山东地区的落地生根与传播发展做出了不可或缺的历史贡献，展示了这种理论指导实践的巨大力量。而激发出来这种力量，更需要通过那些信仰马克思主义的传播主体才能够做到。早期马克思主义者的精神启蒙作用，在特定时间段发挥了无可替代的历史作用。他们的开创之功，是值得尊重的。他们的历史局限性，也是客观存在的。

马克思主义生根中国的早期阶段，马克思主义者的队伍分化，对传播效果影响有限。王乐平与山东党组织即为一例。在此过程中，组织传播高效率的一面得到淋漓尽致的展现。

在早期传播阶段，马克思主义对于工农阶层的“大面积”影响，几乎没有产生，主要是发生在进步知识分子之间的狭小范围。在传播对象（受众）的选择上，共产党以中下层民众为主，国民党则偏重于中上层。国共两党的组织发展路线，似乎自发地采用了“蓝海战略（Blue Ocean Strategy）”原理，双方未发生大的正面冲突。在运用马克思主义指导工人运动实践的初级阶段，山东党组织及其成员使用了工农阶级喜闻乐见的传播手段与方式，收到了比较好的传播效果。

通过考察马克思主义在山东的落地生根与传播历史，可以管窥马克思主义是如何植根于中国的。本书分为引论、1～8章和结语，附表16，附图3。引论部分以“马克思主义为何能生根中国”为题，概要介绍并分析了马克思主义在中国的现状；第一章着重梳理了马克思主义生根中国的传播历史；第二章考察了马克思主义在山东地区的播种历史；第三章对马克思主义生根山东的“出生证”问题，进行了一些论证与探讨；第四章为马克思主义在山东的解剖图，具体而重点地考察了几位创建者的党员身份及实际贡献；第五章从地方精英的博弈视角，探究了马克思主义怎样生根山东的；第六章以“秘密播种：关于杨明斋的再研究”为题，具体考察了秘密播种者杨明斋之于山东党组织的影响，及其在马克思主义中国化早期阶段的开创性贡献；第七章以“根深叶茂：济南SY青年团的新解析”为题，运用新史料，首次钩沉了济南SY青年团在中共党团史上昙花一现的一段史实；第八章梳理并总结了马克思主义生根山东的传播实践与现实启示。结束语为最后部分，概述了本课题的研究意义及价值、总体进展情况、存在不足和下一步设想等。

关键词：马克思主义，中国，山东，生根，传播，研究

Abstract

How Marxism took root in China? There is a practical and feasible method to explain its development process, using many historical cases as soon as possible. "Take root" here means the initial stage of Marxism' s dissenmination. Chinese and overseas academic circles think the topic is difficult to study becasue of the lack of reliable literatures.

Marxism took root and developed rapidly in Shandong. It started with the single spark of Marxism' s dissemination at initial stage in Shandong that its Party organization has developed from nothing to appearance, weak to strong and laxity to the establishment of the first national complete provincial power. The local elites have made great contributions for its establishment, dissemination and development in Shandong. It shows the great power of this theory on guiding the practice. This power can be inspired only by these communication subjects who believe in Marxism. The spiritual enlightenment of Marxists at initial stage has played an important role. Their pioneering contributions should be respected, but their also had some unavoidable limitations.

At the initial stage, the division of Marxists' groups did not affect the effectiveness of theory' s dissemination. Wang Leping and his group in Shandong are examples. The dissemination process showed that organization communication had relatively high efficiency.

Marxism had little impact on workers and farmers at the initial stage. It was mainly discussed between Chinese intellectuals. The Chinese

Communist Party chosen the middle and lower classes to be their potential party members. Meanwhile, another major political party in China—the Kuomintang (KMT), aimed at winning middle and upper classes. Both parties adopted "Blue Ocean Strategy" principle, so there was barely any confrontation between them. At the initial stage of the labor movement under the guidance of Marxism, the Communist Party in Shandong used popular propaganda means among workers and farmers, and achieved good results.

How Marxism took root in China can be studies by analyzing the establishment and development of Marxism in Shandong. This report contains introduction, chapter 1 ~ 8, conclusion, 16 attached tables and 3 attached drawings. The introduction takes "why Marxism could take root in China" as the title. It explains and analyzes its status quo in China briefly. Chapter One focuses on reviewing the history of how Marxism took root in China; The second chapter studies the beginning of development of Marxism in Shandong; The third chapter discusses the emerging evidence of Marxism in Shandong; The fourth chapter focuses on reviewing the party membership and the actual contributions of several creators from the perspective of the seed growth of Marxism in Shandong; The fifth chapter studies how Marxism took root in Shandong from the perspective of games between local elites; The sixth chapter takes "secret seeding: the restudy of Yang Mingzhai" as the title to specifically study his influence on the party organization of shandong, as well as his pioneering contributions for Marxism at the initial stage of China; The seventh chapter takes "The New Analysis of Jinan SY Communist Youth League that has established well and vigorously developed" as the title to firstly reproduce its history in the Communist Party of China by using the new historical data; The eighth chapter summarizes the dissemination practices ofhow Marxism took root in Shandong and its realistic inspiration. As the last part, the conclusion summarizes the research significance and value of this topic, as well as its overall progress, deficiencies and future idea.

Key Words: The dissemination of Marxism, took root in China, at initial stage in Shandong

目 录

Contents

引论：马克思主义为何能生根中国

导言：马克思主义为何能够生根中国？这，似乎已经不应该成为一个问题了。但是，细究之下，却发现：它，竟然还真是一个迄今仍未能够说清道明的尴尬命题。① 马克思主义成功扎根于中国，是由于当时社会土壤和环境适宜。先进分子既是传播马克思主义的种子，也是呵护马克思主义落地生根的园丁。他们因接受和传播马克思主义而成为早期马克思主义者。在他们的努力下，各地马克思主义者的零星活动演变为中国共产党的正式成立。马克思主义在中国生根的标志性参照物，便是中国共产党成立及各地党的组织的创建。② 设若回答“马克思主义是怎样生根中国的”，必须具体问题具体分析，必须仔细观察其“根系”及其“主根”“侧根”的生长。如果把构成中国共产党生命之树的“根系”略加剖析，那么上海的党组织应该为“主根”，北京、湖南、湖北、山东、日本的党组织便是“侧根”。③ 山东党组织，是与“主根”一起由“胚根”发育而生的“侧根”之一，因此山东在党的创建史上地位之重

---

① 笔者以“马克思主义”和“生根中国”为关键词，进行网络检索，未能查到一篇专论。至于阐述马克思主义中国化的理论著作，已是汗牛充栋、目不暇接。只是，这些“高大上”的论著，宏观高深地解构了马克思主义中国化的基本脉络，多属于“政治性学术”（胡乔木语）。总的来看，学术层面的马克思主义中国化突破性研究进展不多，大体还处于起步阶段。这一评价，请参看郭建宁：《马克思主义中国化研究的历史、现状及方法论》，《毛泽东邓小平理论研究》2005 年第 5 期。从微观角度，譬如局部考察马克思主义生根中国的一条“主根”或者“侧根”的萌芽、扎根、生长过程，也未有所见。因此，很有必要展开马克思主义中国化的微观考察，以区域史视角切入，由点及面，窥一斑而知全貌，可以初步探究：马克思主义是怎样生根中国的。

② 在本文中，如无特别说明，“党”“党组织”即为“中国共产党”的简称。不再一一注明。

③ 上海的党组织为中国共产党的组织基础，这一论断，请参看［日］石川祯浩著，袁广泉译：《中国共产党成立史》，中国社会科学出版社 2006 年版，第 100 页。

要，不言而喻。[1] 出于多种考量，本文考察对象确定为：以山东为个案，探究“马克思主义是怎样生根中国的”，旨在由点及面，略窥马克思主义生根中国本土的“一斑”。同时，已有研究者指出：重宏观、轻实证的研究风气，凸显了学术界和社会上“担当”责任和“做事”精神的缺失。而“敢于担当”和“踏实做事”，正是马克思所极力倡导的历史唯物主义的态度，也是我们这个时代最需要发扬的认真做事精神。千里之行，始于“根”下。就从考察和梳理马克思主义如何植根于中国这一具体问题，开始努力吧。

什么是马克思主义？马克思主义就是关于“人类社会发展规律”的学说，即“人类史”。“历史可以从两方面来考察，可以把它划分为自然史和人类史。但这两方面是不可分割的，只要有人存在，自然史和人类史就彼此制约。……我们需要深入研究的是人类史，因为几乎整个意识形态不是曲解人类史，就是完全撇开人类史。意识形态本身只不过是这一历史的一个方面。”[2] 深入研究人类史，需要秉持历史的唯物的科学态度。唯物主义，是评价一个人是否“做事”的正确方法。唯物主义的态度，就是脚踏实地的“做事”和不计名利的“担当”。在我们这个时代，最需要脚踏实地“做事”的精神，最需要不计名利得失的“担当”品格。[3] 马克思说：“一步实际行动比一打纲领更重要。”[4] 作为哲学社会科学领域的研究者，既需要宏观把握上的哲学深度，也需要实证考察的一丝不苟。各地党组织与中国共产党的建立，是马克思主义生根中国的成功标志。马克思主义为何能在中国落地生根，又是怎样在中国本土找到适宜环境并择机萌发的，构成其“根系”的“主根”及“侧根”有几支，其“根系”如何汲取营养和生长的？……这一系列接踵而至的问题，在人文社会科学领域之内，是不可能像自然科学那样可以借用现代科学仪器（如“根系分析

---

① 上述“主根”和“侧根”，都是由种子的胚根发育而成的，并与更多次生“侧根”共同构成了“根系”。本文借用了构成根系的有关名词，以便形象说明马克思主义是怎样生根中国的，以及各地党的组织之间的关系。有关根系的构成及定义，可参看向东：《你知道根有哪些种类?》，《植物杂志》1980 年第 1 期；书贤：《植物的根系》，《农业科学实验》1982 年第 9 期；陈玲：《植物根的构造和生长》，《新农业》1984 年第 1 期。

② 马克思、恩格斯：《马克思恩格斯文集》（第一卷），人民出版社 2009 年版，第 516 页、519 页。

③ 韩毓海：《伟大也要有人懂——一起来读马克思》，光明日报出版社 2015 年版，第 2 ~ 7 页。

④ 《马克思恩格斯全集》第 34 卷，人民出版社 1972 年版，第 130 页。

仪”之类）对相关数据进行全自动分析的。比较现实可行的方案，便是逐条“根（如中共一大前成立党组织的6个地区）”去梳理，只能下笨力气、用笨功夫去搜集尽可能多的文献资料，并在此基础上使用尽可能多的历史碎片（可靠文献资料）完成这幅拼图。

在中国落地生根的马克思主义，已经是中国化了的马克思主义。马克思主义生根中国，与马克思主义的中国化，是源与流、根与枝的一体关系。这既是一个政治命题，也是社会史的分支之一。社会史研究，必须立足本土，加强“自下而上”的区域性和地方性研究。① 马克思主义生根中国的研究，更像是区域史研究。区域史研究是一种宏观与微观相结合的中观研究，它能根据所研究问题的不同性质，确定不同水平的具体化程度，并采取不同的变数组合。美国学者柯文认为：“采取这种做法的主要依据是因为中国的区域性与地方性的变异幅度很大，要想对整体有一个轮廓更加分明，特点更加突出的理解——而不满足于平淡无奇地反映各组成部分间的最小公分母——就必须标出这些变异的内容和程度”。② 植根于中国本土的马克思主义，主根、侧根以及次生侧根的具体环境都不尽相同。在中国广袤国土上，要想细致了解马克思主义在中国生根的“变异度”，大概只能采取这种中观和微观视角逐条根去梳理，才可以具体入微地考察它植根于中国各地的生长过程。

落地才能生根，扎根才能生长。马克思主义中国化的初始阶段，就是马克思主义生根中国的开始。生根，就需要有生命力的种子和适宜的土壤、环境。“最好的种子或者树苗在贫瘠的土壤中也是长不成参天大树的。五千余年博大精深的思想文化为马克思主义在中国生根、开花和结果提供了肥沃的土壤。”③ 鸦片战争后，中国人对西方文化和中国传统文化陷入了一种肯定—否定、否定—肯定的架构之中：西方文化在现代化方面是“先生”，这是应该肯定的一面，但是它又是“侵略者”，这是应该否定的一面。中国传统文化不适应时代，这是应该否定的一面，但是否定中又有民族性、民族感、民族精神的问题，这是应该肯定的一面。既要肯定又要否定，这就是王国维先生所说的“爱所不信，信所不爱”问题。由

① 《中国社会史研究呼唤本土化》，《人民日报》2012年5月31日。

② ［美］柯文（PaulA. Cohen），林同奇译：《在中国发现历史——中国中心观在美国的兴起》，中华书局1989年版，第142～143页。

③ 许全兴：《中国马克思主义者有两个“老祖宗”》，《光明日报》2014年7月16日。

此产生的可能的结果和合适的出路，就是接受马克思主义这种“西方的反西方主义”。或曰：“马克思主义契合了中国人既要学习西方文明，又要防止西方资本主义各种罪恶的矛盾心理。马克思主义中国化的内容，就是与中国文化和中国实践的两个结合。”[①] 笔者认为，二者其实应该有一个大致的先后顺序，即马克思主义与中国文化相结合稍微在先，这是其“落地阶段”；与中国实践结合则次之，这是其“生根阶段”。

没有马克思主义与中国本土文化的互动，就没有马克思主义在中国的落地、生根，更没有随后的马克思主义中国化。毛泽东曾经说：“我们共产党人好比种子，人民好比土地。我们到了一个地方，就要同那里的人民结合起来，在人民中间生根、开花。”[②] 显而易见，共产党员为“种子”、人民为“土地”的这种“生根”情形，是在中国共产党成立之后。在马克思主义传入中国之初、中国共产党成立之前，它又是怎样生根中国的呢？彼时彼境，谁是“种子”、谁是“土地”呢？科学借鉴西方人文社会科学的先进理论与方法，细微考察这些“变异”过程中的量变与质变，无疑将有助于深化并升华马克思主义中国化研究，从而逐步填补“马克思主义如何生根中国的”这一学术层面的研究缺项。[③]

一　落地生根：马克思主义中国化的肇始

马克思主义中国化的肇始，昭示着马克思主义生根中国的开端。马克思主义的落地阶段，就是先进分子使之与中国文化相结合；生根阶段，就是使之与中国实践相结合。马克思主义传入中国之后，逐渐为中国先进分子所接受和传播。在此演变过程中，马克思主义从观念到理论形态，实现了“在中国语境中的具体转化”，实现了在中国的落地生根。[④] 马克思主义的落地生根，是动态的、发展的。习近平指出：“马克思主义必定随着

---

① 郭建宁：《马克思主义中国化研究的历史、现状及方法论》，《毛泽东邓小平理论研究》2005 年第 5 期。该文认为，马克思主义与中国实践和中国文化相结合，是马克思主义中国化的两个基本途径。

② 毛泽东：《关于重庆谈判》，《毛泽东选集》第 4 卷，人民出版社 1991 年版，第 1162 页。

③ 关于“马克思主义中国化”的有关理论，请参看周向军等：《马克思主义中国化重大理论问题——七个是什么，七个怎么办》，山东人民出版社 2011 年版。周光训等：《马克思主义中国化：历程、经验与启示》，中国社会科学出版社 2012 年版。

④ 赖大仁：《马克思主义中国化：从观念到理论形态》，《江汉论坛》2008 年第 7 期。

时代、实践和科学的发展而不断发展，不可能一成不变，社会主义从来都是在开拓中前进的。”[①] 马克思主义生根中国的历史，就是马克思主义在中国从社会文化思潮上升为理论指导、从知识分子小团体走向工农大众的传播发展历史。受众范围，从小众走向大众，即“大众化”；传播角色，从外来文化思潮之一转化为适应中国国情并具有中国理论形态的相对真理，即“中国化”。有研究者指出，“马克思主义在中国传播之初，就是马克思主义中国化之始。”[②] 马克思主义中国化，大众化是量变积累，中国化是质变结果，时代化是源续不竭的动力。[③] 马克思主义的“三化”形态，实则是对马克思主义在中国生根发展、枝繁叶茂的历史脉络及演变趋势的生动概括。

中国先进分子，率先接受了马克思主义，成为传播马克思主义的“种子”。马克思主义传播，从语法上分析，马克思主义为主语，谓语传播为动词，也是被传播的对象，所强调者为“传播”。“传”来源于“转”，传递就是转移，包含单向、双向和多向的讯息交流；“播”即“散布”。“传播”与“播传”曾经并用，这一现象在古汉语中颇为常见，“汉语大部分的双音词……最初某些同义词的组合没有固定的形式，几个同义词可以自由组合，甚至可以颠倒。”[④] 只是“播传”一词出现较晚，而且使用频率远不如“传播”较高。在现代汉语语境之中，“传播”基本语义为“广泛散布”，如传播先进经验、传播信息等，基本用法为动词。[⑤] 而“传播学（Communication Studies）”中的“传播”，却为名词。1944年，台湾学者李政茂在《大众传播新论》一书中，曾提及王洪钧教授“谓余最早将传播（communication）中译引介国人”，“著者盛意，使余汗颜；惟自民国三十三年在美读书之际初译介‘传播’之名，迄今已二十年，终见大众传播学在我国诸学术先进之倡行及青年精英学人努力下，卓

---

① 习近平：《毫不动摇坚持和发展中国特色社会主义》，《习近平谈治国理政》，外文出版社 2014 年版，第 23 页。

② 田子渝等：《马克思主义在中国初期传播史》，学习出版社 2012 年版，“绪论”，第 6 页。

③ 这一提炼，系笔者所概括。2011 年 7 月 2 日，在纪念中国共产党成立 90 周年理论研讨会上，时任中共中央政治局常委李长春强调：“要着力推进马克思主义中国化、时代化、大众化”。另请参看秋石：《大力推进马克思主义中国化、时代化、大众化》，《求是》2009 年第 23 期。

④ 王力：《古代汉语》，中华书局 1999 年版，第 99 页。

⑤ 《现代汉语词典》（修订本），商务印书馆 1996 年版，第 193 页。

然建立，诚学术界之盛事。”[①] 之后，学界对此“众议纷纷”，认为“communication”可译之名甚多，不易统一。尽管如此，国内学者仍以“传播”两字作为译名，“修习传播者习惯这一名词，故而一直沿用至今”。[②] 虽然约定俗成，然而此“传播”已非彼“传播”也。“communication”有单向和双向的“传递、传达、传送”等义项，关于其定义，据百度说“有126种之多”。而汉语的“传播”，义项比较集中，用法基本固定。

成为马克思主义生根中国的“种子”的先进分子，按照传播学理论，他们所肩负的是“观点领袖（Opinion Leader）”传播（输送）观点或者意见的中转职责。传播学是研究人类彼此之间进行信息交流的学科。西方“传播学”及“大众传播”等概念传入内地，是在20世纪80年代初。传播学至今已形成庞大研究队伍，而且有一种更为国际化的趋势。在传播学中，传播是一种带有社会性、共同性的人类信息交流的行为和活动。它的研究范围主要包括人际传播和大众传播，并以大众传播为主。大众传播学的产生，与广播、电影、电视等现代媒体的产生联系在一起，其特点是建立在两种（社会科学和人文科学）完全不同的研究传统上。[③] 大众传播这一术语中的“大众”，不是指人口，而是指大众社会，是与工业化、城市化、现代化联系在一起的。大众传播中的信息流动，首先抵达“观点领袖”，然后由其传递

① 李茂政：《大众传播新论》，三民书局1984年版。闫注：从英语“communication”翻译过来的“传播”一词，从词性上讲是一个名词，与汉语中的“传播（动词）”在词性及用法上明显不同。“communication”的动词形式为“communicate”，源于拉丁语“communis”，意为“共同”。

② 任继昉：《“传播”源流考》，《周口师范学院学报》2008年第3期，第131页。

③ 在西方的传统学术中，存在着两分法：自然科学和人文科学。人文科学包括文学、哲学、历史学和我们今天称之为社会科学的社会学、心理学、教育学、传播学等。19世纪末20世纪初以来，逐渐划分为自然科学、社会科学、人文领域。自然科学也称为硬科学（与此对应社会科学则被称为软科学），研究物质、探讨物质运动规律，运用严格科学的方法；人文领域无所谓科学，旨在探究人生意义，充满想象与自由。这两极中间是社会科学，研究一定社会形态和背景下的社会组织、社会生活、社会群体等社会想象。社会科学采用量化的方法，亦即经验的方法（empirical）。人文科学多凭直观感性，社会科学依据事实调查。二者的差别在于：人文科学重直观，多采用定性方法；社会科学重分析，多采用定量方法。这也是东西方文化的差别所在。例如，中国菜谱调料用量，往往是“少许”，欧美则会明确使用的具体数量，如“多少克”。

给受众。[①] 观点通常是从广播和印刷品流向观点领袖，再从观点领袖流向不太积极的那部分人。在每一社会经济层次和每一职业层次上，都存在着观点领袖。[②] 而且，人们的受教育程度越高，经济地位越高，信息就越容易传递给这些人。[③] “观点领袖”的主要使命，就是“文化过滤（将外来文化转化为本土受众可以接受的内容与形式）”，就是将马克思主义与中国文化相结合，使之更容易为中国人所接受并植根于中国本土。这些理论，比较公允地定位了中国先进分子在马克思主义传播早期阶段的历史贡献。正是经由他们，马克思主义才得以在中国落地生根和实现了“中国化”“大众化”。

二　先进分子：马克思主义生根中国的种子

“十月革命一声炮响，给我们送来了马克思列宁主义。十月革命帮助了全世界的也帮助了中国的先进分子，用无产阶级的宇宙观作为观察国家命运的根据，重新考虑自己的问题。”[④] “马克思列宁主义”，一度深深植根于苏联人民。从俄国中转输入我国的“马克思列宁主义”，显然不能等同于“马克思主义”。“橘生淮南则为桔，橘生淮北则为枳。”同理，马克思主义只有首先经过与中国文化的相结合，才能落地，才能生根，才能根深叶茂。具有阅读能力、传播技巧、传播话语权的先进分子，既是马克思主义生根中国的种子，又是播种马克思主义的园丁。身份的变换，角色的客串，都掩盖不住他们的启蒙之功。中国先进分子基本为知识分子群体。这些不同社会阶层的先进分子，后来分化为无政府主义者、资产阶级革命派、国民党人、民粹主

① 这个假设被称作“二级传播”。Paul F. Lazarsfeld, Bernard Berelson and Hazel Gaudet, The People's Choice, New York: Columbia University Press, 1948 (2nd edition), p. 151. 另，“OpinionLeader”也译为“意见领袖”。

② ［美］伊莱休·卡茨（Elihu Kate）：《二级传播：对一种假设的最新报告》，引自［美］奥格尔斯等著，关世杰等译，《大众传播学：影响研究范式》，中国社会科学出版社2000年版；第29页。

③ ［美］奥托·N. 拉森（Otto N. Larsen），［美］理查德·J. 希尔（Richard J. Hill）：《一则新闻扩散中大众传媒和人际传播的作用》，引自《大众传播学：影响研究范式》，第61页。

④ 毛泽东：《论人民民主专政》，《毛泽东选集》第4卷，人民出版社1991年版，第1471页。

义者、共产党人等。[①] 而在山东，这些先进分子的阶级身份及社会角色并没有那么复杂，主要为一些思想先进的知识分子，如王乐平等人；更多的，则是一些思想激进的青年学生，如王尽美、邓恩铭、王志坚、王象午等人。

马克思主义对于中国社会影响之巨大，是其他任何一门学科都无法望其项背的。采用什么方式方法，更能科学有效地剖析马克思主义生根中国的历史进程、基本规律呢？从跨学科角度，探究马克思主义中国化的基本进程、发展规律、现实启示，自有“横看成岭侧成峰、远近高低各不同”的必要。马克思主义生根中国的历史，同时也是一门传播史。传播学是一种动态的外向研究，通过关注和分析正在发生的传播活动现象为现实服务。历史学则研究以往人类社会的发展过程，是一种静态的内向研究，可以帮助传播学来研究已经过去的传播活动，从而提高传播效果。考察马克思主义在中国的生根发展，实际是在研究其传播的既往过程以及在此过程中所发生的量变（大众化）与飞跃（中国化）。鉴于此，既要避免削足适履、机械套用西方传播学理论架构，又要避免“先入为主”“后来居上”的研究范式，更不能用当代概念审视以前历史，而应该努力回到特定历史，须置于“历史的基本语境”去把握。[②] 这也是列宁所要求的基本态度：“在分析任何一个社会问题时，马克思主义理论的绝对要求就是要把问题提到一定的历史范围之内。”[③] 此言虽然已是老生常谈，却也因为相当一些研究者漠然置之而有必要重申。

---

① 关于“先进分子”的研究成果较多，角度各异。参看傅绍昌：《辛亥革命促进了社会主义和马克思学说在上海的传介》，《上海大学学报》2001 年第 6 期。欧阳跃峰：《辛亥革命前无政府主义者对马克思主义的“业余宣传”》，《安徽师大学报》2002 年第 3 期。沈传亮：《五四时期国民党人与马克思主义的传播》，《历史教学》2002 年第 8 期。李田贵、赵学琳：《二十年代国民党人对马克思主义的传播》，《当代世界社会主义问题》2003 年第 4 期。聂长久、高仁立、张敏：《近代中国民粹主义与马克思主义的早期传播》，《社会主义研究》2008 年第 3 期。张琳：《马克思主义在中国早期传播的思想土壤——以无政府主义为视角》，《科学社会主义》2009 年第 2 期。王刚：《论中国早期知识精英对马克思主义的选择性传播》，《中共党史研究》2009 年第 8 期。陈明吾：《资产阶级革命派对马克思主义在中国早期传播的历史作用》，《湖北社会科学》2010 年第 8 期。

② 姜喜咏：《马克思主义中国化的基本“语境”问题分析》，《探索》2007 年第 3 期。江峰、吴秀莲：《马克思主义中国民间化的系统语境透析》，《江汉论坛》2008 年第 4 期。余年顺：《中国文化语境下的马克思主义中国化》，《福州党校学报》2008 年第 4 期。

③ 《列宁选集》第 2 卷，人民出版社 1995 年版，第 375 页。

先进分子是一个跨度较大、历时较长、构成复杂的集体称谓。[①] 自马克思主义传入至中国共产党成立（以一大召开为标志），似乎都可以适用。马克思的名字，最早是西方传教士传入中国的，最初的传播者是资产阶级革命家和无政府主义者等，“很难说他们要将马克思主义中国化。真正开始马克思主义中国化的探索，应该从十月革命以后中国马克思主义者传播马克思主义算起。”马克思主义传入中国之后，实际已走上“应用马克思主义解决中国具体实际问题的探索之路”。[②] 中国先进分子是一支庞大的传播队伍，他们各领风骚，践行着“观点领袖”的职责与使命，自发接受、传播着马克思主义。他们的“文化过滤”和对马克思主义的初步改造，是启蒙性质的探讨与开创，不宜套用现在的“中国化标准”去苛求。“应用马克思主义解决中国具体实际问题的探索之路”，便是始于他们这些先进分子的脚下。换言之，这可以视为马克思主义生根中国的“落地阶段”。在这个过程中，具体分期的划分及界定，研究者意见不尽一致。有些人认为，可以分为两个阶段：“引进阶段和同中国实际相结合阶段”；[③] 有些人认为，可以分为马克思主义传播的中国化、马克思主义理论运用的中国化、马克思主义理论创新的中国化三个阶段。[④]

传播学理论认为，传播者在传播行为开始时，必先考虑到受众的知识领域，及其对可能接受讯息的认同度。[⑤] 在马克思主义中国化进程中，在马克思主义生根中国的落地阶段，西方传教士只是起到了“传”的中介作用，未能发挥“播”的“扎根”作用。“播”即马克思主义从小众（先进分子）走向大众、从知识精英群体到社会中下层民众的“落地”过程。在马克思主义与中国本土文化相结合的“落地阶段”，这一历史任务，即在国内“播传”马克思主义，是由熟悉本国受众情况的先进分子

---

① 关于“中国先进分子”的提法，在中央党史研究室著《中国共产党历史》（第一卷上册）是这样提出的：“经过五四爱国运动，中国人民有了新的觉醒。特别是青年中的一批先进分子，以救国救民、改造社会为己任，重新考虑中国的前途，探求改造中国社会的新方案。”本文将此提炼为“中国先进分子”。参看中央党史研究室：《中国共产党历史》（第一卷上册），中共党史出版社2011年版，第43页。

② 郭德宏：《马克思主义中国化与中国化的马克思主义研究述评》，《党史研究与教学》2004年第4期。

③ 张静如：《关于马克思主义在中国发展阶段的思考》，《湖湘论坛》1998年第1期。

④ 汪青松：《马克思主义中国化与中国化的马克思主义》，中国社会科学出版社2004年版。

⑤ 郑贞铭：《新闻学与大众传播学》，三民书局1978年版，第256～257页。

完成的。这是马克思主义生根中国的“基本语境”，也是马克思主义在中国“落地”时的必经阶段。先进分子在其中，发挥了不可或缺的媒介和催化作用。

什么是马克思主义中国化？有学者解读为“就是中国共产党人独立、自主地运用马克思主义的宇宙观、方法论来明确认识中国社会的基本特征，初步掌握中国革命的基本矛盾与规律”，其标准一是“有比较丰富的中国革命实践”，二是“具有中国的理论形态”。①这些标准，并不适用于马克思主义在中国的“落地阶段”，也不适用于马克思主义在中国的“生根阶段”。诚然，马克思主义中国化是“在中国特殊环境中的本土化工程”；② 它“为马克思主义与中国本土文化的互动提供了强大动力”。③ 不过，马克思主义中国化的主体，也未必仅仅“就是中国共产党人”。1938年10月，毛泽东在六届六中全会上首次提出了“马克思主义中国化”这一命题。他说，所谓马克思主义中国化，“即是说，按照中国的特点去应用它。”④ 又具体解释说，“所谓马克思主义中国化，就是马克思主义普遍真理跟中国革命具体实践的统一，一个普遍一个具体，两个东西的统一就叫中国化。”⑤ 从毛泽东的论述来看，他并没有把“中国先进分子”仅限定为“中国共产党人”。据此理解，马克思主义中国化，客观上是由中国先进分子自发地将马克思主义普遍真理改造为适应中国本土的具体真理，即将马克思主义与中国本土文化相结合。实事求是讲，在马克思主义生根中国的落地和扎根阶段，先进分子才是传播马克思主义、使之本土化（中国化）的“种子”和园丁。在马克思主义生根中国暨中国共产党成立之后，各地党员才取代了先进分子传播马克思主义的历史使命。

作为马克思主义生根中国的“种子”，先进分子在国家层面，一般为有职业的“知识分子群体”，在局部地区如山东却不尽然。马克思主义在

---

① 《马克思主义在中国初期传播史》，“绪论”，第5页。

② 范洪亮：《马克思主义中国化的基本分析与深层探索》，《湖北行政学院学报》2003年第2期。

③ 吴永：《“马克思主义中国化”的话语特征及其价值——历史视阈下的“马克思主义中国化”解读》，《中共党史研究》2011年第7期。

④ 《中共中央文件选集》第11册，中共中央党校出版社1989年版，第658~659页。

⑤ 1961年1月，毛泽东在党的八届九中全会的报告中，提出了上述论断。最早提出马克思主义中国化问题的是艾思奇，他在1938年4月所写《哲学的现状和任务》中，从哲学角度明确提出：“现在需要来一个哲学研究的中国化、现实化的运动。……”请参看《艾思奇文集》，人民出版社1981年版，第387页。

山东落地生根的过程，比较权威正式的说法是："由城市到农村，先学生、后工人、再农民"。[1] 必须指出：当时山东的先进分子，除了王乐平、王翔千几个教育界的知识分子之外，基本是王尽美、邓恩铭、王志坚、王象午等一些在校的青年学生。而且在马克思主义理论联系中国实际的"探索之路"上，主力军更是这些青年学生。他们无所畏惧，边学习边实践，由自发而自觉，在齐鲁大地上探索和践行着将马克思主义"同那里的人民结合起来，在人民中间生根、开花"的神圣历史使命。[2] 在他们的努力下，马克思主义实现了在山东的落地、生根，开花、结果。在全国而言，则是陈独秀、李大钊、张国焘、李汉俊等早期马克思主义者的齐心协力，推动了各地马克思主义者的零星活动逐渐演变为中国共产党的正式成立，实现了马克思主义生根中国的第一步。

三　思想论战：马克思主义生根中国的环境

马克思主义生根中国的历史进程，并非齐头并进，而是有先后和主次的，即主根（上海党组织）先于侧根，由胚根而生的侧根（北京、山东等地的党组织）先于次生侧根。若以地理环境而分，马克思主义生根中国的基本次序，则是"由城市到农村"。城市，为先进分子的集结提供了平台。城市社会的人文氛围，为马克思主义落地生根提供了最起码的环境和土壤。思潮活跃、论战激烈的"中国特殊环境"，也决定了传播者社会身份的特殊性和多元化。身份各异的先进分子，组成了一支散乱却浩大的传播队伍。在思想论战中，他们为马克思主义生根中国营造了宽松、宽容的环境，不同程度地为马克思主义与"中国特殊环境""中国国情"相结合做出了大量积极探索和有益尝试。经由马克思主义与中国实际相结合这一考验，马克思主义才得以在中国"呱呱落地"，才能克服"水土不服"并进入"生根阶段"。

马克思主义"呱呱落地"之际，先进分子在对它进行"文化过滤（观点中转）"即与中国文化相结合之时，也在进行着理论联系实际的嬗

① 中共山东省委组织部、中共山东省委党史资料征集研究委员会、山东省档案馆编：《中国共产党山东省组织史资料（1921～1987）》，中共党史出版社1991年版，第13页。

② 《毛泽东选集》第4卷，第1162页。

变。有研究者提出，李大钊是“最先提出”马克思主义要与中国国情相结合这一思想的人。[①] 依据是1914年11月，李大钊在《国情》一文最早提出了“国情说”。

> 夫衡宪典于国情，宁匪可尚者，而以客卿论国情，则扞格之处恒多。纵其宅心立言，力辟国拘，而欲以诚挚自贡，虑其所谓国情者，究属皮相之见，不叶于实象，所向愈切，所去愈遥。况邦国之际，利害相反者有之，使其人而褊塞阴狠者，忠于己不必忠于人，则其标为治安之制者，安可信赖。盖国情之不可与客卿谋也久矣。[②]

李大钊所指“客卿”，乃是指袁世凯重金聘请的两位“中华民国政府宪法顾问”美国人古德诺、日本人有贺长雄；所论“国情”，乃是指两位客卿“制造特别国情论，宣扬中国国情适合帝制”云云。[③] 仔细分析上引文，不难发现：它并未提及马克思主义，更未涉及马克思主义与中国国情结合的问题。李大钊提出“国情说”，只为批驳“中国适合帝制的特别国情论”，并认为中国国情实非那些只知皮毛的客卿“所能谋”。然则，一些“中国先进分子”也确曾提出了“按照中国的特点去应用”马克思主义，“走中国自己的路”之类思想。如《星期评论》即明确指出：“在世界的时代精神笼罩下面……我们所能走的路还得要我们自己开。开得一步才走得一步，自己开辟的才是自己的正路。”并提出“中国人不要走俄国人的路”。[④] 马克思主义结合中国国情，开辟了马克思主义在中国的“生根之路”。植根于中国本土的马克思主义，不是在俄国道路上亦步亦趋，而是致力于用“主义”解决“实际问题”。在尘嚣甚上、此起彼伏的思想论战中，马克思主义脱颖而出，成为中国先进分子的首选思想武器，在与中国文化、与中国实践相结合的探索中实现“观点中转”和“观点输出”，并进入了落地阶段。

1919年7月，胡适撰文称：

---

① 《马克思主义在中国初期传播史》，第180页。

② 李大钊：《国情》，《甲寅》第1卷第4号，1914年11月10日。

③ 王艳萍：《“国情不可与客卿谋”——李大钊〈国情〉一文发表始末及其国情观》，《传承》2011年第30期。

④ 《星期评论》，《五四时期期刊介绍》第1集（上），三联书店1979年版，第168页。

现在舆论界最大危险，就是偏向纸上的学说，不去实地考察中国今日的社会需要究竟是什么东西。……一切主义都是某时某地的有心人，对于那时那地的社会需要的救济方法。我们不去实地研究我们现在的社会需要，单会高谈某某主义，好比医生单记得许多汤头歌诀，不去研究病人的症候，如何能有用呢？……种种学说和主义，我们都应该研究。有了许多学理做材料，见了具体的问题，方才能寻出一个解决的方法。①

胡适这段话主旨十分明确：研究主义要有的放矢。“的”就是“中国实地今日的社会需要”，即“中国实际”“中国国情”。他认为一切主义都应该研究，但基本前提是要结合好“实地”“实情”，否则便是无用的空谈。检验二者结合的成功与否，只有一个办法，那就是杜威先生的“实验”理论主张，“一切学说与理想都须用实行来试验过；试验是真理的唯一试金石。”② 即胡适认为，“实验”是检验“主义”与“中国国情”相结合的唯一标准。这与20世纪80年代初“实践是检验真理的唯一标准”提法异曲同工。陈独秀曾评价说：“杜威博士关于社会经济的民治主义的解释，可算是各派社会主义的共同主张，我想存心公正的人都不会反对。”③ 据此，似乎为胡适较早地提出马克思主义应该中国化这一具体命题并在社会上引发了较大反响。

8月3日，蓝公武发表《问题与主义》，批驳胡适“太注重了实际的问题，把主义学理那一面的效果，抹杀了一大半，也有些因噎废食的毛病。”④ 8月17日，李大钊发表《再论问题与主义》一文说：

大凡一个主义，都有理想与实用两方面。例如民生主义的理想，不论在那一国，大致都很相同。把这个理想适用到实际的政治上去，那就因时、因所、因事的性质情形，有些不同。社会主义，亦复如

① 胡适：《多研究些问题，少谈些“主义”》（一九一九年七月），原载《每周评论》第31号，1919年7月20日；引自中国人民解放军政治学院党史教研室编：《中共党史参考资料》（第二册），出版社及出版日期不详，第10页。

② 胡适：《杜威先生与中国》，《中国现代思想史资料简编》第2卷，浙江人民出版社1982年版，第74～75页。

③ 陈独秀：《此时中国劳动运动底意思》，《劳动界》第4册，1920年9月5日。

④ 知非：《问题与主义》，《每周评论》第33号，1919年8月3日。

是。……一个社会主义者，为使他的主义在世界上发生一些影响，必须要研究怎么可以把他的理想尽量应用于环绕着他的实境。所以现代的社会主义，包含着许多把他的精神变作实际的形式使合于现在需要的企图。这可以证明主义的本性，原有适应实际的可能性。不过被专事空谈的人用了，就变成空的罢了，……因为有假冒牌号的人，我们愈发应该一面宣传我们的主义，一面就种种问题研究实用的方法，好去本着主义作实际的运动。①

李大钊首先明确指出，实用是主义的一个方面，主义应用到实际时必须“因时、因所、因事”去调适；一个社会主义者，必须将主义调适为“尽量应用于环绕着他的实境”，才能“本着主义作实际的运动”，否则便是空谈，因此他主张一方面要宣传主义，一方面要研究主义的实用方法。胡适、李大钊的一致看法是：主义必须结合实际，具体到怎么结合二人则各有其看法，但是他们在马克思主义应该中国化这一问题的基本立场实则一致。

胡适“主义与中国实际结合”的言论，最初引发了不同声音的质疑，这原本无可厚非。只是这一场争论，后来不幸演变成了政治性质的党同伐异。中共党史权威专家胡绳认为，胡适与李大钊的“问题与主义”之争，“不是敌对双方的政治斗争，而是朋友间的争论，双方都是反对封建主义旧思想、旧势力的。胡适的意思无非是主张改良的，不赞成革命。对这种主张可以批评，但说它如何反动显然是不对的。”② 这一定位和评价，比较公允。目前，学术界认为对胡适“问题与主义”观点的彻底否定或者完全肯定，都“不是符合历史事实的”。③ 并且已经认识到：新中国成立初期“大陆学者奉命在批胡之举中的严苛之笔，已是国内外斗争深化的超乎理智的反映了，不足以成为评论当年‘问题与主义’之争的依据。”④ 这些认识和判断，基本能够反映当前学术界整体认知水平的明显提升和日趋理性。

1920 年 12 月，刘仁静在《新青年》撰文称，“我们现在的任务，在

---

① 李大钊：《再论问题与“主义”》，引自《中共党史参考资料》（第二册），第 2 页。
② 胡绳：《胡绳“论从五四运动到人民共和国”》，《中共党史研究》2001 年第 3 期。
③ 《也谈“问题与主义”之争及其影响》，《新疆师范大学学报》1999 年第 2 期。
④ 陈铁健：《面对往昔的思索》，《陈独秀与共产国际》，香港新苗出版社 2000 年版，第 5 页。

用科学的方法，研究中国的 Inslitions Customs 寻求出一个适合国情而又能达到共产主义的方针来。”① 1922 年年初，李汉俊在与张闻天讨论马克思主义时，指出马克思主义是科学，但它必须随着时代的变化而变化，它在各个国家就产生了适合他国的马克思主义，“到中国要成为什么呢？现在还不晓得，就要靠中国人的努力了。我们努力的结果，或者能造出什么来。张闻天先生，我们大家努力罢！”② 这些阐述，较早对马克思主义中国化作出了明确表述。时至今日，如果抛却“上纲上线”的僵化思维模式，“中国先进分子”在为马克思主义中国化所作出的这些努力和探索，特别是在马克思主义的“落地阶段”，应该肯定他们“在历史舞台上发挥着学术与政治的双重功能”。③ 不仅如此，他们还身兼马克思主义生根中国的“种子”和“园丁”等多重社会角色。正是得益于这种较为宽松、包容、进步的人文氛围，马克思主义才得以为中国先进分子所接受与传播，才能够在中国大地上落地和生根。

四　中共一大：马克思主义生根中国的时间

以中共一大为标志，马克思主义实现了在中国的落地生根。各地党组织的创建与成立，便是马克思主义已经植根于当地的象征。马克思主义从落地到生根，均是在马克思主义传播早期阶段完成的。而关于“早期阶段”的划分，学界一直没有定论。

马克思主义传入中国之时，正是西方思潮大量涌入中国之际。西方各种思潮在中国本土“井喷”的时代际遇，也为马克思主义传入中国提供了机遇和挑战。在知识分子的“口诛笔伐”论战中，马克思主义脱颖而出，开始为一些进步知识分子为代表的先进分子所接受和传播。在马克思主义传播早期阶段，一些研究者指出：（一）最初传播马克思主义的主体，大多都是资产阶级和小资产阶级的知识分子，是把马克思主义学说当

---

① 《任静致代英》，1920 年 12 月 2 日，《新青年》第 9 卷第 3 号，1921 年 3 月。

② 李汉俊：《读张闻天〈中国底乱源及其解决〉》，《民国日报：“觉悟”副刊》1992 年 2 月 6 日。转引自田子渝：《武汉地区马克思主义早期传播的若干特点》，《湖北行政学院学报》2003 年第 4 期，第 74 页。

③ 鄢新萍：《知识分子与马克思主义在中国的早期传播的历史考察》，《知识分子与近现代中国社会》2007 年。

成救治资本主义弊病的手段和方式；（二）传播内容上，对马克思主义曲解和误解的地方甚多，他们也不信仰科学社会主义理论；（三）传播方式上，也不是那么有组织、有系统。这些概括，包括对于马克思主义在中国落地阶段的一些传播特征，基本准确。先进分子的启蒙作用，是不可或缺的承上启下的一环。由于历史的局限，他们不可能做到目光如炬，不可能一步到位，这也是客观事实。在马克思主义“落地”的早期传播阶段，有研究者将此段历史展开了更进一步的划分与讨论。在阶段划分上，他们主张分为“三个”或者“二个”或者“一个”阶段。[①] 即他们认为，从马克思主义传入至十月革命前，是马克思主义传播史上的介绍或者译介阶段，此阶段不属于早期传播阶段；十月革命之后，才是马克思主义在中国早期传播阶段的开始。也有研究者指出，学界对马克思主义在中国早期传播的起始问题，“已形成共识”，即“马克思主义在中国真正意义上的传播，是从“五四”时期开始的；是从 1917 年俄国的十月革命爆发后开始的：是从 1918 年下半年李大钊对俄国的十月革命率先作出理性响应开始的”。[②] 这段话理解起来有些拗口，大概是说五四时期是马克思主义在中国的真正传播。还有研究者将早期传播阶段，“暂定在 1919 —1922 年这

---

① 三阶段划分法为：1917 年 11 月到 1919 年 4 月，马克思主义在中国得到初步传播，为第一阶段；1919 年 5 月到 1920 年 4 月，马克思主义开始系统地全面地介绍到中国，为第二阶段；1920 年 5 月到 1921 年 7 月，马克思主义与工人运动相结合并导致中国共产党成立，为第三阶段。二阶段划分法为：十月革命以前，归属于马克思主义在中国的传播介绍阶段，即“早期译介阶段”；十月革命之后，为“广泛传播”阶段。参看齐卫平：《五四运动前后马克思主义在中国传播的两个阶段比较研究》，《河南师范大学学报》2003 年第 5 期。也有学者认为，“早期”主要指从 19 世纪中后期开始到五四运动爆发这一段时间，主张第一阶段为辛亥革命前后，第二阶段五四运动前后。参看鄢新萍：《知识分子与马克思主义在中国的早期传播的历史考察》，《知识分子与近现代中国社会》2007 年。一个阶段划分法为：将“早期传播阶段”界定为十月革命至 1927 年大革命失败。参看林霞：《论马克思主义在中国早期的选择性传播》，《学术论坛》2010 年第 10 期。该文分析说，中国的先进分子如李大钊、陈独秀、李达等，十月革命之后才开始比较主动地选择性传播马克思主义。这为中国共产党的成立作了必要的理论准备，但是这个准备并不充分。因为党成立时马克思主义在中国的传播时间并不长，从十月革命算起也只有四年左右的时间。而且马克思主义传入中国时，中国革命的客观形势已经成熟，救亡压倒了启蒙，这使得我们党还没来得及从事理论研究和做好充分的理论准备，就投入到了救国救亡的革命中去。而理论准备不足的弱点，很快就显现出它的严重后果，指导理论的偏颇直接导致了革命行动的脱离实际，招致了大革命的失败。

② 朱成甲：《“五四”时期马克思主义传播与李大钊历史作用问题的探讨：兼评石川祯浩〈中国共产党成立史〉的有关论述》，《中共党史研究》2009 年第 8 期。

段时间”。[1] 多数研究者将“早期”界定在五四运动前后，或中国共产党成立前后。总之，马克思主义在中国早期传播的迄止时间，是一个“有待学术界统一的问题”。

对此问题的讨论，笔者以为“宜粗不宜细”。在全国层面，直到中共一大召开；在地方层面，直到各地党的组织（团体）成立；之前这段时间，都可以归之于马克思主义在中国的“落地阶段”。正如植物根系的生长，先生“根”，再成“系”，根系粗具之后茎、叶才能破土而出。从这个角度理解，在成立时间上，各地党的组织（特指中国国内六个地方的党组织）在成立时间上，应该略早于中国共产党的全国性组织。一大召开，可以视为共产党这株参天大树在中国本土生根的象征。

有研究者以更宏阔深邃的视野，将马克思主义传入至今的百余年传播史，做出了整体划分与切割。2012 年 3 月出版的《马克思主义在中国初期传播史》一书，提出了“四个阶段”的新划分：（一）初始阶段，长期以来被学界称为“介绍”阶段，属于传播学的“自然传播阶段”。（二）早期传播阶段，即五四时期，具体说是十月革命之后，属于“自觉传播阶段”。这一阶段是“马克思主义在中国真正有意义上的传播”。[2]（三）第三阶段是毛泽东思想阶段，是马克思主义中国化第一个理论成果形成的阶段。（四）第四阶段是马克思主义中国化第二个理论成果（中国特色社会主义理论体系）形成的阶段。[3]

笔者认为，这前两个阶段，仍为马克思主义的“落地阶段”。各地党组织的建立至一大召开，则为马克思主义在中国的“生根阶段”。一大之后，则为马克思主义在中国的“开花期”“结果期”。迄今为止，已经公认有了两个伟大的结果——毛泽东思想和中国特色社会主义理论。当然，学术界这些新概括也更近似于“政治性”总结，学理层面的梳理稍嫌不足。

马克思主义的落地生根与中国化，是很难截然分开的，或者说它们就是一体的不同阶段：生根，更像是中国化的一个标志性节点。中国化是纵向发展，生根则为其中的一个横剖面。“马克思主义中国化”命题提出之

---

① 田子渝：《马列主义在中国早期传播研究综述》，《马克思主义研究》2001 年第 3 期。

② 朱成甲：《五四时期马克思主义传播与李大钊历史作用问题的探讨》，《中共党史研究》2009 年第 8 期。

③ 《马克思主义在中国初期传播史》，“绪论”，第 1 ~ 8 页。

后，国内外有关研究成果层出不穷，焦点集中在传播内容、传播环境、传入时间、传入途径、传播主体等几个方面。（一）马克思主义在中国的早期传播阶段，传播的主要内容是唯物史观、社会进化论、马克思主义经济学（剩余价值论）和科学社会主义。[①] 对马克思主义妇女观，也做了传播介绍，“在早期传播者中，对妇女问题谈得最多、最深刻的恐怕是二李（李达、李汉俊）”，[②] 也有学者展开了马克思主义妇女观、文艺理论的研究。[③]（二）马克思主义在中国早期传播的社会环境，传统观念认为“救亡图存”是其传播原因，[④] 近年来出现了一些创新的研究视角，比如从中国传统文化的特性，[⑤] 从社会文化的角度，[⑥] 从文化危机的角度，[⑦] 从传统文化与马克思主义早期传播的内在关系的角度。[⑧]（三）关于马克思主义传入的最初时间，“文化大革命”前，学术界普遍认为梁启超 1902 年《新民丛报》第 18 号上的《进化论革命者颉德之学说》，首次将马克思（麦喀士）介绍到国内。后来，有学者提出中国报刊上第一次出现马克思的名字是 1898 年上海广学会出版的《泰西民法志》。1998 年以后，此说基本被否定。现在学界共识是：1899 年 2 月上海广学会出版的《万国公报》第 121 期刊载的《大同学》第一章“今世景象”一文，是迄今所知中文报刊对马克思及其言论的最早介绍。（四）早期传播的途径，学术界

---

① 康凤云、张艳国：《近年来李大钊传播唯物史观研究述评》，《江汉论坛》2007 年第 12 期。杨鹏、马婷婷：《试述马克思主义唯物史观与史学术语在中国的早期传播》，《海军工程大学学报》2009 年第 4 期。李波：《进化论对马克思主义哲学在中国早期传播的影响——以李大钊为例》，《西北工业大学学报》2008 年第 4 期。孙建华：《论马克思主义在中国的早期传播及其中国化的基础——从进化论“道”之裂变到唯物史观的确立》，《河南社会科学》2010 年第 1 期。卫兴华：《马克思主义经济学在中国的早期传播》，《青岛行政学院学报》2001 年第 1 期。李德学、于景洋、姜思学：《马克思主义实践哲学在中国的早期传播》，《北方论丛》2002 年第 5 期。

② 田子渝等：《马克思主义在中国初期传播史》，第 172 页。

③ 陈文联：《对马克思主义妇女观在中国早期传播的历史考察》，《理论学刊》2007 年第 3 期。魏善珍：《马克思主义文艺理论在中国的早期传播——以留学生为视角》，《吉首大学学报》2010 年第 4 期。

④ 汪晖：《文化与政治的变奏：战争、革命与 1910 年代的思想战》，童世骏：《西学在中国：五四运动 90 周年的思考》，北京三联书店 2010 年版。

⑤ 王飞：《十年内马克思主义传播原因研究述评》，《当代学术论坛》2008 年第 5 期。

⑥ 李军林：《文化的传播与超越：论邓小平对中国传统文化的继承与发展》，湖南人民出版社 2005 年版。

⑦ 贺金莲：《论早期马克思主义中国化的社会文化因素》，《求索》2007 年第 7 期。

⑧ 李方祥：《中国共产党的传统文化观研究》，中共党史出版社 2008 年版。

共识为：马克思主义从东、西、北传入。[①] 东面是日本，“日本是主渠道”这是比较普遍的一种观点。[②] 也有学者提出不同意见。[③] 西面是西欧，主要是法国，代表人物有周恩来、蔡和森等。北面是苏俄，代表人物有杨明斋、瞿秋白、张太雷等。1923 年前，日本是马克思主义在中国传播的主渠道。（五）传播主体的研究，日渐多元化。认为早期宣传马克思主义中有特殊贡献的知识分子群体，北京为“一李二陈（即李大钊、陈溥贤、陈启修）”，上海为“二李二陈（即李达、李汉俊、陈独秀、陈望道）”，以及杨匏安等。李大钊、陈独秀等以五四运动为契机，通过日本接受马克思主义，同样也受到日本社会主义者对马克思主义理解偏差所带来的负面影响，如“日本某些理论家机械的经济决定论”就长期对他们产生了消极的影响。[④]

五　党小组：马克思主义在中国的生根地

马克思主义生根中国的“扎根地”在哪里？如果以党的组织创建为标尺，那么参与创建中国共产党的国内六个“党小组”，即北京、上海、广州、湖南、湖北、山东，应该为构成马克思主义生根中国的最初根系。[⑤] 如果再进一步剖分，构成其根系的“主根”，应该为“后来成立共产党的组织基础上海共产主义小组”。而上海党组织的前身，则为“上海革命局”。据魏金斯基（也译为维经斯基等）《关于俄共（布）中央西伯利亚局东方民族处的机构和工作问

① 冯利花：《马克思主义在中国早期传播渠道的研究综述》，《湖北经济学院学报》2011 年第 3 期。彭继红：《传播与选择——马克思主义中国化的历程（1899～1921）》，湖南师大出版社 2001 年版。

② 吴汉全：《留学生与马克思主义在中国的传播》，《徐州师大学报》2001 年第 1 期。郑江娥、刘满飞：《留日学生：社会主义思潮传入中国的主媒介》，《零陵师专学报》2001 年第 2 期。刘晶芳：《五四运动与马克思主义在中国的传播》，《史学集刊》2009 年第 2 期。［日］石川祯浩著，袁广泉译：《中国共产党成立史》，中国社会科学出版社 2006 年版。

③ 朱成甲：《“五四”时期马克思主义传播与李大钊历史作用问题的探讨：兼评石川祯浩〈中国共产党成立史〉的有关论述》，《中共党史研究》2009 年第 8 期。王素莉：《“五四”前后马克思主义在中国传播的若干问题探讨：也评石川祯浩〈中国共产党成立史〉的有关论述》，《中共党史研究》2010 年第 5 期。

④ 唐宝林：《马克思主义在中国 100 年》，安徽人民出版社 2009 年版，第 90 页。

⑤ 根系是主根和侧根的总称，一般分为主根系和须根系。此处借用了有关的名词，旨在说明 6 个“党小组”之间平等而又有所区别的关系。此外，“党小组”的称谓并不准确，详见后文。

题给共产国际执委会的报告（1920年12月21日伊尔库茨克）》记载：

> 我在这里逗留期间的工作成果是：在上海成立了革命局，由五人组成（四名中国革命者和我），下设三个处，即出版处、情报煽动处、组织处。[①]

日本学者石川祯浩先生分析认为：“这个革命局，至少包括陈独秀和李汉俊在内，其实就是后来成立共产党的组织基础上海共产主义小组，这是毫无疑问的。”[②] 石川祯浩为研究中共党史的著名外籍专家，他这一论断比较客观中肯。于此可见，上海党组织“毫无疑问”应为构成中国共产党庞大“根系”的“主根”，而北京党组织则为仅次于“主根”的最大一条“侧根”，其他四个地方的党组织为“侧根”，他们共同构成了中国共产党生命之树最初的“根系”，即主根与上述侧根均是由胚根发育而生的。中国共产党成立之后，各地相继建立的党组织，成为这个“根系”的次生“侧根”，标志着马克思主义在中国的彻底扎根和茁壮生长。

考察马克思主义怎样生根中国的，既需考察构成其“根系”的“主根”，也需要考察“侧根”，以及更多的次生“侧根”，还需要考察各种“根”的“摆动”与“歪偏”生长。[③] 如此，才能科学勾画出马克思主义生根中国的真实图例。[④] 一直以来，从事马克思主义中国化的研究者，主要有三类：一是马克思主义哲学背景的哲学家，二是思想政治教育背景的法学家，三是中共党史专业背景的学者。在众多研究成果当中，有些具有较高学术价值，有些则是“低水平重复”。对

---

① 《关于俄共（布）中央西伯利亚局东方民族处的机构和工作问题给共产国际执委会的报告（1920年12月21日伊尔库茨克）》。转引自［日］石川祯浩著，袁广泉译：《中国共产党成立史》，中国社会科学出版社2006年版，第100页。

② 《中国共产党成立史》，第100页。

③ “摆动”，植物在向上生长过程中，顶端摆动着上升。“歪偏”，植物生长时触到平面会呈角度生长，表现为向光性、向水性、向肥性生长。一般认为，这些生长特征由遗传因素决定，同时也受到地球重力的影响。但是，最新研究表明：太空上缺少重力，并不会影响植物的生根。请参看《BMC植物生物学》2010年12月6日。

④ 由于时间、精力、经费所限，笔者只能选择山东党组织这条“侧根”作为现实的研究对象，以抛砖引玉。

此，一些研究者深刻指出，由于马克思主义中国化的研究者，其研究套路与史学的研究套路有较大区别，“由此导致目前学界的研究重宏观，轻实证，不注重对史料的解读与运用等一系列诟病。”[①] 石川祯浩对此也有批评，他指出了中国学者不注重文献资料的通病：“不关心散落世界各地的第一手资料，疏于考究某一记忆的出自的渊源，取而代之的是回忆录资料受到重视”；一些常识性的对国内外文献进行彻底的相互比较和对照的研究方法，也“极少被采用”。[②] 种种原因，导致了当下的马克思主义传播研究领域，已经出现不同程度的“审美疲劳”。有研究者索性直接指出：“低水平重复”现象的出现，一个主要原因是研究者“多为哲学家或者政治学家，对史料挖掘、解读和运用不够”，并期许：史学家运用治史方法，“必将开辟马克思主义传播史研究新天地”。[③] 这一分析，固然指明了马克思主义中国化研究中的利弊与得失，然而仅把“低水平重复”归因于或者主要归因于研究者的专业背景、治学方法，似乎不无矫枉过正和有失偏颇之嫌。跨学科、多角度考察某一具体对象，哲学与政治学的视角，利于宏观梳理与深度分析，也是不可或缺的，可以有效避免陷于“盲人摸象”的认知盲区。历史学视域下的马克思主义生根史、传播史，在细致入微、具体分析考察研究对象方面更具优势。其功能，更类似于自然科学观察根系的精密仪器——显微镜；而“载玻片”便是经过甄别的文献资料——各种旧史料和新史料。反之，如果文献不足或者缺少，无论使用什么仪器（研究方法和研究工具），都难以形成逻辑完整的科学结论。

马克思主义生根中国的社会科学研究，在科学性方面是无法与自然科学相媲美的，而这也主要受限于观察对象与使用工具的不同。自然科学观察的是仍存在于现实中的客观物体，社会科学观察的为不可复制的历史（事件和人物），二者是人类观察宇宙的不同维度又相互补充的两把钥匙。据统计，北京、上海之外，广东、武汉、四川、贵州、哈尔滨市、东北、浙江、河南、陕西9个省（市、区），业已展开马克思主义

---

① 梁志平：《史学家缺席的马克思主义传播史研究》，《桂海论丛》2012年第1期。

② 《中国共产党成立史》，第194页。

③ 梁志平：《史学家缺席的马克思主义传播史研究》，《桂海论丛》2012年第1期。

在当地的区域传播研究，这些成果也初步勾勒出马克思主义生根中国的基本“根系图”。[①] 尽管有些粗糙，这些“根系图”仍从不同侧面、不同比例描绘出了马克思主义生根中国的轮廓图。设若要科学绘制中国共产党出生、成长的红色轨迹图，就需要不厌其烦、不厌其精从梳理分析每一条“根”开始。假以时日，更接近历史真相、更为生动形象的马克思主义植根于中国本土的生根图、开花图、结果图，将迭次涌现。历史上的经验教训、得失成败，也更能精准、直接地反作用于人类现实和未来社会。

① 相关主要研究成果，参看禤倩红：《马克思主义在广东的早期传播》，《学术研究》1991 年第 5 期。田子渝：《武汉地区马克思主义早期传播的若干特点》，《湖北行政学院学报》2003 年第 4 期。周行、田子渝：《马克思主义在武汉地区的早期传播》，《湖北大学学报》2009 年第 6 期。邓寿民：《马克思主义在四川传播的第一人——王右木》，《四川党史》2001 年第 3 期。凌燕萍：《最早在贵州传播马克思主义的乡贤》，《贵州文史》2001 年第 3 期。于湘琳：《马列主义在哈尔滨的早期传播及影响》，《继续教育研究》2001 年第 1 期。周骁男、吕国辉：《二十世纪马克思主义在东北的传播》，《吉林工学院学报》2001 年第 4 期。何扬鸣：《试论浙江早期传播马克思主义的报刊》，《浙江大学学报（人文社会科学版）》2001 年第 5 期。张俊国：《中国共产党的成立与马克思主义在河南的早期传播》，《洛阳师院学报》2002 年第 1 期。梁严冰：《马克思主义在陕北的传播及其党团组织的建立》，《延安大学学报》2007 年第 3 期。

第一章　马克思主义生根中国的传播史

导言： 马克思主义传入中国之后，开始觉醒的先进分子在对中国传统文化既否定又肯定、对西方文化既肯定又否定的纠结中，选择了马克思主义。这是由当时中国社会特定环境所决定的。马克思主义经由中国先进分子传播至广大民众，并渐次为民众所接受和信仰，从而使马克思主义由理论形态上升为指导民众改造社会的思想武器。此即马克思主义在中国落地生根的“扎根史”，亦即马克思主义在中国的早期传播史。外来文化的输入和传播，通常是外来文化与本土（民族）文化交汇碰撞、求同存异、共生互动的结果。从文化传播学角度看，不仅传播内容要本土化，传播形式也必须本土化。先进分子以其特有的传播技能、熟谙受众心理的本土化传播优势，在中转和输送观点（意见）的过程中，成功地将马克思主义融入中国本土，实现了马克思主义与中国文化、与中国实践的相结合。在各自为战的论争中，在早期传播阶段，先进分子这支庞杂散乱的传播队伍，开始了分化与整合。相投的旨趣，共同的理想，一致的目标，初步将他们凝聚在了马克思主义这面旗帜之下。

自 1852 年起，马克思写了 15 篇关于中国的文章。马克思为中国所写的文章，比任何国家都要多。在马克思看来，中国在“大一统”的皇权、官僚支配下，存在着大量的平民劳动者；比起“等级林立”的欧洲，中国更容易形成政治上的“阶级”，发生社会革命的条件也更为充分。而一旦掌握了革命的原理，中国社会进步的速度就会比欧洲更快。[①] 中国的先

① 参看韩毓海：《伟大也要有人懂——一起来读马克思》，光明日报出版社 2015 年，第 173 ~ 175 页。

进分子，作为马克思主义的原始“受众”和传播“种子”，尽管在政治上分属于不同的“阶级”，却不同程度地为马克思主义在中国的落地、生根、开花、结果做出了不可或缺的实质性贡献。没有他们的客观努力与启蒙拓耕，马克思主义将不会“呱呱落地”，马克思主义生根中国和中国化、大众化很有可能只是虚无缥缈的、遥不可及的、看上去很美的蜃景。

一 马克思主义的开始传入

马克思主义生根中国的传播史，就是马克思主义中国化的初始阶段，亦即马克思主义早期传播阶段。从传播要素解析，应包括传播者（主体）、传播内容、传播渠道（媒介）、受众、传播效果这五要素。马克思主义传播的主体，为中国各地的“先进分子”①；传播内容为马克思主义，传播渠道为从东（日本）、西（西欧）、北（苏俄）三个方向，传播媒介为报纸杂志等，传播对象（受众）为广大工农民众，传播效果则是实现了马克思主义在中国的落地生根和中国化、大众化。在马克思主义早期传播阶段，在马克思主义从理论到实践的落地阶段，中国先进分子（观点或者意见领袖）承上启下的过渡作用，至为关键且不可或缺。他们也无可非议地成为这一时间段的历史主角。

马克思主义传入中国的时间，在19世纪末。真正在中国传播，一般要上溯至20世纪的五四运动、辛亥革命，或者更前些。马克思主义生根中国的历史，同时也是中国共产党诞生的历史。马克思主义在中国的成功落地，已经昭示着中国共产党的受孕着床。中国共产党的成立，便是马克思主义生根中国的新生命的第一声呐喊。毛泽东即主张：“研究中国共产党的历史，还应该把党成立以前的辛亥革命和五四运动的材料研究一下。不然，就不能明了历史的发展。”② 辛亥革命既成功又失败、中国社会既前进又更混乱、人民群众刚开始觉醒但生活又未根本改善，辛亥革命后这

① “中国先进分子”这一称谓及其提出，请参看胡绳主编：《中国共产党的七十年》，中共党史出版社1991年版，第6～7页、第17～18页。中共中央党史研究室著：《中国共产党历史》（第一卷上册），中共党史出版社2011年版，第48页等，沿用了这一说法。

② 毛泽东：《如何研究中共党史》（1942年3月20日），《毛泽东文集》第2卷，第404页。

种“特殊历史环境给予了创建中国共产党的特殊历史契机”[1]。这种“特殊历史环境”“特殊历史契机”，成为马克思主义生根中国的基本土壤和适宜环境。

马克思主义从社会思潮之一跃升为先进分子改造社会的首选思想武器，既与马克思主义本身的科学性、先进性有直接关系，又与当时中国社会处于大变革、大思考的特定社会环境有必然联系。中国社会结构的悄然变动，构成当时中国思想界发生剧烈变化的经济基础。1914 年至 1919 年，中国民族资本主义经济“在短时间内得到相当迅速的发展”，新设厂矿 379 个，平均每年增设 63 个。1919 年五四运动前夕，产业工人已成为一支日益重要的社会力量，种种社会问题“越来越引起人们的关注，这就为中国人接受马克思主义提供了客观的社会基础”，社会上由此形成了“一个比辛亥革命时期更庞大的知识分子群”，“出现了一个新的远为壮大了的阵营”。[2] 这个新近壮大的阵营，就是经过了初步的分化与整合，由于共同理想而自发凝聚在了一起的中国先进分子群体。

相投的旨趣，共同的理想，一致的目标，吸引着先进分子开始了在马克思主义麾下的集结。在马克思主义早期传播阶段中，中国先进分子“不是把马克思主义当做单纯的学理来探讨，而是把它作为观察国家命运的工具加以接受的。尽管理论准备并不充分，他们一旦学得了马克思主义基本原理，就以此为指导，积极地投身到群众斗争中去。”[3] 这是对马克思主义传播史的一种宏观把握，表述较为准确。这番话表述重点为：这时，先进分子已自发地将马克思主义作为一种思想工具，而不是仅仅视为“单纯的学理”。“学理探讨”，即马克思主义与中国化相结合。经此环节，马克思主义开始转入从理论到实践的“落地阶段”。以马克思主义为指导进行的“群众斗争”，即马克思主义与中国实践相结合，表明了马克思主义开始在中国生根。而生根过程，不是一蹴而就完成的。

马克思主义成为先进分子的一种思想工具，也经过了一个比较漫长的过程。有研究者明确指出，马克思主义在中国传播，是一个“长期、复杂、有时又是充满着矛盾的过程”，一些零星材料虽然早已传入中国，

① 刘宋斌：《论辛亥革命对中国共产党创建的历史推动作用》，《中共党史研究》2011 年第 10 期，第 46 页。

② 《中国共产党的七十年》，第 11 页。

③ 《中国共产党的七十年》，第 18 页。

“但在伟大十月社会主义革命胜利之前，中国实际上并不了解马克思主义。只有极少数知识分子掌握这些材料，而且他们感兴趣的首先是科学共产主义奠基人著作中对资本主义的科学批判。”① 这说明，十月革命之前的中国先进分子，在数量上“只有极少数”，在状态上也处于自发的“任性阶段”。

据考证，关于马克思主义的“这些材料”，最初只是出现在清朝一些外交官员出使西洋的游记（日记）之中，他们对西欧社会主义运动的零星记载还比较质朴，也谈不上“批判”，猎奇大于理性。清同治九年腊月初四（1870 年 1 月 5 日），24 岁的张德彝以“翻译”身份跟随钦差大臣崇厚赴法就“天津教案”一事赔礼道歉②。同治十年正月廿七日（1871 年 3 月 17 日），他先期到达巴黎。翌日，目睹了巴黎公社暴动，对“叛乱”勇士啧啧不已：

> 申初，又由楼下解叛勇一千二百余人，中有女子二行，虽衣履残破，面带灰尘，其雄伟之气，溢于眉宇……叛勇不惟男子犷悍，即妇女亦从而助虐。所到之处，望风披靡。居则高楼大厦，食则美味珍馐，快乐眼前，不知有死。其势将败，则焚烧楼阁一空，奇珍半成灰烬。现擒女兵数百，迅明供认，一切放火拒捕，多出若辈之谋。③

---

① ［俄］K·舍维廖夫：《中国共产党成立史摘记》，译自苏联《远东问题》杂志 1980 年第 4 期，第143～154 页；引自《国外中国近代史研究》（第 3 辑），中国社会科学出版社 1982 年版，第 70 页。

② 张德彝又名张德明，1847 年生于盛京（今辽宁）铁岭，1862 年入同文馆，1868 年任翻译随使团访问欧美，1870 年再度赴法，1896 年任日本参赞，1902 年任英国大使，1906 年回国，1918 年病故。他八次出国均写有日记，依次成辑《航海述奇》《再述奇》《三述奇》《四述奇》至《八述奇》，约 200 万字。《随使法国记（三述奇）》记述了凡尔赛军队攻入巴黎、公社战士进行街垒战、旺多姆圆柱被拆除等历史性场面。他还是第一个记载西方标点符号的中国人。崇厚（1826—1893 年），姓完颜，内务府镶黄旗人，咸丰十一年（1861）充三口通商大臣办洋务，同治九年（1870）出使法国为天津教案谢罪，光绪四年（1878）出使俄国时因擅自签订《里瓦几亚条约》被弹劾入狱，后降职获释。参看赵尔巽、柯劭忞等：《清史稿·列传二百三十三》，中华书局 1998 年版。所谓“天津教案”，是指同治九年 6 月，天津望海楼天主堂育婴堂 30 余名孤儿因疫病死亡，民间纷纷传言“外国修女以育婴堂为幌子绑架杀死孩童作药材”，数千民众不明真相，群起围攻该教堂，侨民数十人被杀害。曾国藩代表清政府到天津调查后，确认育婴堂并未伤害孩童。在法国方面的坚决要求下，双方商定：（1）处死中方为首杀人者 18 人；（2）赔银 46 万两；（3）特派使节赴法国致歉。

③ 张德彝：《三述奇》，《航海述奇汇编》，北京图书馆出版社 1997 年版。闫注：由于原引文在公历与阳历换算时有多处错误，在行文时已作纠正。

张德彝《随使法国记（三述奇）》一书有关记载，被认为是“最早对无产阶级社会主义工人运动的反映”。[①] 与此同时，香港《华文日报》《中华新报》等几家报纸也曾报道巴黎公社，“这些报导1871年由王韬汇编成《普法战纪》14卷，传入内地”。[②] 江南制造局编印的《西国近世汇编》，也是中国人了解西方的一个重要窗口，“欧罗巴司”（社会主义）、“廓密尼士”或“康密尼”（共产主义）等新鲜词汇，经常出现在该“汇编”中[③]。显然，早在俄国十月革命之前，“社会主义思潮、马克思主义和国际共产主义运动已为中国人所知”，而这些便是“最早记述社会主义工人运动”的史实[④]。当时知道西方有马克思主义的先进分子，几乎寥若晨星。对于更多民众而言，马克思主义云云无异于“天外之音”，闻所未闻，无关痛痒。

19世纪末20世纪初，中国报刊和书籍中开始出现马克思、恩格斯及其思想的简单介绍，如把马克思译为“马客偲”“麦喀士”等，把恩格斯译为“恩格思”等[⑤]；把马克思主义视为“讲求安民新学”，把马克思领导的第一国际称为“万国工人总会”[⑥]。1902年，梁启超开始于《新民丛报》上发表相关文章，被认为是“最早谈到马克思（当时译为麦喀士）和介绍马克思的社会主义要义”的中国人[⑦]。

马克思主义传入中国的时间，目前学术界主要有三种说法：一说是1898年传入，一说是1899年传入，一说是1902年传入。据考证，1899年2月上海广学会出版的《万国公报》第121期刊载的《大同学》第一章“今世景象”一文，是“迄今所知中文报刊对马克思及其言论的最早介绍”[⑧]。对此，胡绳也曾指出：“1899年，英国传教士在《万国公报》

---

① 韩佳辰：《关于马克思主义在中国传播的史前史的探讨》，《马克思主义研究》1984年第3期，第291页。该书是游历十五国的日记（三卷），其中用一万余言记述了普法战争和巴黎公社的见闻。

② 同上引。

③ 邓剑秋：《马克思主义中国化思想》，人民出版社2009年版，第78页。

④ 韩佳辰：《关于马克思主义在中国传播的史前史的探讨》，《马克思主义研究》1984年第3期，第291页。

⑤ 郝文清：《马克思中译名考》，《中共中央党校学报》2010年第6期。另参看《图书馆杂志》1991年第4期。

⑥ 林茂生：《马克思主义在中国》，书目文献出版社1984年版，第4页。

⑦ 参看刘晶芳：《五四运动与马克思主义在中国的传播》，《史学集刊》2009年第2期。肖铁肩、张相国：《马克思主义的早期传播与中国化》，《湖南省社会主义学院学报》2008年第1期。

⑧ 孙建昌：《马克思主义何时传入中国考略》，《学习时报》2012年3月26日。

中第一次提到马克思和恩格斯的学说”。[①]这位“英国传教士”，即李提摩太。李提摩太于《万国公报》第121期和第123期刊载《大同学》，在论及工人运动、工人罢工时说：

> 其以百工领袖著名者，英人马克思也。马克思之言曰：纠股办事之人，其权笼罩五洲。突过于君相之范围一国。吾侪若不早为之所，任其蔓延日广，诚恐遍地球之财币，必将尽入其手。然万一到此时势，当即系富家权尽之时。何也？穷黎既至其时，实已计无复之，不得不出其自有之权，用以安民而救世。[②]

这些关于马克思主义的介绍，比较粗糙，理解上也不尽准确，并没有产生什么影响，也没有“在人们心中荡起些许的涟漪”。[③] 尽管如此，其发轫之功亦不可埋没。

李提摩太（Timothy Richard）为英国浸礼会传教士，1870年来到中国，最初在山东一带传教。1876年，山东发生严重旱灾，他与教众积极募集物款救灾。1878年，又到山西救灾和传教。1890年，担任《中国时报》中文版主笔。1891—1916年，负责上海广学会工作。[④]《万国公报》前身为《教会新报》（1868年9月5日创刊于上海），1874年9月5日改名为《万国公报》，刊行长达近三十年。[⑤]

中国最早提到马克思及其学说的中文著作，是1899年夏李提摩太委托胡贻谷翻译英人克卡扑（Thomas Kirkup）所著《社会主义史》第七章，以《泰西民法志》之名在上海交付广学会出版。1913年英国人皮司将《泰西民法志》增删重订，由李季翻译、蔡元培作序，1920年重新出版发行。李季译本（中央编译局图书馆收藏该版本）指出：

> 马克思是社会主义史中最著名和最具有势力的人物，他及他的同心朋友昂格斯（即恩格斯）都被大家承认为科学的和革命的社会主

---

① 《中国共产党的七十年》，第10页。

② ［英］李提摩太翻译、蔡尔康笔述：《大同学》，《万国公报》1899年第121卷。

③ 转引张文红：《世纪迷茫中的思想求索马克思主义的早期传播》，《中国社会科学报》2011年6月30日。

④ 参看［英］苏慧廉著，关志远等译：《李提摩太在中国》，广西师范大学出版社2007年版。

⑤ 杨代春：《华人编辑与〈万国公报〉》，《湖南大学学报（社会科学版）》2008年第6期。

> 义派的首领。这一派在文明各国都有代表，而大家对于这一派认为是社会主义中最可怕的新派。①

《泰西民法志》再版后，获得较高评价，被称为是“中国第一部系统讲解欧洲各国社会主义学说的著作，比较全面地介绍了马克思的生平及其学说”。② 它“首次向国内介绍了社会主义与马克思的生平”，标志着“马克思与社会主义首次‘并肩’传入中国”。③ 据此，有研究者认为这是“马克思之名在中国的最早出现”，此即“1898 年传入中国说”之由来。④ 这一提法，一度得到学术界的认同。⑤ 后来，这一提法被研究者考证出“可能有误”，其依据是《泰西民法志》实际出版于 1912 年，“宣统三年岁次辛亥上海商务印书馆代印”，“西历一千九百十二年上海广学会藏版”。⑥其他研究者对这一“说法之误”作了进一步考证：

> 现藏上海中国基督教三自爱国运动委员会图书馆的广学会 1912 年度工作报告（英文）中有当年该会新版（New）和再版（Reprints）书籍的完整目录，《泰西民法志》（History of Socialism (Kirkup) by I. K. Hu）清楚地列于 1912 年新版书之中，并记有印数 1000 册。而 1898 年度的广学会工作报告并无出版此书的记录。另外，笔者还见到《泰西民法志》的译者胡贻谷 1917 年为其老师谢洪赉（又名庐隐）撰写的《谢庐隐先生传》（现藏上海图书馆），书中写道，“著者获遇先生，在一八九八年之初，盖为余初入中西肄业之年也，时年仅十四。”显然，一个初入中西书院学习的 14 岁少年是不可能翻译《泰西民法志》这样的著作的。1912 年出版的《泰西民法志》，书前有译者胡贻谷写于宣统庚戌（1910 年）的序，版权页上印有“上海广学会藏版，上海商务印书馆代印”的字样。⑦

---

① 转引自陆铨亚：《马克思主义何时传入中国》，《光明日报》1987 年 9 月 16 日。

② 唐宝林：《马克思主义在中国 100 年》，安徽人民出版社 1998 年版，第 53 ~ 54 页。

③ 谢宏雯：《“被中心”还是“被边缘”？——以〈新青年·第六卷·第五号〉为中心的考察分析》，《长江论坛》2011 年第 1 期。

④ 陆铨亚：《马克思主义何时传入中国》，《光明日报》1987 年 9 月 16 日。

⑤ 周子东等：《民主革命时期马克思在上海的传播》，上海社会科学院出版社 1994 年版。钟家栋、王世根：《20 世纪：马克思主义在中国》，上海人民出版社 1998 年版。

⑥ 唐宝林：《马克思主义何时传入中国》，《光明日报》1998 年 4 月 3 日。

⑦ 王也扬：《关于马克思主义何时传入中国的一个说法之误》，《马克思主义研究》2000 年第 2 期。

以上考证，基本否定了“1898年传入中国说”。所谓“《泰西民法志》是马克思之名在中国的最早出现”云云，似乎也成为“被媒体炒作”的一场闹剧。[①]

巴黎公社运动，被认为是世界上第一次具有社会主义性质的革命。此后，俄国十月革命，美国反越战运动、黑人民权运动和“占领华尔街”运动，都是巴黎公社运动的继续。巴黎公社运动爆发这年，马克思53岁。巴黎公社运动，也不是恩格斯所设想的工厂工人罢工斗争，而是一场城市运动。巴黎公社邀请马克思撰写一篇成立宣言，马克思三易其稿完成之后，公社已经失败，为公社成立而写的这篇宣言，变成了公社逝去的悼词。这篇伟大的“悼词”，就是著名的《法兰西内战》。[②]

二　马克思主义的初步传播

传播过程中，“偷换概念”现象时有发生。有研究者强调指出，“科学社会主义在华的传播”与“马克思主义在华的传播”，是内涵及影响各不相同的两个概念，“其路径、范式与脉络亦有不同之处”。马克思主义与社会主义（并非科学社会主义）同时于1898年夏传入中国，《泰西民法志》首次向国内介绍了社会主义与马克思生平之后，“马克思主义与社会主义遂在两条不同的路径中进行传播”[③]。早期马克思主义传播者如梁启超、赵必振等人，主张改良社会体制而非社会革命，对于带有革命性质的“社会主义”则不感兴趣。清王朝“预备立宪”彻底失败之后，社会上“革命”之声甚嚣尘上，马克思主义中的“社会主义”才又被重新发现。辛亥革命之后，“社会主义”成为马克思主义在华传播的核心内容，但是这并不是马克思所论述的“科学社会主义”。

---

① 田子渝等：《马克思主义在中国初期传播史》，学习出版社2012年版，“绪论”，第1页。

② 毛泽东晚年曾专门要求全党同志：务必要认真学习《法兰西内战》这篇文献。他认为：全党同志必须组织好群众（走群众路线）并努力为人民群众提供更多、更好的公共服务，才能永葆马克思主义政党的本色。参看：《伟大也要有人懂——一起来读马克思》，第226页、230~231页。

③ 谢宏雯：《“被中心”还是“被边缘”？——以〈新青年·第六卷·第五号〉为中心的考察分析》，《长江论坛》2011年第1期。

马克思主义传入中国，一些留日学生的历史贡献不可忽视。20 世纪初，一些留日学生开始翻译日本研究马克思主义的有关著作。1900 年 12 月，《译书汇编》[①] 在日本东京创刊。创刊号及第 2、3、6、8 期连载日本有贺长雄的《近世政治史》。“西国学者悯贫富之不平等，而为雇工者往往受资本家之压制，遂有倡均贫富、制恒产之说，谓之社会主义”，“1862 年，各国工人领袖均集于万国工人总会”，“麦克司总理全体”。[②] 1902 年，湖南留日学生赵必振译出《二十世纪之怪物帝国主义》，该书系日本著名社会主义思想家幸德秋水著，深入分析帝国主义本质，并介绍了马克思的一些观点。[③] 1903 年 2 月，他又翻译出版《近世社会主义》。[④] 在此书中，“第一次向中国读者比较系统地介绍了卡尔·马克思的生平及其学说”，“还介绍了 15 篇重要参考书目，其中包括《共产党宣言》《资本论》等经典著作，为我国早期马克思主义译著目录之一”。[⑤] 1903 年 2 月，浙江留日学生创办《浙江潮》[⑥]。8 月刊登《最近三世纪大势变迁史》一文，公然宣称“吾视十九世纪之末，二十世纪之初纯乎社会主义之世界矣”。[⑦] 10 月，进一步鼓吹“社会主义者，将以增人间福祉而消除其厄难也，普及之卫生术、治疗术也”，“今社会主义之披靡欧美，如雷奔电掣山摧海啸之奇观者，非共产主义与极端民主主义乎？是故白人之输入品未可漫不介意者。”[⑧] 此文系中国人自己撰写介绍社会主义，并且最早给予社会主义很高评价。作者署名“大我”，显系笔名。1903 年 4 月，江苏留日学生创办《江苏》杂志[⑨]，鼓吹革命和民主共和思想，也对马克思主

---

① 《译书汇编》1900 年 12 月 6 日。《译书汇编》创刊后，每月出版一期，后改为《政法学报》。最初主要译介欧美及日本的政治学说，逐渐涉及法律、经济、外交、历史、哲学，体例也随之有所改变。

② ［日］有贺长雄（Ariga Nagao，1860—1921），国际法专家，1913 年 3 月起出任中华民国政府法律顾问，1919 年辞职。

③ 赵必振（1873—1956），字曰生，号星庵，湖南常德人。1900 年亡命日本，1902 年回上海从事译述工作，8 月翻译出版《二十世纪之怪物帝国主义》一书，由上海广智书局出版。

④ ［日］福井准造：《近世社会主义》，上海广智书店 1902 年版。

⑤ 参看周星林：《赵必振：马克思主义中国传播第一人》，《常德晚报》2011 年 7 月 15 日。

⑥ 《浙江潮》1903 年 2 月 17 日在日本东京创刊，月刊，中国留日学生浙江同乡会主办，积极传播西方社会政治学说，孙翼中、蒋方震、马君武、蒋智由、王嘉榘等任编辑。共出 12 期，每期 60 余页。

⑦ 《最近三世纪大势变迁史》，《浙江潮》1903 年第 6 期。

⑧ 大我：《新社会之理论》，《浙江潮》1903 年第 8 期。

⑨ 《江苏》杂志，江苏留日学生同乡会 1903 年 4 月 27 日在东京创办，月刊，共出 12 期。主编为秦毓鎏、丁文江、陈去病和黄宗仰等。

义作了介绍。

马克思主义一经传入，在社会上即传播开来，受到一部分知识分子的推崇。列宁认为，马克思主义传播“必然产生中国民主派对社会主义的同情”①。持各种政见的知识分子的“加盟”，壮大了马克思主义的传播队伍。梁启超成为最早介绍马克思学说的第一人，相继在《新民丛报》上发表了一系列介绍马克思主义的文章。② 1902 年 10 月，梁启超在《新民丛报》上发表《干涉与放任》一文，指出：近世资本主义社会的自由放任，导致“富者益富，贫者益贫”，必有“社会主义者出而代之”，“社会主义其必将磅礴于二十世纪”③。随后，又发表《进化论革命者颉德之学说》等，赞扬“麦喀士（即马克思），日耳曼人，社会主义之泰斗也。”④“麦喀士（社会主义之鼻祖，德国人，著书甚多）之学理，实为变私财以作公财之一阶梯而颂扬之。”⑤ 这些论述，曾被认为是“中国人对马克思及其学说的最早介绍与评议”。⑥

1903 年 2 月，马君武在《译书汇编》发表《社会主义与进化论比较——附社会党巨子所著书记》一文，“马客司者，以唯物论解历史学之人也。马氏尝谓，阶级斗争为历史之钥”。⑦ 在文后，附有马克思主义著作目录，列举《英国工人阶级状况》《哲学的贫困》《共产党宣言》《政治经济学批判》和《资本论》5 本书，这是“迄今为止所见到的中国最早的马克思主义著作书单”。稍后，他又写了《圣西门之生活及其学说》《佛礼儿学说》，介绍法国空想社会主义者学说，指出傅立叶的社会理想“窒碍甚多”“不可实行”。⑧

踵继留日学生后尘，国民党人也开始传播介绍马克思主义。国民党人的推波助澜，在社会上形成了言必称“马列”新风尚，以至于“当世人

① 《列宁选集》（第 2 卷），人民出版社 1995 年版，第 293 页。

② 参看刘晶芳：《五四运动与马克思主义在中国的传播》，《史学集刊》2009 年第 2 期。肖铁肩、张相国：《马克思主义的早期传播与中国化》，《湖南省社会主义学院学报》2008 年第 1 期。

③ 梁启超：《干涉与放任》，《新民丛报》第 17 号，1902 年 10 月 2 日。

④ 梁启超：《进化论革命者颉德之学说》，《新民丛报》第 18 号，1902 年 10 月 16 日。

⑤ 梁启超：《二十世纪之巨灵托拉斯》，《新民丛报》第 42、43 号合期，1903 年。

⑥ 魏胤亭、杨东：《马克思主义中国化的内在逻辑》，天津人民出版社 2007 年版。

⑦ 马君武：《社会主义与进化论比较——附社会党巨子所著书记》，《译书汇编》第 2 卷第 11 期，1903 年 2 月 16 日。

⑧ 林代昭、潘国华：《社会主义在中国的传播与实践》，北京大学出版社 1991 年版。

士以不知马尔克之名为耻”。其中，以朱执信[①]贡献为最大。1905 年 11 月，朱执信在《民报》第二、三、五号相继发表《德意志社会革命家小传》《论社会革命与政治革命并行》等文，首次介绍了马克思和恩格斯及《共产党宣言》的部分内容。朱执信称，“社会主义学者于德独昌”“马尔克之始创说也”“学说既衍而广，徒党亦日盛”“而其功，实马尔克、拉萨尔、必卑尔等尸之。故不揣颛蒙，欲绍介之于我同胞。翔赡博洽，所未敢云。所期者，数子之学说行略，溥遍于吾国人士脑中，则庶几于社会革命犹有所资也。”[②] 在介绍马克思时，他称“马尔克者，名卡尔（Karl），氏马尔克，生于德利尔（Trier）”；他对于马克思的酣畅文笔，尤为钦佩，“其所为文，奇肆酣畅，风动一时，当世人士以不知马尔克之名为耻”。[③] 在介绍恩格斯与《共产党宣言》时，他说，“初马尔克在巴黎，与非力特力嫣及尔（Friedrich Engels）相友善”，“马尔克既去法，嫣及尔亦从之北游，因相与播其学说于比律悉之日报间，言共产主义者群宗之。万国共产同盟会遂推使草檄，布诸世，是为《共产主义宣言》。马尔克之事功，此役为最。”[④]“马尔克之意，以为阶级争斗，自历史以来，其胜若败必有所基。……各地之平民，其安可以不奋也。”[⑤]“马尔克既草《共产主义宣言》，万国共产同盟会奉以为金科玉律。故颂美马尔克，诟病马尔克者，咸是焉归。然马尔克之他述作固甚伙，常与嫣及尔共著，学者宝贵之。而其学理上之论议尤为世所宗者，则《资本史》及《资本论》也。”[⑥]“马尔克以为：

---

① 朱执信，1885 年生于广东番禺（今广州市），1904 年以广东省第一名官费留日，1905 年加入同盟会，担任同盟会机关刊物《民报》主要撰稿人。1906 年 1 月，撰写《德意志社会革命家小传》一文，介绍了马克思、恩格斯的革命活动和《共产党宣言》《资本论》的片段，最早介绍马克思的阶级斗争学说和剩余价值学说。1907 年回国任教广东高等学堂和两广方言学堂，1911 年参加广州、武昌起义，1915 年后追随孙中山反袁、护法、驱桂，1920 年 9 月遇难。

② 《朱执信集》（上集），中华书局 1979 年版，“绪言”，第 8 ~ 10 页。另，在题目《德意志社会革命家列传》有编者页下注（9 页），指出本篇之题目：《民报》第二号作“小”，第三号作“列”。若按其最早出现，本篇题目实应为《德意志社会革命家小传》，附此略作说明。又，在“马尔克”“必卑尔”页下（8 页、10 页）亦有原注，分别为“今译马克思”“今译倍倍尔”。

③ 《朱执信集》（上集），第 10 页。

④ 《朱执信集》（上集），第 11 页。另，在该页的非力特力嫣及尔（Friedrich Engels）、万国共产同盟会、《共产主义宣言》之后分别有编者所加的页下注，依次为“今译弗里德里希·恩格斯”“今译共产主义者同盟”“今译《共产党宣言》”。

⑤ 《朱执信集》（上集），第 11 ~ 12 页。另，编者已注明了引文内容分别为《共产党宣言》第一章第一句、最末一段，分见今《马克思恩格斯全集》（第四卷），人民出版社 1958 年版，第 465 页、第 504 页。

⑥ 《朱执信集》（上集），第 15 ~ 16 页。

资本家者，掠夺者也。其行，盗贼也。其所得者，一出于浚削劳动者以自肥尔。……马尔克此论，为社会学者所共襄，至今不衰。”① 朱执信节译了以上《共产党宣言》片段，初步介绍了《资本论》，这可能为马克思主义经典著作在中国的最早中译本，他本人也被认为是“中国最早介绍《资本论》的人”。② 通过比较各种社会主义流派，朱执信明确指出：“顾自马尔克以来，学说皆变，渐趋实行，世称科学的社会主义。”③ 鉴于朱执信传播马克思主义的巨大影响力，毛泽东曾称赞他为“马克思主义在中国的传播的拓荒者”④。1945 年，在《中国共产党第七次全国代表大会的工作方针》中，毛泽东又说：“朱执信是国民党员，这样看来，讲马克思主义倒还是国民党在先。”⑤

其他国民党人，在传播马克思主义方面，贡献比较大的还有胡汉民、戴季陶等人。⑥ 胡汉民⑦在研究马克思主义唯物史观方面，有发轫之功，确为当之无愧的先驱者。1919 年 9 月至 1920 年 7 月，胡汉民在《建设》杂志共发表十余篇文章，致力于研究和宣传唯物史观。他从马克思、恩格斯著作中摘译出有关论述，写出《唯物史观批评之批评》一文，介绍唯物史观的基本内容，对唯物史观的意义和阶级属性作了正确论述，“因为这个学说出而社会学、经济学、历史学、社会主义，同时有绝大的改革，差不多划一个新纪元。”⑧ 胡汉民还把唯物史观作为基本方法去研究分析中国哲学、道德伦理、家庭婚姻，撰写《中国哲学史之唯物的研究》《阶级与道德学说》《从经济的基础观察家族制度》等。胡汉民译介了《哲学的贫困》《共产党宣言》《〈政治经济学批判〉序

---

① 《朱执信集》（上集），第 16 ~ 17 页。

② 《朱执信是中国最早介绍〈资本论〉的人》，《马克思主义研究》1986 年第 1 期。

③ 《朱执信集》（上集），第 55 页。

④ 参看张文红：《世纪迷茫中的思想求索马克思主义的早期传播》，《中国社会科学报》2011 年 6 月 30 日。

⑤ 《毛泽东文集》第 3 卷，人民出版社 1996 年版，第 290 页。

⑥ 参看《民主派与马克思主义学说在中国的传播》，《暨南学报》1997 年第 3 期。郭圣福：《五四时期国民党人对社会主义学说的介绍和研究》，《华中师范大学学报》1988 年第 1 期。李泽华：《试论五四时期中国国民党人对马克思主义的介绍与传播》，《广东教育学院学报》2007 年第 6 期。

⑦ 胡汉民 1879 年生于广东番禺，1901 年举人，1902 年、1904 年两度赴日本留学，1905 年加入同盟会，主编《民报》，孙中山主要助手之一，曾任任中华民国临时大总统府秘书长、《建设》杂志主编、中华民国政府总参议、国民党中央常务委员会主等，1936 年病逝。参看陈峰：《胡汉民与中国马克思主义史学的发轫》，《齐鲁学刊》2007 年第 4 期。

⑧ 胡汉民：《唯物史观批评之批评》，《建设》1920 年第 1 期，第 5 页。

言》等，其中许多系首次译成中文。德国汉学家罗梅君评价说，“胡汉民对井田制的研究是从唯物主义的立场出发来解释中国历史现象的首次尝试”。[①] 胡汉民在20世纪20年代“唯物史观的输入传布过程中扮演了一个先驱者的角色”，这些“开拓性研究”，“在当时产生了积极的社会意义”[②]。

戴季陶[③]是国民党内著名的理论家，“理论建设建功卓著，深得孙中山和蒋介石器重”。[④] 五四时期戴季陶以研究社会主义、宣传马克思主义著称，曾发表过许多宣传社会主义、批判资本主义的言论，同时他态度也非常矛盾，对马克思主义“既赞赏又排斥”[⑤]。1919年9月，戴季陶在《建设》发表《从经济上观察中国的乱源》，公开声称“赞同唯物史观”，“中国所有的乱事，根源都是在机器制造品输入一件事上的。所以，说破坏就是经济上的旧物破坏，说建设也就是经济上的新物建设，战争的原因就是在此，一切政治的思想的争斗都是为此。”[⑥] 他重视经济统计，认为这是解析社会问题的基础，“考茨基说十九世纪中叶的马克斯、因格尔斯所以能够发现那一种很深邃的‘唯物史观’，完全是得力于统计学的发达。”[⑦] 1920年3月，戴季陶在《星期评论》发表《劳动运动的发生及其归趣》《我对于工读互助团的一考察》，提出文化运动“一定要加上一个劳动运动的色彩”“有改造社会的热诚和决心而又肯耐苦冒险的青年，舍去一切独善的观念，倘若既不能达工读互助的目的，便拿定普遍救济的目的，投向资本家生产制下的工场去”“要研究也得在那里去找材料；要奋

---

① 罗梅君：《政治与科学之间的历史编纂——30和40年代中国马克思主义历史学的形成》，山东教育出版社1997年版，第57页。

② 陈峰：《胡汉民与中国马克思主义史学的发轫》，《齐鲁学刊》2007年第4期。

③ 戴季陶，1891年生于四川广汉，1905年赴日留学，1909年回国任江苏地方自治研究所教习，后因撰文抨击清王朝受通缉而逃往南洋槟榔屿，主办《光华报》。1911年加入同盟会，1912年回国在上海创办《民权报》，后任孙中山秘书，二次革命失败后逃往日本。1917年任大元帅府秘书长，1919年主编《星期评论》，1920年参与筹建中共上海党组织，中途退出。1920年起草“中国共产党纲领”，后退出共产党。1924年任国民党中宣部部长、黄埔军校政治部主任，1925年从事反共煽惑活动，形成所谓“戴季陶主义”。后任国立中山大学校长、中华民国考试院院长、国史馆馆长，1949年自杀。

④ 张彦伟：《戴季陶与马克思主义》，《中国图书评论》2009年第5期。

⑤ 谭军：《戴季陶对马克思主义的传播与背弃》，《重庆教育学院学报》2010年第5期。

⑥ 戴季陶：《从经济上观察中国的乱源》，《建设》第1卷第1号，1919年9月1日。

⑦ 唐文权、桑兵：《戴季陶集（1909—1920）》，华中师范大学出版社1990年版，第977页。

斗也要在那里去找朋友；要训练也要在那里才有战员；要试验也要那里才是大大的试验所”。[①] 5月，戴季陶在《星期评论》发表《关于劳动问题的杂感》，称“我对于社会主义，希望中国人多研究以马克斯经济学为骨干的科学的社会主义。”[②] 又发表《文化运动与劳动运动》一文，声称“经济是决定人类社会构成形体的，工具是决定经济的组织的。一旦工具发生了大变化，于是生产、分配、交换、交通，一切社会之经济的条件都要随着变化。”[③]

1905年11月，《民报》[④] 在日本东京创刊，发行面非常广，影响也比较大，成为介绍马克思主义水平较高的刊物。据统计，在1905年至1907年先后发表《德意志社会革命家小传》《万国社会党大会略史》《论社会革命与政治革命并行》《无政府党与革命党之说明》《社会主义史大纲》《无政府主义与社会主义》《高非难民生主义者》等文章。还登载孙中山、廖仲恺、宋教仁等介绍马克思主义、社会主义的文章。1919年8月至1920年4月半年多时间，《建设》杂志共刊载马克思主义和社会主义的各类文章约20余篇次，约占全部篇目的15%～20%。[⑤] 1919年6月到1920年6月一年时间，《星期评论》刊载有关文章50余篇，与同时期《新青年》杂志相比，无论数量、质量都毫不逊色。在马克思主义传播早期阶段，在马克思主义的落地阶段，国民党人不但要比共产党人贡献更大，传播时间上也较早。

以孙中山为首的中国资产阶级民主革命派对马克思主义的介绍，近年来国内学术界探讨较多。有些研究者只注意到：民主革命派对马克思主义的介绍，客观上有利于五四时期马克思主义在中国广泛传播和日后共产主义运动在中国逐渐兴起。他们却未注意到：他们的这些介绍，客观上不仅对推进五四时期和五四后马克思主义传播起到了积极作用，而且对于马克思主义与中国文化的相结合，也起到一些积极

---

① 戴季陶：《劳动运动的发生及其归趣》，《星期评论》第41号，1920年3月14日。戴季陶：《我对于工读互助团的一考察》，《星期评论》第42号，1920年3月21日。

② 戴季陶：《关于劳动问题的杂感》，《星期评论》第48号，1920年5月1日。

③ 戴季陶：《文化运动与劳动运动》，《星期评论》第48号，1920年5月1日。

④ 《民报》为同盟会机关报，月刊，前身为宋教仁创办《二十世纪支那》，1908年10月出至第二十四期，被日本政府封禁。

⑤ 颜复萍：《中国近代报刊对马克思主义译介与传播研究》，《边疆经济与文化》2011年第9期。

作用。[1] 有研究者认为，民主革命派“作为中国的非马克思主义者”，在将马克思主义传入中国的过程中“并没有把马克思主义当作中国革命的指导思想，当然也就没有把马克思主义中国化。”[2] 其实，笔者认为，只要对马克思主义采取了“拿来主义”，就是对马克思主义中国化的探索与实践，就是对马克思主义落地阶段的推动。“所有这些客观上对推进早期马克思主义中国化多少还是起了一些积极作用。当然，今人也不能夸大他们客观上所起到的这些积极作用。”[3]

1907年8月，由张继、刘师培等人发起，中国第一个研究马克思主义的团体——社会主义讲习会在东京成立。[4] 他们翻译马恩著作，创办《天义报》，宣传无政府主义，也正面介绍马克思的阶级斗争学说。12月，该报《经济革命与女子革命》一文以附录形式，摘译《共产党宣言》第

---

① 郭圣福：《五四时期国民党人对社会主义学说的介绍和研究》，《社会主义研究》，1988年第1期。该文认为，五四时期以孙中山为首的国民党人由过去宣传各派社会主义学说，转为主要研究、宣传马克思主义的唯物史观、经济学说、阶级斗争和社会革命的理论，“推动和促进了社会主义、马克思主义在中国的传播”，“初步奠定了以后国民党制定的‘三大政策’的思想基础，奠定了以后三民主义同共产主义交朋友、国民党同共产党合作的思想基础”。但该文并未注意到民主革命派关于马克思主义的介绍客观上对推进五四时期和五四后马克思主义中国化也起到了一些积极作用。另请参看陶季邑：《五四时期国民党理论家与马克思主义在中国的传播》，《湖南师范大学社会科学学报》，1993年第1期（《新华文摘》1993年第4期、中国人民大学复印报刊资料《中国现代史》1993年第3期、《高等学校文科学报文摘》1993年第2期转载）。该文也认为，五四时期聚集在孙中山周围的一批国民党理论家称赞了马克思和恩格斯，介绍并宣传了唯物史观中的某些原理，并运用唯物史观中的一些观点来研究中国实际问题和中国历史，还部分地宣传了马克思主义的阶级斗争学说和经济学理论。这在当时客观上有利于马克思主义在中国的广泛传播，并为日后国共两党进行合作准备了思想基础。但该文亦未注意到民主革命派关于马克思主义的介绍客观上对推进早期马克思主义中国化起到一些积极作用。

② 郭德宏：《近十年马克思主义中国化与中国化的马克思主义研究述评》，《党史研究与教学》2004年第4期，第57页。

③ 陶季邑：《民主革命派客观上对早期马克思主义中国化起了积极作用》，《武汉科技大学学报（社科版）》2012年第4期。

④ 日本自由民权运动左翼为日本社会主义运动中势力最大一派，由民权左派出身的幸德秋水为领导者。当时日本一般用“自由社会主义”一词来表现该派的思想。1906年年底，革命党人张继等开始与该派接触，在该派影响和支持下，张继等人在同盟会中别树一帜，成立了社会主义讲习会。社会主义讲习会派在幸德秋水“直接行动”理论指导下，与东京立宪党人的政闻社发生激烈冲突。不久，日本社会主义运动受到明治政府的镇压，波及社会主义讲习会，社会主义讲习会活动逐渐萧条。张继字溥泉，1882年生于河北沧县，1899年留学日本，1905年加入同盟会、任《民报》编辑，1911年回国后任国会第一届参议院议长等，1920年任广东军政府顾问、国民党北方执行部主持人，后历任国民党党史史料编纂委员会主任委员、国史馆馆长等，1947年病死。

二章若干对资本主义婚姻制度批判的段落。[①] 1908 年，该报刊发恩格斯 1888 年为英文版《共产党宣言》所作序言。[②] 在第 16 ~ 19 期合刊中，又刊发“民鸣”据日文版翻译的《共产党宣言》第一章《资产者和无产者》，这也是中国报刊第一次把《共产党宣言》的一章全部译出。“中国革命派中的社会主义讲习会虽在日本活动了一阵子，并与日本的社会主义运动有过联系，……但是在桂内阁对社会主义运动的镇压下终于烟消云散了。”[③] 1908 年 11 月，刘师培[④]夫妇回国，他们创办的《衡报》也已为日本政府封禁，社会主义讲习会至此谢幕收场。

1911 年 7 月，江亢虎[⑤]在上海成立“社会主义研究会”，出版宣传刊物《社会星》（又名《社会》），成为国内“社会主义研究”第一人。11 月，江亢虎召集社会主义研究会特别会议，创建“中国社会党”，自任党首，并出版《人道周报》为机关报。至 1911 年年底，据该党宣传传单称，全国各地建立起支部“四百九十余起”，拥有党员“五十二万三千余人”，党员中知识分子占首位，其次为工商业者、破产农民、手工业者和其他劳动群众。该党还积极宣传男女平等，支持女子参政。[⑥] 有研究者认为，江亢虎领导的中国社会党是“中国第一个宣布自己为社会主义者的政党”[⑦]。“这不仅是中国第一个社会党，也是中国第一个以党命名的政治团体”[⑧]。

1912 年 10 月，孙中山在中国社会党上海总部曾作《社会主义之派别及方法》长篇演讲，宣传马克思主义，“有德国麦克司所出，苦心孤诣，

---

① 震述：《经济革命与女子革命》，《天义报》第 13 期、14 期，1907 年 12 月 30 日。

② 该文由“民鸣”翻译，《天义报》第 15 期，1908 年。

③ 郑匡民：《社会主义讲习会与日本思想的关系》，《社会科学研究》2008 年第 3 期。

④ 刘师培，字申叔，1884 年生于江苏仪征，1902 年中举，1904 年主持《警钟日报》，1907 年赴日留学并加入同盟会，创办“社会主义讲习会”，并与其妻何震创办《天义报》《衡报》。1917 年被聘为北京大学教授，1919 年成立“国故月刊社”，主编《国故月刊》。1919 年病逝。

⑤ 江亢虎，1883 年生于江西弋阳，1901 年赴日本考察，回国后任清政府北洋编译局总办和《北洋官报》总撰，1902 年留学日本，1904 年回国后任刑部主事、京师大学堂日文教习，1911 年在上海成立“社会主义研究会”，后改组为“中国社会党”。抗战时期曾任汪伪政权考试院代理院长等，1954 年病死狱中。参看陈家鹨：《江亢虎：从学者、政客到汉奸》，《文史杂志》1987 年第 6 期；施国斌：《江亢虎沉浮记》，《江淮文史》1995 年第 2 期。

⑥ 蔡登山：《江亢虎：从“弄潮儿”到“落水者”》，《同舟共进》2011 年第 4 期。

⑦ 曾业英：《民元前后的江亢虎》，《历史研究》1980 年第 6 期。

⑧ 蔡登山：《江亢虎：从“弄潮儿”到“落水者”》，《同舟共进》2011 年第 4 期。

研究资本问题，垂三十年之久，著为《资本论》一书，发阐真理，不遗余力，而无条理之学说，遂成为有统系之学理。研究社会主义者，咸知所本，不复专迎合一般粗浅激烈之言论矣。”[①] 廖仲恺在《社会主义史大纲》中认为，“麦喀士（马克思）的学说如决堤洪水，浩浩滔天，势莫能御。”[②]

1912 年 3 月，上海《民权报》刊登一则《中国共产党征集党员启事》：“中国共产党征集同志。本党方在组织，海内外同志有愿赐教和签名者，请通函南京文德桥阅报社为叩。”[③] 同年 4 月，奉天《盛京时报》刊登《中国共产党的政治纲领》。[④] 南京、上海、广州、沈阳、哈尔滨、齐齐哈尔、北京、天津以及满洲里、海参崴等地开始有人以共产党员名义进行活动。这可能是“中国共产党”一词在中国最早出现。不过，这些“共产党”似乎未曾实际存在过，“没有任何资料反映他们具体从事了哪些活动，其组织构成也一概不得而知。”[⑤] 另据中央编译局图书馆收藏“马克思主义传入中国早期的文献收藏情况（1919 年五四运动以前）”统计，这类文献零散点滴的介绍马克思主义，散见于各类报刊，存世量很少，能够查考到的大概有 29 种（参看本章附，第 55 ~ 56 页）。[⑥]

三　传播的早期及影响

在马克思主义“落地阶段”有一个传播早期，其间，不但先进分子积极传播马克思主义，社会上谈论马克思主义也成为盛极一时的“文化时髦”。先进分子虽然政治上的“阶级”不同，对于马克思主义的理解不同，但都促进了马克思主义的传播，扩大了马克思主义的影响。十月革命之前，中国知识分子逐渐从西方社会思潮中发现并开始传播马克思主义。

---

① 《孙中山全集》（第 2 卷），中华书局 1982 年版，第 506 页。亦请参看黄彦编：《孙文选集》（中册），广东人民出版社 2006 年版；吴拯寰编：《中山全书》，上海三良图书公司 1925 年版。

② 廖仲恺选译、[美] 柏律氏著：《社会主义史大纲》，《民报》第 7 号，1906 年 9 月。

③ 《中国共产党征集党员启事》，《民权报》1912 年 3 月 31 日。

④ 《中国共产党的政治纲领》，《盛京时报》1912 年 4 月 28 日。

⑤ 《中国共产党成立史》，第 111 页。

⑥ 张忠耀：《中央编译局图书馆馆藏早期（1949 年以前）马克思主义文献情况概述（一）》。据其介绍，上述 29 种文献实际能够确定的共有 27 种，其中中央编译局图书馆藏有 17 种。

有研究者认为，十月革命前为“早期译介”阶段，十月革命后为“广泛传播”阶段。[①] 在马克思主义传播的早期阶段，传播媒介主要是各种进步报刊。从早期宗教刊物《万国公报》、在国外创刊的《译书汇编》《浙江潮》《江苏》《民报》《天义报》，到国内《新民丛报》《东方杂志》《新世界》《每周评论》《国民公报》《晨报副刊》《学灯》等，都先后介绍过马克思恩格斯的思想和著作。这些知识分子，几乎都有留学日本背景，他们成为传播马克思主义的主体，日本则成为当时马克思主义传入的主要途径。

> 与戴季陶等国民党人共同活跃于上海论坛、从事马克思主义研究的，是曾经留学日本的知识分子，或者留日学生。以数次到过日本的陈独秀为主，上述李汉俊、陈望道、施存统、周佛海和李达等都属于这一群体。……他们基本属于辛亥革命后接受教育的比较年轻的一代。共产党的前身即上海的共产主义小组的大部分成员都曾留学日本。……曾经参与上海共产主义小组的人，都承认从日本留学回国者对当时在中国介绍马克思主义的贡献。[②]

在传播早期阶段，人们对于当时的社会主义学说认识朦胧，并不深刻，“如隔着纱窗看晓雾，社会主义流派，社会主义——都是纷乱，不十分清晰的。”[③] 他们对马克思主义的认识仅仅是“感性的认识”[④]。传播范围也非常有限，仅局限于一小部分知识分子之间。胡绳认为，这时候传播马克思主义的“条件还不成熟”“没有产生多大影响”。[⑤]有研究者认为，马克思主义未能广泛传播的原因是由于封建主义思想的禁锢、资产阶级的阶级局限、无产阶级力量的弱小、没有像第一国际时期那样的国际环境，“致使马克思主义只能被资产阶级曲解而得不到传播，更不能对中国社会

---

① 王红霞：《十月革命前后马克思主义在中国的两个阶段比较研究》，《济宁学院学报》2011 年第 5 期。

② 《中国共产党成立史》，第 35 页。

③ 瞿秋白：《瞿秋白诗文选》，人民文学出版社 1982 年版，第 34～35 页。

④ 魏胤亭、杨东：《马克思主义中国化的内在逻辑》，天津人民出版社 2007 年版，第 116 页。

⑤ 《中国共产党的七十年》，第 10 页。

生活产生实际的影响”[1]。即便如此，这种“感性认识”所起到的社会启蒙作用，也是难能可贵，值得肯定。对此，尤其不宜忽视当年的“历史语境”，更不能用现代眼光及标准去苛求前人。所谓“粗浅”“肤浅”“零碎”“非科学”“不准确”“歪曲”云云，这些都是今人“下得过于草率的结论”。[2] 在对待这一问题上，必须充分考虑到马克思主义传播“早期”这一特定阶段的历史局限性，不能站在当下的高度率意地去割断历史自身的发展联系，必须“始终注意从总体上、相互联系上和精神实质上去全面地正确地把握，不能搞片面性，否则是学不好用不好这一理论的。”[3]

十月革命胜利后，中国先进分子耳闻目睹“十月革命第一次把社会主义从书本上的学说变成活生生的现实”，开始接受并向工农群众传播马克思主义。[4] 石川祯浩概括说：

> 1919 年下半年，在上海最积极地宣传社会主义学说的国民党系的知识分子，其刊物有《民国日报》、《星期评论》、《建设》等报刊，代表人物则是戴季陶、沈玄庐、胡汉民、邵力子、朱执信、廖仲恺等。……国民党的理论家们，早在清末与梁启超等保皇派展开“革命与改良”论战的时候，就曾经宣传过包括马克思主义在内的西方社会主义思想。因此，五四运动这个前所未有的群众运动日趋高涨的形势，再次引起他们对社会主义思想的关注，也是有其缘由的。[5]

学界认为，中共方面“李大钊是举起十月社会主义革命旗帜的第一人”[6]。在马克思主义中国化的早期阶段，李大钊首次系统地介绍、传播马克思主义[7]。1918 年7 月，李大钊在《言治》季刊上发表《法俄革命之

---

① 陈其贵：《“五四”运动后马克思主义在中国广泛传播的原因浅析》，《建设高教理论与实践》1997 年第 4 期。

② 《马克思主义在中国初期传播史》，第 32 页。

③ 江泽民：《论中国特色社会主义（专题摘编）》，中央文献出版社 2002 年版，第 14 页。

④ 《中国共产党的七十年》，第 10 页。

⑤ 《中国共产党成立史》，第 23 页。

⑥ 《中国共产党的七十年》，第 10 页。

⑦ 薛兆瑞：《马克思主义中国化的历史进程》，《中共太原市委党校学报》2008 年第 5 期。

比较观》，阐述十月革命与法国资产阶级革命的区别，号召人们研究十月革命的经验，迎接这个世界的新曙光。[①] 此后，李大钊又在《新青年》发表《庶民的胜利》和《布尔什维主义的胜利》，热情歌颂俄国十月革命。[②] 1919 年 5 月，李大钊帮助《晨报》副刊开辟“马克思研究”专栏，在半年时间内该专栏共发表了五种论著：马克思的《劳动与资本》，考茨基的《马氏资本论释义》、河上肇的《马克思唯物史观》等，此外还用一定篇幅发表一些革命领袖（马克思、列宁、李卜克内西等）的传记和介绍国际共产主义运动情况的文章。[③] 在《新青年》上发表《我的马克思主义观》，第一次系统介绍了马克思主义的三个组成部分。[④]

李汉俊、施存统、周佛海、袁振英以及陈独秀、毛泽东、周恩来、邓中夏、瞿秋白、恽代英、李达、彭湃等一批知识分子，也开始接触、研究和宣传马克思主义，积极投身于马克思主义的传播队伍之中。他们认为，“要改造社会，须从根本上谋全体的改造，枝枝节节地一部分的改造是不中用的。”[⑤] 为了介绍、传播和研究国外各种新思潮，他们纷纷撰写文章、创办刊物或成立社团。“当时，鼓吹新思潮的刊物如雨后春笋，先后出现 400 多种。”[⑥] 这些马克思主义传播先驱，“形成一个比辛亥革命时期更庞大的知识分子群”[⑦]。他们以《新青年》《每周评论》《建设》《民国日报》等刊物为主要阵地，推动了马克思主义在中国的早期传播。据统计，五四时期在报刊上发表的介绍马克思主义的文章多达 200 多篇，其中很大一部分是马克思、恩格斯著作的译文。[⑧] 施存统仅 1921 年一年间发表 50 篇文章，1919—1921 年发表了 103 篇，李汉俊 1919 年 8 月—1922 年春发表近 100 篇，袁振英 1920 年 8 月—1921 年 8 月发表 40 篇，周佛海 1919—1922

---

① 李大钊：《法俄革命之比较观》，《言治》季刊 1918 年 7 月 1 日。参看刘埜：《介绍李大钊同志的一篇具有重要历史意义的文献——“法俄革命之比较观”》，《历史研究》1956 年第 7 期。

② 朱乔森、黄真：《关于〈庶民的胜利〉的发表和〈Bolshevism 的胜利〉的写作》，《历史研究》1980 年第 4 期。

③ 祖丽米热·祖农：《评价李大钊对马克思主义中国化的贡献》，《时代报告》2012 年第 6 期。

④ 参看郭磊：《浅谈马克思主义中国化的开端——以李大钊的〈我的马克思主义观〉和陈独秀的〈谈政治〉为例》，《群文天地》2011 年第 23 期。

⑤ 存统：《“工读互助团”底试验和教训》，《星期评论》第 48 号（劳动纪念号），1920 年 5 月 1 日。

⑥ 中央党史研究室：《中国共产党历史》（第一卷上册），中共党史出版社 2011 年版，第 43 页。

⑦ 《中国共产党的七十年》，第 10 页。

⑧ 《中国共产党历史》（第一卷上册），第 47 页。

年发表30篇[①]。在马克思主义早期传播史上，他们做出了很大贡献。中共党史专家胡绳总结说：

> 1899年英国传教士在《万国公报》中第一次提到马克思和恩格斯的学说以来，资产阶级的维新派如梁启超和革命派如朱执信等都曾对马克思及其学说作过某些介绍。但在十月革命以前，马克思主义在中国并没有得到正确的阐释，也没有为人们重视。那时，中国社会接受马克思主义的条件还不成熟，这种学说没有在中国产生多大影响。[②]

胡绳对马克思主义早期传播史的总体把握非常精确，指出了其传播的历史局限性，肯定了中国共产党人之外的“资产阶级的维新派和革命派”做出了较大贡献。但是，在中共中央党史研究室出版的《中国共产党历史》（第一卷上册）涉及相关内容时，并没有提到“资产阶级的维新派和革命派”，而只是代之以“中国先进分子”，并进一步指出了中国先进分子传播马克思主义的一个明显特点，即他们特别重视传播阶级斗争和社会发展的学说，并把马克思的阶级斗争学说看作是联系马克思主义其他原理的一条“金线”。又概要指出，中国先进分子中的“大多数人没有条件直接阅读外文版的马克思主义著作，没能系统地学习马克思主义和研究中国的实际情况，因而存在着理论准备不足的弱点，……他们深入到工厂、农村进行社会调查，了解民众的疾苦，并用通俗易懂的语言向工人宣传马克思主义，推动了马克思主义与中国工人运动的结合。”[③] 这从另一个角度说明马克思主义“大众化”——从知识分子群体到工人、民众——的过程中，中国先进分子确实起到了巨大作用。

中国“四大副刊”——《晨报》的《晨报副刊》，《京报》的《小京报》，《民国日报》的《觉悟》，《时事新报》的《学灯》。除《小京报》外，“在五四时期都曾积极介绍社会主义学说”[④]。但是，关于五四时期马

---

① 《马克思主义在中国初期传播史》，第46页、第40页、第59页、第42页。

② 《中国共产党的七十年》，第10页。

③ 《中国共产党历史》（第一卷上册），第49页。

④ 《中国共产党成立史》，第6页。

克思主义在中国传播的一些问题，“许多至今尚没有答案”“除了马克思、恩格斯、列宁的所谓经典著作以外，到底是谁翻译出版了什么样的书籍，则连一个概述也见不到。”[①] 关于马克思、恩格斯、列宁的著作翻译情况，中共中央马克思恩格斯列宁斯大林著作编译局马恩室编：《马克思恩格斯著作在中国的传播》[②]；北京图书馆马列著作研究室编：《马克思恩格斯著作中译文综录》[③]；北京图书馆编：《列宁著作在中国（1919～1922年文献调研报告）》[④]；《社会主义思想在中国的传播（资料选辑）》[⑤]。这些比较全面地收录了在中国发表的有关社会主义的文章。但是，这些目录和资料集都没有涉及翻译底本的问题。而且，“当时的汉译基本上都是从日语或英语转译的，但却完全没有考察译自何种底本。”[⑥]

传播早期阶段，传播内容主要为唯物史观、社会进化论、经济学（剩余价值论）和科学社会主义。[⑦] 马克思主义之所以能够传播和为知识分子与广大民众接受，经历了一个反复选择的“艰苦过程”。“第一，通过对各种主义和思潮的辨析、比较，逐步确立了马克思主义的信仰；第二，通过社会实践，认识到马克思主义是科学的革命理论；第三，通过思想论争，即批判改良主义、温和社会主义和无政府主义，扩大了马克思主义的理论阵地；第四，通过教育争取，引导青年走上马克思主义的道

---

① 《中国共产党成立史》，第7页。

② 中共中央马克思恩格斯列宁斯大林著作编译局马恩室编：《马克思恩格斯著作在中国的传播》，人民出版社1983年版。

③ 北京图书馆马列著作研究室编：《马克思恩格斯著作中译文综录》，书目文献出版社1983年版。

④ 北京图书馆编：《列宁著作在中国（1919～1922年文献调研报告）》，书目文献出版社1995年版。

⑤ 《社会主义思想在中国的传播（资料选辑）》，共6册，中共中央党校科研办公室1985年、1987年版。

⑥ 《中国共产党成立史》，第56页。

⑦ 康凤云、张艳国：《近年来李大钊传播唯物史观研究述评》，《江汉论坛》2007年第12期。杨鹏、马婷婷：《试述马克思主义唯物史观与史学术语在中国的早期传播》，《海军工程大学学报》2009年第4期。李波：《进化论对马克思主义哲学在中国早期传播的影响——以李大钊为例》，《西北工业大学学报》2008年第4期。孙建华：《论马克思主义在中国的早期传播及其中国化的基础——从进化论“道”之裂变到唯物史观的确立》，《河南社会科学》2010年第1期。卫兴华：《马克思主义经济学在中国的早期传播》，《青岛行政学院学报》2001年第1期。李德学、于景洋、姜思学：《马克思主义实践哲学在中国的早期传播》，《北方论丛》2002年第5期。

路。”[1] 五四时期，马克思主义传播被视为具有“三大突出特点”，即“真正揭示中国革命规律的思想武器”“具有科学的开放性”“具有主体的大众性”。[2] 这一时期，马克思主义得到广泛传播。有研究者认为，其原因是十月革命的影响、较好的国际条件、中国社会矛盾和革命形势发展的迫切需要、中国工人阶级队伍的壮大和工人运动发展的迫切需要、思想解放运动发展的结果、五四运动本身的推动和促进。[3] 还有研究者指出，马克思主义主流地位的确立，与第一次世界大战有密切关系，“战争结束后，巴黎和会的召开，……最后终于使他们放弃了对西方资本主义的希望，转而主张走社会主义道路，接受马克思主义。”[4] 由此，马克思主义在中国开始大众化。邓中夏说：“五四运动中有一部分学生领袖（看到了工人阶级的力量），就是从这里出发往民间去，跑到工人中去办工人学校、去办工会。”[5] 有研究者认为，自马克思主义传入中国至今，马克思主义大众化先后产生“启蒙—解释”范式、“民族—本土”范式、“大众—人本”范式；在传播早期阶段，传播者（观点领袖）用自己理解的马克思主义解释、启发民众。[6]

1920 年，共产国际代表维经斯基来华和中国共产党早期组织成立后，马克思主义开始进入有组织、有计划传播阶段。[7] 1921 年 6 月，张太雷向共产国际第三次代表大会提供的书面报告中，详细汇报了中共早期组织的工作，其中就有马克思主义早期传播的情况。报告指出，大约在 19 世纪末本世纪（20 世纪）初，包括马克思主义在内的社会主义传入中国；十月革命之后，“中国知识分子和学生才开始认真研究马克思主义理论。……1919 年学生运动发生后，学生对马克思主义的兴趣更大了。几乎所有与新文化运

---

① 陈志勇、崔国才：《五四社会思潮与马克思主义主流地位的确立》，《南京政治学院学报》2000 年第 3 期。

② 张德旺：《五四时期马克思主义传播历史特点评议》，《哈尔滨工业大学学报》2003 年第 1 期。

③ 陈其贵：《“五四”运动后马克思主义在中国广泛传播的原因浅析》，《建设高教理论与实践》1997 年第 4 期。

④ 林志友：《第一次世界大战与中国共产党的成立》，《河南职业技术师范学院学报》2003 年第 4 期。

⑤ 邓中夏：《邓中夏文集》，人民出版社 1983 年版，第 430 页。

⑥ 参看林国标：《马克思主义大众化的基本范式及其演变》，《中共中央党校学报》2010 年第 3 期。另请参看孟献丽等：《马克思主义中国化、时代化、大众化关系辨析》，《贵州师范大学学报（社科版）》2012 年第 4 期。

⑦ 参看王明钦：《中国共产党的早期组织对传播马克思主义的贡献》，《史学月刊》1991 年第 4 期。

动有联系的杂志，都刊登关于马克思主义社会主义的文章。”① 不久，马克思主义研究会②等组织成立，《唯物史观》《社会主义史》《阶级争斗》等马克思主义书籍相继出版。上海共产主义小组成立后，专门成立了出版部，印刷《共产党宣言》《〈政治经济学批判〉导言》《共产党纲领》《共产党人是什么样的人》《苏维埃俄国》等，并计划将《社会主义者袖珍丛书》译成中文出版。③ 这份文件，大概是迄今所发现中国共产党早期组织关于马克思主义传播的第一份原始资料。

1921 年 6 月，《共产主义与知识阶级》一书在汉口印行。该文共 5600 余字，小 32 开本，作者田诚生平不详。“在当时的历史条件下该文代表了我国早期马克思主义者的最高认识水平”。④ 中共一大后，中共中央局成立宣传部和人民出版社，印刷马克思、列宁著作。根据 1921 年 9 月《新青年》第 9 卷第 5 号刊登的《人民出版社通告》，计划出版马克思列宁主义书籍 59 种，其中“马克思全书”15 种，“列宁全书”14 种。据统计，1921 年年底至 1922 年上半年，出版的全书和丛书有 17 种。⑤ 1922 年 5 月，中共在各地举办各种纪念活动，各地报刊开辟劳工运动和宣传马克思主义的特刊，散发马克思纪念册 2 万本，形成了建党后第一个宣传马克思

---

① 《共产国际、联共（布）与中国革命文献资料选辑（1917～1925）》（2），北京图书馆出版社 1997 年版，第 165～166 页。第 176 页。张太雷的这份报告与维经斯基 1920 年 8 月 17 日在上海给俄共（布）中央西伯利亚局东方民族处的信中有关出版部的内容基本相同，信见《联共（布）、共产国际与中国国民革命运动（1920～1925）》（1），北京图书馆出版社 1997 年版，第 31～35 页。

② 北京“马克思学说研究会”是最早出现的研究马克思主义的革命团体。随后，上海“马克思主义研究会”成立。在我国各地早期党组织成立以前，除北京、上海“马克思主义研究会”，其他各地也都曾成立过类似的组织；武汉称“马克思学说研究会”，广州称“马克思主义研究会”，济南称“马克思学说研究会”，长沙称“俄罗斯研究会”。这些“研究会”，对于扩大马克思主义的传播和准备党的成立产生过很大的影响，为建党作了思想上组织上的准备。这些“研究会”的核心成员，后来大部分成为各地党的早期组织的成员和发起人。但这些“研究会”都还不能说就是党的组织。因为当时参加这些“研究会”的成员中，除有相信马克思主义者外，还有各种思潮的人参加，另外在名称上还没有提出“共产党”这个概念。参看周子信：《上海“马克思主义研究会”》，《史学月刊》1984 年第 2 期。另外，北京“马克思学说研究会”有关情况，请参看胡为雄：《党成立前后马克思主义在北京地区的传播》，《学习时报》2011 年 7 月 18 日。

③ 《共产国际、联共（布）与中国革命文献资料选辑（1917～1925）》（2），第 176 页。参看《联共（布）、共产国际与中国国民革命运动（1920～1925）》（1），第 31～35 页。

④ 陈明吾：《在中国马克思主义早期传播语境下对田诚〈共产主义与知识阶级〉一文的解读》，《党史文苑》2009 年第 11 期。

⑤ 《上海革命史研究资料》，上海三联书店 1991 年版，第 137 页。

主义的高潮。[①] 据统计，1920—1949年登载过马克思主义经典文献译文的重要刊物有65种之多，其他重要报刊140余种。[②] “到1920年下半年，马克思主义的一些基本著作如《共产党宣言》《社会主义从空想到科学的发展》《雇佣劳动与资本》等先后被译成中文出版。当时先进的知识分子能读到的马克思主义著作是不多的，他们中有些人如李大钊、陈望道、恽代英、蔡和森、瞿秋白等能从外文阅读马克思主义著作，一般说，他们还没能比较系统地学习马克思主义理论和研究中国的实际情况。”[③]

长期以来，学术界严格区别马克思主义在中国早期介绍与传播之界限，认为介绍者自己并不信仰，只是在介绍西方政治学说，而且往往介绍不准确、甚至有歪曲之处；传播者则将马克思主义作为救世理论，加以皈依。他们据此认为马克思主义在中国初期传播是在十月革命之后。现在越来越多研究者则认为，马克思主义在中国传播形成初潮是在五四运动前后，准确地说是在1919年春到1922年。[④] 这次“初潮”，具体体现在：（一）有一批报刊，如《新青年》《星期评论》《少年中国》《共产党》、上海《民国日报》《申报》和《晨报》《时事新报》三大副刊等媒体公开宣传马克思主义，上海社会主义研究社等出版《共产党宣言》等一批马克思主义著作。（二）有一批团体，展开学习、研究、宣传马克思主义，如北京、上海的马克思主义研究会、长沙新民学会、天津的觉悟社、武昌的利群书社等。（三）有一批具有初步共产主义思想的知识分子，如李大钊、陈独秀、李汉俊、李达、施存统、毛泽东、周恩来等等。由于受历史和自身条件的限制，早期共产党人马克思主义理论水平不高，马克思主义中国化的早

---

① 张兆根：《五四运动后至建党前马克思主义大众化进程的历史考察》，《北京科技大学学报（社科版）》2011年第1期。

② 参看张忠耀：《中央编译局图书馆馆藏早期（1949年以前）马克思主义文献情况概述（一）》。据其介绍，上述29种文献实际能够确定的共有27种，其中中央编译局图书馆藏有17种。

③ 中共中央党史研究室：《中国共产党历史》（上卷），人民出版社1991年版，第38~39页。

④ 相关论述，请参看邸乘光：《五四时期马克思主义在中国广泛传播的历史条件》，《安徽史学》1999年第3期。齐卫平：《五四运动前后马克思主义在中国传播的两个阶段比较研究》，《河南师范大学学报（哲社版）》2003年第5期。李莹：《五四运动前后马克思主义大众化传播的特点》，《魅力中国》2009年第10期。

期探索“历经挫折和失败”[①]。

探讨马克思主义早期传播史，所谓“三次论战”[②] 几乎成为研究者的必选内容。以往从阶级斗争角度，将此问题看作胡适在向马克思主义运动发动的“猖狂进攻”。近年来，学术界出现不同解读。一种观点指出，胡适反对空谈外来的一切主义，并非特意针对科学社会主义，因此不应将胡适“问题与主义”的观点视为反马克思主义的思潮；一种观点认为，从论战双方实际情况看，不能说以李大钊为代表的马克思主义一方已经胜利“驳倒”了以胡适为一方的社会改良主义谬论，而是双方都扩大了影响。2000 年 4 月，在修订《中国共产党历史》（上卷）时，与会学者一致认为：这一论争是朋友间的学术论争，“说它如何反动显然是不对的”。[③] 论争结果，促进了“马克思主义得到更加广泛的传播”。[④] 青年毛泽东即是胡适“问题与主义”的“热心鼓吹者和身体力行者”。[⑤]

胡适对革命青年的深远影响，是远为人们所忽视的。胡适曾三次来济南演讲，1919 年 12 月 24 日，胡适担任美国哥伦比亚大学杜威翻译，到济南讲学，作了题为《新人生观》的演讲。[⑥] 1922 年 7 月，胡适演讲完毕返回北京，他对山东省议会改选十个月还选不出议长一事予以评论说：“我细看山东的情形，还不至十分绝望。”[⑦] 山东进步青年学生王尽美、王志

---

① 汤婕、冯新宇：《马克思主义在中国的早期传播及其中国化》，《柳州职业技术学院学报》2010 年第 1 期。

② 所谓“三次论战”，是指早期马克思主义者与实验主义者（胡适）展开的“问题与主义”、基尔特社会主义和无政府主义的论战。一般认为，“三次论战”初步解决了中国革命的四个根本问题：第一、要不要马克思主义？争论结果是中国必须以马克思主义作指导思想。第二、要不要社会主义？争论结果是只有社会主义才能救中国。第三、要不要无产阶级政党？争论结果是中国完全具备了建立无产阶级政党的条件。第四、要不要无产阶级专政？争论结果是只有无产阶级专政才能消除阶级，实现“无阶级”的共产主义。中国近代社会众多的思潮和主张既有对立的一面，也有互为推动的同一方面，研究应该排除那种“非此即彼”的思维方式，在特定的历史环境中考察任何“主义”和“主张”。请参看姚芳藩：《我对五四时期三次论战中几个问题的看法——〈五四时期马克思主义反对反马克思主义思潮的斗争〉一书读后感》，《学术月刊》1961 年第 12 期。李晓梅：《马列主义在中国初期传播三次斗争的启示》，《群文天地：下半月》2010 年第 10 期，第 253 ~ 254 页。

③ 胡绳遗著：《“论从五四运动到人民共和国成立”》，《中共党史研究》2001 年第 3 期。

④ 王树荫、温静：《论马克思主义在中国早期的传入与传播》，《思想政治教育研究》2011 年第 6 期。

⑤ 郭建宁：《20 世纪中国马克思主义哲学》，北京大学出版社 2005 年版，第 30 页。

⑥ 徐彦之：《济南两周见闻记》，《晨报》1920 年 1 月 23 日。

⑦ 《努力周报》第十号，1922 年 7 月 9 日。

坚、邓恩铭等人创办励新学会并印行《励新》半月刊杂志，他们宣称“所以要发行这种半月刊”，就是为了解决“种种的问题”“给他讨论一个解决的方法，好去和黑暗环境奋斗”。①仔细研究可以发现，胡适的“‘研究问题、输入学理’是新思潮的手段”这些思想，业已成为励新学会“本会以研究学理促进文化为宗旨”。胡适之于山东青年，乃至早期山东党组织成员的影响，于此可见一斑。

四　早期传播史的阶段划分

在五四运动前后的社会改造思潮中，研究系②以罗素为精神导师。罗素（Betrand Russell）来华之前，他认为自己找到的社会改造方案为“基尔特（Gulid）社会主义”。1920 年 9 月至 1921 年 7 月，罗素来华讲学。离开中国之际，罗素在临别赠言中给出中国走上自由之路的方案却并非“基尔特社会主义”，而是“国家社会主义”。研究系对罗素大为不满，依然坚持“基尔特社会主义”道路。③ 基尔特社会主义否定阶级斗争，鼓吹在工会基础上成立专门的生产联合会来改善资本主义。在中国，宣传基尔特社会主义的主要人物有张东荪、梁启超等，主要阵地为二刊一报——《解放与改造》、《社会主义研究》和《时事新报》。④ 基尔特社会主义论战，起始时间迄今还没有搞清楚，研究缺乏深度。⑤ 有研究者认为，最早批判基尔特社会主义的，不是 1920 年年底由张东荪发表《由内地旅行而

---

① 《励新》半月刊第一卷第一期，1920 年 12 月 15 号。

② 研究系得名于 1916 年在北京成立的“宪法研究会”，其领袖人物为梁启超、汤化龙等，主办《晨报》。研究系坚持改良，曾经在政治上先后依附袁世凯、段祺瑞军阀势力并与国民党对立。中国国民党与马克思主义者均憎恶研究系，1917 年 9 月国民党雇佣刺客在海外枪杀了汤化龙，1925 年 11 月，国民党骨干朱家骅带领激进青年学生烧毁了《晨报》馆。关于研究系，参看彭明：《“五四”前后的研究系》，《历史教学》1964 年第 1 期。彭鹏：《研究系与五四时期新文化运动》，中山大学出版社 2003 年版。郝涛：《研究系与五四运动》，硕士论文，吉林大学，2007 年。

③ 参看王艳勤：《罗素访华与研究系的基尔特社会主义思想》，《湖北文理学院学报》2012 年第 6 期。

④ 《解放与改造》1919 年 9 月创刊，半月刊，32 开本，共出 2 卷 24 期；从 1920 年 9 月第 3 卷第 1 号改名为《改造》，改为 16 开本，编辑部由上海转移至北京。系梁启超“共学社”的机关报刊。《社会主义研究》旬刊是《时事新报》的副刊，1921 年 9 月 16 日创刊，1922 年 6 月停刊；《时事新报》是研究系在上海的机关报，主编张东荪，1911 年 5 月创刊。

⑤ 《中国近代社会思潮》第 2 卷第六编第二章“基尔特社会主义的流传”，对该思潮在中国的情况作了较为全面的扫描。

得之又一教训》一文引发，而是在此前6个月，李汉俊在上海《星期评论》第20号（1920年5月）发表《浑朴的社会主义者底特别的劳动运动意见》就已展开；李汉俊则为“批判基尔特社会主义的最早斗士”。[①]“具有改良性质的基尔特社会主义学说不能满足现实的需要”，其传播“最终以失败告终”。[②]

无政府主义产生于19世纪80年代末期，从欧洲、日本传入中国，于20世纪40年代破产。[③] 无政府主义是当时影响最大的一种思潮，据统计，专门宣传无政府主义的书刊达70余种之多。无政府主义思潮，特别是克鲁泡特金的无政府共产主义和互助进化论，在知识分子和早期马克思主义者之间“广为流传”。[④] 20世纪20年代初，马克思主义与无政府主义发生了一场“论战”。[⑤] 关于无政府主义，以往研究定势认为它是马克思主义在中国传播的障碍。其实，无政府共产主义在中国传入时间更早，而且是作为一种“先进思潮”为中国先进分子接受和传播；[⑥] 甚至一度曾为当时“社会意识形态的主旋律”。

新加坡学者顾昕即明确指出：

> 1910年左右，无政府主义便构成了中国现代意识形态的主旋律。20年代末，它奠定了中国激进主义文化的一些基本要素，并在中国激进知识分子当中散播强烈的乌托邦意识，激发起知识分子的浪漫主义的热情和改造社会的冲动。他们相信一个美好的社会即将到来。为此，他们怀抱政治救世主义苦苦求索着革命的道路，并最终选择了马克思主义。[⑦]

---

① 田子渝：《李汉俊是批判基尔特社会主义的最早斗士》，《湖北大学学报》2000年第2期。

② 杨阳：《试析基尔特社会主义在中国的传播》，《广西社会科学》2009年第6期。

③ 汤庭芬：《无政府主义思潮史话》，社科文献出版社2011年版。

④ 参看刘放：《无政府主义对中国早期马克思主义者的影响》，《佛山大学佛山师专学报（社科版）》1988年第1期。罗珍：《马克思主义与无政府主义“论战”新评》，《学术交流》1997年第4期。

⑤ 参看葛懋春：《五四时期马克思主义与无政府主义论战》，《山东大学学报（历史版）》1962年第63期。赵郁方等：《论二十年代马克思主义同中国无政府主义思潮的论战》，《东北师大学报》1983年第1期。李妍：《浅论五四时期马克思主义与无政府主义的论战》，《学术交流》1995年第5期。庄虔友：《五四时期马克思主义与无政府主义的论战述析》，《理论界》2011年第9期。

⑥ 参看匡珊吉：《无政府主义在中国的传播及其破产》，《四川大学学报（哲社版）》1979年第1期。张继良：《无政府主义在中国的传播及影响》，《河北师范大学学报（社科版）》1988年第3期。

⑦ ［新加坡］顾昕：《无政府主义与中国马克思主义的起源》，《开放时代》1999年第2期。

显然，马克思主义在中国传播的早期阶段，它“本身根本不具备政治性”，“实质上并非广受欢迎”。实际上，信仰无政府主义的中国激进知识分子，人数众多，并认为无政府主义是一种理想浪漫的社会主义。这一历史事实，当下研究者“理应不该忽视或回避这些重要的史实”。① 有研究者还认为，无政府主义实为“马克思主义在中国早期传播的思想土壤之一”。②

建党后至中华人民共和国成立前，蔡和森、瞿秋白、李立三、张闻天等在其著作、讲义和文章中，均将马克思主义传播史作为一个重点。③ 延安时期，各抗日根据地党校及其他学校一般都进行中共党史或革命史教育，并将马克思主义传播史作为重要章节宣讲。1949 年，毛泽东在《论人民民主专政》中总结了近代以来先进中国人最终“找到了马克思列宁主义这个放之四海而皆准的普遍真理”④ 的传播历史。民主革命时期，这方面研究几乎没有。

中华人民共和国成立后，马克思主义传播史大致分成两个阶段（第一阶段 1949—1976 年和第二阶段 1976—2000 年）。⑤ 在第一阶段，据不完全统计，发表论著 40 余篇，其中研究文章数量占 85%。20 世纪 50 年代围绕建党 30 周年，全国掀起了一次学习党史热潮。其中《中国共产党三十年》为最权威著作，提出“中国共产党是中国工人运动和马克思列宁主义相结合的产物”⑥。随后，中宣部内部印发了《党史资料》；人民出版社影印出版了《新青年》《星期评论》《共产党》月刊、《先驱》等报刊，整理出版《五四时期期刊介绍》等资料

① 谢宏雯：《“被中心”还是“被边缘”？——以〈新青年·第六卷·第五号〉为中心的考察分析》，《长江论坛》2011 年第 1 期。

② 张琳：《马克思主义在中国早期传播的思想土壤——以无政府主义为视角》，《科学社会主义》2009 年第 2 期。

③ 分见蔡和森：《中国共产党史的发展（提纲）》（1926 年），瞿秋白：《中国共产党历史概论》（1929 年 12 月—1930 年 5 月），李立三：《党史报告》（1930 年）和张闻天：《中国革命基本问题》（1934）。

④ 《毛泽东选集》第 4 卷，人民出版社 1991 年版，第 1470 页。

⑤ 有学者指出，目前有些文章和书籍，将 1966—1976 年单独划成一个阶段，其用意十分的明确。“文化大革命”期间，当时社会上仅流传着两本“党史”：《党内两条路线斗争的历史》《中国共产党历史讲义》（上、下册），将这十年作为一个研究阶段恐怕不够妥当。

⑥ 胡乔木：《中国共产党的三十年》，初稿发表在《人民日报》1951 年 6 月 22 日；后人民出版社发行单行本。

性书籍。[①] 之后，中国科学院历史所三所和上海“一大”纪念馆等率先展开有组织征集史料阶段，相继整理保存了李达、林伯渠、陈望道、沈雁冰、施存统、包惠僧等建党时期老人的一批“口述历史”资料。1957 年苏共中央将共产国际中共代表团一批档案资料交给中共中央，保存中央档案馆。其中，《十月革命对中国革命的影响》[②]等专著和《中国新民主主义革命时期通史》《中国革命史讲义》等书，标志着本专题研究进入专业化层次。60 年代围绕建党 40 周年，全国掀起第二次学习党史热潮。1961 年 6 月，《人民日报》发表董必武谈《中国共产党“一大”的主要问题》[③]（沈德纯、田海燕访问整理），在社会上引起较大反响。《从五四启蒙运动到马克思主义的传播》一书，被认为是研究马克思主义在中国传播的奠基之作。[④]

这一阶段，国外研究成果主要有：（一）陈公博 1924 年撰写的硕士论文《共产主义运动在中国》被发掘出来，论文提供了 20 世纪 20 年代中国共产主义运动的一些新资料，史料价值很高，1960 年在美国初版。[⑤]（二）张国焘《我的回忆》（1966 年）和《中国共产党的兴起》（1977 年）的出版，提供了许多中共党史重大事件的资料。[⑥]（三）60 年代以后，苏联学者充分利用他们在共产国际资料方面的优势，产生了一批具有较高参考价值的成果，其中有《中国马克思主义者为创建中国共产党而奋斗》（M. 加鲁夏仙茨，《亚非人民》1961 年第 3 期）、《共产国际和中国共产主义运动的形成》（B. N. 格鲁宁，载于《共产国际与东方》，莫斯科，1969）、《一篇历史文献——张太雷准备在共产国际第三次代表大会上的发言稿》（M. A. 佩尔西茨，《亚非人民》1971 年第 4 期）等。

---

① 参看马恩列思著作编译局研究室编：《五四时期期刊介绍（第一、二集）》，人民出版社 1958 年版。志敏：《推荐〈五四运动时期期刊介绍〉》，《读书》1959 年第 4 期。

② 丁守和：《十月革命对中国革命的影响》，人民出版社 1957 年版。

③ 董必武：《中国共产党“一大”的主要问题》，《人民日报》1961 年 6 月 28 日。

④ 丁守和、殷叙彝：《从五四启蒙运动到马克思主义的传播》，三联书店，1963 年。全书 323 页。近 25 万字，史料翔实，引用报刊 71 个、书籍 31 部。另外，有研究者称陈力丹：《精神交往论——马克思恩格斯的传播观》一书为“马克思主义传播学的奠基之作”。戴邦：《马克思主义传播学的奠基之作——读〈精神交往论——马克思恩格斯的传播观〉》，《新闻界》1994 年第 3 期。

⑤ 参看陈公博：《共产主义运动在中国》，中国社会科学出版社 1982 年版。

⑥ 参看张国焘：《我的回忆》，东方出版社 1998 年版。

第二阶段为1976年到2000年，以中共建党60周年（1981年）和纪念马克思逝世100周年（1983年）为标志，形成了前所未有的研究高潮。[①] 研究成果有论文千余篇，资料性出版物及学术著作90余部。[②] 国外研究成果以日本学者石川祯浩《马克思主义的传播与中国共产党的成立》（《中国国民革命研究》，京都大学人文科学研究所，1992年），及其《中国共产党成立史》专著当之无愧成为马克思主义中国传播史研究的扛鼎之作。[③]

马克思主义生根中国的传播史，从某种程度上讲也是其中国化、大众化的历史。总结其经验、教训，对于推动当代中国马克思主义大众化将会"有很多有益的启示"[④]。马克思主义中国化研究，以往研究者多从政治思想史角度去评述，现在开始注重从现代化历史进程和文化史的角度去重新

---

① 参看陈文敬：《党史研究的十次高潮与五个特点》，《党史研究与教学》1991年第4期。

② 其中，资料性出版物有：《马克思主义在中国从影响的传入到传播》（清华大学出版社，1983年版）、《五四运动前马克思主义在中国的介绍与传播》（湖南人民出版社1986年版）、《"一大"前后》（三册，人民出版社1980年版）、《中共中央文件选集》第一册（中共中央党校出版社1982年版）、《中国共产党第一次代表大会档案资料》（增订本）（人民出版社1984年版），中央党校、中国人民解放军政治学院、中国人民大学等分别编辑出版的中共党史资料，中央档案馆与北京、上海、江苏、广东、湖北等省市档案馆合编的《共产主义小组》（中共党史资料出版社1987年版）、《上海共产主义小组》（知识出版社1988年版），北京、天津、武汉、广州等地五四运动的资料性书籍，李大钊、陈独秀、李达、李汉俊、毛泽东、周恩来、蔡和森、瞿秋白、劭力子、杨匏安、陈潭秋、张闻天等早期文集和资料汇编，中共中央党史研究室第一研究部组织翻译的《联共（布）、共产国际与中国国民革命运动（1920～1925）》第一卷、《共产国际、联共（布）与中国革命文献资料选辑（1917～1925）》第二卷（以上两本书由北京图书馆出版社出版1997年版）。专著有：唐宝林主编：《马克思主义在中国100年》（安徽人民出版社1997年版），《中国近代社会思潮》第二卷（湖南教育出版社1998年版），《伟大的开端》（中国社会科学出版社1983年版）、《五四运动史》（人民出版社1984年版）、《马克思恩格斯著作在中国的传播》（人民出版社1983年版）、《中国马克思主义哲学传播史》（中国人民大学出版社1988年版）、《马克思主义哲学在中国》（上海人民出版社1991年版）、《五四时期思想史论》（复旦大学出版社1990年版）、《马克思主义史学在中国》（山东人民出版社1992年版），张静如：《中国共产党的创立》（河北人民出版社1981年版）、马连儒：《中国共产党创始录》（中国社会科学出版社1991年版）、劭维正：《中国共产党创建史》（解放军出版社1991年版）、沙健荪：《中国共产党的创建》（湖南教育出版社1991年版）等。

③ 石川先生在此基础上，撰写《中国共产党成立史》，全面回顾了科学社会主义传播到中国的历史过程，附录《中国社会主义书籍解题》和《日中社会主义文献翻译对照表》史料价值颇高，收集94本中文社会主义的书籍，基本理清五四时期日本社会主义的文章和书籍翻译成中文情况。

④ 吴艳东、李强：《马克思主义在中国的早期传播与大众化》，《湖北大学学报（哲社版）》2008年第5期。俞可平等：《马克思主义中国化与中国共产党90年》，重庆出版社2012年版。

审视。有研究者认为，马克思主义会在现代经济非常落后的中国传播，除了政治、经济原因外，文化因素也占有重要的地位。① 从传播学视角研究马克思主义中国化，“开辟了马克思主义大众化的途径”。② “不仅仅是视角的变更和理论层次的完善，事实上也在进一步探索马克思主义中国化更好的途径、方式，追寻马克思主义在中国承继发展的内在规律。”③ “从马克思主义理论传播者的视角，分析马克思主义大众化的现状”“提出马克思主义大众化进程中存在的问题，并进一步探究马克思主义理论传播者在马克思主义大众化过程中的重要作用及积极推进马克思主义大众化的发展途径。”④

外来文化的输入和传播，从来不可能是全面移植或简单相加，而本土的民族的传统文化，也不可能完全被外来文化彻底涤荡。本土化的传播，实现了外来文化与本土文化的共生。马克思主义在中国的“扎根史”，就是马克思主义经过先进分子的传播而不断为中国民众认知、接受和信仰的过程。在中国本土生根的马克思主义，具有了很强的生命力，成为一种新的文化形态。“任何一种传播——无论其参与者是个人、群体还是组织，都必然是一种通过信息的接受和反馈而展开的社会互动行为。”⑤ 在本土化传播中，不仅传播内容要本土化，传播形式也必须本土化。“如果不将马克思主义的语言和内容转换为适合中国的形式，马克思主义是不能得以传播的；马克思主义原来是洋文，如果一种主义连语言表达都不是中文的，那万万是不可能传播并‘中国化’的。”⑥ 先进分子以其特有的传播技能、熟谙受众心理的本土化传播优势，成功地将马克思主义融入中国本土，实现了马克思主义与中国文化、与中国实践的相结合，标志着马克思主义在中国的落地生根。在各自为战的论争中，在早期传播的混沌期，先进分子这支庞杂散乱的传播队伍，开始了分化与整合。相投的旨趣，共同的理想，一致的目标，初步将他们凝聚在了马克思主义这面旗帜之下。

---

① 李建柱：《当代中国马克思主义传播主体研究》，山东大学硕士论文，2011 年。

② 邓文钱：《从传播学视角开辟马克思主义大众化的新途径》，《党史文苑》2012 年第 2 期。

③ 马惊涛、李永枝：《契合与选择—传播视域中的马克思主义中国化》，《中共南京市委党校学报》2010 年第 1 期。

④ 张悦：《从马克思主义理论传播者视角浅析马克思主义大众化》，《传承》2011 年第 26 期。

⑤ 郭庆光：《传播学的研究对象和基本问题（上）》，《新闻界》1998 年第 2 期。

⑥ 肖铁肩、张相国：《克思主义的早期传播与中国化》，《乐山市委党校学报》2007 年第 6 期；又见《胜利油田党校学报》2007 年第 6 期。

“浪漫的热情和改造社会的冲动”，使得他们“政治救世主义”的探索之路，终于有了明确目标和奋斗方向：只有践行马克思主义，才能救中国。[①]

附　早期马克思主义文献情况[②]

1. 《泰西民法志》（即《社会主义史》），1898 年版，编译局藏有 1920 年版《社会主义史》。

2. 《大同学》，《万国公报》第 121 ~ 124 期（1899 年 2 ~ 5 月）连载。

3. ［日］有贺长雄：《近世政治史》（坂崎斌译），《译书汇编》第 1、2、3、6、8 期连载。《译书汇编》1900 年 12 月 6 日在日本东京创刊。

4. 梁启超：《进化论革命者颉德之学说》，《新民丛报》1902 年第 18 期。

5. ［日］幸德秋水：《二十世纪之怪物帝国主义》，1901 年；赵必振 1902 年翻译。

6. ［日］福井准造：《近世社会主义》（赵必振译），上海广智书局，1902 年。

7. 马君武：《社会主义与进化论比较》，《译书汇编》1902 年第 11 期。文后附录了马克思《英国工人阶级状况》（实为恩格斯著）、《哲学的贫困》《共产党宣言》《政治经济学批判》《资本论》等目录。

8. 势伸（朱执信）：《德意志社会革命家小传》，《民报》1905 年第 2、3 号连载。节译了《共产党宣言》和《资本论》的片断，这是马克思主义著作在中国最早的中文节译本。

9. 《欧美社会革命运动之种类及评论》，《民报》1906 年第 4 号。

10. 朱执信：《论社会革命与政治革命并行》，《民报》1906 年第 5 号。

11. 强斋译：《万国社会党大会史》（摘译《共产党宣言》片段），《民报》1906 年第 5 号。

12. 叶夏生：《无政府党与革命党之说明》，《民报》1906 年第 7 号，译介了《共产党宣言》十项纲领的主要内容。

---

① ［新加坡］顾昕：《无政府主义与中国马克思主义的起源》，《开放时代》1999 年第 2 期。

② 参看中央编译局图书馆“马克思主义传入中国早期的文献收藏情况”（1919 年五四运动以前）。

13.《近世六十名人》，世界出版社，1907 年。有马克思 1875 年在英国伦敦拍摄的肖像，这是我国最早见到的马克思肖像。

14. 申叔：《欧洲社会主义与无政府主义异同考》，《天义报》1907 年第 6 期。

15. 震述：《经济革命与女子革命》，《天义报》1907 年第 13、14 期。以附录形式摘译了《共产党宣言》第二章对资本主义婚姻制度批判的一些段落。

16. 恩格斯：《共产党宣言（序言）》（即《共产党宣言》1888 年英文版序言）全译文（民鸣译），《天义》1908 年第 15 期。

17. 民鸣译：《共产党宣言》第一章，《天义》1908 年第 16 ~ 19 期。

18. 恩格斯：《家庭、私有制和国家的起源》（志达译），《天义》1908 年第 16 ~ 19 期《女子问题研究》。

19.《社会主义与社会政策》，《东方杂志》1911 年第 6 期。

20. 华承沄编著：《维新人物考》，1911 年 7 月，有“马格斯”一节，介绍了马克思。

21. 恩格斯：《理想社会主义与实行社会主义》（施仁荣节译《社会主义从空想到科学的发展》），《新世界》1912 年第 1、3、5、6、8 期。

22. 蛰伸（朱执信）译：《社会主义大家马儿克之学说》，《新世界》1912 年第 2 期。

23.《共产党宣言》第二章最后部分，《每周评论》1919 年第 16 期。

24. 开辟“马克思研究”专栏，《晨报》1919 年第 7 版副刊。

25. 渊泉：《近世社会主义鼻祖马克思之奋斗生涯》，《国民公报》1919 年 4 月连载。

26. ［日］河上肇：《马克思的唯物史观》（渊泉摘译《共产党宣言》、《政治经济学批判》（序言）等部分段落），《晨报》1919 年 5 月 5—8 日副刊（第 7 版）连载。

27. 马克思：《劳动与资本》（食力译《雇佣劳动与资本》全译文），《晨报》1919 年 5 月 9 日—6 月 1 日副刊（第 7 版）连载。

28.《马克思的唯物史观》，1919 年 5 月《学灯》转载《晨报》1919 年 5 月 5—8 日。

29. 刘南陔：《社会党泰斗马克斯之学说》，《学灯》1919 年 5 月。

第二章　马克思主义生根山东的播种史

导言：山东作为马克思主义生根中国的一条重要“侧根”，与“主根”一起由“胚根”发育而生并共同支撑着中国共产党植根于中国大地。马克思主义在山东的“扎根”过程，至今依旧是一个没有现成答案，而且严重缺少具有实证价值的原始文献的研究课题。在历次学术史“研究述评”中，马克思主义在山东的区域传播，马克思主义在山东“落地生根”过程，均未被提及。在全国层面上看，山东早期党组织只是中国共产党的“侧根”之一；在地方层面来看，在山东这支“侧根”上，又次生出两支“侧根”：济南和青岛。青岛由于地理之便，较早成为山东地区传播马克思主义（社会主义）的策源地。济南作为山东省的政治文化中心，则最早成立了山东的党（团）组织。以党的组织创建为标志，马克思主义实现了在山东的“落地生根”。如果说，马克思主义传入山东并传播起来，在很大程度上是得地理之便而具有某种偶然性，那么山东党组织则是在中国共产党成立之前即已被明确地列入了中共中央的规划之内，因而又具有必然性。马克思主义在山东的落地生根，与全国不同的是，少了一些喧嚣的论争，多了一些实干的操练。山东马克思主义信仰者，最初自发集结在了以王乐平为首的齐鲁书社（通讯社）。但是，1921—1922 年伊尔库茨克会议之行，却导致了山东一些马克思主义者对俄国式革命理想的信仰幻灭。不可避免地，山东党组织经历了首次内部分化的阵痛，随后步入了一个初步发展的历史阶段。马克思主义在山东的早期传播实践，也为当代马克思主义中国化提供了一些珍贵的殷鉴。

马克思主义生根山东的标志，即是山东党组织的成立，这也是马克思主义在山东早期传播的最大实践。山东党组织是“全国最早建立的党组织之一”，关于其成立时间，目前较权威的说法是：“1921 年上半年，济南建立党的早期组织——共产主义小组。”① 在中央党史研究室所编《中国共产党历史》一书中，认为山东是在 1921 年春，“成立了济南的共产党早期组织”。② 总之，都认为在一大之前，山东（济南）党组织已经成立。事实确也如此。山东先进分子在接受和传播马克思主义的同时，成为初步马克思主义者。他们自发凝聚在王乐平及其齐鲁通讯社（书社）周围，推动了马克思主义在山东的落地生根，成立了山东党组织（团体）。并经由“陈独秀（张国焘）—王乐平”这一单线联系渠道，搭建起与上级党组织“业务指导”的秘密关系，从而被纳入了“中国共产党组织的初步蓝图”。马克思主义在山东的落地、生根，主要为山东先进分子率先引领、积极传播、自发组织的结果。当然，也离不开上级党组织的统一指导。他们的努力耕耘，奠定了马克思主义播种山东的基础，促成了山东党组织（团体）的创建。而一些马克思主义者的“阶级”局限，以及对马克思主义理解的不同，又导致了其信仰基石的动摇。

一　山东党组织诞生的必然原因

马克思主义在山东的“呱呱落地”，是先进分子自发的努力行为与客观结果。马克思主义在山东的萌芽生根，很大程度上也是先进分子的自发努力，但他们无疑在 1920 年前后已经与“上级党组织”取得了联系并得到了一定程度的指导、帮助。在此过程中，山东的先进分子，也逐渐成长为早期的马克思主义者，而且已摸索着开展了一些“零星活动”。据《中国共产党山东省组织史资料（1921～1987）》记载：1921 年上半年，在上海、北京共产主义小组的影响和推动下，王尽美、邓恩铭等人在济南组织劳动周刊社，出版《济南劳动周刊》，进行宣传，并创建了共产主义小组。因此，山东党史界一般认为：在山东，应该是先有了党的组织，然后山东党组织又找到了中央（上级党组织）。这一直觉的判断，是有其道理的，也是缺乏“文本证据”的，当然也一直是最为一些研究者所诟病之处。

① 中共山东省委组织部、中共山东省委党史资料征集研究委员会、山东省档案馆编：《中国共产党山东省组织史资料（1921～1987）》，中共党史出版社 1991 年版，“概述”，第 1 页。

② 《中国共产党历史》（第一卷上册），中共党史出版社 2011 年版，第 63 页。

山东作为“党的地方组织建立最早的省份之一，是整个党的重要组成部分”，“了解山东党组织的发展状况，对于研究整个党的历史，无疑有着重要意义。”[①] 事实上，在山东建立地方党组织，一直被列入中共创建者的规划之中。中共创建者之一张国焘回忆称：“北京小组除了在北京市区及四郊开展上述那些工作外，还在济南成立了另一个共产党小组和社会主义青年团。”[②] 在具体设计、组织实施上，陈独秀“又希望李大钊先生和我从速在北方发动，先组织北京小组，再向山东、山西、河南等省和天津、唐山等城市发展”。[③] 为此，张国焘又称赞陈独秀确实“是组织中国共产党的最先发动者和设计者。他具有决心和信心，拟定发展中国共产党组织的初步蓝图，并从事实际活动。由于他多方推动和组织，各地的马克思主义者的零星活动终于演进到中国共产党的正式组成。”[④] 陈独秀的“多方推动和组织”，其中之一便是“函约”山东王乐平共同建党。而在陈独秀他们的计划中，明确列出的北方6个省市等，最后也只有北京和山东“如约”组织起了“党小组”。据此可知，张国焘显然认为，山东“党小组”是李大钊和他本人的直接贡献。若说山东“党小组”是由他们联络发动而纳入“中国共产党组织的初步蓝图”，这是可以的；若说是由他们“亲自组织”成立的，这明显是违背了历史事实的。马克思主义能够在山东地区得以落地生根和传播发展，并成为创建中共的地方组织之一，并非偶然。首先，就是它已经形成了一定气候，有了自己的组织（团体），所以才有陈独秀主动“函约”，王乐平共襄建党之举，才有王乐平即便未亲自参与也未影响山东“党小组”被纳入“中国共产党组织的初步蓝图”之实。否则，即使创建者陈独秀等人将山东列入发展计划，而山东若尚无党组织（团体），那么山东也将与其他4省市一样不能如期被纳入到“中国共产党组织的初步蓝图”。

山东既得风气之先，又有地利之便。山东是五四运动爆发的导火索，一度为全国所瞩目，它以其特殊的政治地位和“五四效应”，已经势所必

---

① 权恩奉：《党的创立和第一次国内革命战争时期的山东地方党组织》，《理论学刊》1984年第1期，第62页。

② 张国焘：《我的回忆》第1册，东方出版社1998年版，第123页。

③ 《我的回忆》第1册，第98页。

④ 《我的回忆》第1册，第90页。

然地纳入到中国共产党创建者的规划视野之中。因此，“中国共产党各小组，能在像湖南、山东这样的省份发展起来，倒也不是偶然的。山东因为是日本侵略的目标，所以一般青年在北方各省中显得较为左倾。”[①] 这一看法，体现了当时中共创建者对山东及其青年的共识。山东青年思想左倾和追求进步，尤能为马克思主义所激发出不同于其他地区的革命热情，使之由信仰马克思主义开始转向实际组建共产党组织（团体）。马克思主义在山东的早期传播和思想启蒙，逐渐凝聚了一批进步知识分子。这些进步知识分子在五四运动中开始发挥出较大社会作用，已为北京早期共产主义者所注意并与之建立了某种程度的联系。马克思说：“一步实际行动比一打纲领更重要。”[②] 山东马克思主义者摆脱了学理纷争的喧嚣，几乎是直接接受了马克思主义，迅速在实践层面开始了一些摸索和演练，并尝试建立了秘密团体在齐鲁大地播撒马克思主义的革命种子。也正因为这一秘密团体的成立、活动过于隐秘和文献资料的缺失，使得山东党组织的创建问题扑朔迷离，真相最难把握。

据《中国共产党山东省组织史资料（1921～1987）》第2页记载，1921年上半年，在上海、北京共产主义小组的“影响”和“推动下”，王尽美、邓恩铭等人在济南“创建了共产主主义小组”。换言之，山东早期党组织是由山东早期马克思主义者自发建立的。“上海、北京共产主义小组”仅仅起到了“影响”和“推动”的外因作用。只有在参加了中共一大即山东早期党组织正式成为中国共产党组织体系的一部分之后，马克思主义在山东传播才进入了飞跃阶段。经由这种联系的指导和帮助，马克思主义在山东地区的传播有了初步发展。马克思主义理论与山东工人运动产生了初步结合，山东工人运动也很快进入了以马克思主义为指导的历史新阶段。1922年6月中国劳动组合书记部山东支部（亦称分部）成立，王尽美、王用章相继担任主任；随后，相继成立的济南津浦大厂工会（1922年6月建立）、山东矿业工会淄博部（1922年6月建立）、张店车站工会及胶济路总工会第四分会（1923年3月建立）、四方机厂“圣诞会”（1923年春建立）、山东理发业联合总会（1923年10月建立）、淄川炭矿工人学艺研究社（1924年3月建立）、胶济路总工会（1925年2月建

① 《我的回忆》第1册，第124页。

② 《马克思恩格斯全集》第34卷，人民出版社1972年版，第130页。

立）、四方纱厂女工执行委员会（1925 年 5 月建立）、济南鲁丰纱厂工会（1925 年 6 月建立）、青岛工界援助各地惨案联合会（1925 年 7 月建立）、淄川炭矿工人俱乐部（1925 年 9 月建立）、枣庄矿区赤色工会（1926 年 12 月建立）、枣庄矿区劳工会（1927 年 6 月建立）在山东工运史上发挥了重要作用，1923 年山东工人运动在声援“二七”大罢工活动中出现了第一次工运高潮，山东工人阶级参加了第一次、第二次、第三次全国劳动大会，巩固了党的阶级基础。[①] 山东的党团和工会组织有了较大发展，济南、青岛、淄博、长山、张店、寿光、广饶、青州、潍县、昌邑、高密、泰安、枣庄、齐河、东昌等成立了党的各级组织（支部或地方执行委员会），在济南、青岛、青州、烟台等地成立了中国社会主义青年团的支部或地方执行委员会。[②]

根据《中国共产党山东省组织史资料（1921～1987）》记载：1921 年上半年，在上海、北京共产主义小组的影响和推动下，王尽美、邓恩铭等人在济南“创建了共产主义小组”。7 月，王尽美、邓恩铭参加中国共产党第一次全国代表大会后回到济南，积极开展党的活动。由此可知：山东党组织，在中共一大召开之前，即已存在。石川祯浩也承认：在中共一大之前，济南“肯定存在某种程度的共产主义组织”。[③] 这种“某种程度的共产主义组织”，就是山东马克思主义者的“秘密团体”，也就是“济南共产主义小组”。这个“秘密团体”早在中共一大之前即已存在，也已经是党内心照不宣的秘密了（有关论证详见后文）。而此类“秘密团体”，如果非要以现代“组织”的定义去套用，那它肯定称不上是一个真正意义上的“组织”，故而被界定为了“某种程度的”组织。而机械套用后来概念分析此前事物的错误做法，简直就是现代版的“削足适履”。为准确界定山东党组织，笔者认为可以使用“团体”而不是“组织”这一名词。为行文方便，径以“山东党组织（团体）”名之。所谓“共产主义小组”，也不是当时使用的名字，只是“后来对早期建立的共产党组织的通称”[④]。新中国成立前，“共产主义小组”这个名称使用较少。现存中共原始文件《中国共产党宣言》《中国共产党第一个纲领》《中国共产党的第

---

① 《中国共产党山东省组织史资料（1921～1987）》，第 33～37 页。

② 《中国共产党山东省组织史资料（1921～1987）》，第 14～26 页。

③ ［日］石川祯浩：《中国共产党成立史》，中国社会科学出版社 2006 年版，第 188 页。

④ 《中国共产党山东省组织史资料（1921～1987）》，“概述”，第 1 页。

一个决议》，均无“共产主义小组”这一名称。1945年，毛泽东在筹备党的七大时曾说过：“《联共党史》开卷第一页第一行说，苏联共产党是由马克思主义的小组发展成为领导苏维埃联邦的党。我们也是由小组到建立党……我们开始的时候，也是很小的小组。”① 1951年6月，胡乔木为纪念中国共产党成立30周年在《人民日报》发表《中国共产党的三十年》一文，明确指出：

> 一九二一年七月一日，在五四运动以后发展起来的各地共产主义小组选举了十二名代表，在中国工业中心和工人运动中心上海举行了第一次代表大会。②

后来，国内党史著述中便广泛使用“共产主义小组”这个名称。因此，这一“通称”在当时并无此称，系后人所补加。一大代表刘仁静即明确指出：

> 在党成立以前，并没有共产主义小组这个名称，是后来人加上去的。当时，我们自己认为是共产党员，但还怕提共产党这个名称，因为当时人们把共产党目为过激党。……③

另一位一大代表包惠僧也明确指出：

> “共产主义小组”这个名称在当时没有使用过，是后人所赋予的，我们当时都称共产党支部，如武汉支部、北京支部、湖南支部、济南支部等。上海因是发起者，不叫支部，称为共产党临时中央

---

① 《中国共产党第七次全国代表大会的工作方针》，《毛泽东文集》第三卷，人民出版社1996年版，第291页。

② 胡乔木：《中国共产党的三十年》，《人民日报》1951年6月22日。据考证，《中国共产党的三十年》一文，既不是胡乔木为刘少奇写的讲话稿，也不是一份简单的党史资料；起草工作的实际负责人是刘少奇。在胡乔木5.2万字初稿的基础上，毛泽东、刘少奇加写和改写的内容多达1.3万字，文中的关键观点和经典表述基本全部出自毛泽东、刘少奇之手。尽管此文以胡乔木个人名义发表，实际上反映的是毛泽东和刘少奇的观点，是他们关于中共党史的经典性著作。参看王建国：《〈中国共产党的三十年〉相关问题再探讨》，《党的文献》2011年第3期。

③ 《访问刘仁静的报告（1957.4.22）》，引自：《中共“一大”资料汇编》，第140页。另，刘仁静又于1979年5月7日重申了他的这一意见，指出当时并无“共产主义小组”之称，参看《访问刘亦宇谈话录（1979年5月7日于北京）》，引自《中共“一大”资料汇编》，第144页。

（我写史料时这样称呼）。[①]

20世纪70年代末，有学者提出纠正“共产主义小组”名称的问题。2002年第1版、2011年第2版时，中共中央党史研究室重新修订的《中国共产党历史》对于1921年7月中共一大前的各地党组织没有再沿用“共产主义小组”名称，而是称为“党的早期组织”；如“北京的共产党早期的组织”、“各地的共产党早期组织”。[②] 并把1920年8月陈独秀在上海主持成立的党组织，改称为“中国的第一个共产党组织”，明确指出：

> 中国共产主义者在国内以及国外建立的组织，都是中国共产党的早期组织……从性质和特征方面看，它们都是后来组成全国统一的中国共产党的地方组织。[③]

这是权威党史部门对早期党组织的“正名”，表明对早期党组织的性质和地位有了更加科学的界定，更加符合中国共产党创建时期的历史面貌。[④] 因此，客观事实应该为：无论是什么名谓出现，在中共一大召开之前，山东已经形成了至少一个“某种程度的共产主义组织”——山东党组织（团体）。该组织（团体）成为“后来组成全国统一的中国共产党的地方组织”，它（侧根）与上海党组织（主根）“都是中国共产党的早期组织”，成为马克思主义生根中国的标志。

二　从宣讲“主义”到建立阵地

从落地到生根，马克思主义在山东的扎根速度明显加快。马克思主义在山东传播的序幕，似可追溯到20世纪初。1906年秋丁惟汾等山东同盟会会员在日本东京创办《晨钟》周刊，这是山东人所办的最早的革命刊

① 包惠僧：《回忆武汉共产主义小组》，原载于中国革命博物馆党史研究室编《党史研究资料》1979年9期，引自中国革命博物馆党史研究室编《党史研究资料（1）》，四川人民出版社1980年版，第67页。下引只注明《党史研究资料》（1）。

② 《中国共产党历史》（第一卷上册），第59页。

③ 《中国共产党历史》（第一卷上册），第63页。

④ 李庆英：《陈独秀创建“中国第一个共产党组织”始末》，《党史文苑》2010年第3期。

物。《晨钟》注重表彰乡贤先正，痛陈民族危机，阐发革命大义，反清色彩浓烈，在国内受到热烈欢迎。同盟会会员栾星壑（山东栖霞人）1906年归国后在青岛主持《晨钟》杂志国内发行事务，并参与创建震旦公学，很快使青岛成为革命党人的一个活动中心。青岛政治高压较济南稍缓和，遂一度成为山东革命的"孵化器"。

马克思主义在山东的最早传播，发生在青岛震旦中学，并成为传播社会主义学说理论的革命阵地。1908年同盟会会员陈干、刘冠三在青岛创办震旦公学，该校被誉为"山东革命的摇篮"。① 早期山东革命党人创办震旦公学，实为谋划革命。1907年冬，陈干接到章太炎从日本寄来的书函一封：

> 明侯我兄如见：连接数书，未知复处。近接手书，知青岛大有可为，喜极。鄙意学堂不当骤办，盖此事既须经费，讲师又不易求，不如专立学会，讲社会主义为妙。溥泉可至青岛一游，与同人开讲社会主义一两礼拜。但今尚无旅费，由日抵胶不过二三十元而已，不可骤得，君若能为溥泉筹集川资寄下，则甚好也。手此。敬颂岁祉。冬至后二日，章炳麟白。②

根据章太炎书函内容，推知陈干曾就创办震旦公学、培养革命志士之事向章太炎请教，章太炎对于陈干的筹措设想大为满意，并对青岛革命前景寄予厚望，同时也在信中对震旦公学课程设置提出"讲社会主义为妙"的具体建议，并推荐溥泉（张继）由日本赴青岛"开讲社会主义一两礼拜"。张继③是当时鼓吹社会主义的旗手，1907年8月在日本东京发起成

---

① 陈干（1881—1927年），字明侯，山东昌邑人，1905年赴日本并加入同盟会，先后任山东同盟会主盟人、陆军部中将咨议、山东省政务厅厅长、广东非常大总统咨议、"鲁案"协定善后委员会委员、胶澳商埠督办公署顾问等，1927年蒋桂之争时被桂系军阀杀害。刘冠三（1872—1925），山东高密人，1905年加入同盟会，1906年春在济南创办《白话报》并创办山左公学，1908年被迫离济赴青岛，先后任山东同盟会副会长、临时省议会副议长等，1925年病逝。

② 此为陈干后人所拓章太炎写给陈干的手书碑文拓片，现藏于中国革命博物馆。原石碑立于昌邑县白塔陈氏家祠，"文化大革命"中被毁。转引自陈隽、佟立容：《陈干与辛亥革命史料一组》，《民国档案》1999年第4期，第48页。

③ 张继（1882—1947），字溥泉，河北沧县人，1899年留学日本，1905年参加同盟会，1913年当选第一届国会参议院议长。他曾积极支持孙中山联俄联共政策，后成为国民党"西山会议派"首脑人物，历任国史馆馆长等。

立了中国第一个研究马克思主义的团体——社会主义讲习会。张继为章太炎的挚友，以传社会主义理论著称于当时。故这年12月章太炎亲力向陈干举荐张继。后来，溥泉来到震旦公学，讲授社会主义理论。这大概是有关马克思主义在山东传播的最早一则文献记载。

震旦公学实为山东同盟会机关，所开设课程“注重国民真正之精神教育”，致使一些学生对社会主义理论也“颇能领略”。[①] 这可以视为马克思主义理论在山东地区的初始传播。

马克思主义在济南的传播，则是随着《新青年》杂志所倡导的新文化运动而同步展开的。在山东省立一中和济南第一师范，甚至在较为偏僻的诸城枳沟小学堂，都有师生订阅《新青年》杂志。1916年省立一中的学生王统照曾向《新青年》杂志写信反映该杂志在山东学生中大受欢迎的情况，称该杂志“洵为最有益青年之读物”“不胜为我诸青年喜慰也”“凡我青年，宜手一编，以为读书之一助”。《新青年》杂志第二卷第四号（1916年12月）专复此信，称赞以王统照为代表的山东青年学生“疾时愤俗，热忱可感。中学校有此青年，颇足动人中国未必沦亡之感……”[②] 五四运动之后，各种共产主义读物在山东地区颇为流传。据山东督军张树元1919年6月11日发给北京政府的密电称：“《共产党宣言》时有发现，均经会电各该地文武，严防密捕。”[③] 山东旅京学生主办的《曙光》杂志，在山东地区影响甚大，并在济南、烟台和日本东京山东侨胞当中设有代派处。把这些事实综合起来，不难发现：两三年时间内，马克思主义已经在济南风靡一时。而山东先进分子更为务实的具体表现是：他们不仅传播马克思主义，而且已经转入了开办报刊、组建团体的实践阶段了。

在各种新文化新思潮涌入山东地区，一些先进知识分子引领了时代潮流，创办和发行各种报刊，组建了各种名目不一、程度不同的团体，推销贩卖各种革命书刊，宣扬马克思主义理论，与国内其他地区先进文化思潮相互唱和。山东教育图书社、山东官书局，是五四运动之前出版发行各种进步书刊的主要机构。1919年10月，王乐平创办的齐鲁通讯社，“专卖

① 《山东官报》第78期，第37页。1905年8月，《济南日报》改名《山东官报》；由山东官报局出版，铅印16开本。1907年前，发行两日报和旬报两种；1908年4月，改名《山东日日官报》，月出三期，每期增添新闻四页。1909年5月3日起，由旬报改为周报。

② 参看余世诚、刘明义：《中共山东地方组织创建史》，石油大学出版社1996年版，第83页。

③ 《“五四”爱国运动档案资料》，中国社会科学出版社1980年版，第287页。

最新各种丛书杂志”，更加推动了马克思主义书籍及各种进步书刊在山东地区的传播。随着马克思主义在山东地区的广泛传播，一些志同道合的青年知识分子由自发而自觉，开始集结形成一个个进步社团，为中共山东地方组织的建立创造了条件。这些社团的公开活动及其出版的期刊，又进一步推动了马克思主义在山东地区的传播，推动了马克思主义与工人运动相结合，推动了中共山东地方组织的建立。山东党组织的肇始，较为正式的说法为：“山东党组织是随着工人运动的兴起和马克思主义的传播而建立起来的”①。其实，真正意义上的工人运动是在马克思主义传播之后，即其顺序为：先有马克思主义在山东传播，再有山东党组织的建立，次有马克思主义指导下的工人运动。有研究者认为，马克思主义在山东是“从1919年冬开始”传播，以齐鲁书社成立为标志。② 据此，齐鲁书社（前身为通讯社）成为马克思主义在山东传播的主阵地。还有研究者总结道，马克思主义在山东得到“广泛传播”，是在五四运动后。③ 对于马克思主义在山东传播的时间，一般界定在1919年下半年。显然，研究者比较认同是在五四运动之后，开启了马克思主义在山东传播发展的新时代。

在具体传播马克思主义方面，济南的教育图书社、山东官书局、齐鲁通讯社作为“代派处”，对于代销《新青年》等进步刊物，起了一定作用。④ 教育图书社1913年10月创办于济南芙蓉街，以“辅助山东教育为主旨”，由鞠思敏、王祝晨、许德一等近200人发起，聘李云亭（荣成人）任经理。⑤ 最初，仿商务印书馆经营方式，编、印、发兼营；后因财力不足，遂专营发行。后来又向上海中华书局投资5000元，经销中华书局版教科书和其他教育图书，兼营教育仪器和文具。图书发行量逐年增

---

① 《中国共产党山东省组织史资料（1921～1987）》，“概述”，第2页。

② 王继春：《马克思主义在山东的传播》，《山东师范大学学报（人社版）》1983年第2期，第57页。

③ 权恩奉：《党的创立和第一次国内革命战争时期的山东地方党组织》，《理论学刊》1984年第1期，第62页。

④ 《新青年》第七卷第三号，1920年9月。

⑤ 鞠思敏，名承颖，1872年生于荣成成山，1911年获优级师范科举人头衔，1913年被聘为山东高等师范学堂校长兼山东省立第一师范学校校长，发起创办教育图书社、正谊中学（自任校长），为民国初年“山东四大教育家”（鞠思敏、王祝晨、于明信、范明枢）之首，时有“南蔡（蔡元培）北鞠（鞠思敏）”之称。季羡林即尊称鞠思敏为“民国初年山东教育界的领袖人物之一”。参看季羡林：《病榻杂记》，新世界出版社2007年版。

加，营利甚丰。[①] 济南教育图书社是荣成人在济南“开办的第一家书店”；此后，荣成人先后开办 10 家书店。[②] 教育图书社和官书局代为发行进步书刊，客观上也推动了马克思主义在山东的传播。或许是缺乏对青年学生有吸引力的引领者，它们并未成为集聚进步青年和知识分子的有力阵地。

1919 年 10 月，以省议员王乐平为核心创办了齐鲁通讯社，被认为是“山东省第一家推销进步书刊的书店”。此处表述并不准确，实际是说齐鲁书社为山东营销进步书刊的第一家专门（营）书店。通讯社附设贩书部，专门贩卖各项杂志及新出版物，第一个月营业额只有五六十元，后来增加到平均每天十几元。营业额接连翻番的利好业绩，除了营销工作做得较好之外，另一方面（或称主要原因）则表明山东进步青年及先进知识分子接受新文化新思潮的迫切心情“如大旱之望云霓”。一旦齐鲁书社打开了山东知识界与外界思想交流的文化闸门，山东思想界、教育界沉闷压抑的社会风气为之一振，马克思主义等新思潮势如洪水野兽一发而不可收，在齐鲁大地上传播开来。山东进步青年和先进知识分子的思想启蒙，便是通过齐鲁通讯社营业额的连连上涨而具体体现出来。山东党组织（团体）的几乎所有成员，都曾与齐鲁书社或多或少发生过联系。毫无疑问，王乐平及其齐鲁书社（通讯社），已经成为马克思主义在山东传播和播种的精神阵地。

1920 年 9 月，全体股东召开大会，公推王乐平为社长，租赁大布政司街（今省府前街）北头路东铺房为营业地点，正式更名为“齐鲁书社”；以传播文化为宗旨，以促进社会文化进步为主要目的，以贩卖参考书、学生个人用品为主，营业内容为代派日报、销售杂志、贩卖各项中外书籍。齐鲁书社经销《俄国革命史》《资本论入门》《辩证法》《唯物辩证法研究》《社会科学大纲》等书籍，销售《新青年》《新潮》《奔流》《创造》《少年中国》等进步杂志和《每周评论》《努力》《觉悟》《莽原》《醒狮》等报刊，各种期刊每期销售量都在 100 份左右；由该社主办，王尽美等负责编辑的《齐鲁青年》周刊销量也不少。在王乐平的

① 1933 年资本总额增至 6 万元。1937 年济南沦陷后，该社坚持不销售日伪课本及其他图书，银行存款被冻结，外欠款收不回来，依靠销售理化仪器和文具维持生活。抗日战争胜利后，由于国民党封锁禁运和官办书局的垄断，仍是惨淡经营，维持局面。济南解放后，以经营仪器、文具为主。1956 年合入济南市百货公司。

② 参看吕长源：《济南教育图书社与荣成人办书店》，《春秋》2006 年第 5 期。

引领之下，王尽美等青年学子走上了革命道路，在马克思主义理论联系实践方面进行了探索。王尽美的命运，似乎与齐鲁书社冥冥之中有着许多的关联。在齐鲁书社勃兴之际，他参与贩卖新书报工作，在传播马克思主义的同时自己也接受了新思想，并成为山东最坚定的马克思主义信仰者。在齐鲁书社濒临倒闭之际，他也重病缠身，直至不幸病逝。

齐鲁书社“对于推动山东新文化运动的发展，宣传马克思列宁主义，起了积极的作用。”[①] 它“不仅是一个推销进步书刊的书店，也是许多进步青年和国民党左派人士进行活动、联络感情的场所，有些政治活动极为机密”。当时，济南国民党人侧重从政界、教育界和学生群体中发展组织，共产党人则主要在工人及青年学生中传播马列主义、吸收发展党员。[②] 显然，它不仅是国民党在山东的一个重要活动阵地，也是中共山东组织得以立足之地。山东的马克思主义信仰者，正是借由这块阵地，秘密集结在一起，成立各种团体、组织，其中包括秘密成立了“共产党山东组织（团体）”。有研究者认为，齐鲁书社“在传播马克思主义，推动新文化运动的深入发展，对革命青年进行启迪教育等方面都起了积极的作用。”[③] 这一评价并不过分。

1920 年 11 月 21 日，济南省立一师、省立一中进步学生王志坚、吴隼、王尽美、邓恩铭、王象午等 11 人正式发起成立励新学会，会员随即扩大到 19 人，并创办《励新》[④] 半月刊研究宣传新文化、新思潮。励新学会是“在王乐平的影响下”成立的一个青年学生进步组织，成立大会在济南商埠公园大厅召开，学会会址设在齐鲁书社院内，王乐平出席了成立大会。此后，励新学会依托齐鲁书社和王乐平的支持帮助，展开了一系列活动。励新学会的成立，被视为“马克思列宁主义在山东的广泛传播，为山东地方党组织的产生奠

---

① 权恩奉：《党的创立和第一次国内革命战争时期的山东地方党组织》，《理论学刊》1984 年第 1 期，第 62 页。

② 另外，经常到书社工作的共产党人有王尽美、邓恩铭、王翔千、吴慧铭、孟超、李宇超、孔翔南、杨秀锋、秦茂轩、牛淑琴、丁君羊、王崇武、王用章、王复元、王坤、王志坚、王象午、赵震寰、吴隼、李作周等人。

③ 王继春：《马克思主义在山东的传播》，《山东师范大学学报（人社版）》1983 年第 2 期，第 58 页。

④ 《励新》半月刊第一卷第一期，1920 年 12 月。会员详细名单参看第四章附表 1。

定了思想基础”[①]。齐鲁书社和励新学会，被当时进步报刊称为“济南文化运动之曙光”[②]。而这道“曙光”的出现，公允地讲，很大程度上要归功于齐鲁书社、归功于王乐平先生。

1921 年 5 月，王翔千、王尽美等人发起组织济南劳动周刊社，在《大东日报》开办副刊《济南劳动周刊》，不久即停刊；1922 年 7 月，又在《大东日报》开办副刊《山东劳动周刊》。[③] 这“标志着山东具有初步共产主义思想的知识分子”“开始有组织地同工人阶级相结合”“为山东地方党组织的建立作了思想上、干部上的准备”。[④]这也是山东党组织，比较公开集中的亮相活动之一。

随着马克思主义在山东传播的深入发展，“马克思主义和工人运动的进一步结合”[⑤]，济南成立了共产党组织（团体）和马克思学说研究会等。有研究者指出，1919 年五四运动至 1921 年 7 月中共一大召开，“这是山东地方党组织的筹建时期。”[⑥]

1922 年，王尽美“又以齐鲁书社这块阵地”成立了“平民学会”，会址仍设在齐鲁书社院内，会员有 50 余人；为一半公开群众学术组织，以研究学术为名进行马克思主义宣传活动，定期举行讨论会、音乐演奏会和学术讲演会。

借助于群团、集会等传播形式，以及知识分子特有的传播技能，马克思主义在山东开始从知识阶层向工人阶级传播。1923 年 5 月，王尽美以“平民学会”名义在济南主办马克思诞辰 105 周年纪念会，会场主席台中央悬挂王尽美亲绘 1 米高的马克思像；王尽美在会上作了长篇演讲，会后“第一次以中国共产党的名义散发了传单”。王尽美还担任《十日》旬刊（以“平民学会”名义出刊）主编，先后撰写《中俄携手后的蒙古》《鸣

---

① 权恩奉：《党的创立和第一次国内革命战争时期的山东地方党组织》，《理论学刊》1984 年第 1 期，第 62 页。

② 《晨报》1921 年 1 月 17 日。

③ 《山东劳动周刊》宣言，1922 年 7 月 9 日。

④ 权恩奉：《党的创立和第一次国内革命战争时期的山东地方党组织》，《理论学刊》1984 年第 1 期，第 63 页。

⑤ 王继春：《马克思主义在山东的传播》，《山东师范大学学报（人社版）》1983 年第 2 期，第 59 页。

⑥ 权恩奉：《党的创立和第一次国内革命战争时期的山东地方党组织》，《理论学刊》1984 年第 1 期，第 62 页。

呼！北京政府的外交!》等文。1924 年 8 月，“山东反帝国主义大同盟”在济南成立，8 月 25 日发表由王尽美亲自起草的宣言，提出了四条反帝纲领。这篇宣言，同时刊登在 1924 年 8 月 25 日出版的《十日》旬刊第三十三期上，由齐鲁书社负责寄发全国各大、中城市。1926 年夏，齐鲁书社被迫关闭。

当然，早期马克思主义者未必是真正意义上的马克思主义者；他们所宣传的空想社会主义、主观社会主义，并不是科学社会主义。这也是不可避免的时代局限性。正如毛泽东所说：“以前在中国并没有真正知道马克思主义的共产主义。”① 而 1919 年以前，新文化运动“几乎还不是以群众的政治动员为方向”，主要是“启蒙群众”②。在此期间，马克思主义主要是以新文化思潮之一的文化角色出现，并在山东传播。中共许多创始人在 1920 年改信马克思主义之前，他们对“共产主义”一词普遍理解为无政府主义而非马克思主义。③ 李大钊、陈独秀均是到 1920 年“宣称信奉马克思主义”④。山东党组织建立之后，马克思主义才真正成为指导山东工人运动实践的理论武器，实现了其传播角色的历史转变。

三　从思想启蒙到组织传播

马克思主义生根山东的人文环境，是建构在山东社会结构发生了新变化的物质基础之上。近代以来，山东经济社会急剧变化，西方列强几十年侵略“改变了山东的社会经济结构和经济布局”。1911 年辛亥革命后，推动民主革命思想和新文化运动在山东的传播发展。山东作为当年辛亥革命最活跃的地区之一，后来也成为中国共产党组织最早建立的地区之一。1911 年辛亥革命前，山东产业工人总数约 3 万人；1915 年，全国有注册工厂 19321 家，山东占 936 家，仅次于江苏。1918 年，山东各业工人有 60 余万人，其中产业工人达 10 万人，主要集中在胶济、津浦铁路沿线的

① 《毛泽东文集》第 3 卷，人民出版社 1996 年版，第 290 页。

② 费正清等：《剑桥中华民国史》（上卷），中国社会科学出版社 1994 年版，第 422 页。

③ 参看周策源：《五四运动：近代中国的知识分子革命（1915～1924）》，第 97～98 页、224～225 页。

④ 《剑桥中华民国史》（上卷），第 387 页。

济南、青岛、淄川、博山、坊子、枣庄、济宁、德州及沿海地区烟台等地。[①] 1919年5月4日爆发的五四运动，导火线就是山东问题，“山东人民站在斗争前列，工人阶级开始登上政治舞台”。[②] 五四运动后，新文化新思想传播热潮如火如荼，新文化运动在山东开展起来，“促进了马克思主义在山东广泛和深入的传播，促进了马克思主义和工人运动的结合”，传播马克思主义成为山东新文化运动的主流。济南第一师范和山东省立一中是当时山东知识分子的集中地，《新青年》《每周评论》《晨报》等一些进步刊物从不同角度介绍马克思主义，宣传社会主义理论。

山东得天独厚的地理环境，成为马克思主义生根中国的适宜土壤。山东地处南北交通要冲，不可避免地卷入到马克思主义传播的热潮中。山东先进分子（知识分子和青年学生）的追求进步与思想“左倾”，使得马克思主义在山东得到了迅速萌芽的合适环境。马克思主义传入中国各地并为先进分子所接受和传播，还有一个很重要原因就是他们“观点领袖”的身份起到了思想引领作用。如当时先进知识分子李大钊等坚信：“马克思主义是西方科学与民主传统的真正载体”[③]。在此观点影响下，各地先进分子对马克思主义趋之若鹜，视之为“西方科学与民主”的智慧结晶，从传播而信仰，从信仰而实践，推动了马克思主义与中国文化、与中国实践的相结合。马克思主义在各地的传播形式，主要便是出版发行宣传马克思主义的各种图书报刊。五四运动期间和五四运动之后出版的进步图书和报刊，一度在山东广泛流传。山东旅京学生1919年11月创办的《曙光》杂志，在山东影响很大。这份杂志由山东籍学生宋介、王统照、王晴霓、范予遂、徐彦之等创办，其政治趋向也由“促进社会改革”转变为传播马克思主义。该刊最初即把山东读者作为主要发行对象之一，在济南、烟台都设有代办处。由此可见，该刊与山东先进青年及社团之间存在一种亲密的地缘联系，也为马克思主义在山东传播做出了一定贡献。《曙光》杂志创办伊始，即在王乐平创办的齐鲁通信社较早地设立了发行代办处，王翔千曾在《曙光》上发表诗歌。而这些历史细节（碎片），都反映出山东先进分子对进步书刊的欢迎与互动。“《曙光》杂志在推动马克思主义在

---

① 《中国共产党山东省组织史资料（1921～1987）》，“概述”，第2页。

② 《中国共产党山东省组织史资料（1921～1987）》，“概述”，第2页。

③ ［美］莫里斯·迈斯纳：《李大钊与中国马克思主义的起源》，中共党史资料出版社1989年版，第140～154页。

山东的广泛传播的过程中，发挥了重要的作用。”在传播马克思主义方面，《曙光》杂志“赤色十分浓厚”“真可谓面目一新”。[①] 有研究者指出，“《曙光》杂志对五四运动后期山东新文化运动的影响是较大的，对马克思主义在山东的广泛传播起了较重要的作用”[②]。在文化互动中，山东先进分子在传播马克思主义方面开始发挥出“重要作用”。宋介成为北京党组织成员和北京社会主义青年团重要成员（教育委员）之后，鉴于他与山东同乡的密切关系，后来遂被委派赴山东指导组建山东社会主义青年团之重任。励新学会召开成立大会时，《曙光》杂志社委托王晴霓代表该刊以“特邀来宾”身份与会祝贺，并捐资 10 元表示支持。1921 年春，宋介在山东考察半个月。宋介此行，名为“社会考察”，实为指导建立济南 SY 青年团（后文另有专论）。[③] 由此可见，正是在这种文化互动中，山东先进分子又转入了实践互动的更高阶段，开始组建社团，联络同志，进行组织传播。

齐鲁书社成为山东传播马克思主义的主阵地之后，专门经营各种进步丛书杂志，宣传马克思主义，受到青年知识分子的欢迎。山东各界也开始组织社团，创办期刊，展开学术研究活动，进一步推动了马克思主义在山东的传播，并且为山东党组织的建立打下了基础。1920 年 10 月底，山东一些进步青年学子在各处新思潮涌动之下也有了进一步觉悟，不再甘心一味“老实读书”，认为很有联络同志、组织会社之必要，遂筹组励新学会。

> 今秋开学以后，同人等屡次开会，日有讨论，越觉有组织学会之必要，遂公开订明本学会会名为励新学会，草拟简章九条并简明宣言一则，于十月三十一日实行宣布，当时列名发起者，系王志坚、吴隼等十一人。[④]

列名发起励新学会的 11 人之中，王志坚位居首位，显然他才是励新学会名副其实的领导人，王尽美此时只是其中成员之一，地位并不突出。

① 《施存统致宋介》，《曙光》二卷三号。
② 刘明义：《〈曙光〉杂志社与北京、济南共产主义小组》，《中共党史研究》1994 年第 5 期，第 85 ~86 页。
③ 具体考证，请参见第八章。
④ 《会务报告》，《励新》第 1 卷第 1 期，1920 年 12 月 15 日出版。

王志坚主编《泺源新刊》，名闻当时。王尽美与王志坚为同班同学，但是在彼时，王志坚的威信及影响可能要高于王尽美。甚至在励新学会之中，王尽美地位可能尚不如邓恩铭。1921 年 11 月在赴伊尔库茨克会议所填写“调查表”之中，邓恩铭称有“励新学会委任状”，表明他系以励新学会负责人身份参加该会；王尽美则以“山东劳动报记者”身份参加该会。①

励新学会成立之后，出版《励新》半月刊，研究学理，促进文化，宣传马克思主义。

> 新思潮发生以来，各处都有人树起极显明的旗帜，高倡文化运动，思想界受了这种影响，发生了空前大变动，凡少有觉悟的人，都照着这条路上走了，这当然是很有希望的一种好现象。
>
> 但是新思潮未发生以前，大多数青年，安安稳稳的，埋头于古纸堆里，并不去管社会怎样，人类怎样，就觉着除了“老实读书”以外，并没有旁的问题似的。近来，新思潮蓬蓬勃勃过来以后，便与前大不相同了。大多数青年，已经有了觉悟，便觉着老实读书以外，个人和社会、和人类还有种关系，非常重大……便对于从前一切的制度、学说、风俗……等等都发生了不满意，都从根本上怀疑起来，于是觉得满眼前里，无一处，无一事，不都是些很重要的问题了。我们一般青年对于这种问题，想得痛痛快快地给他一个解决，确实困难丛生，往往在左思右想，总是解决不来，只觉得个人肉体，和在刀心剑林里似的，不舒服极了，精神上更不消说了，感受极大的苦与痛，长此以往，一定发生种种危险。
>
> 同人等想到这样，见有联络同志，组织会社之必要，便以精神的结合，组成励新学会。②

励新学会是觉悟起来的山东先进分子革命精神与革命实践初步结合的产物。而这种结合，现在看来当然相当幼稚：既无明确的革命目标和纲领，也无宣传马克思主义的公开号召。但在当时，却已是很大的进步。成

① 参看《调查表·中华共产党部·王尽美》《调查表·中华共产党部·邓又铭》，《上海革命史资料与研究（第 7 辑）》，上海世纪出版股份公司、上海古籍出版社 2007 年版，第 780 页、782 页影印件。

② 《我们为什么要发行这种半月刊》，《励新》第一卷第一期，1920 年 12 月 15 日。

立励新学会，乃为解决种种社会问题。山东进步青年的这种觉醒与成立社团的这种自觉，应当是马克思主义在山东传播的初步成果。初步觉醒的山东青年和知识分子，尚无能力解决种种社会问题，他们的政治幼稚体现在社团章程上便是模仿痕迹非常浓重。《励新学会章程》第二条规定，“本会以研究学理促进文化为宗旨”；第三条规定，“本会信条如左（原《章程》为竖排，文字从右往）：勤，俭，诚，勇”；活动内容为发行报章、举行演讲、学术谈话会，此外“再印行一种新出版物，即定名《励新》，每半月发行一次。”印行《励新》半月刊，目的在于“对于种种的问题，都想着一个一个的，给他讨论一个解决的方法，好去和黑暗环境奋斗，得到结果，便可以宣布出来，争得大家的同意，请求大家的指教。”①

励新学会的成立宗旨，很大程度上是受到胡适《新思潮的意义》一文的影响。② 当时各种主义、学说“纷然杂陈”“布尔什维克革命学说作为一种新理论也加入其中成为被讨论的论题”。③ 马列主义只是吸引知识分子的众多理论之一，以至孙中山都感到非常疑惑：“社会主义有 57 种，不知那一种是真的”④。胡适其时发表《多研究些问题，少谈些主义》，实则主张注重研究具体事实、经验，他本人“并不拒斥研究主义”“只是提供了一种思考方式和研究方法”，早些年学界将其纳入“中共党史框架”，按照“革命史范式”解读这场论争有失偏颇。⑤ 况且，“中国的马克思主义还没有真正出现，谈论社会主义的主要还是无政府主义者、国民党人、进步党人和社会党人”⑥。胡适“不尚空谈”的冷静、理性态度，陈独秀也曾持此论，“我敢说最进步的政治，必是把社会问题放在重要地位，别的都是闲文”⑦。因此，励新学会及其成员受到胡适影响是极其自然的。这种影响，公允地说，应该视为对山东马克思主义者正面的、积极的、先进的影响与引领。

---

① 《会务报告》，《励新》第一卷第一期，1920 年 12 月 15 日出版。

② 参看胡适：《新思潮的意义》，《新青年》第 7 卷第 1 号，1919 年 12 月 1 日出版。

③ 《剑桥中华民国史》（上卷），第 420 页。

④ 胡适：《自由主义（1948 年 9 月 4 日）》，刘军宁主编：《北大传统与近代中国自由主义的先声》，中国人事出版社 1998 年版，第 65 页。

⑤ 袁刚等：《“问题与主义”之争九十年回顾与思考》，《南方论丛》2009 年第 2 期，第 27～39 页。

⑥ 李林：《还“问题与主义”之争本来面目》，《二十一世纪》1993 年第 1 期，第 10 页。

⑦ 陈独秀：《实行民治的基础——“地方自治与同业联合两种小组织”》，《独秀文存》，安徽人民出版社 1981 年版，第 251 页。

励新学会及其《励新》半月刊在研讨革命理论、传播马克思主义方面起到积极推动作用，被认为为山东党组织创建“准备了必要的条件”[①]。励新学会的许多会员，后来加入共产党和青年团。他们组织学潮，组织会员和工人、农民劳动界接触，为马克思主义在山东传播做出积极贡献。《励新》半月刊登载了山东教育、妇女解放和一些宣传社会主义的文章，推动了马克思主义在山东的传播和新文化运动的发展。石川祯浩认为，励新学会及其机关刊物《励新》杂志，“这几乎就是所谓济南共产主义小组的唯一值得一提的活动。不过，《励新》所刊登的多数文章，……并没有着意研究社会主义、马克思主义的迹象，也见不到湖南长沙那样的旨在成立社会主义青年团所开展的活动。”[②] 石川祯浩的怀疑不无道理，因为有关山东党组织的史料几乎毫无例外都要凸显和抬高励新学会及《励新》杂志的历史地位，其他更为重要的史料和线索反而湮没了，这难免会让人生疑。

事实上，《励新》半月刊在当时并不是影响最大的刊物（何况王尽美也未必是其中的主要负责人），而是《泺源新刊》。在进步青年学生之中，其翘楚实乃为《泺源新刊》编辑王志坚。[③] 1920 年 10 月，山东省立第一师范学生自治会出版《泺源新刊》。王志坚为《泺源新刊》的主要编辑人员，该刊发表的《本校纪事·出版部简章》规定：“每班公推四人为编辑员”，而从现有资料来看还不能证实王尽美是该刊的编辑员。[④]

《泺源新刊》为三日刊，铅印四开四版，在第一期《发刊词》中指出，该刊有两大任务：第一是调查研究和改革师范教育中“重视专科、忽视教育”的陋习；第二是调查研究和改革师范教育中“泥守书本、忽视实际”的陋习。为此，必须坚持三种态度（条件）：一要有主张，要有意见；二要有学理，要有事实；三要能持久，要能创造。《泺源新刊》以研究教育特别是研究师范教育为主，也有“论坛”“学艺”“通讯”“本校纪事”“小说”和“新诗”等专栏，堪称“‘五四’精神的传播者和旧

---

① 《中国共产党山东省组织史资料（1921 ~ 1987）》，“概述”，第 2 页。

② 《中国共产党成立史》，第 194 页。

③ 王尽美、邓恩铭曾担任《励新》编辑和庶务人员，而且他们二人因为参加中共一大而被公认为山东党的创建者，许多研究者遂将他们所参与的励新学会及《励新》杂志推崇为几乎唯一的革命刊物。而且，“庶务”也多排名在“编辑”之前，如平民教育社第三届（1921 年）职员排序即为：总务部、发行部、编辑部、讲演部。参看《五四时期的社团》（三），三联书店 1979 年版，第 10 页。

④ 参看牟钧、纪镇西：《王尽美同志与〈泺源新刊〉》，《山东图书馆季刊》1982 年第 4 期。

教育的批判者”[1]。在山东五四运动后期创办的新刊物中，《泺源新刊》是出版期数最多、办刊时间最长的刊物，至少已发行40余期，“它在宣传新思想、新思潮，启蒙青年学生觉悟，推动新文化运动深入发展诸多方面都发挥了重要的作用”。由此可见，尽管《泺源新刊》以研究教育为主，但在传播新文化新思潮方面也发挥了重要作用。据研究，《泺源新刊》与励新学会有着较密切的关系，《泺源新刊》《励新》杂志的停刊时间与励新学会的解散时间相差无几。[2]

石川祯浩怀疑山东党组织存在的一条最主要理由为：没有发现励新学会及《励新》杂志开展“湖南长沙那样的旨在成立社会主义青年团”的活动。[3] 因此，他认为，以往研究者在研究山东党创建问题时所依据的史料既不充分、也不可靠，在专业人士看来几乎不能够成立。这是可以理解的。笔者在梳理相关文献资料时，也曾产生类似疑惑。现在，更进一步认为：将励新学会视为“山东党组织的发端”，并不准确。新发现的一些史料，也可以证明山东党组织（团体）在中共一大召开之前即已确凿存在。其一，1921年4月，北京青年团委托宋介（山东兖州人）赴山东指导筹建济南SY青年团，“在济可成立一SY之青年团即王志坚、邓恩铭诸人。”[4] 其二，这条史料记载于宋介挚友王统照的《民国十年日记》，1957年王统照病逝后，“在整理他的遗物时，发现了这本秘藏终生、从不示人的日记，纸色发黄，抚之已脆……”。《民国十年日记》是“五四”新文学运动以来“发掘出的极少数活生生的历史见证之一。”[5] 经过多年整理，2004年、2005年陆续公开发表出来。其三，宋介指定的济南SY青年团主要负责人王志坚既为《泺源新刊》主编，又是励新学会的主要发起者，邓恩铭则主要负责励新学会的具体事务（担任庶务），按照

---

① 参看牟钧、纪镇西：《王尽美同志与〈泺源新刊〉》，《山东图书馆季刊》1982年第4期。

② 参看《中共山东地方组织创建史》，第94页。闫注：《泺源新刊》与《励新》杂志，都不是以传播马克思主义为主的刊物。即便如此，它们仍有力地推动了马克思主义在山东的传播。由于诸多原因，《泺源新刊》及其主编王志坚的历史地位及作用都未能展开深入研究。即使有所提及，相关评价也不够客观。

③ 《中国共产党成立史》，第194页。

④ 王统照遗稿、王立诚整理：《民国十年日记（第二部）》，《潍坊学院学报》2005年第1期，第7页。另，原文之中存在一些句读错误和错字，已做改正。

⑤ 王统照遗稿、王立诚整理：《民国十年日记（第一部）》，《潍坊学院学报》2004年第1期，第1页。“编者按”。

石川祯浩此前阐述的中共草创时期“党团不分”“团就是党”意见,[①] 完全有理由认定王志坚彼时应为山东党组织成员之一，甚至可能为主要成员。虽然济南SY青年团并无（或未发现）后续活动的文献记载，仍能够证明一大之前山东确曾有过这样一个昙花一现的青年团组织。由此亦能证明张国焘所说，北京党小组“还在济南成立了另一个共产党小组和社会主义青年团”之说不谬。[②]

继《泺源新刊》《励新》之后，1921年7月山东学生联合总会在济南创办《新山东》杂志，热情宣传社会主义思想，在宣言中即指出旧山东“是腐败的山东，是黑暗的山东，是万恶的山东，人类社会上所造出来的一切悲惨的罪恶，山东正可以作他们的代表”“为山东人的幸福计算，为个人及子孙计算，不得不用革命的功夫，去创造新社会”“我们理想中未来的山东，是平民专政的山东，是自由平等的山东。传播之，实现之，是我们山东学生的责任了”。《新山东》政治观点鲜明，基本是赞成社会主义的，推动了马克思主义在山东的传播。可以说，山东报刊开始大量传播马克思主义的，要从《新山东》算起。《新山东》现仅见第一期，16开本，约50页。此外，马克思主义专著也开始传入山东各地，传播内容由一般性介绍转为深层次系统理论学习。最早中文版本的《共产党宣言》[③]现存4本，其中一本即在山东广饶县历史博物馆。这是马克思主义在山东地区传播较早、范围较广的一个力证。

四　从星星之火到燎原之势

社团成立，标志着传播形式由零散传播变为有组织传播，推动了马克思主义在山东的纵深传播。组织传播的力度更大，传播效果自然也更为明显。励新学会一些活动，被视为“有组织地研究和宣传马克思主义”的

---

① 《中国共产党成立史》，第188页。

② 《我的回忆》第1册，第123页。

③ 中文版最早版本的《共产党宣言》1920年8月在上海由英文翻译出版。这个版本因为当时排版和校对疏忽，把书皮错印成《共党产宣言》。这是中国第一部专门宣传马克思主义的专著。目前这一版本在中国只有四本，一本存在北京图书馆，一本在上海图书馆，一本在上海档案馆，一本在山东广饶县历史博物馆。请参看余世诚：《一本〈共产党宣言〉的传奇》，《瞭望》1987年第1期。

开始。[①] 励新学会组织会员深入到新城兵工厂、鲁丰纱厂、电灯公司的工人中活动，吸收少数工人参加励新学会的活动，“促进了革命力量与革命实践的结合”，培养了大槐树机车工厂李广义、黄锦荣、刘乃泮等一批工运骨干，成立了山东第一个工会性质的产业工人组织——津浦铁路济南大槐树机车工厂工人俱乐部。与此同时，隐秘的山东党组织（团体）也在进行着事实上的人事更替与改组：王尽美取代了王志坚，成为最重要的骨干。他们依托齐鲁书社为阵地，创办各种公开、半公开群众团体和报刊，组织各种理论学习、研讨、宣传活动，推动了马克思主义在山东的传播。与此同时，他们积极通过各种渠道，与北京党组织取得联系，并在北京党（团）组织指导下秘密组建了山东党（团）组织。尽管山东党组织早期成员对于马克思主义的信仰几乎是自发式的，甚至对于马克思主义的理解并不尽然准确，有时可能对于无政府主义的推崇超过了马克思主义，但这毕竟是山东党组织运用马克思主义指导实践的第一步，也是必经阶段。

1921 年“五一”节前后，山东早期马克思主义者在济南组织劳动周刊社，在共和党（后改组为进步党）山东组织的机关报《大东日报》的副刊开办《济南劳动周刊》，作为中国劳动组合书记部山东支部的机关刊物。这是山东共产党人创办最早的工人报刊之一，被认为“体现了马克思主义与济南工人运动的相结合，是济南共产主义小组存在和工作深入的标志”。被当时人（如张公制等）认为这是山东党有组织活动的开始。有研究者认为，济南劳动周刊社相关资料说明“1921 年 5 月以前确有济南小组形成”，因此断定“济南共产主义小组”形成时间为“1920 年 10 月至 1921 年 5 月之间”。[②] 本文则根据现有资料进一步考证认为，1920 年年底至 1921 年初已经成立了山东党组织。[③] 这与 1921 年上半年、1921 年春两种权威说法，基本一致。[④] 总之，毫无疑问，这时马克思主义已初步扎根山东了。

1921 年 7 月，中国共产党第一次代表大会在上海召开。王尽美、邓恩铭代表山东共产主义者参加大会。会后，王尽美、邓恩铭回到济南，

---

① 参看：《中国共产党山东省组织史资料（1921 ~ 1987）》，“概述”，第 2 页。

② 余世诚、刘明义：《关于山东地方建党的若干问题》，《中国石油大学学报（社科版）》1985 年第 1 期，第 56 页。

③ 有关考证，详见下一章，此不赘述。

④ 参看《中国共产党山东省组织史资料（1921 ~ 1987）》，“概述”，第 1 页和《中国共产党历史》，第 63 页。

“积极开展党的活动”。当年9月，即建立马克思学说研究会。[①] 该会由山东党组织直接领导，学习和宣传马克思主义。五十名会员中，很大一部分人后来参加了共产党或社会主义青年团。10月，王象午（化名“筱锦”）、王乐平（化名“居一”）、王复元（化名“福源”）、王尽美（原名瑞俊，至此之后使用化名“尽美”）、邓恩铭（化名“又铭”）五人远赴伊尔库茨克，11月1日到达满洲里，在他们五人所填写的《调查表》之中均自称为“中华共产党山东部（即中共山东支部）”。即自称为山东党组织的成员（党员）。[②] 这是迄今为止，中共山东组织确凿存在并且有登记名单（五人）的最早最直接的原始文献。这些文献，原由俄罗斯当代文献保管与研究中心（现名为“俄罗斯国家社会/政治史档案馆”，Russian State Archive of Socio—Political History）存档保管（全宗号495，目录号154，卷宗号181），现已公开。

这五人之中，无论资历和威望，王乐平显然都是当仁不让的核心人物。山东五人代表团以王乐平为核心，“山东省各团体的代表是前山东省省议会议长王乐平，他曾在上海各界联合会和我共同工作过，后来成了著名的国民党员。”[③] 在参加伊尔库茨克会议时，中国代表住在远东局事先准备好的一幢两层楼的招待所中，招待所有四位日本代表（一位学生、三位工人）“用的都是假名”。[④] 这一细节，可以解释山东代表王乐平五人采用了“化名”的做法，推测可能是受此启发或者出于安全考虑。[⑤]

植物生根的“摆动”和“歪偏”原理，也比较适用于马克思主义生根山东的具体实情。山东早期共产主义者对马克思主义信仰发生动摇和反复，甚至放弃，也是马克思主义在山东传播的客观历史阶段。唯有如此，信仰者才会更坚强，动摇者也会再坚定，马克思主义传播则会更深入，山东党才会逐渐发展和成长。马克思主义在山东传播早期，自有其反复的必

---

① 《中国共产党山东省组织史资料（1921～1987）》，“概述”，第2页。

② 参看《调查表·中华共产党部·王筱锦》、《调查表·中华共产党部·王福源》、《调查表·中华共产党部·王尽美》、《调查表·中华共产党部·邓又铭》、《上海革命史资料与研究（第7辑）》，第773页、774页、776页、780页、782页影印件。

③ 《我的回忆》第1册，第184页。王乐平身份为“前山东省省议会议长”之记载，当系张国焘误记。另，王乐平曾为“副议长”。

④ 《我的回忆》第1册，第183页。

⑤ 至于此次会议之后，邓恩铭可能负气脱党以及王乐平、王象午、王复元未被正式列为中共山东组织早期成员，将另作探讨。

然阶段；山东早期共产主义者及其组织的发展，也有其反复的必然阶段。正是在“否定之否定”的历史发展规律指引下，山东党组织经历了其发展史上“螺旋式前进”的客观历程，由较为松散的共产党团体逐渐成长为坚强有力的战斗堡垒。

毋庸讳言，山东党组织（中共山东小组）也与全国其他党小组一样，“都是一些知识分子的小团体”，当时“一般工人根本不知道共产主义为何物”，因此这些早期党组织“不能一开始就是工人的，也不会一开始就是人数众多的组织”[①]。这是因为，“在落后的国家中，知识分子是少数的特出人物，也是政治气候的测量器，以往太平天国的革命运动，康、梁的维新运动和孙中山的革命运动等，也都是一些得风气之先的知识分子发动起来的”，“中国共产党的组成，受了五四运动的影响，这是毫无疑问的。五四运动推动中国青年向左走，构成一种爱好社会主义的风气，这是使得共产小组得以产生并迅速发展的一个主要因素。”[②] 此论比较符合历史事实。西方学者普遍认为，“在马克思主义对中国人思想上的吸引力中，除了布尔什维克革命的政治行动提供了榜样以外，还有另外一个因素在起作用，就是从早期马克思主义者对历史和社会的解释中，领悟到对进化宇宙论决定性的修正。”[③] 1922 年王乐平等五人回国后，由于耳闻目睹俄国十月革命胜利果实并不如想象中的那样美好，甚至对于中国革命是否应该搬用俄国革命形式都产生了很大疑虑和担心。在马克思主义如何中国化的问题上，他们开始反思。

这种反思的结果，导致了山东马克思主义信仰者的内部分化。他们基于个人对中国现实国情的理解，做出了不同的人生抉择。此后，王乐平与马克思主义信仰由貌合神离终至分道扬镳。领导山东党组织的重任，历史性转移到了王尽美等人的肩上，山东马克思主义传播也进入一个初步发展的新阶段。山东早期马克思主义者通过创办报刊、团体和采用形象化、通俗化的宣传手段，向工农群众、知识分子传播马克思主义。马克思主义的传播，为中国无产阶级政党建立奠定了思想基础。随着马克思主义的初步传播，山东地方的党团组织和工人运动有了较大发展。

---

① 《我的回忆》第 1 册，第 128 ~ 129 页。

② 《我的回忆》第 1 册，第 129 页。

③ 《剑桥中华民国史》（上卷），第 394 页。

山东党组织成立之后，主要进行了如下活动：（一）宣传马克思主义，组织进步青年；（二）深入到工人中去，帮助建立工会组织；（三）出版《济南劳动周刊》，推进马克思主义理论与工人运动实际相结合；（四）选派代表，出席党的代表大会等各种活动。1922 年 5 月，中共济南独立组成立，王尽美任组长。7 月，王尽美代表山东党组织出席中共二大；8 月，中共济南地方支部成立，王尽美任书记。[①] 济南支部成员据说"有 9 人"，此后社会主义青年团也在济南活跃起来。

山东社会主义青年团（最初称为 SY 青年团）在 1921 年 4 月由北京青年团教育委员宋介指导筹建，王志坚、邓恩铭诸人为济南 SY 青年团负责人。[②] 但是团的活动几乎未见文献记载，似乎并没有开展什么实质性的活动。团的主要负责人王志坚革命立场发生转变，可能也影响了团的活动的开展。王志坚主编的《泺源新刊》曾为山东地区出版刊物期数最多、办刊时间最长的革命刊物，他又是励新学会首席发起人及《励新》半月刊的交际部主任，实则为励新学会的"形象大使"。至于其后他由激进的革命青年"急先锋"转变为佛门弟子，则另当别论。

有必要指出，山东党、团组织（团体）的未能留存文献资料，如会议记录之类，这种现象并不是山东所独有的孤立的个案，而是当时一种比较普遍的现象。组成人员的加入与退出，更为随意。以现今眼光去看简直就是"无组织无纪律"。可在彼时，又不得不承认：事实确实如此。1920 年 9 月中旬，北京党小组在李大钊办公室召开第一次会议，到会 9 人，"宣布这一小组的正式成立""因为无政府主义者不愿有任何组织形式，这次会议没有主席，也没有记录""与会者一致表示赞成组党，并自愿为党员"。[③]据此可见，文本证据"缺失"之说，还是客气的，其实根本就没有什么文本证据。"自愿为党员"的做法，也不可能留存文本证据来证明某人为党员或者不是党员。这些当然是考证者尤其是"文本主义者"最讨厌的事情。李大钊、张国焘这些后来被公认为是党员的人，也只是被"认为"是党员，而无 1920 年的文本证据可以证明他们其时的党员身份。这种情况下，完成历史拼图的关键在于研究者的史识能力。北京党组织的

① 《中国共产党山东省组织史资料（1921～1987）》，"概述"，第 2 页。
② 王统照遗稿、王立诚整理：《民国十年日记（第二部）》，《潍坊学院学报》2005 年第 1 期，第 7 页。
③ 《我的回忆》第 1 册，第 105～106 页。

最初成立，无文件记录，更无入党仪式，入党自愿，来去自由。无政府主义者与共产主义者曾缔结同盟，旋又客气分手，并无“开除”之说。早期党员入党和退党的随意性，于此可见一斑。“接着社会主义青年团也组织起来了”，9 月底在北大学生会办公所举行第一次会议，到会约 40 人。① 11 月底，北京小组命名为“中国共产党北京支部”。② 北京小组“还在济南成立了另一个共产党小组和社会主义青年团。最先参加小组的有王尽美、邓恩铭等八人，参加青年团的人数还要多些，他们开始在济南、青岛以及胶济、津浦两路展开工人运动。”③ 北京党团工作，实际由张国焘负责，因此他在这些问题上有相当大的发言权。张国焘认为，这时济南除党小组之外，还有青年团。这个青年团，显然就是宋介 1921 那年 4 月指导建立的济南 SY 青年团。济南青年团的上级领导机关为北京青年团，在济南青年团成立仅仅 1 个月时间即宣布解散。联络人和指导者宋介随后也毕业离开北京赴美留学，济南青年团无形中也自行解散，仅成立月余即夭折在襁褓之中。④ 据记载，直至 1922 年，山东重建了青年团。1922 年 8 月，贾乃甫、郝永泰等人在济南首批加入青年团，王尽美等党员也加入了青年团。9 月，“中国社会主义青年团济南地方团”在济南成立，王复元负责书记部工作。1923 年年初，青年团济南地方执行委员会建立。此后，张店、青州、烟台、寿光等地相继建立团支部，青岛建立团地方执行委员会。1926 年 7 月，共青团山东区委建立，林礼周、关向应先后任书记。1926 年冬至 1927 年夏，先后建立团益都、寿光、潍县等县委和青州地方执行委员会。⑤

1922 年 6 月，中国劳动组合书记部山东分部正式建立，王尽美任主任。9 月，王尽美调任中国劳动组合书记部北方分部工作，马克先、吴容沧相继代理书记。12 月，王尽美回济南复任书记。随着党员数量增多、基层党组织发展和党的活动范围扩大，1923 年中共济南地方执行委员会建立，王尽美任书记。1925 年 2 月，中共山东地方执行委员会建立，尹宽、邓恩铭、张昆弟、吴芳先后任书记。1926 年 10 月，中共山东区执行委员会

---

① 《我的回忆》第 1 册，第 106 页。

② 《我的回忆》第 1 册，第 108 页。

③ 《我的回忆》第 1 册，第 123 页。

④ 《“一大”前后（一）》，人民出版社 1980 年版，第 26 页。

⑤ 1925 年 1 月，中国社会主义青年团改称中国共产主义青年团。上述有关团的称谓，引自：《中国共产党山东省组织史资料（1921～1987）》，第 27 页。

建立，吴芳任书记。1927年6月，中央决定成立中共山东省委，指定吴芳任书记。这一时期，先后建立潍县、寿光、青州（益都）、高密、张店、鲁北等党的地方执行委员会；在济南、青岛、张店、淄博、博山、寿光、广饶、青州、潍县、高密、烟台、枣庄、曲阜、沂水、泰安、莱芜、齐河、禹城、平原、庆云、阳谷、东昌（聊城）等地建有党的支部；在惠民、菏泽等地也有少量党员。至1927年7月，全省有党员近1500人。[①]

1927年8月至1929年2月，邓恩铭、卢福坦先后担任中共山东省委书记。1929年2月至1933年12月，省委核心成员王复元、王用章、陈衡舟、宋鸣时等人纷纷叛变，省委机关先后遭到10余次破坏。省委领导中9人先后被捕，邓恩铭、刘谦初、卢一之、党维蓉、滕英斋等人遇害。[②]

山东工运工作，进入了有组织活动的历史新阶段。1921年夏，山东第一个工人组织“津浦铁路济南大槐树机车厂工人俱乐部”成立。1922年6月，中国劳动组合书记部山东分（支）部成立，王尽美、王用章先后任主任，这是党公开劳动工人运动的机关。同时，济南津浦大厂工会成立，发起山东矿业工会淄博部，济南印刷厂工人同志会、纺织工人会也相继成立。[③] 1923年，山东工人运动在声援“二七”大罢工活动中出现第一次工运高潮。7月，济南理发工人成立济南市理发工会（对外称济南理发业联合会）。数日之间，济南16个县、8000余人参加了理发业联合会。[④] 1925年2月，胶济铁路和四方机车厂取得罢工胜利，成立胶济路总工会，下设6个分会。胶济铁路全线罢工及其胜利，被邓中夏誉为“异军突起”。4—7月，青岛纱厂工人举行3次大罢工，数十家工厂企业成立工会组织，刘少奇、傅书堂到青岛指导罢工斗争。[⑤] 至此，马克思主义的星星之火，在齐鲁大地已成燎原之势。

五　早期传播的途径及局限

马克思主义在山东地区的早期传播，也主要通过如下传播途径：

① 《中国共产党山东省组织史资料（1921～1987）》，“概述”，第2～3页。
② 《中国共产党山东省组织史资料（1921～1987）》，“概述”，第3页。
③ 《中国共产党山东省组织史资料（1921～1987）》，第33～34页。
④ 《中国共产党山东省组织史资料（1921～1987）》，第34页。
⑤ 《中国共产党山东省组织史资料（1921～1987）》，第34页。

（一）出版、发行马克思主义书籍、报刊，创办刊物，传播马克思主义；（二）组织团体、工会，参加工人运动，创办工人刊物，开办工人夜校，传播马克思主义；（三）通过演讲、通信、讲学等具体途径，传播马克思主义。[①] 山东先进分子紧贴人民群众的实际需要，注重理论与实践的结合，努力推动马克思主义的具体化、通俗化、普及化。马克思主义在山东地区的落地生根，验证了马克思主义成为近代中国救亡运动的唯一选择。马克思主义只有与“中国国情”相结合，才成为了救国救民的真理。从某种意义上讲，马克思主义代表了当时先进文化的前进方向。[②] 山东先进分子也是通过这三种措施，推动了马克思主义在当地的传播。西方研究者认为，20 世纪 20 年代马克思主义传播的最主要特点，尤其是在 1924—1927 年间，是“马克思主义思想在城市知识界迅速传播，并且成为知识界最主要的思潮”[③]。马克思主义的早期传播，很大程度上只是中国知识分子阶层的一次思想文化盛宴。但是，自从山东党组织（团体）建立以后，特别是党的一大召开之后，山东作为党的地方组织，开始进入了组织传播阶段，开始了马克思主义与具体实践的相结合，山东工人运动、群众运动也进入了一个新阶段。

从社会话语“权力场”来看，当时对于马克思主义的讨论虽然达到了一个小高潮，但是在整个社会思潮的话语结构体系之中，马克思主义仍然是被边缘化的一种理论；换言之，当时中国社会的主要思潮并非马克思主义，而是“妇女解放”与“实业救国”。[④] 尽管马克思主义早期传播途径、传播范围有限，先进分子仍然通过自己的努力，使之与中国文化、中国实践相结合，实现了马克思主义在中国的落地生根。从这些传播事实来看，先进分子的历史贡献不容忽视。马克思主义传播与中国共产党夺取政权的政治胜利，也并不是必然的因果关系。“马克思主义的传播与中共的最后胜利，仍然

---

① 这一概括，参看王树荫、温静：《论马克思主义在中国早期的传入与传播》，《思想政治教育》2011 年第 6 期。

② 相关论述及观点，参看邹爱华、田子渝：《马克思主义在中国早期传播的历史启示》，《光明日报》2004 年 11 月 10 日。

③ 《剑桥中华民国史》（上卷），第 435 页。

④ 这一观点，参看吴雁南：《中国近代社会思潮》，湖南教育出版社 1998 年版。马克思主义在社会思潮中的“边缘化”地位，参看谢宏雯：《“被中心”还是“被边缘”——以〈新青年第六卷·第五号〉为中心的考察分析》，《长江论坛》2011 年第 1 期。

既是互相关联，但又可以分开的两件事”。[1]西方研究者的这种观点，实际更强调了中国共产党自身的努力与结果：马克思主义在中国传播，只是为中国共产党提供了一种历史机遇；中国共产党抓住了这一机遇，并发挥组织优势推动了马克思主义进一步传播，从而壮大了自己的队伍和阶级基础。中国共产党的胜利，是将马克思主义理论与工运群运结合的实践产物，是以马克思主义为指导思想而展开暴力革命和工农斗争的历史结果。对于这段历史，中共主要创建者张国焘总结道，“中共的发动者们，大都是五四运动中的活动分子，因而能利用五四运动的经验来建立中共的始基。”[2]“当时共产党人冒险犯难精神也是十分旺盛，并在工人群众中开辟了工作的新天地。这一切都是中国共产运动发展起来的主要因素。”[3]

落地阶段的准备不充分，导致了生根阶段的扎根不深。过于追求革命暴力，马克思主义理论修养的严重不足，不可避免要为中国革命带来损失不算小的负面作用。由于中共早期党组织及其成员“向往于俄国革命，但缺乏马克思主义素养，更没有运用之于中国实际环境的经验”“也不免要发生不切实际的流弊。中国革命就因此遭受着难于形容的灾害。事实不如理想的美丽，差之毫厘，往往会谬以千里，这是中国革命家所应反省的。”[4]“非理性的政治激情，历来都是远离真理的”，马克思主义者的“教条”遭到批判也在所难免。[5]

马克思主义在早期传播阶段，实践层面的传播效果并不明显，主要局限于知识界的狭小圈子，并没有影响到下层民众，这是其早期传播阶段的一个突出特点。马克思主义在山东地区的早期传播与初步发展，也是近代中国救亡运动在理性世界的必然结果的一个具体体现。在当时纷繁芜杂的各种传播思潮之中，早期马克思主义者经过不断地扬弃和选择，最终将马克思主义作为了最先进的思想并使之成为改造中国的思想武器。马克思主义在山东的播种史，说明了“落地阶段”的理论储备，并不是可有可无或者无关紧要，而是不可或缺的必要环节，并且决定了“生根阶段”的扎根深浅及成效。理论的缺失、理解的偏颇，都将会导致革命实践中的

① 《剑桥中华民国史》（上卷），第435页。
② 《我的回忆》第1册，第129页。
③ 《我的回忆》第1册，第130页。
④ 《我的回忆》第1册，第130页。
⑤ 《剑桥中华民国史》（上卷），第434页。

“走弯路”，甚至“走错路”。在“革命形势”突飞猛进、催人奋进的“大跃进”环境之下，尤须冷静。

马克思主义在山东的播种史，也为当前马克思主义中国化提供了一些可贵的殷鉴与启示：(1) 理论只有落地才能生根，主义只有付诸实践，才能发挥指导实践的作用。马克思主义在中国的落地阶段，实则是在为生根阶段进行着必要的不可或缺的理论扬弃与“过滤”。这种扬弃，赋予马克思主义的中国本土文化基因，使之更利于植根于中国本土。(2) 本土化传播形式，更能推进马克思主义生根中国。民族思维、民族语言、民族形式等，都是非常有效的传播方式，都是帮助“马克思主义根系”深入土壤的法宝。(3) 有生命力的理论并且能够解决现实问题，才能落地生根，开花结果。因此，马克思主义中国化、大众化、时代化，必须立足于现实，注意解决现实焦点与难点问题，才能深深植根于当下，才能继续根深叶茂。这些启示，放置于全国也具有一定的普适性，很值得深思与弘扬。

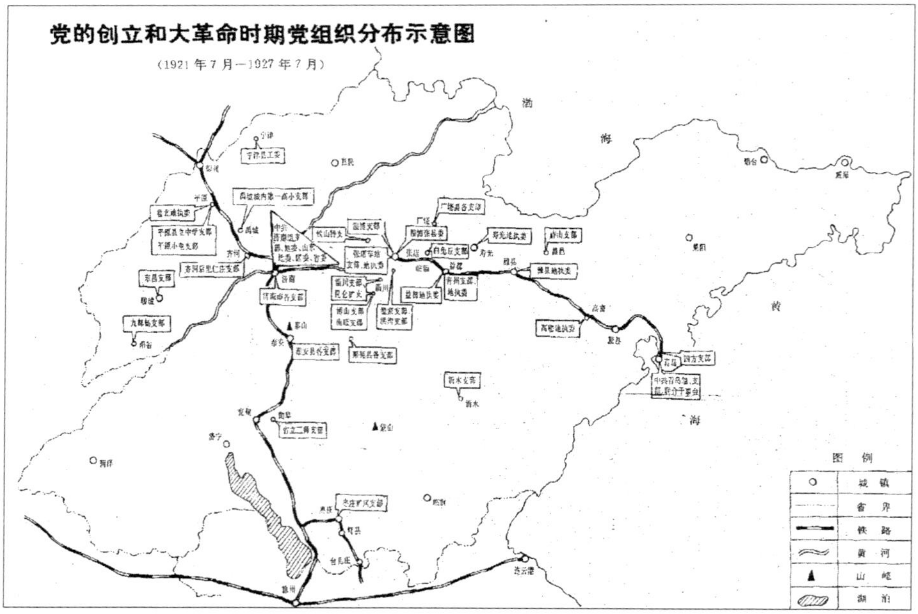

附图1　山东地区党组织分布图（1921.7—1927.7）①

① 引自《中国共产党山东省组织史资料（1921～1987）》，第701页。

附表 1　　山东地区党员数目统计表（1922. 6—1927. 7）①

时间	组织名称	党员数
1922 年 6 月	中共济南地方支部	9 人
1923 年 11 月	中共济南地方执行委员会	16 人
1924 年 5 月	中共济南地方执行委员会	17 人
1926 年 6 月	中共山东地方执行委员会	500 人
1926 年 7 月	中共山东地方执行委员会	515 人
1927 年 4 月	中共山东区执行委员会	1025 人
1927 年 7 月	中共山东省委员会	近 1500 人

附表 2　　山东地区党组织沿革表（1921. 7—1927. 7）②

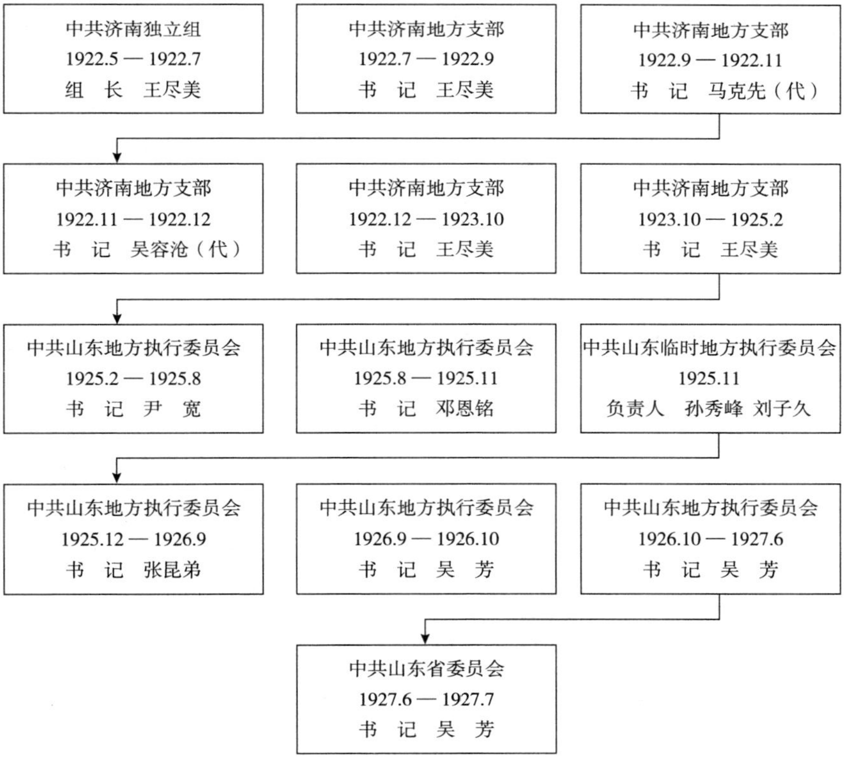

① 引自《中国共产党山东省组织史资料（1921～1987）》，第 703 页。
② 引自《中国共产党山东省组织史资料（1921～1987）》，第 702 页。

附表3　　山东地区部分报刊一览表（1922.7—1937.7）①

报刊名称	创办单位	主办人	性　质	创办时间	刊期	地点	备　注
山东劳动周刊	中国劳动组合书记部山东支部	王尽美 王翔千	中国劳动组合书记部山东支部机关报	1922.7.9	周刊	济南	
现代青年	中共济南地方执行委员会	王尽美	党、团刊物	1924	周刊	济南	公开发行
现代周刊	中共济南地方执行委员会		党刊	1924		济南	
省委通讯	中共山东省委员会	王复元 吴　芳	党刊	1927.11.6—1928.9	不定期	济南	秘密
山东工人	中共山东省委员会		工人	1927	定期	济南	
政治通讯	中共山东省委员会秘书处	吴可敬	党刊	1928.7.6—1928.8	不定期	济南	停刊后改出《教育杂志》
红旗	中共山东省委员会	丁君羊	群众	1928.10.25—11.1	不定期	济南	共出二期
红星周刊	中共山东省委员会	丁君羊	综合	1928.10.25—11.1	不定期	济南	共出二期
老百姓	中共山东省委员会		群众	1928	不定期		
时事简报	中共山东省委员会		群众	1928	不定期		
教育杂志	中共山东省委员会		党刊	1928.9.1			指导党内工作
斧镰周刊	中共山东省委员会		党刊	1928	期刊	济南	
我们的教训	中共山东省委员会	任国桢 张若臣	党刊	1930	不定期	青岛	共出三期
山东红旗报	中共山东省临时委员会		群众	1930.12—1931.4.14		济南 青岛	
布尔什维克	中共山东省委员会		党刊	1931	不定期	济南	

① 引自《中国共产党山东省组织史资料（1921～1987）》，第708～709页。

附续表 3

报刊名称	创办单位	主办人	性　质	创办时间	刊期	地点	备　注
党的生活	中共山东省委员会		党刊	1931. 3	不定期	济南	
山东群众报	中共山东省委员会		群众	1931. 7. 7	周刊	济南	共出二期
士兵出路	中共山东省委员会			1931. 7			宣传军运工作
斗争	中共山东省委员会		党刊	1932	不定期	济南	
工农	中共山东省临时委员会	任作民	群众	1933. 2. 7	不定期	济南	秘密
齐鲁文化	中共山东省委员会		党刊	1936. 7	不定期		即《团结》刊物

说明：各地党组织主办的报刊未收录。

第三章　马克思主义生根山东的“出生证”

导言：文本意义上的出生证，是一纸关于出生事实的证明信，词性为名词。此处所称“出生证”系借用，是对于出生事实的论证，词性为动词。在特定环境中，马克思主义生根山东的直接文本证据，是未能留存的。特定的环境，特定的时代，决定了文本意义出生证的不可能存在。而在注重文本证据的今天，“证据链”要求必须科学举证。由此，针对马克思主义生根山东暨山东党组织建立的举证工作，尤为艰难。然而，随着一批新史料的发现，相关研究峰回路转，有望出现一些重大转折和新突破。(1) 在1992年俄国档案馆移交中方的一批早期文献中，发现了集中记载山东党组织情况的5份“调查表”，分别系王象午、王复元、王乐平、王尽美、邓恩铭于1921年年底亲自填写。在“调查表”中，他们皆自称为“中华共产党山东部（即‘中共山东支部’）”。这些“调查表”，成为山东存在“某种程度的共产主义组织”的铁证，且成员至少包括了上述五人。(2) 在1957年发现、2004—2005年陆续公开发表的王统照《民国十年日记》中，也简要记载了1921年4月济南SY青年团的组建情况（王志坚、邓恩铭诸人负责）。这又将山东党组织的成员名单，进一步扩大为6人。这两组文献资料，是迄今所知，关于山东党（团）组织情况的最早文献记载。(3) 1921年的“施存统口供”，记载山东有10名党员。(4) 陈公博的硕士论文《共产主义运动在中国》（美国哥伦比亚大学1924年）等。此外，当时党员的标准为“信仰马克思主义者”，而无须履行任何程序。是否为党员，并无文本证据。事实上，在1921年7月中共一大召开之前，山东党组织不仅已存在，而且还几乎是党内人尽皆知的“秘密”。

山东党组织（团体）的建立，为马克思主义生根山东的标志和象征。1921年7月中国共产党第一次代表大会（简称“一大”）召开时，王尽美、邓恩铭代表山东党组织（团体）与会，成为山东党组织公认的重要成员。遗憾的是，二人均未能留存具有实证价值的文献资料。这年10月，王象午、王复元、王乐平、王尽美、邓恩铭五人赴伊尔库茨克会议，由于会议主办方的统一要求，五人均填写了一份“调查表”，并幸运地保存了下来。这是迄今发现的最具实证价值的关于山东早期党组织存在的原始文献。而这一重要文献“问世”后，居然在较长时间内未引起国内外研究者应有的关注，确实为一件憾事。而《民国十年日记》的披露与发表，又验证了山东除党组织之外，还有一个SY青年团。以此为研究新突破口，党史界特别是山东党史界，自新中国成立迄今67年，关于“一大前山东有无党组织”的纷争，可否休矣？

一 迟滞不前的研究现状与对策分析

1981年12月，山东省中共党史学会成立。1982年1月6—10日，该会在济南举办“关于山东地方党组织创建时期的若干问题讨论会”，党史界40余人集中讨论这一问题。尽管大家认识到这一问题“也是山东党组织创建时期中的一个重要的、带关键性的，而且又比较难统一认识的问题”，实际并未形成共识。①

济南或山东是否有共产党小组问题。大家对这个问题进行了热烈

① 贾蔚昌：《关于山东地方党组织创建时期若干问题讨论会讨论情况介绍》，《山东党史资料》（增刊）1982年3月出版，第16～17页。其中，余世诚认为：“济南共产党小组”的成立时间“在1920年年底或1921年年初的可能性最大”；人数最初建立时是3人，1921年春可能发展到5人，到一大召开时可能为8人；成员有王尽美、邓恩铭、王翔千、贾石亭（贾甫）、王象午、鲁伯峻、庄龙甲、王复元、王用章。刘明义认为：“1920年秋末（约10月），树立了共产主义信仰的王尽美、邓恩铭等人发起秘密成立了康米尼斯特学会（共产主义学会）也就是被后人所称的共产主义小组或共产党小组”；成立时间推定“在1920年秋末（即10月中、下旬）是比较妥当的”；成员“可以肯定的有王尽美、邓恩铭、王象午、王复元”，“可能性大的有王用章，有可能是的有贾甫、王志坚、李祚周、王克捷、赵震寰等。”李肇年、王文泉认为：“济南共产主义小组”的成立时间，大概在1920年冬到1921年春，“很难得出更具体的结论了”；成员“则只有王尽美、邓恩铭、王翔千三人”，“还应有王复元、王用章二人。”曲琦明确提出一大以前没有“济南（山东）共产主义小组”的否定观点；参看曲琦：《棒打假党史——给中央党史的第二封信》。

> 的讨论和有益的探讨、争辩。有的同志认为，在党的“一大”前，山东根本没有一个共产党小组一类的政党性质的组织。其主要论据是：根据目前已掌握的资料，除王尽美和邓恩铭两个“一大”的代表外，山东找不出第三个一九二一年的党员。包括一般被认为是“一大”前共产党小组成员的王翔千、王用章、王复元、贾乃甫等都是一九二二年“二大”以后入党的。另外，没有有说服力的材料可以确定“一大”前，山东哪一个组织为“共产党小组”或共产党小组性质的组织。经过热烈的争辩，与会同志大都认为在党的“一大”之前，应肯定在山东有个共产党小组。因为根据现在发现的有关“一大”的文献和当事人的回忆，都说在“一大”召开时，国内和东京共有七个小组。（巴黎还有一个小组，当时没能派代表参加“一大”）其中就有济南。济南的共产党小组不像上海、北京等地建立的那样的党组织，很可能是一个非常松散、甚至还没有正式命名的党的创建组织。①

上述介绍，厘清了这场纷争的来龙去脉和聚讼焦点。毋庸置疑，当时构成中国共产党之树的“主根”——上海党组织，和六条“侧根”——北京、广东、湖南、湖北、山东、日本东京的党组织，这七个地方的党组织都不是严格意义上的“组织”，更像是组织松散（尚谈不上组织纪律）的团体。而六条“侧根”之中，除了参加一大的两位代表之外，“找不到第三个1921年党员”的地方党组织，竟有湖南、山东、日本。若以此作为否定山东党组织在一大前存在的证据，显失公允。当然，这些阐述，是基于1982年年初“目前掌握的资料”的前提之下而做出的判断。此后，研究者不但未能解决原来问题，反而陷入了不能自圆其说的歧途。对此，笔者曾这样陈述道：

> 山东作为中共创建地之一和抗战期间建立了我们党领导的唯一一个完整意义上的省政府，其创建真相一直是“历史之谜”。国内外研究者，共识为：由于主要当事人早逝，且未留存相关文献，钩沉这段历史不得不借助大量口述资料，导致了这段历史“真相最难把握”。一些研究者偏听偏信“口述史”，走入“高大全”的歧途；一些研究

① 贾蔚昌：《关于山东地方党组织创建时期若干问题讨论会讨论情况介绍》，《山东党史资料》（增刊）1982年3月出版，第17页。

者更以无“实证”为据，武断地予以否定。这些非历史唯物主义的态度，造成的直接后果便是：既无实质突破，又停滞不前。打破这一现状的关键，在于重新解读史料和发现新史料。

二 生根山东的特定环境

山东省府济南，作为全省的政治文化中心，政治高压远甚于他省。“孔孟之乡、礼仪之邦”的儒家传统思想熏陶，使得山东人精神束缚之重较之其他地区也更甚。鼓吹“革命”的马克思主义，当然为山东统治者所不容和严禁。在此艰难环境下，马克思主义在山东的落地生根，尤其艰巨。山东党组织（团体）只能秘密创建，活动尽量不留痕迹（文本证据），自在情理之中，当然也为后来的举证工作无意中设置了巨大障碍。马克思主义在各地的落地生根情形，虽然各异，却也有其共性：越是地方党组织，越难留存文本意义的“出生证”（即具有实证价值的文献资料）。而这些地方的“党组织”，往往名不副实，“松散”的程度，组织纪律即使有也是形同虚设。比如，日本学者石川祯浩在考证“长沙小组”时即指出，1920 年毛泽东“似乎已经自认为是上海党组织的外地成员”，而且长沙小组 1921 年也只有两个党员（毛泽东、何叔衡）。因此，他认为长沙小组“不过是与毛泽东交往过密的两三个志同道合者，远非一个团体或组织”。[①] 从毛泽东“自认为是”党员这一事实来分析，“人同此心”的党员人数恐怕也不在少数。不仅参会的各地一大代表，未参会的各地“党员”（人数应该更多）很可能都“自认为是”党员。因为这种情形，是中国共产党初创时期的实情：尚无完备的组织程序。正是针对这种“混乱”状况，一大时便开始设法规范党员的入党程序，并以是否履行了入党程序作为唯一的依据。这一规定，在加强党的组织纪律性方面当然很有必要，但同时也造成了一些“历史遗留问题”。最突出的情况为：有相当一些 1922 年入党的党员，实际上更可能为 1921 年、甚至 1920 年的党员。有些未能或者不愿履行入党手续的“党员”，此后便不再被承认为本党党员。其实，在一大之前，是否党员主要是依靠同志间的认可，而不是

---

① ［日］石川祯浩、袁广泉译：《中国共产党成立史》，中国社会科学出版社 2006 年版，第 193 页。

文本上的“入党证”。只有明乎此，才能鉴是非。由此，即便是一向重实证、重考据的日本学者如石川祯浩也只能推测说：

> 武汉、长沙和济南都曾派代表参加中共“一大”，因此，这几个城市此前肯定曾存在某种程度的共产主义组织。不过，他们的活动是在陈独秀等的影响之下开展起来的，其规模比上海、北京、广州还要小，保存下来的资料也就更少。①

如果认识到彼时衡量党员的标准不是文本依据，而是“自认为是”或者不是，那么毫无疑问济南等地在一大召开之前即已建立了“某种程度”的党组织。这是一个肯定的基本事实。但是，他同时又严厉指出：

> ……很遗憾，没有任何原始资料可以解答这些问题。武汉和长沙的情况，因为有直接当事人的回忆录，尚可粗知其概要；而济南的情况，由于直接当事人王尽美和邓恩铭都离世极早，本人生前没有任何回顾材料，只有他们周围的有关人士写的间接回忆录。在国内当初曾经存在的“共产主义小组”里，就数济南小组的真实情况最难把握。此前关于“济南共产主义小组”的几乎所有研究，其所依据的也都是间接的回忆资料；而这些回忆的内容，有不少经不起推敲，因而，这类资料再多，也不可能使我们把握事实真相。②

上引文既客气又直接地批评了此前关于山东党组织的“几乎所有研究”。这就涉及占有史料之后，应该如何使用史料的一个基本治学素养和史识能力：必须用历史唯物主义态度，实事求是，努力置于当时语境，去甄别分析史料，然后才能拿来使用。有些研究者却不假思索或者其他顾虑，对于回忆录之类口述资料偏听偏信，结果自然“经不起推敲”。

石川祯浩 1963 年生于日本山形县，2002 年获京都大学博士学位（1984—1986 年曾在北京大学历史系留学），后任京都大学人文科学研究所副教授。他在《中国共产党成立史》一书的“后记（落款时间为 2001 年 2 月）”中曾专门感谢了“总是有求必应”的“李玉贞”等“诸位先

---

① 《中国共产党成立史》，第 188 页。

② 《中国共产党成立史》，第 193 ~ 194 页。

生”（第431页），并称：“我相信，本书的水平将超过中国为纪念中共成立八十周年而计划出版的有关中共创建史的最新著述。至少，在回归历史现场、审慎考证史实方面不会落于人后。”（第343页）但是，让人感到奇怪的是：王乐平等五人的“调查表”是于1992年由俄罗斯档案馆移交我国中央档案馆的，李玉贞先生等曾做过翻译工作，山东省委党史研究室李肇年同志（现已去世。承蒙他多次赠阅有关资料，谨此表示感谢）、山东大学王文泉教授等也对5份“调查表”进行过研究，为何石川祯浩先生对这5份“调查表”只字未提呢?

因此，能否最大限度地占有史料是突破山东党创建史研究“瓶颈”的最关键之处。口述史或者回忆录之类，是这一时间段不能不利用的重要史料来源。由于特殊的客观原因（主要当事人早逝且未遗留有关文献），山东党组织创建问题只能通过其他有关当事人的间接回忆资料来加以推断。此类“回忆性史料”，具有很大的局限性，然而又不能不用。因此，必须批判地使用，切忌偏听偏信。

由于初期的共产党人是人数极少的秘密组织，因而第一手资料有限。在这种情况下，回忆录在资料中所占的比重自然很大。例如，中国出版的共产党成立时期的综合性资料集《“一大”前后》（共三册）[①] 中，回忆录占到了一半以上的分量。这些回忆录中当然难免有记述错误或者误解，甚至存在主观判断造成的偏颇。因此，回忆录虽然在了解当时的氛围方面有一定的参考价值，但要通过它们来确定具体的时期或者事件，却大有值得商榷之处。还有些回忆录是在其他回忆录的基础上润色而成，故此，不少情况下并不能因为其叙事详细而加以轻信。关于如何对待中共成立时期的资料，日本学者森时彦早就指出过分依据回忆录的危险性，他主张对待回忆录要先进行一番彻底清算，然后再主要依据第一手资料重新建构党史。[②] 这个主张，对在有关党史的资料已经相对大量公开的现在，仍然具有说服力。[③]

① 中国社会科学院现代史研究室、中国革命博物馆党史研究室编：《“一大”前后》（一）（二）（三），人民出版社1980～1984年版。

② ［日］森时彦：《中国……勤工俭学一大已经の动向〈中国勤工俭学运动研究的动向〉》，《东洋史研究》40卷4号，1982年；森时彦：《中国共产党旅欧支部的成立》，《爱知大学国际问题研究所纪要》第80号，1985年。冃注：此为原注。

③ 《中国共产党成立史》，第9页。

在不得不使用口述史或者回忆录之类史料之前，首先必须要“彻底清算”，然后“再主要依据第一手资料重新建构党史”。尤其是“叙事详细”的此类史料，更加可疑或者必须非常警惕。这一科学研究态度，是我们取舍利用口述史或者回忆录之类史料应该采取的一以贯之的科学治史态度。孟子曰“尽信书则不如无书”，即有此深意。甚至可以说，正是因为当前学术界和以往一些研究者不同程度存在着这样一种偏听偏信口述史的治史倾向，以至于其结论有时候不但不能自圆其说、甚至还会自相矛盾。为此，必须正本清源，既要对这些口述史或者回忆录之类史料重新进行甄别和再解读，也要开阔视野和转换角度去挖掘更多新史料，科学重构山东党组织创建这段历史。

马克思主义生根山东暨山东党组织创建，由于直接史料不足，只能借助于一些间接史料帮助其重建有关史实。日本小组是参与中共创建的七个小组之一，也是唯一国外小组，成员为施存统、周佛海二人。施存统到日本留学之后，成为中日两国共产主义运动的一个微型信息中转站。他在日本留学的时期，正是中国正式开始建党活动的时期。施存统和周佛海（当时在鹿儿岛的第七高等学校学习）二人也与陈独秀等保持联系，在日本从事建党活动。1921 年 4 月下旬，周佛海从鹿儿岛给施存统寄来两封信（邮戳日期分别为 4 月 19 日、4 月 28 日），传达广州陈独秀来信精神。[①] 周佛海在 4 月 19 日信中写道：

> 昨日接独秀来信说：与上海、湖北、北京各处的同志协商，命你我二人作为驻日代表，联络日本同志。日人中很少知道我们有此团体[共产党]，我等应竭尽全力。但我有两个困难：一、我明年将离开鹿儿岛。这一年间，居住在这个偏僻的地方，什么事也未能干。二、我大学志愿在京都，但和日本人联络仍然不便。我有以上两个困难，拥有代表虚名，实在惭愧。此意请转告独秀。你居东京，极为方便。[②]

① 《中国共产党成立史》，第 289 页。

② 《外秘乙第 560 号需特别注意中国人件（1921 年 4 月 29 日）》，收于前引《中共创立时期施存统在日本的档案资料》A—4。中文原件没有找到，此件根据日本警方的日文译稿译成中文。阎注：以上为原注。另，此处需要再作说明的是：石川氏引文之中的“[共产党]”，疑误（或者译误、校误），似应为“「共产党」”，即［］为「」（中国大陆普遍使用“”为引号）之误。

石川祯浩分析认为，由“驻日代表”施存统和周佛海组成的“日本小组”，是陈独秀建议在4月下旬成立的。“日本小组”的目的是“联络日本同志”，实际负责的不是周佛海，而是东京的施存统。[①] 而且还可以推测出一条信息：陈独秀最初是指定周佛海为小组负责人，周佛海则因客观原因（地理交通不便）委让于施存统。另外，一大之前，显然是陈独秀在以个人名义与各地同志及组织发生着直接联系，并可以指定（或建议）各地组织的领导人，拥有中央领导权之实。而在山东，陈独秀函约王乐平建党之说，显然也并非空穴来风。“函约”者，正是党内同志间通行的联络方式。

1921年6月，施存统因为引起日本警方的“特别注意”而接受警视厅外事科讯问。这年同月3日，马林等抵达上海之后正在紧锣密鼓督促李达、李汉俊筹备召开中共一大。石川祯浩考证认为，中共一大预定7月20日召开的这一情报，已然为日本警视厅所掌握。“日本小组”决定派周佛海出席一大，肯定事先已经得到上海方面的通知。这时候，施存统已经成为一个名副其实的中国共产党党员。[②] 石川祯浩考证重点主要为三处：（1）一大召开之前，日本小组即已收到了陈独秀的指令。（2）陈独秀指令（一大召开时间、地点、参会人员等）被日本警方截获。（3）各小组参会人选可以自行商讨决定，小组成员即为中共正式党员。

周佛海4月19日之信，乃是根据日本警方的原始文献日文译稿翻译的，基本可以确定为“信史”。这一新史料，大概为目前已知的国内外关于中共地方小组的最早一则文献记载。自从石川氏披露了这一鲜为人知的新史料之后，国内研究者似乎并未予以足够重视。根据周佛海之信，可以推知日本小组一些基本组织情况：（1）成立时间，当为1921年4月中下旬。（2）成员二人，周佛海、施存统。（3）负责人，施存统。（4）组织关系，直接受命于陈独秀领导。（5）工作任务，联络在日本的同志。（6）联系方式，书信单线联系。（7）团体名称为“共产党”（或者“中共日本小组”），其成员身份为“驻日代表”。

日本小组更像一个组织松散的小团体，周佛海等也“自认为是”一个“共产党团体”。结合这些语境，可以认定：在数量上，包括山东党组

---

① 《中国共产党成立史》，第289～290页。

② 《中国共产党成立史》，第291页。

织在内的各地党组织，肯定在一大之前已存在着若干个。在性质上，各地党组织与其称之为“组织”，不如说是“组织松散”的团体之类。所谓“组织”，此处词性应该为“名词”，在《现代汉语词典》（修订本）中释义为“按照一定的宗旨和系统建立起来的集体，如党团组织、工会组织”。[①] 所谓“团体”，词性亦为“名词”，《现代汉语词典》（修订本）则释义为“有共同目的、志趣的人所组成的集体”。[②] 比较看来，所谓中共长沙小组、济南小组和日本小组，其实更应该视为周佛海等自称的“共产党团体”。这样一来，通过日本小组相关资料可以旁证出：山东党组织（济南小组）一大之前，已然存在，且可能只是一个“共产党团体”而已。各地党组织（团体）的这些“零星活动”，经过陈独秀等人的联络和组织，终于“演进到中国共产党的正式组成。”[③]

中共创建者张国焘的一些回忆，也验证了上述判断。如他赞誉陈独秀为“组织中国共产党的最先发动者和设计者。他具有决心和信心，拟定发展中国共产党组织的初步蓝图，并从事实际活动。由于他多方推动和组织，各地的马克思主义者的零星活动终于演进到中国共产党的正式组成。”[④] 张国焘与陈独秀并有分工约定，陈独秀负责南方各地党组织的联络工作，张国焘协助李大钊负责北方各地党组织的联络工作，此即所谓“南陈北李相约建党”。[⑤] 当时计划组织北京、山东等6地建立党组织，但直到一大召开前只组建了北京和山东两个党组织。[⑥] 山东能够顺利组建起“某种程度”的党组织，得益于山东青年的“较为左倾”和五四运动的放大效应，因此“中国共产党各小组，能在像湖南、山东这样的省份发展起来，倒也不是偶然的。”[⑦]

以王乐平为首的山东“某种程度”的党组织（团体），不但在山东有一定影响，即便在全国也有一些名气。如王乐平与陈独秀、张国焘等中国共产党的创建者不但认识，而且有着一些工作联系。陈独秀主编的《新

---

① 《现代汉语词典》（修订本），商务印书馆，1999年10月，第1679页。

② 《现代汉语词典》（修订本），第1279页。

③ 张国焘：《我的回忆》第1册，东方出版社1998年版，第90页。

④ 《我的回忆》第1册，第90页。

⑤ 据说在1920年2月10日，李大钊送陈独秀赶上海途中，两人“计划组织中国共产党事。”参看高一涵：《李守常事略》，《汉口民国日报》1927年5月24日、25日。

⑥ 《我的回忆》第1册，第98页。

⑦ 《我的回忆》第1册，第124页。

青年》杂志，在王乐平的齐鲁书社便设有“代办发行处”；1919年召开全国各界联合会时，王乐平与陈独秀、张国焘等“共同工作过”。[①] 相投的旨趣，“革命”的事业，使得他们历史性地走到了一起并成为并肩战斗的“战友”。因此，有研究者认为，陈独秀委托王乐平“负责在济南成立共产主义组织，是非常有可能的。王乐平自己似乎并没有直接参加创建济南的共产主义组织，这个过程与上述长沙的情形一样，都标志着陈独秀的个人威望和人际关系对于中国各城市成立共产主义组织所发挥的作用极大。”[②] 陈独秀的“人际关系”，对于建立山东党组织，也发挥了“极大作用”；同样，王乐平对于建立山东党组织，也发挥了“极大作用”。而且，他的作用应该更大些、更直接些。尽管没有留存下文本证据（文献资料）可以证明王乐平“直接参加创建济南的共产主义组织”，但是，（1）从山东（济南）“共产主义组织”很可能设在齐鲁书社，而且是由其“革命弟子”王尽美、邓恩铭等人负责；（2）王尽美作为王乐平的齐鲁书社雇员，接受“老板”的指令开展工作，也是顺理成章；（3）王乐平、王尽美还有一层亲戚关系，又是老乡；（4）王乐平在五四运动中的政治表现（民意代表、面见总统），在齐鲁书社的经济才能（业绩倍增、当选社长），都使之成为山东先进分子尤其是青年学生推崇与敬仰的精神领袖。这些事实充分说明，山东（济南）“共产主义组织”，实际也是依靠着王乐平的“个人威望和人际关系”而得以建立的。由此推论，王乐平应该为这个山东（济南）“共产主义组织”的主要负责人。[③] 因此，马克思主义在山东的落地生根，王乐平贡献最大，王尽美等人则次之。

1921年7月召开一大时，代表们在党员问题上也有过很大争议，李汉俊即提出“征求党员不可限制太严”，“不必规定每个党员都须从事实际工作，只要信仰马克思主义就够了”。[④] 尽管李汉俊的这一提议最后被否决，但是由此可以知道当时对于党员的标准存在着不小的争议，“只要信仰马克思主义就是党员”的观点恐怕在当时各地并不占少数。10月，

---

① 《我的回忆》第1册，第184页。

② 《中国共产党成立史》；第194页。

③ 北京党组织主要负责人李大钊其实并不直接分管具体事务工作，而是由张国焘、罗章龙等学生负责。即使王乐平时为山东党组织的主要负责人，他亦不会直接管理一下具体事务，而可能委托王尽美等人负责并依托齐鲁书社作为掩护展开工作。

④ 《我的回忆》第1册，第140页。

王尽美、王乐平等5人赴伊尔库茨克会议，并在“调查表”登记时一致自称为“中华共产党山东部”。[①] 据此考量，王乐平既然自称“党员”，肯定为当时山东党组织的核心人物。而且在填写“调查表”之时，不但王乐平“自认为是”山东党员，王尽美、邓恩铭等4人以及中共代表团主席张国焘等亦皆“认为”他是党员。在当时特定环境下，按照“自认为是”便是党员的通例，而且有五份“调查表”为证，王乐平的山东党员身份应该确凿无疑，山东“某种程度”的党组织在中共一大之前即已存在也应该确凿无疑。

在中央层面，早有把山东列为重点发展对象的顶层设计；在山东，更有王乐平这些先进分子（马克思主义者）的秘密活动，上下互动，催生了山东“某种程度”的党组织（团体）的创建。这也是马克思主义在山东地区传播到一定程度的必然产物。由此可见，山东党组织确实是与中央建立了一条彼此联络的秘密渠道。在山东与中央的单线联系中，王乐平是沟通中央的唯一联系人。后来，王尽美辗转找到了罗章龙，又建立了另一条山东与中央的单线联络渠道。因此，马克思主义在山东落地生根阶段，居于核心位置的无疑应为王乐平。

三　文献记载中的山东党组织

马克思主义生根山东的文献资料虽然比较少，举证难度虽然有些大，却也还不至于彻底没有可信的文献资料以资考证。而且这些文献资料，亦能形成了一个较为完整的证据链，足以证明：一大前，山东党组织已然存在；而这一事实，在党内几乎是人人皆知的“秘密”。

1921年12月，施存统被捕后接受了日本警视厅审讯。[②] 石川祯浩的《中国共产党成立史》一书“附录三”收录了一份施存统1921年的“口供”。这一新史料，对于研究中共创建史、中共地方组织史特别是山东党

① 参看《调查表·中华共产党部·王筱锦》《调查表·中华共产党部·王居一》《调查表·中华共产党部·王福源》《调查表·中华共产党部·王尽美》《调查表·中华共产党部·邓又铭》，《上海革命史资料与研究（第7辑）》，第773页、774页、776页、780页、782页影印件。

② 其口供，原题为《附警视厅…… [施存统在警视厅供述概要]》，收录于《外事警察》（第10号，1922年2月）所载《施存统的追放颠末 [驱逐施存统始末]》中。文中（）为原注，[ ] 为引用者注。

组织创建史，具有特别重要的意义。

二　与上海社会主义团体之关系

上海之社会主义团体，与余有关者乃共产党、社会主义青年团及社会主义大学校。此皆为秘密团体，故没有固定办事地点，与各地同志相互联络，每以各团体主任或委员住处为通信地址。

上海之共产党有两种。一种乃陈独秀所创建，信奉纯粹之马克思主义；另一种为黄界民［黄介民］派所组织，信奉杂以无政府主义思想之马克思主义。而余有关者乃前者。①

社会主义青年团成立于大正9年【1920年】8月，目的在从事实际运动；现居上海南成都路辅德里625号之李达专掌团务，李人杰负总责。李达又名李鹤鸣，李人杰又称李汉俊，皆曾留学日本。②

社会主义大学校为宣传主义之所谓通信学校，由陈独秀、俞秀松、吴明（无无）、李人杰、沈定（玄庐）、王仲甫（重辅）及余等七人于大正9年5月成立，其团员与社会主义青年团同，然前者专事实际运动，后者则以宣传主义为目的。③

初与上海之俄国过激派代表有关系，每月接受宣传费用月一千元，干部等亦每人每月接受三十元报酬；然前年以降关系断绝，现已不再接受该代表任何资助。现有学员约六十人。其中，在中国内地者，长沙11名，武昌9名，济南10名，广州7名，北京5名，上海18名；国外者，日本2名，法国2名，俄国1名。在日本之学生，即鹿儿岛第七高等学校周佛海及余二人［旁点为原文所注］。④

此类团体之宣传手段为报纸、杂志、通信。除社会主义大学校采通信手段外，其他多利用报纸、杂志。宣传主义之学校，另有法租界之世界语学校。该校发行《自由》杂志以为宣传机关，谢晋青及余为该杂志之驻日代表。然该杂志已停刊，故现在无任何关系。⑤

---

① 《中国共产党成立史》；“附录三施存统口供”，第368页。

② 《中国共产党成立史》；“附录三施存统口供”，第369页。【】注系闫所补加。

③ 《中国共产党成立史》；“附录三施存统口供”，第369页。

④ 《中国共产党成立史》；“附录三施存统口供”，第369页。闫补注：原文是每字下为一点，闫未找到相应格式，暂以点式下划线代替。

⑤ 《中国共产党成立史》；“附录三施存统口供”，第369页。

禁止携入日本之《共产党》杂志，其发行地点不明，亦不知与上述共产党有无关系。余自广州共和书局订阅。[①]

现今，留日中国学生中，除周佛海及余外，更无同志。故即使余为上海共产党之驻日代表，其目的亦非为对留学生开展工作，实为联络上海共产党与日本社会主义者。[②]

三　本人与中国人主义者之关系

在杭州师范学校学习期间，余曾发表论文《非孝》，排斥儒教、否认忠孝。因该文颇受中国青年欢迎，以至于为主义者所知，后得以结交同志，开始交往。其主要者为陈独秀、戴天仇［戴季陶］、李达、张国焘、俞秀松、黄璧魂（女）、李漳、周佛海、谢晋青、李人杰、杨明齐［杨明斋］、李和明、哲民［费哲民］、李灵丹、邵力子等，余来日后仍有书信往来。就中，陈独秀、戴天仇二人乃余最崇拜者，彼等一直汇寄生活费与余。[③]

谢晋青（警视厅指定乙类需要监视之人物，现居上海）确为友人，然非同志；彼同罗豁、陈春培皆为无政府主义者，惟其主义与大杉荣派稍异。[④]

施存统的“口供”，比较详细记载了中共早期组织情况。当时上海3个社会主义团体共产党、青年团、社会主义大学校（以下简称“大学”），均为“秘密团体”，皆无“固定办事地点”，同志间的联络则“通信”为主。这一情况，上海党组织是如此，其他各地包括山东在内的党组织，恐怕都是如此。施存统称上海党组织为“秘密团体”，而非“秘密组织”，山东党组织更难称其为“组织”了。因此，以所谓“组织标准”去衡量“某种程度的共产主义组织”，既不准确也不科学，更不是实事求是的历史唯物主义态度。

青年团1920年8月成立，大学1920年5月成立。有研究者认为，1920年5月陈独秀等成立了“社会主义研究社”，或者是“马克思主义研

① 《中国共产党成立史》；“附录三施存统口供”，第369页。
② 《中国共产党成立史》；“附录三施存统口供”，第369页。
③ 《中国共产党成立史》；“附录三施存统口供”，第369～370页。
④ 《中国共产党成立史》；“附录三施存统口供”，第370页。

究会”。[1] 石川祯浩认为“大学”即“社会主义研究社”。[2] 中共正式成立之后，在与各地党组织联系时曾用“大学”作为中共中央的代号，学员即党员。根据上述当时“只要信仰马克思主义就是党员”的流行观点，以及施存统指称日本2名学员（即党员）之事实，可以印证他所谓“学员”即“党员”也。据施存统称，截至1921年12月（他被捕之时），中共已有党（学）员60余人，其中中国内地6个地区60人，国外3个国家5人，实为65人。日本学员2人，无疑即周佛海、施存统。俄国1名，应该为马克思主义的秘密传播者杨明斋，山东人，负责外语学校工作（另在第七章有专论，此略）。临时中央上海有18名党员，居全国之首。北京地位仅次于上海，却只有5名党员，在全国最少，这个数字让人有些生疑。张申府回忆称，北京小组（支部）1920年9月下旬成立时，最初只有他和李大钊二人；至10月，张国焘、罗章龙等5人加入，已经为7人。[3] 张国焘回忆称，1921年9月北京小组成立时，有9人；11月，只剩下4人；吸收其他同志之后，扩大为15人。[4] 1920年6月20日，施存统去日本留学。[5] 推测很可能是施存统未能及时获取北京党组织成员的统计信息，而这一数字又一直在变动中，所以他提供北京党组织有五人的不准确情报也在情理之中。或者说，这也很有可能是他的一个“障眼法”，意在转移视线，掩护一些同志。北京党组织的五人，施存统列出了4人：“当时，北京小组有李大钊、邓中夏、范鸿劼、张国焘”。[6]

最让人吃惊的是，山东居然有10名党（学）员，位居第三（仅次于上海、长沙）。远在异国他乡的施存统，居然掌握这一信息，可见张国焘所称的山东青年“比较左倾”，山东党组织成立“也不是偶然的”这些论断不谬。[7] 另据张国焘称，北京小组“还在济南成立了另一个共产党小组

---

① 任武雄：《中共创建史上若干问题的探索》，《上海革命史料与研究》第2辑，三联书店2002年出版；该文提出成立的社会主义研究社。田子渝等：《马克思主义在中国初期传播史》，学习出版社2012年版，第117页；认为成立的是“马克思主义研究会”。

② 《中国共产党成立史》，第163页。

③ 张申府：《建党初期的一些情况（1979年9月17日）》，《“一大”前后（二）》，人民出版社1980年版，第220～221页。

④ 《我的回忆》第1册，第105～108页。

⑤ 施复亮：《中国共产党成立时期的几个问题》，《“一大”前后（二）》，第36页。

⑥ 施复亮：《中国共产党成立时期的几个问题》，《“一大”前后（二）》，第34页。

⑦ 《我的回忆》第1册，第124页。

和社会主义青年团。最先参加小组的有王尽美、邓恩铭等八人，参加青年团的人数还要多些，他们开始在济南、青岛以及胶济、津浦两路展开工人运动。”① 此后，为1921年年初成立的天津社会主义青年团。按照张国焘的时间排序，济南党小组和青年团应该是在1921年年初或者之前成立。张国焘所称济南有党员8人，与施存统所称“10人”，都表明1921年前后山东党员人数确实不少（8~10人）。

施存统的“口供”，是目前发现的最早一份关于中共各地党员情况的清单，可以采信。施存统这一情报的来源，可能系经由陈独秀书函告知或者他本人系参与者之一（起草、阅读、抄录了有关文件）。这一推测，并非空穴来风。这年六月间，陈独秀等人在上海成立了共产党，“起草纲领十余条。陈公培抄了一份到法国，我抄了一份到日本。后来，陈望道、邵力子、沈雁冰等都参加了小组。”② 根据当事人这一回忆，施存统参与了上海共产党的纲领文件的起草工作，并抄录一份带到了日本。据此推断，此份清单所列各地党员人数明细情况，大概也是施存统这次一并抄录带走的。

此外，尚有其他文献也能够佐证上述推论。1924年1月，赴美留学的陈公博（一大代表）在哥伦比亚大学提交了一篇名为《共产主义运动在中国》的硕士论文。此后30多年，它一直静静地保存在该校图书馆，未曾引起注意。③ 20世纪60年代，该论文在美国出版，1982年由中国社会科学出版社出版并在国内发行。发现陈公博硕士论文的美国学者韦慕庭认为，这篇论文提供了陈公博不久前所参加的“那些大事的迄今不为人所知晓的若干细节”，也显露了“一个曾受过马克思列宁主义学说影响的中国青年民族主义者”的思想轨迹；“这些思想可能表现了本世纪20年代早期许多中国青年知识分子思想观点的特征，从而为我们提供了了解那个时代的一种途径”。“这篇论文所以特别重要，是因为它在附录中包括了中国共产主义运动最早那几年的六个文件的译文，其中四个是迄今所发现的任何其他资料所没有的。”④ 为了考证这篇硕士论文，韦慕庭还通过

① 《我的回忆》第1册，第123页。

② 《我的回忆》第1册，第33~34页、第35页。

③ ［美］韦慕庭：《共产主义运动在中国·绪言》，《共产主义运动在中国》，中国社会科学出版社1982年版（根据美国哥伦比亚大学1960年版翻译、根据纽约奥克特贡出版社1979年版校订），第2页。

④ 《共产主义运动在中国·绪言》，《共产主义运动在中国》，第2页。

张国焘本人搜集到了陈公博的另一著作《寒风集》，“张国焘先生给我弄到了一本《寒风集》，罗伯特·伯顿先生让我参看并引用了张先生回忆录的手稿”[①]。因此韦慕庭的相关研究结论，可信度相当高。

陈公博硕士论文，阐述了1920年代早期“一个多少受了点马列主义影响的中国青年民族主义者的思想。用经济解释历史，是陈公博的中心思想。绪言和第一章详细评论了中国经济的萧条状况，陈公博把这归因于帝国主义。”[②] 在第二章，“中国共产党的先驱”，陈公博作为战后幻灭时期北京的一个学生，以亲身经历来说明问题，……他讲述了激进主义的发展，以及“到民间去”，准备革命的运动。然后他列举并简略地叙述了作为1919年运动的结果并从中产生共产党的六个组织——社会主义青年团、全国总工会、新潮社（他所拥护的）、马克思主义研究会、全国学生联合会和女权运动同盟。陈公博指出了每个组织导向共产主义的倾向。这一章是直接产生中国共产主义的历史环境的较早的和有价值的再现。[③] 韦慕庭认为陈公博硕士论文提供了三类资料——纯粹的事实细节，所争论的问题，以及文件资料。这些都可以分别予以评价。[④] 有些纯粹是事实的细节，能够易于以其他的独立的资料加以确证。可以确证的一个事例是这种说法：参加大会的有十二个代表，代表七个地区——广州、北京、上海、湖南、山东、天津、汉口，及在日本的中国同志。显然陈在列举天津时是疏忽了。[⑤] 而山东及其代表二人，则毫无疑问。总之，韦慕庭认为陈公博对历史事实的叙述是“客观的”，因此他结论为：（1）陈公博1924年论文所提到的两个重要争论与后来其他人的回忆是一致的。他关于争论的结

① 《共产主义运动在中国·绪言》，《共产主义运动在中国》，第3页。

② 《共产主义运动在中国·绪言·二、关于中国共产主义运动的论文》，《共产主义运动在中国》，第19页。

③ 《共产主义运动在中国·绪言·二、关于中国共产主义运动的论文》，《共产主义运动在中国》，第20页。

④ 《共产主义运动在中国·绪言·二、关于中国共产主义运动的论文》，《共产主义运动在中国》，第29页。

⑤ 笔者认为，之所以称陈公博“疏忽”，是因为他已在前面明确指出“七个地区”，在后面列举时却提到了“八个地区”。另外，陈潭秋、董必武和张国焘都列了相同的十三个代表（用罗马字拼写时有变化），而张国焘解释说，其中一人何叔衡被毛泽东派回湖南，以一种托词使他离开会议，因此实际上是十二人。除未提到天津外，所有这三个名单在确定代表来自何处时都与陈公博的说法相同。参看韦慕庭：《共产主义运动在中国·绪言·二、关于中国共产主义运动的论文》，《共产主义运动在中国》，第29页。

果的报道看来至少像他后来的叙述一样可靠。即使我们从他后来所写的文章中知道，他曾强烈地卷入了斗争，但他的叙述似乎还是客观的，而且也抑制了自己的观点。[①]（2）直到现在，人们（包括许多当事人都认为）还不知道保存有第一次大会所产生的文件；例如董必武认为所有的文件可能都已丧失。韦慕庭考证认为陈公博硕士论文附录一和附录二确实就是“体现第一次大会的文件”[②]。韦慕庭还将附录三《中国共产党宣言（1922年7月第二次代表大会通过）》与中共中央1926年10月再版的文本和1930年印行的译本一句一句进行对照，结果发现陈公博所提供的是一个逐字逐句的忠实译文。（3）关于“附录一”，“党的目标……对党员资格的规定是初步的：凡接受党的纲领和政策，保证忠于党，断绝与其他政党的关系，并有党员一人介绍，在为期两个月的审查后经党员多数表决同意者，即可成为党员。”[③] 党的组织系统把地方“苏维埃”（大概最好是译为“支部”）放在中心地位。[④] 韦慕庭特别指出，此处所谓地方“苏维埃”的翻译并不准确，最好译为“支部”，即地方支部。为此，他曾特别邀请了有关专家对相关语句进行专业性和学术性的解读。

哥伦比亚大学的约翰·N·哈泽德教授是苏联法律和共产党政策制度问题的专家。经过检验三个附录，约翰·N·哈泽德对于第一个纲领解读说：

> ……其组织形式非常简单，没有组织上的等级制度，地方“苏维埃”是规章的主题，“苏维埃”这个俄国名词从未对地方一级组织使用过，我在这里看到它感到惊奇。俄国人把地方一级组织叫作“支部”（yacheika）。1903年俄国党有一个苏维埃，但那是唯一的最高执行代表会议，是在共产党组织的最上层。[⑤]

① 《共产主义运动在中国·绪言·二、关于中国共产主义运动的论文》，《共产主义运动在中国》，第29页。

② 《共产主义运动在中国·绪言·二、关于中国共产主义运动的论文》，《共产主义运动在中国》，第36页。

③ 《共产主义运动在中国·绪言·二、关于中国共产主义运动的论文》，《共产主义运动在中国》，第36页。

④ 《共产主义运动在中国·绪言·二、关于中国共产主义运动的论文》，《共产主义运动在中国》，第37页。

⑤ 《共产主义运动在中国·绪言·二、关于中国共产主义运动的论文》，《共产主义运动在中国》，第37～38页。

根据专家意见，可以发现我们国内存在很多类似不准确的翻译；以至于具体解读时会“差之毫厘谬以千里”，此即为一例。韦慕庭据此认为，此处翻译应该按照专家的意见，将地方“苏维埃”译为“地方支部”更妥切。而且，相比较国内其他当事人的回忆史料而言，陈公博硕士论文所提供的历史事实更为纯粹直接而无矫饰，较少政治意识形态的干扰，自然具有相当高的史料价值。即便在1924年历史语境之下，以陈公博为代表的社会精英的见识仍很深刻。譬如，关于中国共产主义运动兴起和马克思主义在中国传播的社会背景，当今学术界尚在聚讼不休，陈公博则在近90年前早已明确指出：

> 中国人认为辛亥革命会把他们从经济、政治的压迫下解放出来，但因外国资本主义和帝国主义势力的影响，他们的悲惨境况依然如故，而且比以前更糟。不管是共和政体还是君主政体，外国资本家们照样推进他们谋取厚利的贸易。由于对辛亥革命的结果不满意，认为这次革命的效果不足以使他们免除压迫，于是中国人决定采取另外的步骤——试行共产主义。正当中国人民为寻求一条解放之路而斗争的时候，红军在俄国取得了胜利。激进思想的炸药爆炸了，共产主义风行于全中国，工人阶级团结起来，罢工遍及全国各地。有才智的学生深入到工人中，社会革命走上了迟早要胜利的道路。总之，社会革命的种子已播种在人民的心中，多久才能开花，那就看激进的园丁们的能力了。①

陈公博简明扼要指出，中国革命是中国人民的最后选择，“中国人因无解放自己的办法，只有转向造反。”② 中国兴起共产主义运动既是被迫的又是唯一的出路，“共产主义实质上是19世纪的一种产物，尤其是处于悲惨命运的人民斗争的最后手段。中国共产党的成就能有多大，取决于他们遭受资本主义和帝国主义加于他们的痛苦的大小。”③ 陈公博对“中国革命将来必定要走自己的道路”还作了前瞻性预言：

---

① 陈公博：《共产主义运动在中国·绪言》，中国社会科学出版社1982年版，第83页。

② 《共产主义运动在中国·第一章》，第90页。

③ 《共产主义运动在中国·第六章》，第125页。

……作为这一章的结束语，我想多说几句话。中国的共产主义运动虽然还年轻，但它非常迅速地风靡全国。它是否走和俄国同样的道路，是有疑问的。正如E·A·罗斯所说，“如果载着列宁和其他十八个布尔什维克的火车在穿过德国向俄国奔驰的道路上在一座桥上跌落，而且他们全都牺牲，俄国所发生的事情也会采取差不多的行动。”人类能够改善自己的环境，但他们不能完全逃避开环境加给他们生活的影响。所以不管中国的共产主义成就有多大，最后中国还是中国，就像俄国是俄国一样，而且共产主义在中国的胜利将采取与俄国不同的另一种形式，这就是我的看法。①

陈公博认为，中国的国情环境，决定了共产主义运动在中国的胜利形式将不同于俄国道路，而且必然将具有非常浓烈的中国特色。陈公博这位激情洋溢而又理性迸射的年轻的中国民族主义者，对于早期中国革命道路、对于马克思主义中国化及其成果形成无疑是一个成功的预言。至于他未能“知行合一”，甚至叛离革命，则又另当别论。关于中共党史的考察，陈公博也主张追溯到五四运动足矣。

但就我所知，1911年的社会主义运动是一种乌托邦计划，与今天的实际运动无关。那时有两个团体，一个提倡社会主义，一个提倡无政府主义。前者无纲领，不过是一个普通的俱乐部，与工会没有任何联系，它的成员也没有一个人提出过劳工问题。有些社会主义者曾被选入国会，但他们加入了国民党，并不属于社会主义政党。后者什么都不主张，只提倡“公产和自由恋爱的原则”。他们曾申请广东政府给他们一个岛屿，让他们在岛上实现他们的“新社会”的理想。由于这种理想主义的思想，我们最好还是把他们看成是乌托邦主义者，而不要看成是共产主义者。所以我们在追溯共产党的起源时，对我们来说比较实际的还是描绘1919年的五四运动，即大学生运动的序幕。②

陈公博认为，1911年所谓“社会主义运动”只是“一种乌托邦计

① 《共产主义运动在中国·绪言》，第85页。

② 《共产主义运动在中国·第二章》，第92页。

划”，并不是真正意义上的社会主义运动；乌托邦主义者与共产主义者没有实质联系，前者并不是后者的前身，他认可中共起源于五四运动。并进一步指出，中共的“本源”，主要有以下几个党团。

自五四运动以来，组成了许多党派和团体。以下所举的，就是共产党起源的那些团体：

1. 社会主义青年团。像第一国际一样，这一团体由各种激进的青年所组成，如社会主义者，无政府主义者，工团主义者，空想社会主义者，以及共产主义者。经过严肃的争辩与讨论，反对共产主义的人退却了。这个团体现在成了纯粹的共产党。

2. 工会。除一个外，所有这些工会都可以说是全国性的——全国总工会（全国总工会 1925 年正式成立——译者）。它们有几百个都是分散的，但多数都具有工会的性质。中国工会的力量远没有欧洲同样工会的力量大，但它们的影响却在日渐增长。它们认为，中国应该步苏维埃俄国的后尘。[①]

3. 新潮社。这个团体是杜威教授和罗素先生逗留中国期间组织的。杜威教授提倡实验逻辑，罗素先生宣传基尔特社会主义，但他们都教导学生如何思考问题。现在的许多共产党员就来自这个团体，而我们的思想方法和我们所思考的结果已经影响了共产党。这或许是杜威教授和罗素先生所不知道的。

4. 马克思主义研究会。组织这个学会的目的是研究马克思主义。这不是一个革命团体，而是学术团体。马克思的许多书被翻译过来了，但当这个研究会的成员认识到，只了解马克思的理论还不能满足他们的热切希望时，他们就逐渐转向实际应用。现在他们百分之九十已成了共产党员。

5. 全国学生联合会。它逃避开北京政府的压迫而在上海活跃起来。该会的目标是反对日本帝国主义。各省学生都选派了代表，他们大多数都同情激进主义和社会革命。

6. 女权运动同盟。这一组织已遍布全国，主要由女学生组成。她们多数都认为，苏维埃中国不胜利，妇女就得不到彻底解放。

① 《共产主义运动在中国·第二章》，第 95 页。

在这些组织中，社会主义青年团和全国总工会是最强大的，而且为革命活动也最积极。……①

陈公博明确指出，马克思主义研究会只是一个学术团体，但其成员后来从理论研究转向实际应用，90%的会员已经成为中共党员。根据他这一观点，有必要对各地的马克思主义研究会（或者马克思学说研究会）及其成员重新进行历史研究和定位。鉴于当时较为流行的“信仰马克思主义者即为党员”这样一种观点，事实上确实不应该仅仅依据一大后《党纲》规定的入党程序作为衡量早期党员的唯一标准。

具体到中国革命的依靠对象和最大要素，陈公博引用了《中国共产党宣言》的一段话。

我愿在结束这一章时引用中国共产党的宣言：“中国三万万的农民，乃是革命运动中的最大要素。农民因为土地缺乏、人口稠密、天灾流行、战争和土匪的扰乱、军阀的额外征税和剥削、外国商品的压迫、生活程度的提高等原因，以致日趋贫困和痛苦。……如果贫苦农民要除去穷困和痛苦的环境，那就非起来革命不可。而且那大量的贫苦农民能和工人握手革命，那时可以保证中国革命的成功。”②

陈公博已经认识到中国革命成功的关键在于联合工农。在第二章结尾，陈公博充满激情地展望了中国革命前景：

一句话，远东古老的土地上现在充满了激进主义。如果在中国的压迫不停止，那么大概在不久的将来，一个中国的新制度就要麻烦历史学家在世界历史上增加一页，来叙述苏维埃主义的进一步的胜利。③

之所以要言不烦引用了陈公博这些论述，旨在指出研究中共党史之源起及方向，特别在马克思主义中国化早期传播这一特定历史阶段，必须对此有一个基本把握，即传播环境、传播主流、传播趋势的基调把握。作为

① 《共产主义运动在中国·第二章》，第95～96页。
② 《共产主义运动在中国·第六章》，第125页。
③ 《共产主义运动在中国·第二章》，第97页。

历史当事人，陈公博硕士论文这一历史文献无疑具有特殊重要价值和意义。他的这些认识与看法，恐怕并不是个例，更可能是他那一代社会精英的比较普遍的看法；套用一句当代话语则可谓“代表着社会发展的先进方向”。因此，在某种程度上，陈公博的这些认识，就是当年社会环境一种最真实的复原。换言之，马克思主义在中国传播早期，就是在这样一种历史环境之下星火燎原的。

在第三章，陈公博记述了一大召开情况。

> 中国共产党第一次全国代表大会于1921年7月20日在上海召开。这是中国共产党的生日。大会代表十二人，代表七个地区——广州、北京、湖南、上海、山东、天津、汉口，以及在日本的中国同志。这次大会持续了两周，选出五个委员会起草纲领、计划和宣言。①

上引文之中除了多出一个“天津”之外，其余史实与其他当事人的回忆基本一致（完全一致的回忆史料，几乎可以直接判断为不可靠）。陈公博所疏忽的“天津”，不应计算在内。七个地区的代表，代表了七个地区的组织（团体）和成员（早期党员）。如果陈公博的意见（1）“青年团后来成为纯粹的共产党”；（2）“马克思主义研究会后来90%成员转为党员”正确，复又结合1921年年底施存统“口供”所称“山东有10名学（党）员”，综合分析比较这些史实之后，能够认定一大之前山东早期党员人数大概10人，只是这些早期党员身份的“合法性”尚待商榷。

20世纪80年代初，山东党组织一位重要人物马克先回忆称，1922年9月初，陈为人从北京来济南帮助建立山东支部，指定马克先暂代书记，支部成员有8人：王尽美（实际未出席）、王翔千、王用章、王复元、贾乃甫、张葆臣及鲁丰纱厂2位工人。② 1921年10月曾经参加伊尔库茨克会议的山东代表团五人之中，王乐平、王象午、邓恩铭3人则不在名单之列。尽管如此，王乐平在党内仍具有很高地位和话语权，比如他可以直接给陈独秀写信要求罢免马克先职务（代理书记），而张国焘等北京支部负

---

① 《共产主义运动在中国·第三章》，第98页。

② 关于陈为人，另请参看《山东党史资料》1986年第1期。

责人亦立即罢免了马克先职务并写信狠狠批评了马克先。[①] 如果山东支部上述 8 人加上王乐平等 3 人，山东党组织前后共有党员 11 人。在没有其他文献资料能够否定施存统“口供”之“山东 10 名学（党）员”记载的前提下，笔者认为他这一说法还是应当谨慎采用的。

中共草创时期各地党组织皆为“秘密组织（团体）”，“实证”史料尤其少，保存下来的更少。1923 年 6 月，陈独秀在中共第三次全国代表大会上作报告称：“由于遭受迫害，许多材料也遗失了。”[②] 中央一级尚且如此，地方党组织可想而知了。这在当时“遭受迫害”的历史环境之下，并不难理解。1932 年中央文库成立（正式名称为“中央档案保管处”），也只保存着从 1922 年中共二大至 1934 年历次重要会议的决议案、会议记录、宣言、指示信等文件约 1.5 万余件。[③] 各地早期党组织及其成员的名单，几乎均无直接的原始文献记载，基本都是依据当事人的回忆史料及残存的部分档案文献由研究者考证推测出来的。山东党组织主要当事人王尽美 1925 年早逝、邓恩铭 1931 年牺牲，致使山东党组织研究难度最大。[④]

四　地方党组织的架构解析

马克思主义生根中国、生根山东的文献资料，国内留存的少之又少，而在国外却保存了一些珍贵文献。通过这些国外文献，可以初步厘清地方党组织的基本架构，深化对地方党组织的运行分析。

1921 年中共一大通过《中国共产党第一个纲领》，其中文原稿已不能

① 马克先口述、董天佳整理：《济南建党后初期活动片断》，《山东党史资料》1982 年第 3 期。

② 《陈独秀在中国共产党第三次全国代表大会上的报告》，中央档案馆编：《中共中央文件选集（1921～1925）》，中共中央党校出版社 1989 年版。

③ 参看苏晓：《中国共产党早期历史档案保存及公布情况概述》，《北京党史研究》1997 年第 5 期，第 8～9 页。

④ 闫注：附论及此，顺便指出：当前也有一些研究者，声称没有“实证”则不能证明一大之前有山东党组织的存在，而对于已有实证则故意视而不见，更有甚者宣称“山东早期中共党员只有王尽美、邓恩铭二人，不能组成一个小组……”山东党组织的成员及名单，目前尚有争议和值得商榷之处。由于原始文献的阙如，致使研究者对现有史料的解读仁者见仁智者见智，存在争鸣实属正常，对于学术研究而言也是一件幸事。但是，如果仅仅因为“山东小组成员只有 2 人不能构成一个组织”这一后出组织概念套用当年历史事实，继而否定其存在、否定这段历史，无异于“削足适履”。而且，2 人小组的情况并不是“孤例”，如日本小组 2 人、湖南小组 2 人。因此即使山东小组成员确实为 2 人，也不宜因此否定该组织的历史存在。

1921年中共一大通过《中国共产党第一个纲领》，其中文原稿已不能找到，现有俄文译稿和英文译稿。目前见到的俄文译稿，系译自原第三国际保存的《中国共产党第一个纲领》俄文版；英文译稿，系译自1924年陈公博用英语撰写的硕士论文《共产主义运动在中国》附录一《中国共产党第一个纲领》。俄译稿《中国共产党的第一个纲领（1921年）》有关发展党员、组织建设的部分内容如下：

> 四、凡承认本党党纲和政策，并愿成为忠实的党员者，经党员一人介绍，不分性别，不分国籍，都可以接收为党员，成为我们的同志。但在加入我们的队伍以前，必须与那些与我们的纲领背道而驰的党派和集团断绝一切联系。
>
> 五、接受新党员的手续如下：被介绍人必须接受其所在地的委员会的考察，考察期限至少为两个月。考察期满后，经大多数党员同意，始得转为正式党员。如果该地区还有执行委员会，必须经执行委员会批准。
>
> 六、在党处于地下状态时，党的重要主张和党员身份应保守秘密。
>
> 七、每个地方，凡有党员五人以上，必须成立委员会。[①]

根据上引文可知，《中国共产党第一个纲领》规定的发展党员程序为：（1）本人志愿申请；（2）由党员一人介绍；（3）考察期限至少两个月；（4）大多数党员同意；（5）如有地区执委会，须经其批准。《中国共产党第二个纲领》在组织建设方面，做出规定：（1）注意保密；（2）地方有党员五人以上，成立地方委员会；（3）另在《中国共产党第一个纲领》第“九”“十三”条做出详细规定。地方委员会有党员10人以下，则设书记一人；10人以上，则设干部四人：书记一人，财务委员、组织委员和宣传委员各一人；30人以上，选出一个地执委。（4）党员人数500人以上或者有五个地执委，须成立执委会，选10人任执委委员，或者成立临时中央执委会。

---

① 《中国共产党的第一个纲领》，译自原第三国际保存的俄文本译稿，转引自中国社科院现代史研究室、中国革命博物馆党史研究室选编：《“一大”前后（一）》，人民出版社1980年版，第7页。另请参看：《中共“一大”资料汇编》，第208页。

译自陈公博硕士论文附录一《中国共产党的第一个纲领（1921 年）》的英文译稿，相关内容为：

（一）本党定名为“中国共产党”。

（二）本党纲领如下：…… ……

（三）本党采用苏维埃形式，组织工人、农民及士兵，宣传共产主义，承认社会革命为本党主要政策；完全与黄色知识阶级及其他类似党派断绝一切关系。

（四）党员不分性别和国籍；凡接受本党纲领和政策，并愿忠实于本党者，经党员一人介绍，即可成为本党同志，但在加入本党前必须与反对本党纲领的任何政党或团体断绝关系。

（五）介绍党员入党手续：应将申请人提请地方苏维埃审查，审查期最多为两个月，审查后经多数党员同意，申请人即被承认为党员。如该地区已成立执行委员会，则该党员资格应由该委员会批准。[①]

（六）本党之主张乃至党员身份，在公开时机成熟之前须保守秘密。

（七）凡有党员至五人的地方即可组织地方苏维埃。[②]

通过比对俄文译稿与英文译稿，可以发现二者在发展党员程序上基本相同，只是在考察（审查）期限规定上，俄文译稿为“至少两个月”，英文译稿为“最多两个月”。此外，非常感谢韦慕庭及约翰·N·哈泽德教授对于如何翻译地方“苏维埃”的重要意见。[③] 根据他们的建议，中共党纲规定“采用苏维埃形式”实际为“支部”形式，“地方苏维埃”即为“地方支部”。如此一来，思路基本能够理清：上引《中国共产党第一个纲领》，主旨要求采用支部形式组织全党，各地党员五人以上即可成立一支部；支部成员 10 以下，只能设书记一人；支部成员 10 人以上，可增设

① 《共产主义运动在中国·附录一》，第 126 页。

② 《共产主义运动在中国·附录一》，第 126 ~ 127 页。另，《“一大”前后（一）》第 9 ~ 10 页亦有此英文译稿，但是将“本党”译为“我党”，将“申请人”译为“介绍人”，将“地方苏维埃”译为“地方委员会”，在个别语句上也略有出入。

③ 参看《共产主义运动在中国·绪言·二、关于中国共产主义运动的论文》，《共产主义运动在中国》，中国社会科学出版社 1982 年版，第 37 ~ 38 页。

财务委员、组织委员和宣传委员各一人。①

中共济南地方支部的成立时间，比较权威的说法是1922年8月，王尽美任书记。② 马克先称这年9月初，山东支部成立并由他代理书记，王用章保管文件、经费开支，王翔千掌文印，贾乃甫分管学生运动和团的工作。③ 据此分工情况并按照《中国共产党第一个纲领》成立地方支部之规定，推测这时山东党组织成员人数应该超过10人。但是马克先只提到党员8人（王尽美、王翔千、王用章、王复元、贾乃甫、张葆臣及鲁丰纱厂2位工人），王乐平、王象午、邓恩铭、王志坚4人并不在名单之列，除了邓恩铭这时可能脱党、王志坚动摇之外，王乐平、王象午情况并不清楚。而且，王乐平等4人在山东党内地位并不亚于王尽美，因此愈钩沉这段历史愈发觉山东党组织创建问题扑朔迷离。

此外，关于《中国共产党第一个纲领》，包惠僧回忆说：

> 我党组织之初，第一次的党纲只有十五条，这个原件我前年由国家档案局的同志手中看到过这个原件，大概存在国家档案局。党的组织系统很简单：（1）中国共产党党部；（2）支部。支部所在地城区，如武汉区、北京区、广州区等。……（3）小组：是基层组织，组有组长，党员人数有数人至数十人的，视实际情况决定。④
>
> 支部的名称在第一次全国代表大会以后就不用，组织系统是：（1）中央。（2）区党委。（3）特别小组（比小组大）。（4）小组。⑤

包惠僧称他曾亲眼见过的国家档案局保存的中共第一个纲领的原件，只可能为俄文译稿（英文译稿1960年发行，1962年国内才有英文版本发行）。但是俄文译稿之中，并无“小组”一词，只有“苏维埃”和“委

---

① 《共产主义运动在中国·附录一》，第126～127页。另，《“一大”前后（一）》第9～10页亦有此英文译稿，但是将“本党”译为“我党”，将“申请人”译为“介绍人”，将“地方苏维埃”译为“地方委员会”，在个别语句上也略有出入。

② 《中国共产党山东省组织史资料（1921～1987）》，“概述”，第2页。

③ 马克先口述、董天佳整理：《济南建党后初期活动片断》，《山东党史资料》1982年第3期。

④ 包惠僧：《关于广东党组织历史情况的回忆（1961年1月29日）》，原件存广州市民政局；引自中共中央党史资料征集委员会编：《共产主义小组》（下），中共党史资料出版社1987年版，第740页。

⑤ 《关于广东党组织历史情况的回忆（1961年1月29日）》，引《共产主义小组》（下），第740～741页。

员会”，中共的组织形式也仅是采用支部（苏维埃）形式。第一个党纲确实只有十五条（其中第十一条缺），但是包惠僧在具体内容上肯定记错了。“小组”之设，乃是在中共二大通过的《中国共产党章程（1922年）》。据陈公博硕士论文《附录五·中国共产党章程（1922年）》，其中有若干规定：

> （第二章）第四条 各农村、各工厂、各铁路、各矿山、各兵营、各学校等机关，及附近，凡有党员三人至五人者均得成立一组，每组公推一人为组长，隶属地方支部（如各组所在地尚无地方支部时，则由区执行委员会指定隶属临近之支部或直隶区执行委员会……）①

据此可知，“小组”这一层级的设置，应当是在这时候要求各地设立，具体标准为党员3~5人成立一个小组，隶属地方支部。

综合分析以上引文，大致可知：（1）在一大之前，地方上尚无统一发展党员的组织程序，亦未统一规定用“支部”作为组织运行形式，实际上各地党组织自行运作、各行其是。当然，当时亦不存在界定党员身份及资格的统一标准。（2）一大时，初步规范了党员发展程序，要求各地党组织成员重新履行入党程序。（3）一大对各地党组织的名称作了统一，规定基层党组织为“支部（苏维埃）”，隶属地执委，初步形成“支部—地执委—中执委”三级组织架构。二大时将中共组织架构进一步细化为五级：小组—支部—地执委—区执委—中执委。

关于山东党组织，部分一大代表有过一些回忆。1936年，毛泽东回忆这段历史说：

> 一九二一年五月，我到上海参加中国共产党的成立大会……
>
> 在上海这有历史意义的第一次会议中，除了我以外，只有一个湖南人。参加会议的别的人是：张国焘、包惠僧和周佛海。我们总共是十二个。那一年的十月，共产党第一省委在湖南组织起来了。我是委员之一。接着在别的省份和城市里组织也建立起来了。在上海的……。在湖北的党员有……。在山西的……。在北京是……。在广州

① 《共产主义运动在中国·附录五》，第151页。

是……。王精美（译音）和邓恩明（译音）是山东省委的发起人。[①]

上引文系摘自埃德加·斯诺《西行漫记》，可能由于系“内部资料”性质，翻译颇为粗糙。毛泽东所说1921年10月中共湖南第一省委成立，应该为“湖南支部”，即毛泽东认为湖南支部是中共一大之后成立的第一个“省级”支部。随后，上海、湖北、山西、北京、广州、山东各地党支部相继成立。所谓“山西”支部，其他相关史料并无此记载。这一失误，不知系毛泽东记忆疏忽还是翻译错误，不过对照其他译文便会发现这一错误应该是后者。根据当时人们普遍使用农历（阴历）的历法习惯，毛泽东所说“10月”很可能为阴历十月，即大概在阳历（公元）“11月”。“当时人们的习惯是把阴历、阳历并用，知识界也是如此。”[②] 所谓“山东省委”（应为山东支部）发起人王尽美、邓恩铭的名字，显然只是一译音，“精美”实为“烬美”，现在一般用“尽美”。邓恩明的名字并没有错，他曾用过“恩明”“恩铭”两名。自从1917年在山东求学起，一直用“恩明”，此可以当年校刊、同学录和他的书信、文章为证。[③]

另据1987年9月中共党史资料出版社的《共产主义小组（下）》的译稿，亦可以纠正“湖南第一省委”“山西”等翻译错误。

在上海这次有历史意义的会议上，除了我以外，只有一个湖南人。……那年十月，共产党的第一个省支部在湖南组织起来了。我是委员之一。接着其他省市也建立了党组织。在上海……在湖北……在北京……在广州……王尽美和邓恩铭是山东支部的创始人。[④]

王尽美和邓恩铭因为是代表山东党组织出席一大，遂被其他一大代表认定为“山东支部的创始人”。这一说法，是否符合历史事实？已经很难考证。不过，按照当时“凡是信仰马克思主义者即为党员”的标准，以

① 毛泽东：《毛泽东与埃德加·斯诺的谈话（1936年）》，摘自埃德加·斯诺《西行漫记》，引自西安师专马列主义教研室、西北大学政治理论系党史教研室合编：《中共“一大”资料汇编》（内部使用），出版社及出版日期无（据“前言”，约在1979年12月），第5～6页。下引只注明书名。

② 邵维正：《关于中国共产党第一次全国代表大会召开日期的初步考证》，原载于中国革命博物馆党史研究室编《党史研究资料》1979年第9期，引自《党史研究资料》（1），第145～146页。

③ 任武雄：《励新学会与〈励新〉半月刊》，注（1），引自《党史研究资料》（2），第63～64页。

④ 摘自《西行漫记》，124～134页；引自《共产主义小组》（下），第572页。

及相关文献记载，王乐平、王志坚都应该是早期党员，王尽美和邓恩铭恐怕只能是创始人之一，未必是领导人（可能负责具体事务工作）。

国内6个支部6个地区，在一大之前并非没有党的秘密组织或者团体，只能说没有统一、规范、系统的自上而下的严密组织形式。一大规定，各地实际处于涣散状态的党组织，均需建立统一的“支部”作为地方基层党组织。原来党组织的成员，则要按照《中国共产党第一个纲领》之规定重新登记和履行入党程序，由此导致一批早期党员却成为“1922年入党”的“新党员”的特定历史事实。这一“新规定”，还可能会导致有些早期党员不屑于履行这些程序而“退党”或者干脆不参加组织活动而造成事实上“自行退党”。必须指出，“1922年入党”的党员之中有相当一部分其实为一大之前的早期党员。1921年8月一大闭幕后，各地代表返回，即使他们立即传达和执行《中国共产党第一个纲领》要求，着手对党组织成员履行入党程序和筹建支部。按照一大《党纲》要求，党员五人以上才能成立地方支部；毛泽东称湖南支部1921年11月最早成立，该支部至少已经应该有5个党员了，但是据湖南第三个党员易礼容称他是“1922年入党”，那么湖南支部的合法性似乎应该受到质疑。总之，探讨此问题，不能忽视各地早期党组织可能确实只是一个松散的秘密团体这一历史事实，也不能简单按照一大规定来确定此前的党员身份和党组织创建时间，更不能罔顾“程序往往在事实之后”的基本常识。而在1921年，根据“调查表”和《民国十年日记》，山东至少已经曾有6位党（团）员（王乐平、王象午、王复元、王尽美、王志坚、邓恩铭）。

1936年7月，陈潭秋（一大湖北代表）对一大召开情形进行了专题回忆。

> 1921年7月的下半月，在上海法租界浦柏路的女子学校，突然来到了九个客人……
>
> 这批新到来的许多人，是中国各地共产主义小组的代表。他们到上海来的目的，是为正式成立中国共产党。在这九人里面有湖南长沙的共产主义小组的代表毛泽东、何叔衡；武汉共产主义小组的代表董必武和我；山东济南的代表王烬美和邓恩铭。那时，王、邓两人是非常活泼的青年，王后来死了——非常严重的工作侵蚀了他，邓则被捕

后死在狱中。北京的代表是刘仁静……①

在上引文中，陈潭秋第一次使用了“共产主义小组”指代各地党的基层组织，并对山东济南的两位代表印象深刻：他们二人在参加会议时年轻活泼，又均英年早逝。陈潭秋在此特别提到王、邓二人，也有依依凭吊之意。陈潭秋对于“王烬美”的名字，使用“烬”字而非“尽”，可见这是王尽美当时使用的名字。但是，仅仅时隔十五年（1921—1936年）之后，陈潭秋就把1922年《中国共产党章程（1922年）》所规定的“小组”误记为1921年了。2011年9月，石川祯浩在《由考证学走向史料学——从中共“一大”几份资料谈起》一文中，对陈潭秋《第一次代表大会的回忆》、葛萨廖夫《中国共产党的初期革命活动》和《董必武给何叔衡的信（1929年12月31日）》进行探讨，并提出这样一种观点：在共和国时期党史研究中，史料的翻译、整理、编纂等都受到意识形态的影响。因此，今后中共一大研究所需要的，不是对现有各种资料进行比对的“考证学”，而是充分斟酌资料内容、资料生成过程的“史料学”。

众所周知，顾颉刚先生曾指出，中国古代传说带有层积性——即资料越新，后世附加上去的东西越多——从而为中国古代史研究开辟了新天地（所谓“层累造成说”）。这种史料的层累现象，决非只限于古代史，现代史领域也同样存在。“一大”代表的回忆录，包括张国焘的有关撰述，无一不是在某种程度上参考了已有资料而成，我们对此似乎过于漫不经心。而对史料层累性因主观性资料改动而愈加错综复杂，我们又关注过多少？我们必须清醒认识到，此前被视作原始史料或早期回忆录的资料，实际上只是各种信息的复合体、堆积物；正因如此，“一大”研究不应回避脚踏实地的努力，以细致梳理错综复杂的史料生成过程。这应是以重返史料生成现场为前提的历史学、史料学的基本立场。中共党史要摆脱特殊学术领域、跨入真正历史学领域，则中共的出发点“一大”的研究应该迈出第一步。而要实现这个目的，就必须对共和国时期包括“一大”研究在内的党史研究、

---

① 陈潭秋：《回忆党的“一大”》，原刊于《共产国际》1936年7月，选自《百科知识》1979年第2期，引自《中共“一大”资料汇编》，第19页。

党史资料编纂的进程作全面探讨。[①]

石川氏认为，中共党史领域所谓当事人的回忆史料，不应当将其“视作原始史料”，它们“实际上只是各种信息的复合体、堆积物”。遗憾的是，由于种种原因，研究者一方面受到既有思维模式的消极影响，一方面缺乏大胆怀疑、锲而不舍的钻研精神，甚至连古训“尽信书不如无书”的治学传统也束之高阁。在这种情况下，如果对已有史料和新史料不能及时质疑，人云亦云，那么将很难推进研究深入。

1937 年，另一位湖北代表董必武在谈到一大时也称“小组”：

> 当时，中国仅有少数的马克思主义组织。一九二〇年，从日本归国的学生李汉俊，计划在上海协助组织共产党，并到武汉同我谈及，此人曾帮助学习马克思主义。我决定参加，并负责筹组湖北党小组，这个小组于一九二〇年九月组成。
>
> 一九二〇年五月发起筹备成立中国共产党，……我参加了一九二一年七月一日于上海召开的第一次代表会议。每个省派二名代表出席，……山东是邓恩铭和王尽美（后来两人都牺牲）。[②]

董必武称，1920 年李汉俊到武汉与他商谈建立“马克思主义组织”。1920 年 9 月，“湖北党小组”成立。又据“1920 年 5 月发起筹备成立中国共产党”云云，推知“湖北党小组”创建大概与李汉俊的武汉之行有着密切联系，在时间上应为“1920 年 5 月之后”。根据当时人们惯用“农历（阴历）”的历法习惯，可以进一步推知“马克思主义组织”实际应在“1920 年 6 月之后”开始筹建。“湖北党小组”成立时间，换算为阳历之后大概为“1920 年 10 月”。至于各地“马克思主义组织”的具体名称，董必武称“湖北党小组”为湖北党的“马克思主义组织”，并未使用“共产主义小组”一词。董必武称“每个省派二名代表出席”并不尽准确，

---

① ［日］石川祯浩：《由考证学走向史料学——从中共“一大”几份资料谈起》，《中国浦东干部学院学报》2011 年第 5 期，第 93 ~ 100 页。上引石川氏之观点，在该文“摘要”第 93 页。上引“结语”，在第 100 页。

② 董必武：《创建中国共产党——与海林 · 福斯特 · 斯诺的谈话》，节自海林 · 福斯特 · 斯诺著《中国共产党人传记》，根据美国格润乌德出版公司 1972 年版译出，引自《中共“一大”资料汇编》，8 页。

实际意思应该为每个有党组织的省份“派二名代表”。山东有两个代表，显然山东已经建立了党组织，而且王尽美、邓恩铭也只是山东党组织派出的两个代表，未必就是山东党组织的创始人，至少不会是“唯二”的创始人。

湖北代表董必武和陈潭秋在1936年、1937年的回忆材料中，都明确指出湖北的“马克思主义组织”为“湖北党小组（共产主义小组）”。陈潭秋1936年称“武汉共产主义小组”，董必武1937年则称“湖北党小组”，这并不是一个意思。总之，根据以上史料批判分析，推测各地的“马克思主义组织”在1920年6月至1921年6月期间在各地陆续建立。至1921年7月召开一大之前，全国已有6个地方“马克思主义组织”，毫无疑问山东即为其一。

“陈独秀函约山东王乐平建党”之说，石川认为“非常有可能”。[①]而陈独秀之所以如此，很可能他与张国焘都曾经“在上海各界联合会”与王乐平“共同工作过”。[②]由于有了这层关系，陈独秀才会“函约王乐平”在山东建党，而且很有可能是通过张国焘。王蔚明曾（转述王尽美）回忆说，1921年6月间，王乐平接到中共一大筹委会秘书李汉俊来信，邀请他以山东共产主义者代表的名义参加一大；而王乐平之所以有此邀请，完全是因为王尽美到北京汇报工作时对王乐平作了很高的评价。[③]此说当然不能全信，但是可以佐证王乐平曾经受邀参加一大这一历史事实，至于究竟由谁写信（陈独秀或者李达或者李汉俊）邀请王乐平以及为何邀请，其内幕恐怕已经难以考证。王乐平委让王尽美参加会议，无疑也是知情人。他能向王尽美道出这一“函约建党”之事，显然他们之间确有“革命同志之谊”，彼此并非外人。

一大北京代表刘仁静1957年4月22日回忆称：

> 在党成立以前，并没有共产主义小组这个名称，是后来人加上去的。当时，我们自己认为是共产党员，但还怕提共产党这个名称，因

① ［日］石川祯浩：《中国共产党成立史》，中国社会科学出版社2006年版，第194页。

② 《我的回忆》第1册，第184页。

③ 王蔚明口述、女儿王永宁笔录：《给山东省党史资料征委会的信》，1984年5月。中共山东省委党史研究室资料室存档件。

为当时人们把共产党目为过激党……①

刘仁静坚称“党成立以前，并没有共产主义小组这个名称”。现有文献（如《中国共产党第一个纲领》）证明了他的意见是正确的。既然北京的“马克思主义组织”没有使用“共产主义小组”这个名字，那么山东的“马克思主义组织”当然也不会使用“共产主义小组”这个名字了。各地“马克思主义组织”如何界定其成员（党员）身份及资格呢？刘仁静也说“自己认为是党员便是党员”，与李汉俊“信仰马克思主义者即为党员”的意见一致。可见当时并无界定党员之统一标准，团体或者组织成员彼此一起参加活动，即可互认为“同志（党员）”，并无“入党程序”之具体形式，也无须履行组织程序之内容要求。参与党组织的活动，即可互相视为同志和党员；不再参加组织活动，则视为退党或者脱党，相当自由随意。

马林在 1922 年 7 月 11 日写给国际执委的报告中，称：

当威金斯基（Voitinsky）同志在上海工作时，中国共产主义者已在陈独秀同志（他主编《新青年》杂志多年）的领导下形成一个团体。这个团体在七八个城市有小组，但全国成员不过 50～80 人。他们曾在工人学校中学习，但自威金斯基离华后，经费无着，不得不停止。陈同志在省政府中管教育。

1921 年 7 月，各地小组的代表在上海举行会议，决定成立中国共产党，并加入共产国际。尽管它仍然作为一个宣传团体会更好一些。党非法地工作。……［陈独秀］在接到国际代表邀请他担任共产主义小组的政治工作之后，于 8 月底回到上海。其后，劳动组合书记部在上海成立……我们和这个小团体保持着经常的联系。尼科尔斯基（Nikolsky）同志接到伊尔库茨克局的指示，要他出席党的领导的全部会议。中国同志不同意这样做，他们对这种监护表示愤慨，纠葛因此产生。

有一个时期上海的同志认为只能吸收基层组织认为坚定的共产主

① 《访问刘仁静的报告（1957. 4. 22）》，引自：《中共“一大”资料汇编》，第 140 页。另，刘仁静又于 1979 年 5 月 7 日重申了他的这一意见，指出当时并无“共产主义小组”之称，参看《访问刘亦宇谈话录（1979 年 5 月 7 日于北京）》，引自《中共“一大”资料汇编》，第 144 页。

义者入党，后来这条人为的限制取消，入党比较容易。[①]

上引亦出自《“一大”前后（一）》（人民出版社 1980 年 7 月第一版）第 421～422 页。但是在第 430 页，落款日期为“一九二二年七月十一日”；而在第 420 页题目之下所补加的“括注（）内”，时间竟为“一九二一年七月十一日”，显然为编校者的一个疏忽。[②] 马林称中国共产主义者形成的“团体”已经在七八个城市（地区）建立有“小组”，全国党员人数为 50～80 人。这一数字，与施存统“口供”所称全国党员（学员）人数“65 人”、陈潭秋所称“70 人”，以及其他当事人回忆的数字能够吻合起来，大致比较准确。此处称“团体”，似乎便是对各地“马克思主义组织”的一个比较准确的称谓。由此亦能佐证：一大之前，山东已经建有共产主义者形成的“团体”。[③]

在发展党员程序上，二大取消了这条“只吸收基层党员”的限制，并将此归结于“上海的同志”犯了“官僚主义”，以至于导致各地发展党员、壮大组织面临实际困难。

由于原稿的缺失，致使同一文献因为版本的不同而造成翻译上的不同。据称译自中国革命博物馆藏荷兰文影印件的《马林给（共产国际）执行局的报告（摘译）》，有关内容如下：

魏廷斯基同志在上海工作期间，建立了一个以陈独秀同志为首的中国共产党小组。陈独秀几年以来主办《青年》（原文如此——编者）杂志。这个组织在七个到八个中心地区有它的支部，但在全中国其成员总

---

① 马林：《给国际执委的报告（1922 年 7 月 11 日）》，摘自刘堃译、李相崇校的打印材料，引自《中共“一大”资料汇编》，第 184～185 页。另，引文之中“［］”的文字部分，系闫补加。

② 经过对这两个版本的文字内容进行了逐字、逐行的比对之后，发现所引版本内容几乎与《“一大”前后（一）》完全一致，只有一个明显不同之处是在数字的使用上。上引文使用汉字，如“五十人”“一九二一年七月”；而《“一大”前后（一）》相应的则使用了数字，如“50 人”“1921 年 7 月”，这应该是各自编写体例的规范使然。当然，这一文献资料的真实性，已经被公认为真实可靠，毋庸置疑。

③ 陈独秀“应国际代表之邀”于 8 月底回到上海，“担任共产主义小组的政治工作”。又据《中国共产党章程（1922 年）》，始有“小组”之设，这大概是迄今所知的，关于“共产主义小组”的最早文献记载之一了。据此《报告》亦可知，“共产主义小组”这一名词的出现及使用，是在 1922 年 7 月，暨中共二大之后。由此不难得出：所有关于一大及此前设立“共产主义小组”的说法，包括当事人的回忆性史料，均属于记忆性错误或者失误。

共不超过五十至八十人。他们借助工人（业余）学校的形式进行工作。但这种工作在魏廷斯基同志离开之后，终因没有财源而不得不停止下来。陈同志到广州，在广东省政府内任职，负责组织教育工作。①

经过比照，发现所谓“荷兰文影印件”与前引文译稿略有不同。以陈独秀为首的中国共产党组织，前译为“团体”，此译为“小组”；在七八个城市（地区）建立的地方组织，前译为“小组”，此译为“支部”。如此来看，这似乎只是具体翻译上的措辞不同。由于原稿无存，笔者又不精通翻译，这二处只能存疑。不过，考虑到依据“荷兰文影印件”译稿的上引文出版时间为“1979 年”，有可能受到当时统称“小组”的影响，所以第一处似乎译为“团体”、第二处译为“支部”更妥贴和接近原文真实语意。结合一些中国同志的回忆文稿，可以佐证上述译为“支部”更为妥切，并非妄言虚断。

关于山东党组织的存在，在一大之前，似乎已经成为党内人人皆知的“秘密”和“喜讯”，如远在日本的周佛海，竟然也知道此事。据 1942 年 1 月周佛海（日本代表）的回忆：

接着上海同志的信，知道七月间要开代表大会了。凑巧是暑假期中，我便回到上海，党务发展得真快，不单是我们去年计划的上海、汉口、长沙、北京、广州，都成立了组织，就是济南也有了支部……汉口是陈潭秋、包惠僧，上海是李达、李汉俊，济南是谁记不清了……②

我们就在船上开起会来，通过党纲和党的组织，并选举陈仲甫为委员长，我为副委员长，张国焘为组织部长，李鹤鸣为宣传部长，仲甫未到沪的时期内，由我代理……③

① 王文博译：《马林给（共产国际）执行局的报告（摘译）》，译自中国革命博物馆藏荷兰文影印件，原载于中国革命博物馆党史研究室编《党史研究资料》1979 年第 12 期，引自中国革命博物馆党史研究室编《党史研究资料（2）》，四川人民出版社 1981 年版，第 173 页。下引只注明《党史研究资料（2）》。

② 周佛海：《扶桑籍影溯当年》，摘自《往矣集》1943 年初版，1944 年增订八版，引自《中共“一大”资料汇编》，第 169 ~ 170 页。另参见周佛海：《回忆中国共产党的成立（1942 年 1 月）》，摘自《往矣集》（1942 年 1 月上海平报社版）中的《扶桑籍影溯当年》；引自《共产主义小组》（下），第 793 页。

③ 周佛海：《回忆中国共产党的成立（1942 年 1 月）》，摘自《往矣集》（1942 年 1 月上海平报社版）中的《扶桑籍影溯当年》；引自《共产主义小组》（下），第 795 页。

周佛海称，各地成立的党组织，列入计划内的有5个，济南支部没有列入计划却成立了。周佛海接到此信的时间，尚无法确考，根据引文之意推测应当在7月之前或者6月底左右（阳历）。如果这时称为“支部”，那么即表示各地党员人数应该五人以上。这与施存统“口供”所称学（党）员人数“长沙11名，武昌9名，济南10名，广州7名，北京5名，上海18名”可以互相印证。① 各地党员均超过五人，可以称为“支部”。周佛海在一大当选为“副委员长”，在党内排名仅次于陈独秀（委员长），并代理“委员长”约1个月，成为中共事实上的第一任主要领导者。这些事实，再次证明：山东党组织在一大之前，已经成立，且已在党内并非“秘密”了。

另外，张国焘也在事后对中共一大召开经过作了详细回忆。

> 6月初，各地参加大会的代表陆续到达上海……
>
> 山东代表王烬美、邓恩铭也到得较早，他们都是刚毕业的中学生，因曾在五四运动中积极活动而著名。我这次到上海路过济南，曾在那里耽搁一天。他们约集济南的八个党员，在大明湖的游船上和我聚谈了一天。他们视我为他们的先进者和老朋友，向我提出许多问题，不厌求详的要我讲解。他们一面静听，一面记录要点，并商谈如何执行的方法。他们来到上海以后，仍本着学习的精神贪婪地阅读有关书刊，有时且向到会的代表们请教。
>
> ……
>
> 湖南的代表是毛泽东与何叔衡……毛泽东也脱不了湖南的土气，是一位较活跃的白面书生，穿着一件白布长衫。他的常识相当丰富，但对于马克思主义的了解并不比王尽美、邓恩铭等高明多少……②
>
> ……
>
> 6月下旬，预定到会的代表都已到齐，立即便开始了大会的筹备工作。上海代表是李汉俊和李达，代表上海九个党员；我和刘仁静代表北京十五个党员；董必武、陈潭秋、包惠僧代表武汉的八个党员；毛泽东、何叔衡代表湖南约十个党员；陈公博代表广东约七个党员；

① 《中国共产党成立史》；“附录三施存统口供”，第369页。

② 《我的回忆》第1册，第135页。

王尽美、邓恩铭代表山东的八个党员；周佛海代表日本留学生中的两个党员。合计代表十三人，党员五十九人。全国社会主义青年团团员则约在三百五十人左右。这就是中国共产主义者在第一次全国代表大会前夕的全部阵容。①

张国焘撰写此回忆的时间约为20世纪60年代，在形成时间上晚出于施存统“口供”，按照“先出为主”考证原则应以施存统“口供”为准。张国焘对山东党组织的情况比较熟悉，又是实际负责人，因此他对于山东党组织的一些意见还是比较权威的。张国焘称济南8个党员，王尽美、邓恩铭、毛泽东的马克思主义理论水平一般，并不突出；参会代表13人②；各地党员的人数，根据上引文张国焘提供的7个地区（城市）党员数字，以及施存统“口供”所提供各地党员的数字，特绘制“中共早期党组织情况简表”作比较。

中共早期党组织情况简表

分布地区	施存统“口供”	张国焘“回忆录”
上海	18	9
北京	5	15
湖北	9	8
湖南	11	10（约）
广东	7	7（约）
山东	10	8
日本	2	2
总计	62	59

经过比较发现，除了北京、上海的党员数字出入较大（分别相差了10人和9人）之外，就数山东党员人数的误差较大了（相差2人），其次则为湖南和湖北，误差为1人。施存统“口供”所提供的数字与张国焘的数字基本吻合。施存统1921年6月赴日，12月即为日本警视厅审讯，该组数字应当为其所掌握1921年6月—12月的情

① 《我的回忆》第1册，第136～137页。

② 张钟：《关于中共“一大”代表人数问题的探讨》，引自《党史研究资料》（2），第101页。结论认为：“一大”代表是十三人，其中有包惠僧。

况[①]；张国焘提供的该组数字，如北京15人则是他当年11月底北京党小组只剩4人之后经过纳新扩大为15人[②]；上海的党员数字可能为施存统当时所掌握，只是在7月一大召开时人员发生微调变动。因此，这二组数字基本可信。

关于一大之前各地党组织，是称为“党小组”还是“支部”，意见不一。[③] 另据包惠僧回忆说，“我记得当时……凡经中央组织起来的地方都叫支部。”[④] 据此线索考证，各地党组织（或者团体）未经“中央组织”之前，似乎不能称“支部”。《中国共产党第一个纲领》称，“本党采用苏维埃形式”[⑤]；亦即宣称以“支部”作为组党形式。于此可见，各地党组织统一称为“支部”乃是在《中国共产党第一个纲领》制定（1921年7月）之后。《中国共产党山东省组织上资料（1921～1987）》称，1922年8月济南支部成立，王尽美任书记[⑥]；成员据说为9人。马克先则称这年9月初济南支部成立，他代理书记。[⑦] 此前山东党组织究竟如何称谓或者自称，不详。不过，可以判断为：山东党员虽然人数较多，但在组织纪律方面不甚严密，更可能为一个“松散的共产党团体”。言及此，可以发现：

---

① 参看《中国共产党成立史》；“附录三施存统口供”，第369页。

② 参看《我的回忆》第1册，第108页。

③ 一大代表包惠僧于1979年回忆说：“共产主义小组这个名称在当时没有使用过，是后人所赋予的，我们当时都称共产党支部，如武汉支部、北京支部、湖南支部、济南支部等。上海因是发起者，不叫支部，称为共产党临时中央（我写史料时这样称呼）。”包惠僧这一观点与刘仁静一致，也许他参考了刘仁静1957年4月和1979年5月的回忆史料等。【参看包惠僧：《回忆武汉共产主义小组》，原载于中国革命博物馆党史研究室编《党史研究资料》1979年第9期，引自中国革命博物馆党史研究室编《党史研究资料（1）》，四川人民出版社1980年版，第67页。下引只注明《党史研究资料》（1）。】据《中国共产党第一个纲领（1921年）》《中国共产党章程（1922年）》、马林《给国际执委的报告（1922年7月11日）》，似乎各地党组织在一大前，并无统一称谓。1979年即已有研究者指出：一九二〇年，在共产国际的帮助下，陈独秀等首先在上海建立了党的组织，取名共产党。随后，李大钊等在北京，谭平山等在广州，董必武等在武汉，王尽美等在济南，张申府等在法国，也都先后建立了党的组织……当时各地方组织的名称并不叫共产主义小组，上海建立的组织明确称共产党……至于其他地区的组织，武汉和北京的个别成员回忆建立的也是共产党的小组或支部。[参看沈庆林：《关于共产主义小组》，原载于中国革命博物馆党史研究室编《党史研究资料》1979年第17期，引自《党史研究资料》（1），第71页。]

④ 沈庆林：《关于共产主义小组》，原载于中国革命博物馆党史研究室编《党史研究资料》1979年第17期，引自《党史研究资料》（1），第72页。

⑤ 《共产主义运动在中国·附录一》，第126页。

⑥ 《中国共产党山东省组织史资料（1921～1987）》，“概述”，第2页。

⑦ 马克先口述、董天佳整理：《济南建党后初期活动片断》，《山东党史资料》1982年第3期。

彼时各地党组织均不是一个严密组织，党员入党自愿、退党自由，几乎为一普遍现象；成为党员的标准也非常宽松（信仰马克思主义者即可）。如此，山东党组织又怎能例外呢？

五　山东特色的组织传播

1953 年 7 月，俄国学者葛萨廖夫称："不论怎样，在 1920 年下半年开始的时候，已经有了两个中国共产党小组，一在上海，一在北京。"[①]他又称：

> 也许可以说，广州小组的成立，写下了中国共产党历史的第一页第一行。
>
> 上海、北京和广州差不多是包括了全中国各个方面的三个中心，中国社会革命运动的几个主要中心：上海是全中国的工商业和政治的中心；北京主要是政治生活和大学校的中心；广州长期以来是中国革命运动的中心。中国共产党的发展，自然要从这些地方开始。这些地方的共产主义运动既然打下了基础，它的继续成长和向其他地区发展自然是不可避免的。不到半年，湖北、湖南、河南、山东各省也成立了共产主义小组。建立党组织的运动在国外留学生里也开始了……[②]

葛萨廖夫认为，1920 年上海、北京、广州之外，包括山东在内的 4 省已成立起地方党组织。在时间界定上比较明确，即山东党组织应在 1920 年下半年成立。日本学者波多野乾一也指出：

> 同年 10 月，陈到广东，在当地成立党支部，谭平山、陈公博加入。北京、汉口、长沙、济南也设立党支部，并着手巴黎、东京的工作……

① ［俄］葛萨廖夫：《中国共产党的形成》，摘自其《中国共产党的初期活动》原载《党史资料》1953 年第 7 期，引自《中共"一大"资料汇编》，第 215 页。

② ［俄］葛萨廖夫：《中国共产党的形成》，摘自其《中国共产党的初期活动》原载《党史资料》1953 年第 7 期，引自《中共"一大"资料汇编》，第 216 页。闫注：关于河南成立共产主义小组，其他资料均无此记载，或误，或译误，或校误，不详。

> 值得纪念的1920年过去后，1921年中国共产党开始正式组织领导机构。也就是同年7月（大塚氏说是5月）中国共产党第一次代表大会在上海法租界某处召开，出席者有以下十三人：…… ……（留日代表）周佛海（济南代表）邓恩铭、王烬美……①

按照波多野乾一的时间排序，济南党组织的建立时间应为1920年10—12月。葛萨廖夫、波多野乾一均认为，湖北（武汉）党组织成立时间要早于山东党组织。武汉党组织的成立时间，据董必武称为1920年9月（阴历），换算为公元则约为当年10月。包惠僧也认可这一时间：

> 武汉支部成立的时间是一九二〇年九月中旬（好像是阴历）前后……②
>
> 刘伯垂由上海带回临时中央给的一、二百元，建立机关的一切费用都是从这笔钱中开支的。除此外，武汉支部建立后，上海临时中央还每月寄二百元作为活动经费，共寄了两、三个月，这钱是共产国际给的，后来就没有了……③
>
> ……
>
> 在我们活动过程中，和其他支部也发生一些关系。我们根据上海临时中央的指示，同广州支部书记谭平山、北京支部书记罗章龙、湖南支部书记毛泽东、济南支部书记王尽美等都有通信联系，相互交换

---

① ［日］波多野乾一：《中国共产党的成立》，时事通信社1961年版。1932年他出版《支那共产党史》，1961年出版《中国共产党史》七卷本。此处所引，译自其《中国共产党史》第一卷第21～32页。译者不详。波多野乾一还认为：在中国首先使用共产主义术语的是在1909年广东的无政府主义者刘思复（光汉）。在这之前，中国革命党的一个派别叫作巴黎新世纪派……1913年被称为机关杂志的《民声》发行，从介绍无政府主义学说转向奖励暗杀运动。直到1915年刘思复病死之前，他一直在为无政府主义孤军奋战。在《民声》杂志上，他把康缪尼斯牟译为共产主义。……真正意义上的共产运动是在刘思复死（1915年）后三年，即1918年，以北京大学教授李大钊为指导者，在该校创立的马克思主义研究会为开始的。另外在这个时期内还有1912年江亢虎创立的中国社会民主党。……因为其思想体系还是很暧昧的，仅仅起一个启蒙团体的作用，也不能说是共产主义的开端。这些论述，参看同引《中共“一大”资料汇编》，第229～230页。

② 包惠僧：《回忆武汉共产主义小组》，原载于中国革命博物馆党史研究室编《党史研究资料》1979年第9期，引自《党史研究资料》（1），第67～68页。

③《回忆武汉共产主义小组》，引自《党史研究资料》（1），第68页。

建党情况，我们同上海的关系较为频繁、密切。①

武汉党组织在成立时接受了上海党的经费赞助（一二百元），党组织建立之后又继续得到两三个月活动经费（每月二百元）的扶持。这是否意味着南方各地的党组织在建立之初，均曾不同程度得到上海党的经费资助？北方地区的山东党组织，迄今未见其接受上海党组织经费资助的文献记载。也许是因为武汉党组织系由上海党组织负责“帮扶”（经费宽裕），而山东党组织则系由北京党组织“帮扶”之故。据张国焘称，北京党小组1920年9月中旬在李大钊办公室宣布成立之后，“经费问题”由李大钊“每月捐出个人薪俸八十元作为各项工作之用”。② 张国焘在随后开展工运时已经倍感经费的捉襟见肘，“除挪借之外”，“只有典当度日”，甚至在天气转冷时被迫去典当冬衣，“来应付紧急的开支”。③ 在经费如此窘迫情况之下，由北京“帮扶”的山东党组织便不可能有武汉党组织可以领取经费这种幸运了。但从另一角度而言，“经济独立”无疑也会提升政治自信并可以在地方事务中拥有更多话语权。譬如，山东党组织的初期成员构成，多数成员为“相州王氏”（6人中有4人，占比67%），此亦可视为山东党组织的一个特色。

包惠僧还特别指出，武汉“支部”除了与上海党的关系较为密切之外，还与济南等地党组织保持着“通信联系”。如果包惠僧所称通信内容为“相互交换建党情况”属实，可以推测：彼此通信时间，大致在1920年10月—1921年7月一大召开之前。其间，各地相继建立党组织。若按照包惠僧对“支部”的定义（须经中央组织），武汉党组织似乎可以成为“支部”，亦与《中国共产党第一个纲领》规定以支部形式组党之原则并不相悖。于山东党组织而言，似乎“自力更生”性质为主，“自生自灭”的特征更为显著一些。除了张国焘提及北京党小组曾经“在济南成立了另一个共产党小组和社会主义青年团”之外，并未见其“帮扶”山东党组织的更多史实。一大之前，山东党组织相对更加“独立自主”，代行“中央”之责的北京党组织似乎“自顾不暇”。

---

① 《回忆武汉共产主义小组》，引自《党史研究资料》(1)，第69页。

② 《我的回忆》第1册，第106页。

③ 《我的回忆》第1册，第112～113页。

马克思主义在山东的“急速”落地，为这片古老的土地带来了一股清新的风气。在先进分子的时代引领下，马克思主义书籍报刊风靡一时，甚至《共产党宣言》在山东也“时有发现”。马克思主义以其勃勃生机，为扎根山东做着充分准备。在王乐平及其齐鲁通讯社（书社）的带动下，山东先进分子（知识分子，主要为在校学生）觉醒了，并积极行动起来，发起各种进步社团，出版各种进步期刊，推动了马克思主义从落地到生根的深入传播。马克思主义在山东早期传播的最大实践，就是促成了山东党组织的建立。马克思主义的星星之火，开始熊熊燃烧在齐鲁大地上。而这一伟大局面的形成，是以王乐平为首的山东先进分子的播种之功。他们的启蒙开拓，为马克思主义与实践相结合、为山东党组织展开工运活动提供了舞台和阵地，在山东政治文化史上留下了弥足可珍的一页。

马克思主义在山东的生根，也具有比较鲜明的地方特色。一是鲜明强烈的反帝意识。五四运动效应，激发了山东人更大的反帝爱国热情，马克思主义民族解放和民族独立的思想深入人心，引导青年将爱国热情转变为共产主义信仰，初步奠定了建立党组织的思想基础。二是山东党组织的早期成员构成中，“相州王氏”的“老乡”又占了较大比重。但是，这些成员的出身，多为中下层，总体年龄偏小，以青年学生为主，富有充沛的革命激情和战斗力。三是山东党组织的成立、活动情况更为隐秘，“统一战线”工作做得较为出色，如曾争取到省议会副议长张公制主办的《大东日报》支持而创办了《劳动周刊》等。而且，正是由于比较鲜明的“家族色彩”，山东党组织早期发展一直较为稳定。[①] 而山东与中央的政治博弈，随后也缓缓地拉开序幕。

① 这些论述已经过了重新提炼，原来论述请参看《中共山东地方组织创建史》，第117～120页。

附表1　　　　　调查表・中华共产党部・王筱锦（象午）①

王筱锦

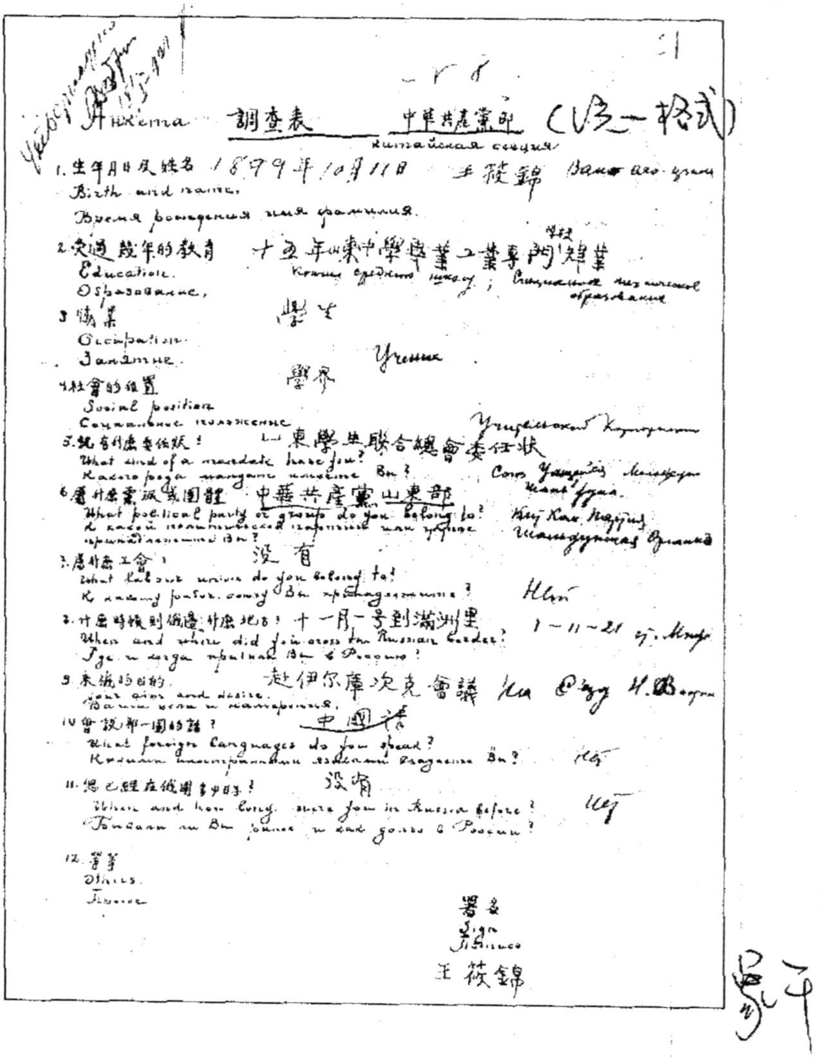
Анкета　調查表　中華共產黨部
1. 生年月日及姓名　1899年10月11日　王筱錦
Birth and name.
2. 受過幾年的教育　十五年山東中學畢業工業專門學校肄業
Education.
3. 職業　學生
Occupation.
4. 社會的位置　學界
Social position.
5. 憑甚什麼委任狀　山東學生聯合總會委任狀
What kind of a mandate have you?
6. 屬甚什麼黨派或團體　中華共產黨山東部
What political party or group do you belong to?
7. 屬什麼工會　沒有
What labour union do you belong to?
8. 什麼時候到俄邊什麼地方　十一月一号到滿洲里
When and where did you cross the Russian border?
9. 來俄的目的　赴伊尔庫次克會議
Your aim and desire.
10. 會說那一國的話　中國话
What foreign languages do you speak?
11. 你已經在俄國多少日子　沒有
When and how long were you in Russia before?
12. 等等
Others.
署名
Sign
王筱錦

① 《上海革命史资料与研究（第7辑）》，第773页影印件。

附表 2　　调查表·中华共产党部·王居一（乐平）①

王居一

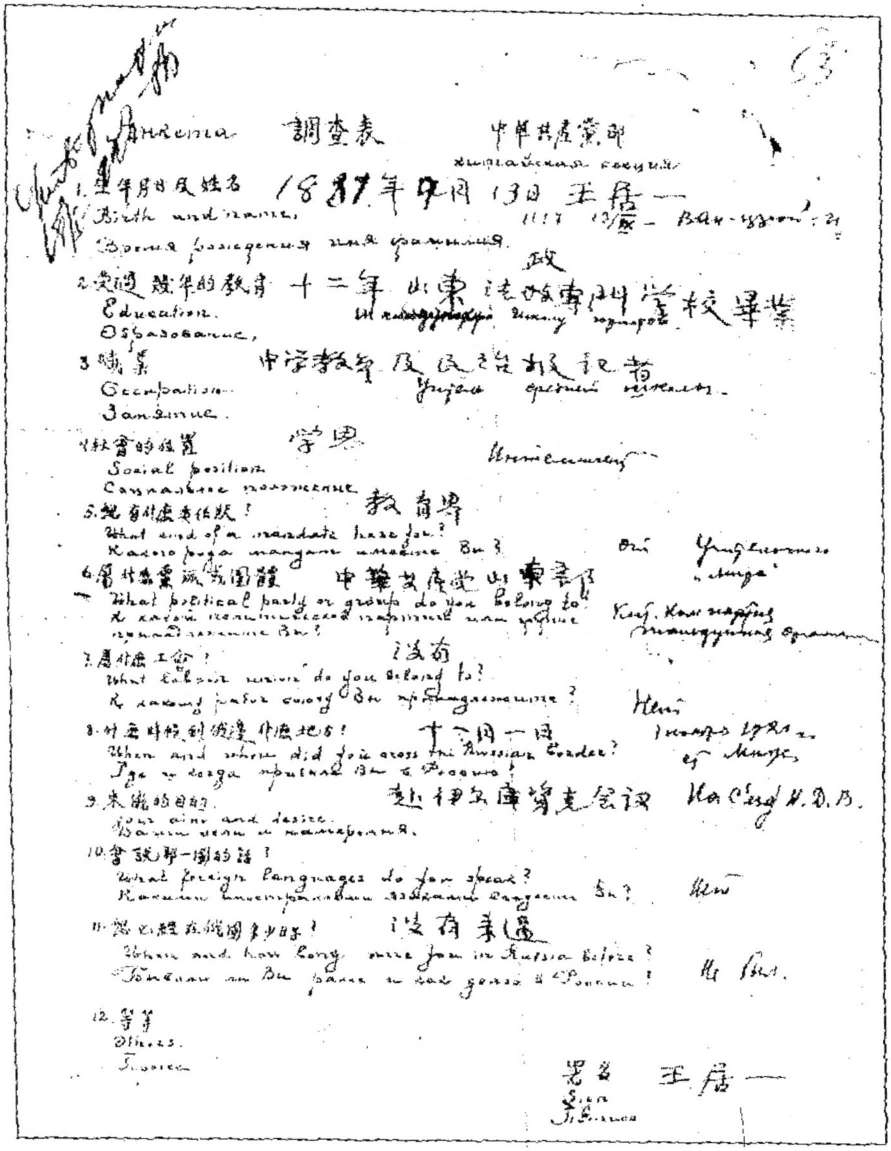
Анкета 調查表 中華共產黨部
китайская секция
1. 生年月日及姓名 1887年9月13日 王居一
Birth and name.
Время рождения имя фамилия.
2. 受過甚麼的教育 十二年 山東法政專門學校畢業
Education.
Образование.
3. 職業 中學教員 及 民治報記者
Occupation.
Занятие.
4. 社會的位置 学界
Social position
Социальное положение
5. 帶有什麼委任狀？ 教育界
What kind of a mandate have you?
Какого рода мандат имеете Вы?
6. 屬什麼黨派或團體 中華共產黨山東支部
What political party or group do you belong to?
К какой политической партии или группе принадлежите Вы?
7. 屬什麼工會？ 沒有
What labour union do you belong to?
К какому рабочему союзу Вы принадлежите?
8. 什麼時候到俄邊什麼地方？ 十一月一日
When and where did you cross the Russian border?
Где и когда прибыли Вы в Россию?
9. 來俄的目的 赴伊尔库茨克会议
Your aim and desire.
Ваши цели и намерения.
10. 會說那一國的話？
What foreign languages do you speak?
Какими иностранными языками владеете Вы?
11. 從前到過俄國多少日子？ 沒有來過
When and how long were you in Russia before?
Бывали ли Вы раньше и как долго в России?
12. 等等
Others.
Прочее.
署名 王居一
Sign
Подпись

① 《上海革命史资料与研究（第7辑）》，第774页影印件。

附表 3 **调查表·中华共产党部·王福源（复元）①**

王福源

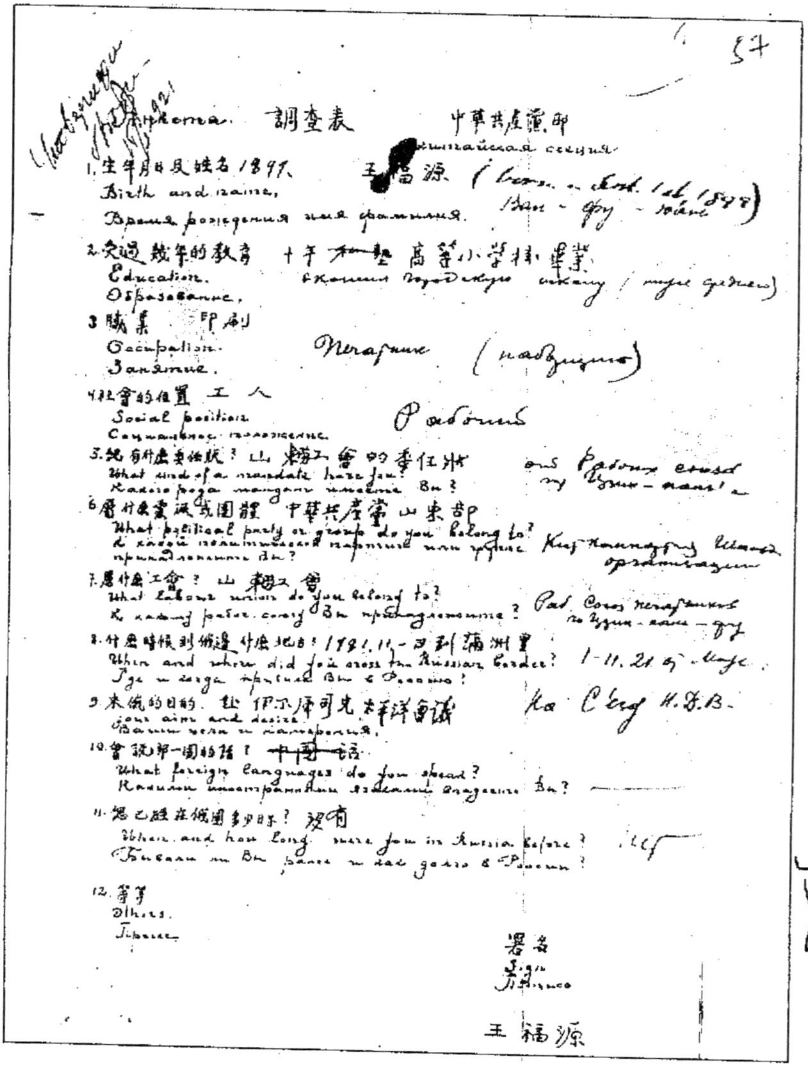

Анкета 調查表 中華共產黨部

Китайская секция

1. 生年月日及姓名 1897 王福源 (born in Kob. 1st 1898)
Birth and name.
Время рождения имя фамилия. Ван - Фу - юань

2. 受過幾年的教育 十年 高等小學校畢業
Education.
Образование.

3 職業 印刷
Occupation.
Занятие. Печатник (наборщик)

4. 社會的位置 工人
Social position.
Социальное положение. Рабочий

5. 您有什麼委任狀？山東工會的委任狀
What kind of a mandate have you?
Какого рода мандат имеете Вы?

6. 屬什麼黨派或團體 中華共產黨山東部
What political party or group do you belong to?
К какой политической партии или группе принадлежите Вы?

7. 屬什麼工會？山東工會
What labour union do you belong to?
К какому рабоч. союзу Вы принадлежите? Раб. Союз печатников

8. 什麼時候到俄邊什麼地方？1921.11.一日到滿洲里
When and where did you cross the Russian border? 1-11.21 г. Манч.
Где и когда пришли Вы в Россию?

9. 來俄的目的，赴伊尔庫司克太平洋會議 На Съезд Н.Д.В.
Your aim and desire.
Ваши цели и намерения.

10. 會說那一國的話？~~中國~~話
What foreign languages do you speak?
Какими иностранными языками владеете Вы? ——

11. 您已經在俄國多少日子？沒有
When and how long were you in Russia before? нет
Бывали ли Вы раньше и как долго в России?

12. 等等
Others.
Прочее.

署名
Sign.
Подпись

王福源

复元

---

① 《上海革命史资料与研究（第7辑）》，第776页影印件。

附表 4　　调查表・中华共产党部・王尽美①

王尽美

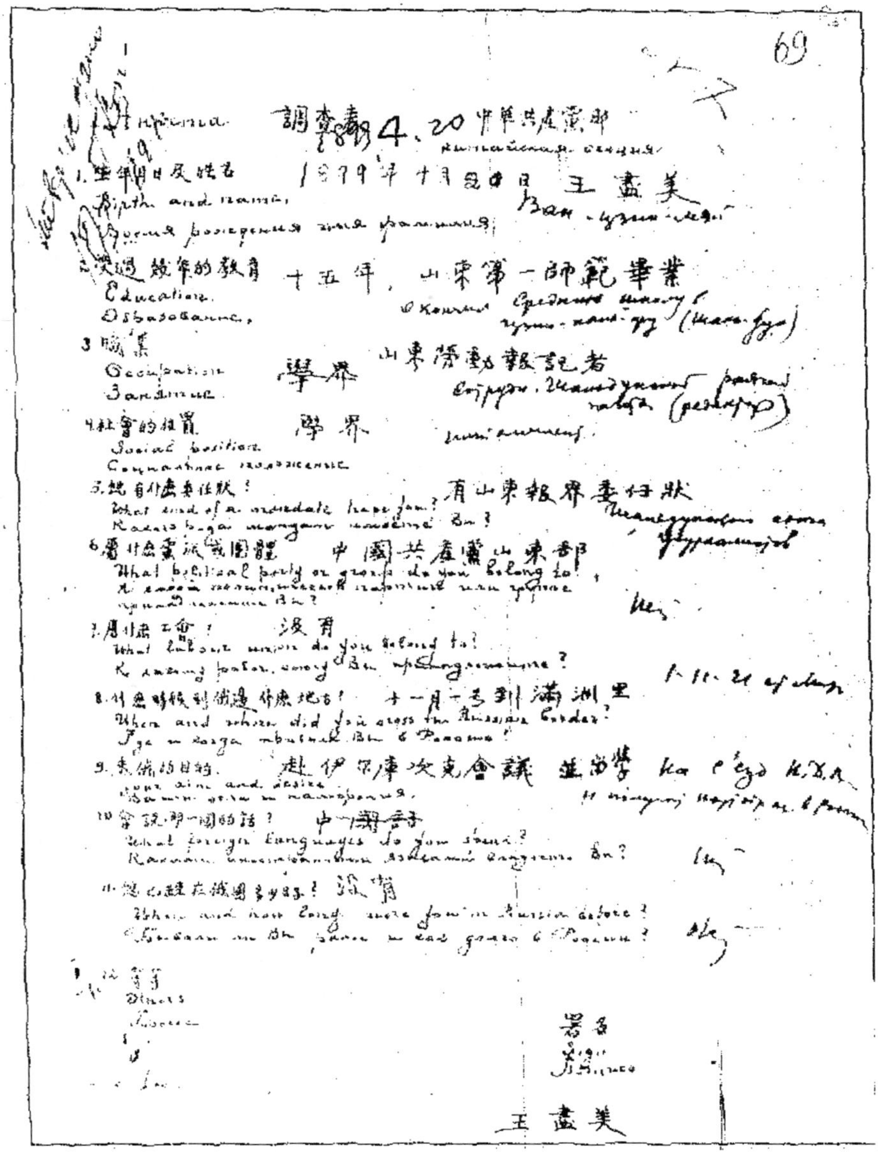

① 《上海革命史资料与研究（第 7 辑）》，第 780 页影印件。

附表 5　　调查表·中华共产党部·邓又铭（恩铭）①

邓又铭

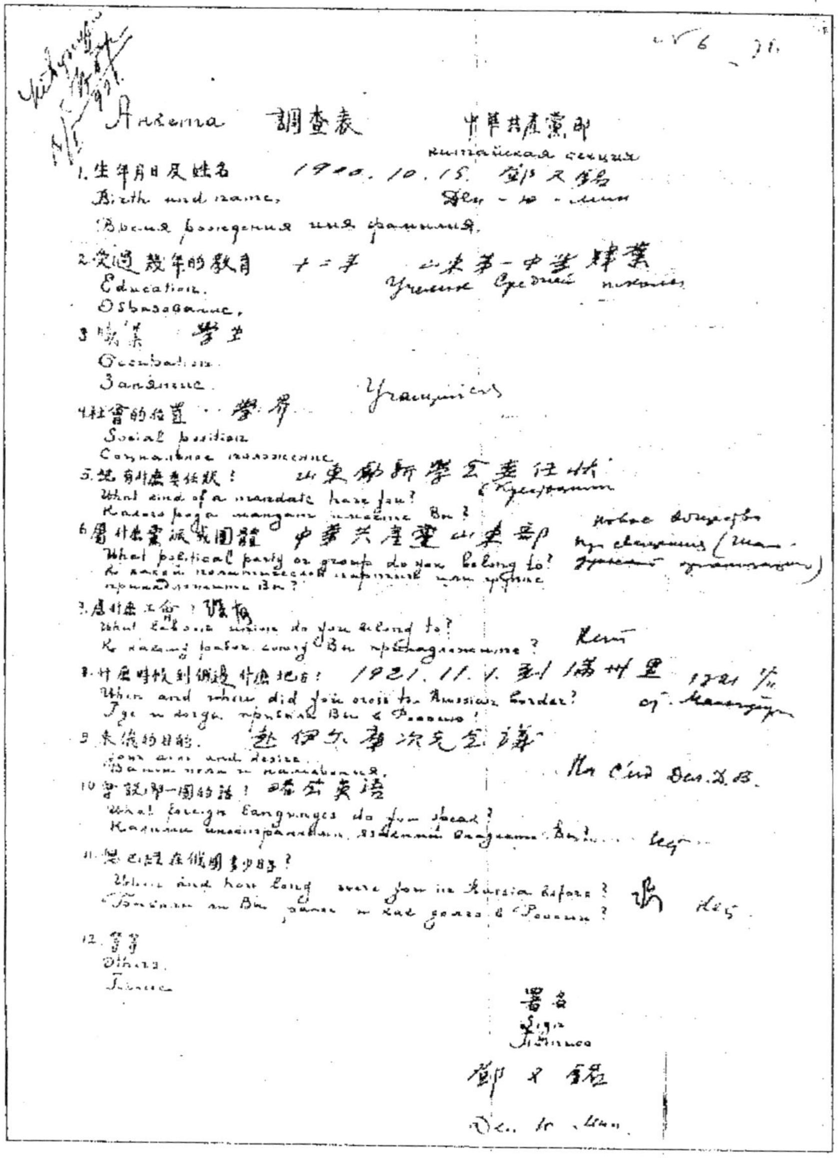

Анкета 調查表 中華共產黨部
китайская секция
1. 生年月日及姓名 1900.10.15. 鄧又銘
Birth and name, Дын-ю-мин
Время рождения имя фамилия.
2. 受過幾年的教育 十二年 山東第一中学肄業
Education. Учение Средней школы
Образование.
3. 職業 学生
Occupation.
Занятие. Учащийся
4. 社會的位置 学界
Social position
Социальное положение
5. 帶有什麼委任狀？ 山東勞動學会委任状
What kind of a mandate have you?
Какого рода мандат имеете Вы?
6. 屬什麼黨派或團體 中華共產黨山東部
What political party or group do you belong to?
К какой политической партии или группе принадлежите Вы?
7. 屬什麼工會？ 没有
What labour union do you belong to?
К какому рабочему союзу Вы принадлежите? Нет
8. 什麼時候到俄邊什麼地方？ 1921.11.1. 到满州里
When and where did you cross the Russian border?
Где и когда перешли Вы в Россию?
9. 來俄的目的 赴伊尔庫次克会议
Your aim and desire.
Ваши цели и намерения. На Съезд Дал. В.
10. 會說那一國的話？ 略会英语
What foreign languages do you speak?
Какими иностранными языками Вы владеете?
11. 曾已經在俄國多少時？ 没有
When and how long were you in Russia before?
Бывали ли Вы ранее и как долго в России? нет.
12. 等等
Others.
Прочее

署名
Sign
Подпись
鄧又銘
Ден Ю Мин

① 《上海革命史资料与研究（第 7 辑）》，第 782 页影印件。

附表 6　　　　　　**调查表·中华共产党部·张国焘①**

张国焘

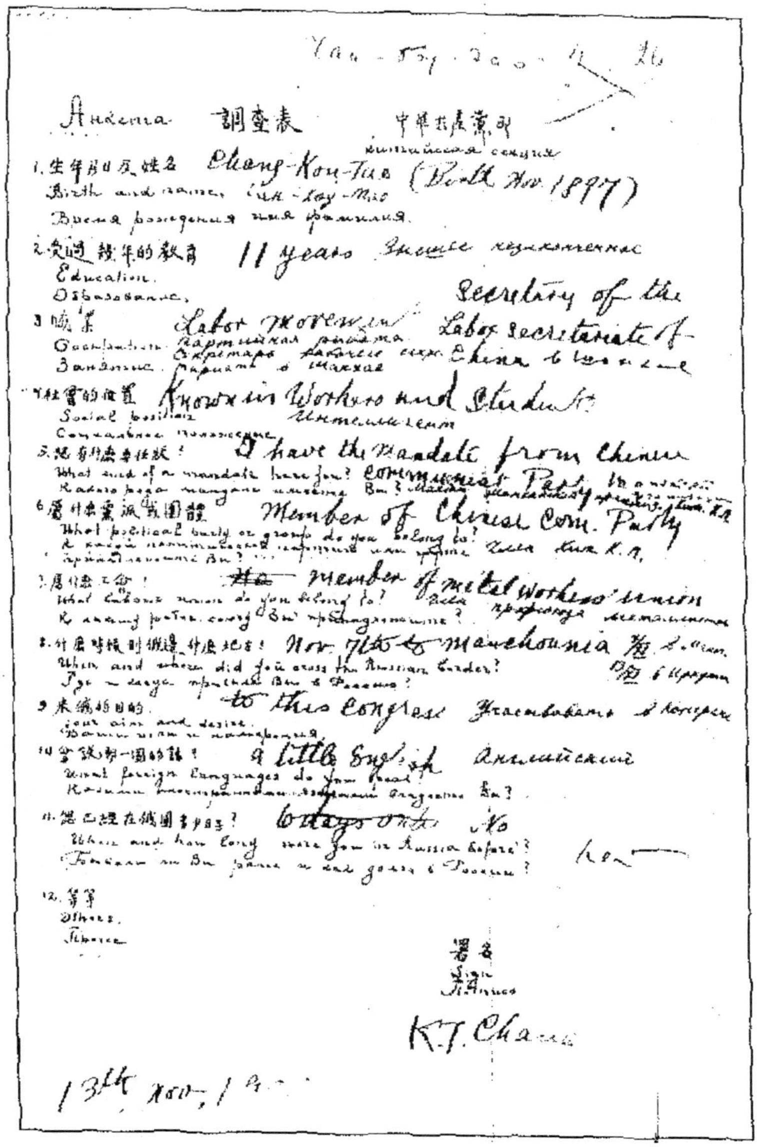
Анкета 調查表 中華共產黨部

1. 生年月日及姓名 Chang-Kou-Tao (Borth Nov. 1897)
Birth and name.
Время рождения имя фамилия.

2. 受過幾年的教育 11 years
Education.
Образование.

3. 職業 Labor movement Secretary of the Labor secretariate of China
Occupation.
Занятие.

4. 社會的位置 Known in Workers and Students
Social position
Социальное положение

5. 帶有什麼委任狀？ I have the mandate from Chinese Communist Party
What kind of a mandate have you?
Какого рода мандат имеете Вы?

6. 屬什麼黨派或團體 Member of Chinese Com. Party
What political body or group do you belong to?
К какой политической партии или группе принадлежите Вы?

7. 屬什麼工會？ ~~No~~ member of metal workers' union
What labour union do you belong to?
К какому рабочему союзу Вы принадлежите?

8. 什麼時候到俄邊，什麼地方？ Nov. 7th ~~to~~ Manchounia
When and where did you cross the Russian border?
Где и когда перешли Вы в Россию?

9. 來俄的目的 to this Congress
your aim and desire.
Ваши цели и намерения.

10. 會說那一國的話？ a little English
What foreign languages do you speak?
Какими иностранными языками владеете Вы?

11. 你已經在俄國多少日子？ ~~6 days only~~ No
Where and how long were you in Russia before?
Когда и Вы ранее и как долго в России?

12. 等等
Others.
Прочее.

署名
Sign
Подпись
K. T. Chang

13th Nov. 1921

① 《上海革命史资料与研究（第 7 辑）》，第 802 页影印件。

附表 7　　　　调查表·中华共产党部·张伯亚①

张伯亚

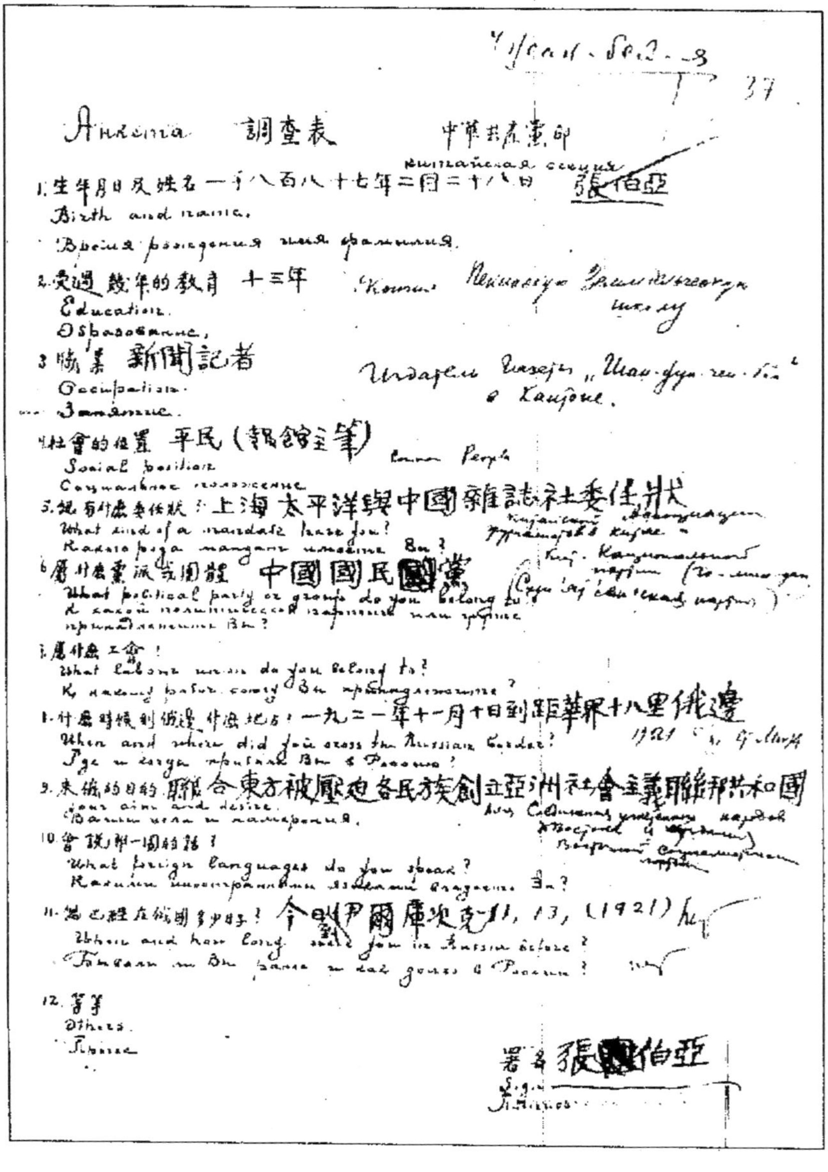

① 《上海革命史资料与研究（第 7 辑）》，第 806 页影印件。

The Chinese Communist Party sent comrade Chang Kuo Tao as a delegate to the Irkutsk Congress. With comrade greetings to the comrades abroad.

Secretary of the Chinese Company

S. T. Chen

[译文]中国共产党派遣张国焘同志为参加伊尔库茨克会议的代表。谨向海外同志致以同志般的敬意。

中国共产党书记

陈独秀

附图1　陈独秀为张国焘（中国共产党代表）开具的委任状①

① 《上海革命史资料与研究（第7辑）》，第825页影印件。

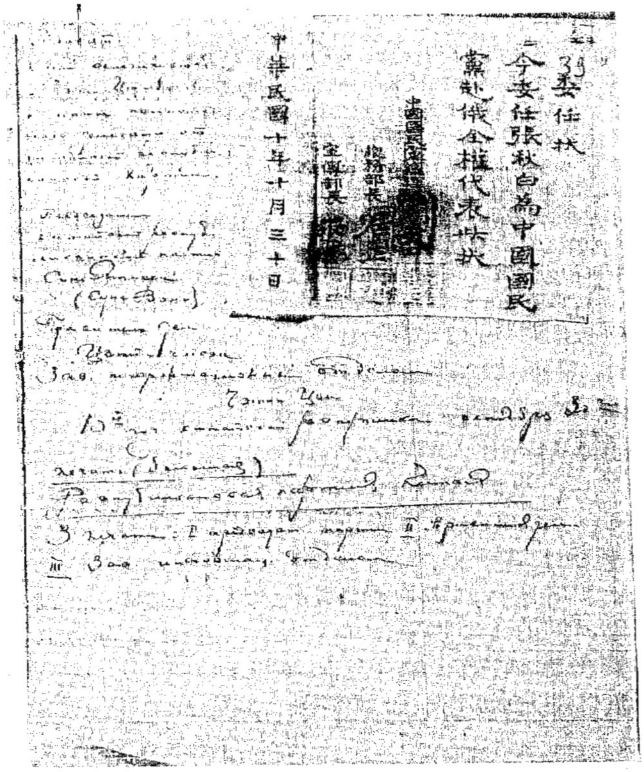

委任状

今委任张秋白为中国国民党赴俄全权代表

中国国民党总理　孙文

总务部长　居正

宣传部长　张继

中华民国十年十月三十日

附图2　孙文为张伯亚（中国国民党赴俄全权代表）开具的委任状①

① 《上海革命史资料与研究（第7辑）》，第829页影印件。

第四章　贡献与局限：马克思主义在山东生根的解剖图

导言： 以山东党组织（团体）创建为标志，先进分子承载着马克思主义火种，在齐鲁大地上点燃了势将燎原的星星之火，从而实现了马克思主义在山东的落地生根。山东党组织（团体）及其早期成员的开创之功与历史贡献，应予以客观评价。当然，他们在传播马克思主义的一些具体工作方式方法上（如宣传方式、传播手段），由于历史环境、客观条件、个体认知的局限，也会有利弊得失。传播个体的理想信念、理论水平、所处地位（社会平台）等，也在不同程度上决定了他们传播马克思主义的贡献量。具体剖析马克思主义在山东的生长，实际就是考察马克思主义者这一时间段在山东的贡献与局限等历史活动，亦即对马克思主义在山东传播这条重要侧根进行详细解剖。以王乐平为首的山东先进分子（马克思主义者），如前文所论，至少已考证为 6 人。此外，王乐平的随后退出，王尽美、邓恩铭的众所周知，自然使得考察焦点汇聚在了山东党组织（团体）的另一位核心人物——王翔千身上。这位被“相州王氏”的晚辈们目为“山东共产党之父”的“教父”，五四运动时曾“跪求”家乡商界罢市，又推动了励新学会的组建，创办了《劳动周刊》等，以火热激情为马克思主义在山东生长推波助澜、开路护航，深得王尽美的倚重。尽管革命道路坎坷曲折，他却幸运地得享天年，成为山东党组织（团体）早期成员 7 人之中的最长寿者，也是这一时间段仅次于王乐平、王尽美、邓恩铭的重量级人物和历史当事人。

马克思主义在山东的落地生根，是由马克思主义者的推动而实现的。山东马克思主义者，既有浓郁鲜明的个性特质，又有飞蛾赴火的牺牲勇气。这些马克思主义者，前文已考证出至少有王乐平、王尽美、邓恩铭、王象午、王志坚、王复元6人。但是，1922年春结束伊尔库茨克会议回国的王乐平，对于俄国式革命感到了深深的失望，继而动摇了他对马克思主义的信仰。王乐平退出之后，王翔千上升为山东党组织（团体）的另一位核心人物。作为“山东共产党之父”，王翔千为马克思主义在山东的传播发展开路护航、推波助澜，并在组建励新学会、创办《劳动周刊》、建立马克思学说研究会方面，做出了重要贡献。客观评价他们的历史贡献，必须将其置于一定时间段之内去具体分析和定位。在早期传播阶段，山东马克思主义者都自由地选择了自己的人生信仰，并为之付出了沉重代价、甚至生命。无论他们身处怎样的生存环境、栖身平台，他们也都为马克思主义生根山东做出了自己的历史贡献。坚定的马克思主义者，推动马克思主义火种在山东生长的传播效果最为显著，贡献量也最大。动摇、甚至叛变的“前马克思主义者”，其传播效果也要按照不同时间段分别去评价。然而，毫无疑问，马克思主义在山东的落地生根阶段，这些马克思主义者对于马克思主义的信仰与传播，都是积极的真诚的努力的。他们“开始致力于民众的政治运动，强调作为变革动因的民众运动，应当重视社会行动。”[①] 并由此实现了从先进分子到马克思主义者的身份嬗变，推动了马克思主义在山东从落地生根到开花结果。零星的革命之火，很快有组织地引燃了齐鲁人民的革命热情。

一　个体传播的多元化影响

为马克思主义生根山东和创建山东党组织（团体）做出了最大贡献的奠基者与精神领袖王乐平，经过1921年年底至1922年春伊尔库茨克会议之行对俄国革命现状的耳闻目睹，他对于马克思主义的信仰热情终于熄灭，失望之余，他悄然“退出”[②] 了山东党组织（团体）。不过，他对山东党组织（团体）及其成员却始终保持了友好的扶持态度（经常予以经

① 费正清等：《剑桥中华民国史》（上卷），中国社会科学出版社1994年版，第396页。

② “退出”一词之所以加了引号，旨在强调并无文本意义上的退出证明（如退党申请书之类）。同样，他们在加入党组织（团体）时，也没有文本证据（如入党申请书之类），“自认为是”或者“自愿加入”即可。尽管这种“自由化”的情形，在我们今天看来很难想象，在当时却是一种组织“常态”。如果坚持要求这些早期马克思主义者必须出具文本意义上的党员身份证明，简直就是现代版的“刻舟求剑”和“削足适履”。相关考证，前章已论及，此不赘述。

费支持）。这固然是呵护“革命弟子”的情谊，也有乡党亲情的纠结，可能还有对青年一代的希冀。但更重要的一点是：他并不因为自己已改变了人生信仰，就转而强迫或者利用“个人威望”与“人际关系”引领其他同志也改信自己的信仰。他对同志信仰自由的尊重与豁达，尤为难能可贵。

激进的革命青年王志坚，身为风云一时的学生领袖和“相州王氏”的翘楚，他如火如荼的革命激情也很快灰飞烟灭。对马克思主义失望之后，他选择了“逃避主义”，并曾一度遁入佛门。由“左”倾到颓废，他人生态度转变最大。这颇让人费解：究竟其间发生了什么事情，能让他的人生信仰发生了一百八十度的转折呢？不得而知。

最能实干的王象午，也不知什么具体原因（可能因在其侄女“自由恋爱”私奔风波中未能与中央保持一致立场、甚或还起到了加剧对抗作用），被“开除出党”。王象午不但与王尽美最友善，与邓恩铭也极融洽，并为济南和青岛建党、建团工作做出了开拓性贡献。

工人阶级出身的王复元，因为贪污经费（或者还有其他原因），也被“开除出党”，后来竟走向了背叛革命的不归路。王复元对于王乐平，是亦步亦趋。对于王尽美，他也能全力配合工作。对于王翔千、王象午兄弟，他也非常尊重。唯独对于邓恩铭这位“小弟”，他表现得不够尊重和服从。在王乐平离开济南、王尽美病逝、王翔千与王象午退党之后，曾经以“相州王氏”为班底的山东党组织（团体）便只剩下了他和邓恩铭两位元老。二人之间的矛盾，也因为失去了缓冲而走向了公开决裂，然后竟由个人恩怨演变为两个政治阵营你死我活的对决，可嗟可叹。

王翔千本人虽然曾经动摇，当然也是“事出有因”，“脱党”之后又重新“入党”，最终也算是“修成正果”。

王尽美、邓恩铭这两位青年学生，在王翔千的倾力支持下，最终成为坚定的马克思主义者和山东党组织（团体）的“脊梁”。个性最为倔强的邓恩铭，强自按捺着对上级领导张国焘的不满，主动与王象午等人离开济南，去青岛开辟革命阵地并推动了马克思主义在青岛的落地生根，建立了青岛的党、团组织。王尽美少年老成，以弱病之躯勉力维系着以“相州王氏”为班底的山东党组织（团体）。1925 年，他不幸病死。

王复元、王乐平的相继被暗杀——前者是 1929 年被作为“中共叛徒”而遭到“清理门户”，后者是 1930 年被国民党特务杀害。1931 年 4

月，三度入狱并两次组织越狱的邓恩铭，以“红匪”罪名在济南刑场英勇就义。山东马克思主义者，用不同的人生信仰，以各自的人生轨迹，较为全面地诠释着马克思主义在山东地区早期传播阶段的曲折与发展，以及马克思主义在山东地区整体传播产生的不同程度的传播效果与社会影响。

马克思主义在山东地区的传播，为山东党组织的建立做了思想准备与组织准备。山东党组织的成立是山东历史尤其是近代史发展的产物，是五四运动在山东产生的最有意义的成果，是山东工人阶级壮大和马克思主义传播的结果，山东人民革命斗争由此开始了一个新的历史时期。[①] 但是，关于马克思主义者的个体研究，特别是王尽美、邓恩铭之外的其他成员研究，不但少之又少，而且似乎讳莫如深。他们与山东党组织（团体）的创建情况，同样成了“历史之谜”，并渐渐为历史所遗忘。

考察马克思主义火种在山东的生长和燃烧，必须考察他们的具体历史活动。而相关文献资料的极其缺失，又增加了考察难度。“由于直接当事人王尽美和邓恩铭都离世极早，本人生前没有任何回顾材料，只有他们周围的有关人士写的间接回忆录”，因此不但“在国内当初曾经存在的共产主义小组里，就数济南小组的真实情况最难把握”，[②] 而且，也数济南这些马克思主义者的传播活动“最难考察”。现存的各种“回忆录”之类口述资料，“实际上只是各种信息的复合体、堆积物”。[③] 要想“依据第一手资料重新建构党史”，必须先要对这些“回忆录”进行“一番彻底清算”。[④] 经过如此一番史料甄别功夫，才可能将更多的历史碎片拼接起来。

20 世纪 60 年代，山东有关单位和工作者也作过一些“比较零星、简单”的研究。80 年代以来，“研究的人多了”。[⑤] 根据当时掌握的“一些

---

① 余世诚、刘明义：《中共山东地方组织创建史》，石油大学出版社 1996 年版，第 121 页。

② ［日］石川祯浩：《中国共产党成立史》，中国社会科学出版社 2006 年版，第 193 ~ 194 页。

③ ［日］石川祯浩：《由考证学走向史料学——从中共“一大”几份资料谈起》，《中国浦东干部学院学报》2011 年第 5 期，第 93 ~ 100 页。

④ ［日］森时彦：《中国……勤工俭学一大已经の动向［中国勤工俭学运动研究的动向］》，《东洋史研究》40 卷 4 号，1982 年；［日］森时彦：《中国共产党旅欧支部的成立》，《爱知大学国际问题研究所纪要》第 80 号，1985 年。闫注：此为石川先生的原注。

⑤ 《余世诚和周子信同志回忆关于山东共产主义小组的若干问题辩误（1981 年 7 月）》，《中共山东省委党史研究室库存档案·初期》，归档号 2，卷号 4，件号 6，共 10 页；第 1 页。另，由于涉密原因，相关文献资料的出处已做了技术性处理。下同，不再一一注明。

回忆性材料”和直觉，他们认为：一大之前，“山东确实存在着共产党组织”。[①] 并认为山东党组织“是在共产国际代表和上海共产党发起组的指导下，在李大钊领导下的北京共产主义小组的具体帮助下，由王尽美、邓恩铭、王翔千联络山东的共产主义者建立起来的”；其形成时间为1920年冬。[②] 至于文本依据（文献资料）、证据链（逻辑考证），则无实质的贡献。1982年年初，山东党史学会主办了一场规模不小的专题研讨会，可惜良好的主观愿望遭遇了无情的现实粉碎：原本纯粹的学术纷争，演化为了“政治性学术（胡乔木语）”的打压斗争。此后迄今，这一研究领域处于了迟滞不前的“睡眠状态”。这又回到了开篇语：学术界也需要敢于担当和踏实做事的研究者，更需要勇气与智慧去突破“春风不度玉门关”的所谓“禁区”（宣传有纪律，研究无禁区），并主动抢占相关阵地，引领学术研究和宣传方向，切实发挥出党史工作“资政育人”的时代强音。

二　口述史之中的播种者

马克思主义生根山东的落地阶段，除了“王乐平—张国焘”这一条单线联络渠道之外，之后又出现了“王尽美—罗章龙”第二条新的联系渠道。罗章龙[③]为北京早期党组织主要成员之一，曾经直接指导过山东党组织的若干工作。他回忆称：

> 我对山东建党初期的情况，是比较了解的。因为那时我在中共北

---

① 这些材料主要为：李达回忆说，“一大”召开时，济南有党员五人（《回忆党的早期活动》）。张国焘回忆说，济南共产党小组有王尽美、邓恩铭等八人（《我的回忆》）。由王翔千提供材料、马保三所作的《山东党组织发端》报告中也说，“王尽美、邓恩铭几个忠实可靠的革命青年，便成立了“共产主义小组”，后逐渐有一些发展。”段子涵回忆说，1921年春王尽美、王翔千曾告诉他“济南共产党组织起来了”（《大革命前山东革命团体资料汇编》）。参看《余世诚和周子信同志回忆关于山东共产主义小组的若干问题辩误（1981年7月）》，《中共山东省委党史研究室库存档案·初期》，第2页。

② 《余世诚和周子信同志回忆关于山东共产主义小组的若干问题辩误（1981年7月）》，《中共山东省委党史研究室库存档案·初期》，第3页。

③ 罗章龙（1896—1995），湖南浏阳人1918年考入北京大学文学院，1920年年初参与组织北京大学马克思学说研究会并参加北京共产党早期组织和社会主义青年团，后任中国劳动组合书记部北方书记部主任、中共中央会计等，1931年1月被开除党籍，此后一直在高校任教，1995年病逝。著有《椿园载记》等。

方区委负责工运工作，经常到山东、河北、河南、山西、江苏、东北等省区巡视工作。但是，由于年代久远，一些情况忘却了，一些记忆不很清了。现将还留有的若干记忆作一些介绍。①

早在一九一九年下半年以后，“五四”爱国运动的中、后期，我们北京国立八校院的学生会和外省的学生会建立了联系。起初我负责做北京大学学生会的工作，山东的学生会经常有人来北京联系。我们北京大学学生会也经常派人去上海和南方，因为济南是沪京往来的必经之地，因此常中途在济停留。我就是在这样一种情况下，同山东学生会的代表王尽美同志认识的。那时候，我们北京学生会的办公处设在校本部，王尽美同志为联系学生会的工作曾多次到西斋来找我。一九二〇年三月，以北京大学为主，由国立八个校院联合组织的马克思学说研究会成立以后，王尽美同志又来到了北京。我领他到北京大学图书馆、教室、学生宿舍等处转转看，还去看了一些外面来旁听的学生，同时，向他介绍了北京马克思学说研究会的情况。在北京念书的学生加入马克思学说研究会是北京的会员，在北京以外各省市念书的学生或工人被吸收入会的叫作通讯会员，如天津、唐山、西安、石家庄、太原、张家口等地都吸收了一些通讯会员。通讯会员有的是本人亲自来登记入会的，也有的是本人不在京，写信申请加入的，这样联系就更广泛了。连河南、湖北、广西、云南等省也都和北京的马克思学说研究会建立了联系。王尽美同志对这些都很感兴趣，他登记作为通讯会员进入了北京的马克思学说研究会。那时我任马克思学说研究会的书记，他回去之后经常和我通信联系，交换刊物。通过他，还介绍了一些别的通讯会员，名字记不清了。后来，他在济南仿照北京马克思学说研究会的形式组织了山东的马克思学说研究会。王尽美同志一九二一年七月出席了在上海召开的中共第一次代表大会。在一大以后，他曾被派到苏联去出席远东民族会议。山东同他一块去的还有邓恩铭、王乐平等人，是属于北方区派出代表中的成员。通过苏联外交使馆办理的出国手续。一九二二年七、八月份，我到上海劳动组合书

① 罗章龙：《我对山东建党初期情况的回忆（1981 年）》，摘自《济南工运史料》第 2 辑，1983 年 10 月；引自中共中央党史资料征集委员会编：《共产主义小组》（下），中共党史资料出版社 1987 年版，第 652 页。

记部开会，王尽美同志也到了上海。王尽美同志自己主动提出到北方区委工作一个时期，说要锻炼锻炼。我当时想，他是山东的领导人，山东离不开他，他不能放下这么重要的工作岗位到北方区委来。可是他坚持这个主张。后来，中央、北方区委和我也就尊重他的意见，都同意了。他到了北京，我的意思是推荐他负责北方劳动组合书记部的工作，但他不同意。他说，我在这里当战士，做基层战士的工作。这样就让他当了北方劳动组合书记部的秘书兼了北方劳动组合部的副主任。关于山东共产党小组是从何时建立的，我记不清楚，但在我的印象中是在马克思学说研究会后，党、团、工会先后组建的。有人问我，说山东共产党小组是陈为人帮助建起来的，我不清楚。因为陈为人是同刘少奇、肖克飞、王一飞等十来位同志一起被派到苏联去的，他回来时是一九二二年了。他从苏联回国后，山东已建党他未赶上。陈是湖南人，是我的同乡，我们非常熟悉。如果说杨明斋为建党的事去过山东，这是可以的，因为他是山东人。杨明斋二〇年前后在北京住过很长时间，他是我们北京马克思学说研究会的会员。在北京，我和他曾住在一起。①

关于山东共产党小组的成员问题，我认为王尽美、邓恩铭、王翔千等这些人似乎可以基本肯定下来。王象午也是很早就入党的一个人。我在建党初期，曾到济南去过很多次，因为那时我是负责工会工作的，又是北京马克思学说研究会的负责人。那时，中共北方区主要是李大钊、张国焘和我几个人，后来，张国焘到上海中央去了，这边的工作就是我和李大钊来管。李大钊是老师，许多事他不经管，因为他很忙，一些事务事也不必经他去管，具体事务工作主要就是我来搞了。

最早我认识的济南同志有这样一些人，邓恩铭、王翔千、王象午、王用章、王辩，还有不少的王姓世家都是教育界的人。我脑子里还记得深的有鲁佛民、鲁伯峻。鲁伯峻又名鲁广德，是鲁佛民的儿子，这些我都有较深的印象。

中共山东省委的机关设在东流水的时候我常去，在那里与我谈话的有党员，有团员，也有群众。因为我是搞工人运动的，有几个工厂

---

① 罗章龙：《我对山东建党初期情况的回忆（1981年）》，《共产主义小组》（下），第652~653页。

> 我记得比较清楚。济南有个鲁丰纱厂，有个新城兵工厂。还有大槐树的机车工厂，是通过津浦路天津站的一个跑车的人跟我一块去的。到厂里找到了李宝臣（编者按：即李广义），他是个地地道道的工人，是个油漆匠。他在一九二一年就参加了北京的马克思学说研究会，是通讯会员，所以我们就把他直接吸收到了党内。他是这个厂最早的党员，也是这个厂党和工会的负责人。后来，这个厂还建立了一个支部，其成员的名字我已记不起来了。我去济南大槐树机车厂，记得清楚的是一九二一年底去的那次，以前也曾去过，详细情况记不清了。①

罗章龙提供的这些史实，主要为：（1）大概在1919年下半年，他与王尽美（山东学生会代表）建立了联系。（2）1920年3月北京马克思学说研究会成立后，王尽美作为“通讯会员”加入。（3）李宝臣1921年作为通讯会员参加了北京马克思学说研究会，后来直接入党。（4）山东党组织创建情况，罗章龙实际并不清楚（因为此前系张国焘负责，此后罗章龙才接手）。但是，他明确认为：杨明斋肯定在山东党组织（团体）的创建中，起到了不可忽视的历史作用。

王尽美与罗章龙取得了单线联系的时间，颇为可疑：1919年时，山东学生会的负责人，是王志坚，而非王尽美。另外，王尽美似乎也并未向罗章龙汇报过有关山东党组织（团体）的创建情况。二人产生实质性工作联系，也只是在北京马克思学说研究会成立之后。最大的联络成果，就是王尽美成为该会的“通讯会员”，并且具体“入会时间”不详。

关于北京马克思学说研究会，另一知情人刘仁静称，他于1920年冬天参加了该会，该会成立时间“很难说”，“没有会长、干事等名称，没有章程和纲领，也没有一定的纪律。开会时愿意就来，不愿意就不来。发起者是几个北大学生，其中没有李守常先生。研究会开会，李先生也不参加，可能在背后指导。”② 据此判断，北京马克思学说研究会实际为一“爱来不来”、形式松散的学生团体。另据朱务善称，该会“实际上在一

---

① 罗章龙：《我对山东建党初期情况的回忆（1981年）》，《共产主义小组》（下），第654页。

② 刘仁静：《回忆“五四”运动、北京马克思主义研究会和党的“一大”（1957年4月）》，《“一大”前后（二）》，人民出版社1980年版，第114～115页。另，马克思学说研究会，当时称为“马克斯学说研究会”，亦有人称为“马克思主义研究会”，均指此团体。

九二〇年初已经组织起来”，“不过还未公开登报而已”，“在一九二一年十一月十七日的《北京大学日刊》上公开宣布，成立北京大学马克斯学说研究会……李大钊未列名发起人，只是在党内指导。”① 综合上述罗、刘、朱三人之说，北京马克思学说研究会1920年年初（3月）已经成立，对外公开宣布时间则为1921年11月17日。罗章龙也称，“一九二一年十一月十七日在《北京大学日刊》登出启事”，“本会叫作马克斯学说研究会”，发起人19人，都为北大学生。公开成立后，“即大量征求会员”，“征求的办法也比以前不同……外地的亦可通信加入。”② 据此来看，在该会公开成立之后才开始吸收“通讯会员”的。王尽美成为其“通讯会员”，理论上应该是在1921年11月17日之后。但是，考虑到这一重要史实：1921年10月，王尽美已经远赴伊尔库茨克会议，直至次年春回国。1921年11月北京马克思学说研究会公开招收通讯会员时，王尽美已经在异国他乡了，既未必能够及时得到这一消息，也无法在俄国“通信加入”。据此，也就出现了这样一种可能：北京马克思学说研究会成立之初(1920.3—1921.11)，便吸收了少量的“通讯会员”（王尽美或者便是如此入会的)。该会公开成立之后，又开始更大规模、更广范围地吸收会员（包括通信会员)。鉴于罗章龙、王尽美私交频频，该会负责人罗章龙有可能较早和优先吸纳王尽美为“通讯会员”。罗章龙曾保存了一份记录1921年北京大学马克思学说研究会部分会员名单的材料，上面列有151人，其中一条为：“王瑞俊，山东莒县，济南中学。”③ 但是，这只能证明王尽美1921年确实为该会“通讯会员”，并不能证明他是在1920年加入。王尽美若为1921年通讯会员，那他肯定是在该会公开招收通讯会员之前加入的。

据济南马克思学说研究会成员贾石亭、马馥塘、段子涵、马保三等人的回忆，济南马克思学说研究会是在1920年“夏秋之间王尽美、王翔千等在励新学会的基础上”建立的“一个公开的学术团体，挂过牌子”。④

---

① 朱务善：《回忆北大马克斯学说研究会（1960年6月20日）》，《“一大”前后（二）》，第119～120页。

② 罗章龙：《回忆北京大学马克思学说研究会（1978年9月4日）》，《“一大”前后（二）》，第188～192页。

③ 罗章龙：《椿园载记》，生活·读书·新知三联书店，1984年，第66页。

④ 参看《贾石亭给中国近代史研究所现代史组的信（1957年5月4日）》；马保三：《山东党组织的发端》，《山东党史资料》1963年创刊号，第1～2页；《大革命前山东革命团体资料汇编》，《山东党史资料》创刊号，第63～65页。

王翔千之女王辩亦认为，1920 年“以王尽美为首组织了马克思学说研究会，会员大约五六十人。召集各种纪念会都是以马克思学说研究会的名义。后来这些人大部分参加了共产党和青年团”。[①] 1921 年，被山东军阀取缔。[②] 济南马克思学说研究会部分成员的回忆，显然与北京马克思学说研究会发展“通信会员”的时间相矛盾。后来，王辩称自己把民国纪年与公元纪年换算错误，认为济南马克思学说研究会应当 1921 年成立。山东国民党元老丁惟汾即曾指出，“共党在本省，由民十马克斯学说研究会发轫”[③]，即他认为山东马克思学说研究会在民国十年（1921）成立并成为山东共产党的肇始。由此推断，济南马克思学说研究会可能 1921 年 10 月前公开成立。遭到取缔后，仍坚持秘密活动了一段时间。

三　王翔千与山东党组织的“发端”

一直以来，王翔千被认为是山东党组织的核心人物之一，更被其“相州王氏”的晚辈们视为“山东共产党之父”。[④] 1951 年，王翔千曾写有一篇《山东共产党的发端》。

> 一九一九年五四运动勃发，给了山东的群众以最深刻的刺激。尤其是青年学生最容易接受新思潮的鼓动，所以“五四”以后不久便有“励新学会”的组织。
>
> 励新学会的成立，最初是济南第一师范和济南第一中学的进步青年所组成，工业专门、商业专门也有学生参加。虽然是由于爱国热潮所鼓荡，政治观点很不明确，但是从此奠定了革命的基础，也是很值得我们追溯的。果然过了不久的时间，会里起了分化，一部分青年和

① 黄秀珍：《从“五四”到山东党组织的成立》，摘自《山东党史资料》创刊号 1963 年，引自中共中央党史资料征集委员会编：《共产主义小组》（下），中共党史资料出版社 1987 年版，第 638 页。

② 《大革命前山东革命团体资料汇编》，《山东党史资料》创刊号，第 65 页。

③ 丁惟汾：《秘密进行之成绩》，杨展云、宋梅村编《山东文献》第三卷第 3 ~ 4 期，台湾民国六十六年十二月二十日，出版时间 1978 年。黑体字及省略号（……）系闫所加。

④ 姜贵：《旋风》，1951 年 9 月—1952 年 1 月写作完成，1957 年自费出版 500 册。台北市九歌出版社 1999 年再版（繁体竖排版）。此书在鲍威德：Urban Change in China：Politics and Development in Tsinan，Shandung，1890—1949 列为“清末民初山东社会史的参考文献”。

> 国民党（那时国民党初步改组为“中华革命党”……）接近；另一部分由王尽美等领导，先组成“马克思学说研究会”，继成立“共产主义小组”，以后在中央专人陈树人（为人）同志指导下成立“共产党山东支部”。那时党员有王尽美、邓恩铭、庄龙甲、贾乃甫、王复元（以后叛变）等，共计不过十人。又理发工人与印刷业工人也接受本党领导，成立工会。①

上引文其实已非王翔千本人的直接文字记载，而是通过马保三的转述，并经过山东省和中央党史资料征集委员会的编辑之后，始得以如此面目留存下来。尽管如此，也能发现一些“蛛丝马迹”：王翔千把励新学会视为山东党组织的“母体”，认为它“从此奠定了革命的基础”，在研究山东建党问题时“很值得我们追溯”。这里有一个不起眼的细节，很值得玩味：王翔千关于山东党组织（团体）的认知上限，为励新学会。之前的历史，他似乎“记忆空白”。分析其原因，应该是在马克思主义落地生根山东的阶段，王乐平尚为引领马克思主义在山东传播方向的核心人物，而山东与中央层面（上海和北京）的具体联络也只限掌握在王乐平手里。王翔千作为王乐平的“族叔”，二人关系虽不至于“水火不容”，彼此相处也明显不太融洽，相互“敬而远之”。要强性格，“屏蔽”了王翔千对山东党组织（团体）创建的政治热情。只有在王乐平退出之后，他才激流勇进，成为山东党组织（团体）事实上的第二号人物。由于不知情，或者不便说，王翔千便自行重构了上述一段“轨迹完美”的山东党组织（团体）创建历史。换言之，王翔千所称的“山东党组织的发端”，可能并不完全准确。

励新学会分化后，其一部分先组成“马克思学说研究会”，继之成立“共产主义小组”，以后成立“共产党山东支部”。只是，这一段创建史（励新学会—马克思学说研究会—山东共产主义小组—共产党山东支部）太过“完美”，使人不敢相信。比如，所谓“山东共产主义小组”，当时并无此称谓，事实上亦不可能有此组织，只能有“党小组”或者“共产党团体”。陈为人指导成立山东支部，据马克先称成员并无庄龙甲。而

---

① 王翔千：《山东共产党的发端（1951年）》，摘自《山东党史资料》（增刊）1982年3月，引自中共中央党史资料征集委员会编：《共产主义小组》（下），中共党史资料出版社1987年版，第636页。

这，已是1922年之事。一大前，山东有无党组织（团体）存在，王翔千实际是避而不答，含糊其辞。当然，王翔千的本意为何，已经无法考证。至于“励新学会为山东党组织的最早雏形”之意见是否确为他本人的意见，亦不可知。

1951年7月1日，马保三根据王翔千所提供材料，另外写出一篇《山东党组织的发端》。

一九一九年五四运动，给了山东广大的群众以最深刻的刺激与启发，尤其对青年知识分子、青年学生的震动更大。当时，在大、中学生所组织的学联策动下，各大城镇先后成立了学联会，举行了罢课，并在学联的推动下，商人抵制日货，举行罢市；各界也组织代表团赴京请愿，在山东形成了轰轰烈烈风起云涌的反帝爱国高潮。推其原因，其一是山东人民受帝国主义的掠夺最深，受封建礼教的束缚最重，且五四运动的起因是卖国政府拟签署将德国在山东一切特权转让给日本，所以激起人民的反抗也更大。其二是当时知识界受俄国十月革命的影响所激励，“走俄国人的道路”，这对广大青年有很大的吸引力。

五四运动后，在山东的进步青年中，就有新文化、新思潮的传播，进而在济南山东第一师范、山东第一中学和育英中学的进步师生中组成了“励新学会”。这是一个读书会的组织，并寓有以新思潮互相砥砺的宗旨。以后，工专、商专各学校也相继有人参加。这在当时虽然是由爱国反帝的热情所鼓动，政治观点尚不很明确，但是从进行革命的思想准备来看，是值得我们追溯的。不久，“励新学会”开始分化，一部分人倾向于三民主义或信仰无产政府主义；另一部分人则信仰马克思主义。在王尽美等几个人的倡导下，在一九二0年夏秋之交，组成“马克思学说研究会。”这一组织开始是公开的学术研究团体，在一九二一年，经反动政府及警察厅认为是宣传过激思想，明令取缔以后，曾半公开地活动了一个时期。以后，会员思想上也发生了分化。于是王尽美、邓恩铭几个忠实可靠的革命青年，便成立了“共产主义小组”，后逐渐有一些发展。

一九二一年夏，由共产主义小组派王尽美、邓恩铭到上海参加党的第一次全国代表大会。会后，中央派陈维仁同志来鲁指导成立

"共产党山东区支部。"那时，党员有王尽美、邓恩铭、贾乃甫（后脱党）、王复元（后叛党）、王翔千（后脱党）等。党组织成立不久，理发业和印刷业工人中也发展了党员，并组织起工会来。[①]

王翔千提供的材料究竟是什么，不得而知。比较上述二篇"发端"，不难发现：都未提及王乐平，都是直接把王尽美当作了山东党组织（团体）的"开山祖师"。这当然不是实事求是，却也很容易理解：是意识形态的原因。这可能是他们不能说、不便说、不愿说的原因所在。此外，王翔千称，励新学会由一师、一中的"进步青年组成"，马保三称由一师、一中和育英中学的"进步师生组成"。王翔千并未将自己列入励新学会的发起人和组织者之列，马保三则特意增补了一处"育英中学"，并以所谓"进步师生"之"师"在暗指王翔千。马保三这一处改动，可能意在突出王翔千的历史贡献。比较二文发现，它们均认可这样一个基本事实：一大之前，山东党组织（团体）已存在了。只是，这个组织（团体）如何成立，他们都语焉不详。这不能不让人疑心：在马克思主义生根山东的落地阶段，王翔千俨然为一"局外人"。

北京马克思学说研究会1920年年初成立，马保三称"1920年夏秋之交"山东马克思学说研究会即成立。马保三既非当事人，又从何处得知这一时间呢？这是否为王翔千之意见呢？不可确考。励新学会1920年10月31日成立，11月21日召开正式成立会。这一时间已经考证无误。[②] 既然励新学会是在1920年11月正式成立，济南马克思学说研究会据说又是此后在励新学会分化基础上所成立；那么济南马克思学说研究会肯定不会早于1920年11月，在时间逻辑上"1920年夏秋之交"成立不能成立。即便有这样一种可能：无论王尽美何时成为"通信会员"，王尽美在第一时间看到罗章龙在北京发起马克思学说研究会后，便"心向往之"在济南"仿照北京马克思学说研究会的形式组织了山东的马克思学说研究

---

① 原载《山东党史资料》1963年创刊号。该文另有作者（马保三）注："上文系一九五一年'七一'我在山东省政协向党员作报告的提纲的一部分，主要是根据省政协委员王翔千（原系党员后脱党）提供的材料写成的——保三。"原文题目为《山东党组织的发端》，作者署名为"马保三"，作者署名之前有一落款时间"1951年7月1日"。另请参看《"一大"前后（二）》，人民出版社1980年版，第392～393页。

② 参看任武雄：《励新学会与《励新》半月刊》，引自《党史研究资料》（2），第60页。

会”。但是即便如此，山东马克思学说研究会也只能在1920年年末或者次年成立。贾石亭、王辩、马馥塘、段子涵、马保三等人的回忆，明显有误。

王翔千之女王辩1957年2月称，王尽美、王翔千、王复元、王杲4人在“1920年夏发起组织”了山东马克思学说研究会。[①]马文写于1951年7月，王翔千1956年5月病逝。王辩“1920年夏”之说，应该是受到了马保三的影响。

王杲，即王用章，1928年11月底与乃弟王复元叛党，1949年新中国成立后被捕入狱，1957年病死于济南监狱。在狱中，王用章曾有一份“笔供”，也对山东党组织（团体）创建情况进行了回顾。

> 1. 康米尼斯特学会
>
> 第一次世界大战，苏联十月社会主义革命后，经社会主义光芒所映照，又经马克思主义的输入，先由一部分积极分子，认识了革命的出路，由发起组织康米尼斯特学会，由研究而发展到实践服务，组织励新学会，推行文化革命，继改组为马克思主义研究会，由马克思主义研究会发展到中国共产党山东基本小组，直属组一直发展下去。
>
> 2. 马克思主义研究会
>
> 关于这个学会的组织，它的性质是一个学术团体，而不是一个政党的组织，它只能随群众运动而消长，有时积极，有时消沉散漫不能适应实际上所需要，他的主持人，能够具体记载下来的实属不多，兹择其主要者如下：一师王尽美，一中邓恩铭，女师王辩，教员王翔千，工人王用章、王复元，商专贾乃甫等数人而已。
>
> 三、党的领导下革命工作发展沿革
>
> 1. 基本小组时代前后的工作
>
> ①康米尼斯特学会，先由一师学生王尽美、王志坚、李祚舟、工专王象午，一中邓恩铭、王克捷、赵震寰……等启发成立了Communist学会，专以收集共产主义理论书籍，研究共产主义为宗旨，继发现许多的社会主义的革命理论，同时，感觉共产主义在广大

---

① 参看黄秀珍：《我的父亲和山东建党、建团活动》，王来棣：《中共创始人访谈录》，明镜出版社2008年版。该文另请参看山东省档案，“省校，全宗号3，目录号1，卷号207，顺序号16，《党成立前后山东地区的一些情况》”。

青年群众中的口胃，暂时尚难消化，所以在实事求是上着想，另行组织了励新学会，广泛吸收青年群众，参加研究革命理论。

②励新学会成立后为开展文化革命工作，而出版励新杂志，一方面介绍国际的，全国的革命理论，一方面发挥自己的并征求各界青年的一切文化改进的论文，树立起青年运动的基础，起了青年先锋的作用，各学校在当时的表现，省立一中在各种运动中争取到带头的地位。

③马克思主义研究会。一九二一年的假期后，各校学生有毕业、转学的，影响了励新学会的组织，由停刊励新杂志而至形解散。又由各校中积极分子从新整顿阵容，召集各校的进步学生，又发起组织马克思主义研究会，接续青年群众运动。但不久组织又复散慢工作松懈下去……

王尽美，莒县北杏人，生于一八九九年，原名王瑞俊，佃农出身，山东一师学生，为学生中之革命先进分子。在五四运动中甚为积极，长于政治活动及文字宣传等工作。在济南学生界中，发起康米尼斯特学会，领导学习马列主义革命理论基础。创办劳动周刊社，进行工运。赴莫斯科出席远东民族代表大会，联系世界革命。回国后更深刻地认识了社会革命的真理和道路，积极开展革命的国民运动。

一九二一年至一九二二年中间，直属组未成立前，即与王用章同居一室，共度艰苦生活，在艰苦中开展工运。奔波终日，恒不得饱食。有时日食一餐……

…… ……

王尽美于一九二五年三月间在青岛医院中去世，死后由同志集资收殓，并由王象午扶柩送至莒县北杏原藉葬埋。遗下祖母、寡母、寡妻、幼子二人共计五个人。[①]

王用章“笔供”题下括注一时间为“（1953年）”。[②] 王翔千并未提及所谓“康米尼斯特学会”，加入山东党组织（团体）晚于王翔千的王用

① 王用章：《王用章的笔供（1953年）》，原件存山东省公安厅；摘自《山东党史资料》1983年第2期。另请参看中共中央党史资料征集委员会编：《共产主义小组》（下），中共党史资料出版社1987年版，第663～667页。

② 原括注的时间为汉字。

章，却提到了“在山东的党未组织以前，康米尼斯特学会，可以说是它的前身，实为推动组织的一个动力”。这是二人观点的最大不同。王用章又称1921年“假期后”，各校“进步学生”发起组织了“马克思主义研究会”。王杲称1921年“假期后”成立，这是春节假期还是暑假假期？根据下文“有学生毕业”云云，应是指暑假。山东马克思学说研究会成立于1921年暑假后，更为接近事实真相。

王用章称，山东党组织发展轨迹为：康米尼斯特学会—励新学会—马克思主义研究会—基本小组—直属组。所谓“康米尼斯特”，只是“Communist”的音译，意译为“共产主义者”。“康米尼斯特学会”这一组织，并无其他文献记载，而且王用章亦非主要当事人，因此有研究者认为此说不可信。但是，也不宜以人废言。如果它确实为励新学会之前的一个马克思主义性质的“研究学会”，其组成人员（“一部分积极分子”）王尽美、王志坚等学生，也是很可能的。而且，王乐平无疑也会是“幕后指导者”。王用章的这一消息来源，不详。在它的圈子之内，骨干成员如王尽美、王志坚、邓恩铭、王象午等，可能便是在“研究”马克思主义的过程中秘密组团结社，建立了雏形状态的山东党组织（团体）。

王用章1917—1920年在欧洲做华工，1920年回国后表现积极，下半年到博山沙顶子煤井干机工，1921年秋参加《劳动周刊》创办工作，1922年入党。其弟王复元1919年即在省立一中做传达，1922年7月入党、9月入团。“二王”兄弟均系王翔千一手培养的“工人阶级代表”，王复元1928年叛党令王翔千始料不及，大受打击，又兼家庭风波已经在济南闹得沸沸扬扬（其女与山东党的书记尹宽私奔），自忖无颜再在济南立足，遂被迫回乡，这自然是后话。山东党组织的一些具体情况，王用章虽略知一二，也仅此而已。

据王用章称，康米尼斯特学会由一师学生王尽美、王志坚、李祚舟（周），工专王象午，一中邓恩铭、王克捷、赵震寰等发起成立，并无实质性活动，以“研究共产主义为宗旨”。王志坚与王尽美同班同学，又是《泺源新刊》主编、励新学会发起人及马克思学说研究会骨干，1921年4月曾受北京青年团宋介委托与邓恩铭诸人筹组济南SY青年团。王志坚与王统照私交甚密，王统照也对他关怀备至。例如《民国十年日记》记载，“志坚侄自阴历年前忽只身南去，由南京归此，予初次见彼也。予语以此后务宜敛心向学，即应活动之事业亦不必弃置，总须量余力而为之，不可使有害学课。趁此青年，须及时努力，万勿为虚矫之事所误也。九点钟皆去。”[①] 由此可见，王志坚为王统照和王翔千所看重，又是学运领袖（《泺源新刊》主编、励新学会首领）；即便有此社团，其负责人也应当为王志坚，王尽美则未必是其主要负责人。

王用章称，王尽美病死之后，由王象午扶柩送至原籍入葬。王象午与王尽美同岁，沉稳干练，亦为康米尼斯特学会和励新学会发起人、马克思学说研究会重要骨干，一直为王尽美所信赖。他 1921 年 11 月赴伊尔库茨克会议并填写“调查表”，化名“王筱锦”，自称“中共山东部党员”。[②] 后来，他却成为“1922 年 7 月入党、9 月入团”。这也验证了笔者的推测：1922 年党员之中，有些实为 1921 年的“事实党员”。王象午为 1921 年党员的铁证，便是他所填写“调查表”。1926 年，他被开除出党。1941 年，病故。

王翔千为王象午（又名“翔舞”）的胞兄，与王尽美等相处友善，竭尽全力支持王尽美，又素热衷“社会主义”，是“这一区域的共产党之父”。[③] 王尽美遗属五人，后来一直受到王乐平、王翔千等族人的接济帮助。

关于王复元、王用章兄弟，王辩于 1981 年 10 月称王复元是“五四中冒出的新人物，王尽美和我父亲最早的伙伴”。她将王复元视为与王尽美、王翔千相提并论的重要人物。而对于王用章，她的评价并不高。“在早期的活动中，也是骨干之一，只是他作风不大好，有时和王尽美过不去”。[④] 据此，王复元为山东党组织早期成员应无疑问，而且可能为其核心成员之一。至于王用章，则未必。

王用章把康米尼斯特学会、励新学会、马克思学说研究会这三个团体的活动时间大致界定在了“基本小组时代前后”；1921—1922 年中间，直属组未成立前，似乎为一个空档；1922 年之后，划分为直属组时期。显然，1921 年之前山东党组织有关情况，王用章并不太知情。而这些并不直接的当事人的回忆，其真实性不可能不受到质疑。对于此类回忆性史料，必须慎重对待并甄别使用。

---

① 王统照：《民国十年日记（第一部）》，《潍坊学院学报》2004 年第 1 期，第 5 页。

② 参看《调查表·中华共产党部·王筱锦》，《上海革命史资料与研究（第 7 辑）》，第 773 页影印件。

③ 参看姜贵：《旋风》，台北市九歌出版社 1999 年。

④ 黄秀珍：《八一年七月材料读后补充意见（1981 年 10 月 29 日）》；中共山东省委党史研究室资料室存档文件。

四 励新学会与马克思学说研究会

励新学会1920年10月31日宣布发起，11月21日正式成立，列名发起者为王志坚、吴隼等11人。

> 今秋开学以后，同人等屡次开会，日有讨论，越觉有组织学会之必要，遂公开订明本学会会名为励新学会，草拟简章九条并简明宣言一则，于十月三十一日实行宣布，当时列名发起者，系王志坚、吴隼等十一人。
>
> 十一月十四日开会，推举王瑞俊、于其惠、陈汝美、谢凤举四人起草详细会章，活动暂时除学术谈话会及不定期演讲会外，再印行一种新出版物，即定名《励新》，每半月发刊一次。
>
> 十一月二十一日下午，假公园大厅开一本会成立会，全体会员到会，来宾为李舸梁、王乐平、王晴霓诸先生……①

王志坚为发起人之首，王瑞俊等四人只是其中之一。励新学会成立、创办《励新》杂志等皆需经费，这一实际工作恐怕主要由王志坚承担（担任交际部主任），庶务邓恩铭负责学会具体事务，王尽美（当时名为“王瑞俊”）为编辑人员之一。王纯嘏（字景鲁）称，王志坚与王尽美关系相当密切，两人“思想都进步”，“交情也特深”。② 但是，这只是王纯嘏为之溢美的一面之词。在“相州王氏”另一位重要人物王意坚（姜贵）这位旁观者看来，却是王尽美心机更为深沉，王志坚则书生意气，无甚城府。③ 王乐平对励新学会成立颇为支持，亲自到场讲话慰勉，并在齐鲁书社内为其提供活动场所（会址）。由此推断：山东党组织（团体）与北京党组织的运作情形非常相似。北京党组织领导人李大钊，并不负责具体事务，而是由其学生张国焘负责。山东党组织（团体）的具体事务工作，也非王乐平主持，而是由王尽美负责。不同之处在于：李大钊后来成为公认的中国共产党的创建者之一，而王乐平作为地方党组织的创建者身份却

① 《会务报告》，原载《励新》第一卷第一期，1920年12月15日。
② 王纯嘏（景鲁）：《回忆励新学会》，《山东党史资料》1983年第2期。
③ 参看姜贵：《旋风》，第一、二章。

争议颇大。在笔者看来，王乐平为山东党组织（团体）的“奠基者”无疑。

根据《励新学会会员通信处一览》（参看本章末附表1），可以发现登记会员基本为学生，年龄最大者26岁（于其惠），最小者仅16岁（王纯嘏）。据此判断，可能励新学会的定位即为一学生团体。励新学会的具体工作分工为：庶务邓恩铭，文牍靳鸿训，编辑主任陈汝美、王瑞俊，交际主任王志坚、张世炎、王克捷，交际员王象午，发行主任张承豫、赵震寰，校对李祚周、王纯嘏、李法田、王锦湘。[①]

据励新学会最年轻的会员王纯嘏1981年回忆称，励新学会是“山东最早的跨学校的学运团体”，1921年活动最为踊跃，1922年“无形解体”。[②]《励新》杂志最后一期于1921年4月出版，这是否隐示着励新学会分化的时间和马克思学说研究会同时酝酿成立的时间？由于励新学会内部分化，以至《励新》此后不能顺利编辑、出版，终至不了了之。如果这一推测属实，那么前文王用章所称1921年“假期后”成立“马克思主义研究会”的“假期”可能为“暑假”之推测将再次得到印证。1921年夏大致为6—8月，夏秋之交则大约在8—9月，济南马克思学说研究会似乎是这时成立。

1921年7月王尽美、邓恩铭起身赴沪参加中共一大，8月返回，10月出国赴伊尔库茨克会议，11月1日到达满洲里，1922年春回国。根据以上行程安排，王尽美在1921年7月之前和8—10月有两个时间空挡。如果是在上半年，王尽美尚有时间去北京并返回酝酿成立马克思学说研究会；如果是在下半年（暑假后），时间相对比较紧张。特别是北京马克思学说研究会在1921年11月17日才登报公开成立并吸收“通信会员”，而王尽美这时已在俄国异乡，假设他系1922年回国后成为“通信会员”，他又根本不可能在1921年成为“通信会员”。据此推断，王尽美肯定不是在北京马克思学说研究会公开招收“通信会员”之后才成为其“通信会员”的，更可能是在此前已经成为“通信会员”。如此，济南马克思学说研究会才能于1921年8—9月成立。

1982年1月6日，山东省中共党史学会主办“关于山东地方党组织

① 参看《王尽美、邓恩铭创建励新学会》，《联合日报》2011年3月19日第1版。

② 王纯嘏（景鲁）：《回忆励新学会》，《山东党史资料》1983年第2期。

创建时期若干问题讨论会”。学会秘书长贾蔚昌在《关于山东地方党组织创建时期若干问题讨论会讨论情况介绍》一文中，对于励新学会成立的时间及其评价等讨论情况作了总结：

五四运动后，在济南建立的励新学会，被认为是和山东地方党组织的创建有密切联系的，因而有必要对该组织成立中的若干问题搞清楚。

过去一直认为励新学会成立于一九一九年冬。经过这次讨论，大家一致认为励新学会创办的《励新》半月刊上的会务报告记载：（一九二0年）“十一月二十一日下午，假公园大厅开一本会成立会，全体会员到会。”大家认为这个文字记载是可信的。大家还认为励新学会是在五四运动后，各种新思潮，尤其是马克思主义进一步在中国传播的情况下成立的。它是由当时济南的一些追求进步、追求真理的青年学生发起的。十一个发起者，当中也包括王尽美和邓恩铭。

励新学会是一个群众性的进步学术团体。它所创办的《励新》半月刊，根据现有的材料看，对于揭露和抨击旧制度，尤其是教育制度的黑暗、腐败、不合理和宣传妇女解放方面是很突出的。同时，它也提出一些进行社会改革的主张，表现有社会主义倾向，但基本上是一个宣传激进的民主主义思想的刊物。

励新学会所进行的各种活动和《励新》半月刊，在济南青年学生中有很大影响，对于推动青年学生进步起了积极作用。其中会员王尽美、邓恩铭则成为山东党组织的创始人，还有些会员后来成为山东党组织的早期党员或第一批社会主义青年团员。它为山东党、团组织的创建作了一定的干部上的准备。但是不能说励新学会是山东共产党小组的外围组织。

有的同志认为励新学会是一个宣传新文化的统一战线组织；也有的同志认为《励新》半月刊宣传了马克思主义、社会主义思想，反对了无政府主义。但也有的同志不同意这种评价，他认为从已发现的几期《励新》半月刊上发表的文章来看，没有公开宣传马克思主义的文章。相反，在《励新》半月刊第五期有两篇文章是在宣传颂扬无政府主义。这表明，当时励新学会会员对刚刚传播到我国的各种社会主义流派，哪是正确的，哪是错误的，尚分辨不清。[①]

在这里，有必要指出：当时《励新》杂志颂扬无政府主义，并不是落后的表现，而是追求进步的象征；他们这种认知水平并不表示他们就不是马克思主义的信仰者，而是表明了这一时期中国共产主义者的认识水平均是如此。因为中共许多创始人在1920年改信马克思主义之前，他们对“共产主义”一词普遍理解为无政府主义而非马克思主义。[②] 李大钊、陈独秀均是到1920年才“宣称信奉马克思主义”[③]。正如毛泽东所说：“以前在中国并没有真正知道马克思主义的共产主义。”[④] 这时候，“中国的马克思主义还没有真正出现”。[⑤] 既如此，又有什么理由独去苛求山东马克思主义者能够“先知先觉”，能够分辨清楚哪是正确的、哪是错误的社会主义流派呢？上引文中的反对意见，显然罔顾了这一历史事实。

励新学会的分化与马克思学说研究会的成立，似乎并没有必然联系，也不可能完全是励新学会分化之后马克思学说研究会才开始成立，而是可能在励新学会活动踊跃之际已经开始有了成立马克思学说研究会的酝酿。关于山东马克思学说研究会，山东国民党一些重要人物也对它进行过有关回忆。王乐平的“革命导师”丁惟汾，即曾提及该会与山东党组织之间的关系。

> 五四运动起于山东问题，本省青年学子尤为兴奋。王乐平同志组织齐鲁通讯社及齐鲁书社，启青年革命思想，旧同志亦渐集。时丁惟汾在沪发行《北方周刊》，乐平游俄，返国赴沪，谒总理报告视察所得，并与惟汾详筹进展。遂回鲁主持……
>
> …… ……
>
> 共党在本省，由民十马克斯学说研究会发轫，当时本党党员祗王瑞俊、邓恩铭等数人蜕化而为共党。辗转传播，党徒渐繁。十二年秋有二十余人加入本党。时本党最注重青年运动、工人运动，共党亦取

---

① 《山东党史资料（增刊·关于山东地方党组织创建时期若干问题讨论会讨论专辑）》，1982年1月。

② 参看周策源：《五四运动：近代中国的知识分子革命（1915～1924）》，第97～98页、224～225页。

③ 费正清等：《剑桥中华民国史》（上卷），中国社会科学出版社1994年版，第387页。

④ 《毛泽东文集》第3卷，人民出版社1996年版，第290页。

⑤ 李林：《还“问题与主义”之争本来面目》，《二十一世纪》1993年第1期，第10页。

> 同一途径。初本党容共，以为同趋于革命也，未加防，而共党乃转其工作以对内。盖本党在社会有深长历史，青年易接受，而共党发展则感困难，及肆行分化政策，本党青年堕其术中者不乏其人。如郑子瑜、茵双、刘巍等，皆是。旋惟汾莅鲁，与乐平商定指导本党方法，对共党作竞争，不得有倾轧。而共党乃利用机会，本身有秘密组织，分析本党内容，同志思想，百计吸收，虽时切戒备，受损已不少。至工会方面，朱锡庚、武竹亭、史得金等领导，完全隶本党旗帜之下。①

丁惟汾认为，山东共产党肇始于民国十年（1921）“马克斯学说研究会”，而且“本身有秘密组织”。这一“秘密组织”，应该为山东党组织（团体）。丁惟汾认为它是发轫于“民十马克斯学说研究会”，以及王尽美、邓恩铭先为国民党后来“蜕化”为共产党员之说，却不准确。王尽美、邓恩铭应该先为共产党员，而后又加入国民党的。1921 年“马克斯学说研究会”成立，山东党组织通过它开展活动、发展党员，并在山东政坛上崭露头角。丁惟汾（1874—1954），山东日照人，曾与廖仲恺并称为孙中山的“左膀右臂”，素有“蒋家天下丁家党”之谓。1905 年加入同盟会，1907 年春回国任山东法政学堂校长，1911 年组织山东各界联合会宣布独立，1912 年负责全省党务，1914 年避居原籍，1918 年在上海发行《建设》《北方周刊》，1919 年为国民党山东支部长，1921 年之后离开山东，1954 年病逝于台湾。② 上引文大概写于 20 世纪四五十年代。在丁惟汾担任国民党山东支部长两三年间（1919—1921），他与王乐平“商定”了与共产党“竞争”的“指导方法”，但是“不得有倾轧”，也因此为共产党所“利用”。最重要的一条信息为：丁惟汾明确指出共产党这一“秘密组织”，是成立于“马克斯学说研究会”之前。他的特殊地位，使得上述史料可信度大为提高。

1921 年 2 月，丁惟汾离开山东赴粤、沪等地，山东党组织此后发展情况已不在他关注的视线之内。这表明：山东共产党这一“秘密组织”，在他离开山东之时即 1921 年年初，已经存在了。

---

① 丁惟汾：《秘密进行之成绩》，杨展云、宋梅村编《山东文献》第三卷第 3 ~ 4 期，台湾民国六十六年十二月二十日，出版时间 1978 年。黑体字及省略号（……），系闫所加。

② 参看丁基实：《我所知道的丁惟汾》，《春秋》2011 年第 5 期，第 26 ~ 31 页。

除了“竞争对手”国民党之外，其他社会力量也注意到了山东共产党人的“组织”，并认为王翔千创办《劳动周刊》便是共产党的“组织活动”之一。王翔千执教的育英中学校长张公制①，也曾谈及山东共产党人“有组织的活动”。

> 前曾提到进步党有些老气横秋，我认为需要注入新血液，但因种种关系，未能做到。议会反田派虽在复选和议长竞选中斗败了拥田派，但田氏地位并未因此动摇，加上当时军阀混战频仍，时局杌陧，就是再换一个督军长，仍然是一丘之貉。可见只从地方上着手，并不是一条出路，种种情形使我觉得苦闷异常。正在这个时候，共产党人在山东有了组织，活动起来。就通过王静一跟我们有了联系。他们想出刊物，同我商量，我就同意大东日报社出一份副刊，报头用斧子和锄头交叉。这就是“劳动周刊”。它点滴地介绍马克思主义和苏联的状况。这是山东第一份公开介绍马列主义的报刊，当时曾引起人们的注意。诚社方面支持出版这个周刊的是王静一、张伯秋、刘民生、娄联五等。安鹏东在北京的时候多，有一次见面，曾对我说，“《劳动周刊》令人可怕”。尽管他的看法如此，他还是留了地步，并没有透露给“天坛”方面。
>
> 《劳动周刊》主编是王翔千，他是诸城相州人，那时候在育英中学担任教师。他介绍第一中学工友王全（后改名王复元）当了大东日报印刷间工长。当时王全是共产党员，也是诸城人。他们的党小组设在育英中学，从事地下活动，行动颇为秘密，不过他们的情形我也略知一二。《劳动周刊》出了一年（从一九二二年到一九二三年）就停刊了。问题发生在王全身上。他在印刷车间领头提出了每天工作八小时和增加工资、开除会计张某的三项要求。于是引起了摩擦。那时正是三届议会选举停顿时期，宋传典津贴议员的活动费拿的不痛快，无法再要他出款补助报社。经费极为困难，几乎不能维持。王全提出三项条件，于理未合。事发之后，王翔千曾将王全提出的条件写成小

---

① 张公制（1876—1966），山东安丘人。1913年起当选第一届省议会议长，1918年起任第二届省议会副议长兼育英中学校长，1921年当选为第三届省议会议员，1966年10月病逝于青岛。他曾组织“诚社”并自任社长，支持《大东日报》改组出刊《劳动周刊》，并认为王翔千创办《劳动周刊》即为山东共产党公开组织活动的开始。

纸条到诚社找王静一，在诚社成员傅养源屋内商议，以为不能办。静一看过就把这个纸条搓成团，随便投在一个箱子后面纸篓里。当时被张裕之（诚社成员）看见，于他们两人走后拣起，把事情公开，引起了诚社的大多数反对。大家起哄找我，要立即去掉王全，否则大家一齐散伙。我对王静一说明情况，表示这样怕出乱子。静一答复了王全，说所提条件不能办，王也就退出了大东日报社，《劳动周刊》也停刊了。

诚社支持出版《劳动周刊》期间，同时还供给五路罢工委员会山东支会每月五十元的房金。这一团体是共产党领导下的铁路工人组织，其目的是反对军阀混战，不给他们运兵。诚社供给支会房金的事，也是王翔千从中联系的。我曾请他介绍和支会的人见面，但因他们工作秘密，没能见着。《劳动周刊》停刊之后，支会房金也就停了，前后供给了一年。[①]

张公制称山东“党小组”秘密地“设在育英中学”，因此他也能“略知一二”，并称《劳动周刊》为“山东第一份公开介绍马列主义的报刊”，“报头用斧子和锄头交叉”。《劳动周刊》有二，其一为1921年5月所创办《济南劳动周刊》，不久即停刊；其二为1922年7月创刊的《山东劳动周刊》，是作为《大东日报》的副刊发行。[②] 1922年创刊的《劳动周刊》在创刊号刊发了《中国劳动组合书记部山东支部宣言》，称：“中国劳动组合书记部山东支部是由山东的一些劳动团体所发起的，是要将各个劳动团体联合起来的总机关。他的事业是要发达劳动组合，向劳动者宣传组合的必要，要联合或改组已成的劳动团体，使劳动者有阶级的自觉，并要建立山东工人们与各地工人们的密切的关系。”[③]“中国劳动组合书记部山东支部”成立，似乎标志着山东共产党组织活动的公开化。如果上引文“《劳动周刊》出了一年（从一九二二年到一九二三年）就停刊了”系张公制原文原注，那么王翔千应为1922年7月担任该刊主编。

---

① 张公制：《田中玉操纵省议会和议会反田斗争》第六节，原载山东省政协文史委编《文史资料选辑》第一辑（山东人民出版社1982年版，共245页。内部发行），摘自《山东党史资料》1986年第1期。

② 黄秀珍：《从“五四”到山东党组织的成立》，《山东省党史资料（创刊号）》1963年；第89页。

③ 原载《山东劳动周刊》第1号1922年7月9日。

不过，有研究者认为，张公制所称《劳动周刊》为“山东第一份公开介绍马列主义的报刊”，似乎是指1921年创办的《济南劳动周刊》。因为“在现存的《山东劳动周刊》创刊号的报头及版面上，根本没有这样的图案标志。”[①] 据此推断：（1）“报头用斧子和锄头交叉”的“劳动周刊”可能为1921年5月创刊的《济南劳动周刊》；（2）山东党组织在1921年5月已经秘密建立和创办了《劳动周刊》；（3）张公制对于部分史实可能记错。无论怎样，1921年5月前后创办《济南劳动周刊》时，山东党组织已经成立并秘密活动起来，王翔千、王全（复元）为重要成员，又成立了济南马克思学说研究会作为掩护的外围团体。张公制所说，还隐藏了另一条重要信息：这一时间段的“山东党组织”，王翔千的核心地位比较突出了。

另据“议会反田派在复选和议长竞选中斗败了拥田派”这一背景线索，所谓“反田斗争”大概是指1920年10月至1922年4月期间。[②] 其间，山东共产党开始“有了组织，活动起来”。而这些“活动”，大概是指办《劳动周刊》诸事。此处所谓“田”，是指时任山东省省长田中玉。田中玉（1864—1935），字蕴山，直隶临榆人，1919年12月26日任山东省督军兼省长，1920年6月24日免去省长兼职，同年10月20日再兼省长，1922年4月5日免去省长兼职，1923年10月18日因临城劫车案免去山东督军职务，1935年病逝。

山东马克思学说研究会有关情况，由于缺乏原始文献而难以探明具体真相。段子涵曾为会员，并以《马克思学说研究会简史》为题对该会作了介绍。

> 一九二〇年九月间，经王尽美同志介绍，参加了马克思学说研究会，可惜时间不久，尚未进行研究，即被军阀政府给解除了。这个会成立是在一九二〇年九月间成立，会址设在山东省教育会内（现在的贡院墙根街），暂时借用，准备以后另觅房屋。会门外挂着很长的牌子，上写“山东马克思学说研究会”。是怎么组织起来的，当时不

① 刘明义：《王翔千王复元是济南共产主义小组成员》，《华东石油学院学报（社科版）》1986年第2期，第46～47页。

② 1920年10月20日，徐世昌特任田中玉暂行兼署山东省省长。田中玉由此掌握了山东军政大权，同时省议会也开始了和田中玉的斗争。

清楚，也未得细问。我记得会内长期负责是王尽美、王翔千、邓恩铭三位同志，内部组织只有两部分：一是学术研究组；二是总务组。会员有十七、八个人。因开始成立，尚待发展，所以人数不多。

我记得第一次会议是讨论修定会章和会议制度问题。公推王翔千、邓恩铭二位起草，后又追加隋即吾同志（教员）。

第二次会议是研究会。由王尽美同志主持，讨论马克思学说和分析。

第三次会是讨论修订的会章，并规定每星期六开会一次，不另通知。

第四次会是欢迎会，欢迎从北京来的陈维仁同志。由王翔千同志作介绍，继由陈为人同志介绍北京马克思学说会发展的情况。我仅只参加过几次会。其他尚有会议，接到通知，因我业务忙碌，未能参加，会议内容不详。该会进行至一九二一年三月间，突然为军阀政府令济南警察厅派警勒令即解散，幸未捕人。自此，会中十数同志遂即分散，互无联系。①

根据上引文，山东马克思学说研究会存在时间为1920年9月—1921年3月。励新学会存在时间为1920年10月—1921年11月（这年11月，邓恩铭参加伊尔库茨克会议所填“调查表”即称有“山东励新学会委任状”）。山东马克思学说研究会成立时间居然早于励新学会，似乎说不通。如果段子涵时间推断发生失误，即该会实际存在时间为1921年9月—1922年3月，似乎可以说通。

段子涵称，该会第四次会议为“欢迎北京陈维仁”，并“由陈为人同志介绍北京马克思学说会发展的情况”。1921年11月北京马克思学说研究会公开成立并大批发展会员，陈为人此行似乎为推广宣传该会。然则陈为人何时来山东，又是一个问题。罗章龙称陈为人1922年从苏联回国，②王尽美、邓恩铭等也是1922年回国，既然王翔千主持会议，似乎王尽美不在济南。另据王蔚明《给山东省党史资料征委会的信》称，1920年秋，北京学生代表陈为人来济南与山东学生联系，王尽美介绍他到齐鲁书社参

---

① 段子涵：《“七一”回忆录（1962年7月12日）》，《山东党史资料》1982年增刊。

② 罗章龙：《我对山东建党初期情况的回忆（1981年）》，《共产主义小组》（下），第652~653页。

观并拜访了王乐平。[①] 似乎陈为人 1920 年确实来过济南。1920 年秋陈为人在上海，年底赴俄，1921 年年底回国。他在 1920 年、1922 年均可能来山东。如果段子涵称陈为人介绍“北京马克思学说会发展情况”，似乎是在 1922 年。

王蔚明在信中提到了一些“鲜为人知”的情况。（1）王尽美 1919 年 6—7 月代表山东学生会赴京见到了李大钊、张国焘、王子烈、陈为人等，汇报时谈到王乐平支持学运及创办齐鲁书社等情形。（2）1920 年秋，北京学生代表陈为人来济南与山东学生联系，王尽美介绍他到齐鲁书社参观并拜访了王乐平。（3）1921 年 6 月间，中共一大筹委会秘书李汉俊寄信给王乐平，邀请他以“山东共产主义者代表”的名义参会，王乐平不愿亲自出席，遂委让王尽美参会。（4）王尽美与王翔千商量，王翔千认为事关重大，派一个代表太少。便召集励新学会的同志们商议，决定派王尽美、邓恩铭参加。具体召集了哪些人，王蔚明称“想不全了”。随后列出一个 11 人名单（参看本章末附表 2）。（5）王尽美说，李汉俊之所以邀请王乐平，是因为他去北京时向北京学生代表和李大钊赞扬过王乐平，并介绍陈为人拜访王乐平。1920 年励新学会成立，王乐平不是会员，但是经常邀请他到会演讲，讲稿登载在励新半月刊上，由此引起一大筹委会的注意。[②] 综合该信内容，可知王尽美 1919 年五四运动之后即着手与北京学联建立工作联系，1920 年陈为人来济南并与王乐平会见，1921 年“函约王乐平建党”的不是陈独秀而是李汉俊，而且当时似乎只邀请了王乐平一人，但是王翔千等决定派 2 人参加一大这一说法，当然也只是王蔚明的一面之词，并不都符合历史事实。而他对于“陈独秀（张国焘）—王乐平”单线联络渠道的秘密存在，更不知情。他提供的一些细节，也不足信。山东党组织（团体）与上级党组织的联络渠道，当时只能通过王乐平。而王尽美初出茅庐，亦未见他与陈独秀有直接联系的文献记载。

王蔚明系王乐平的侄辈，既非励新学会会员，亦非马克思学说研究会会员，最多只能算间接当事人。他 1919 年 5 月与王尽美相识，时为“诸

① 王蔚明口述、女儿王永宁笔录：《给山东省党史资料征委会的信（1984 年 5 月）》，中共山东省委党史研究室资料室存档件。

② 王蔚明口述、女儿王永宁笔录：《给山东省党史资料征委会的信（1984 年 5 月）》，中共山东省委党史研究室资料室存档件。

城县枳沟乡立高等小学一年级”学生。[①] 1924 年 4 月，青州建立团支部；8 月，青州团支部改为直属团中央的特别支部，王蔚明（为铭）是该特别支部的第二任书记。至 1921 年 11 月参加伊尔库茨克会议，邓恩铭仍以“山东励新学会”团体名义参加该会。[②] 由此证明此期间励新学会尚存在，王蔚明所称“王翔千召集励新学会的同志们商议”之事，也有可能。而这些“励新学会的同志们”，很可能为山东早期党员，“商议”即为一次组织活动。王翔千的召集人地位，表明其在山东党组织之内的地位相当重要，对于重大事情具有决策权。由此亦可证明 1921 年 6 月之前山东党组织已经在秘密活动了，王翔千无疑为其一重要成员。

王蔚明在信中所列名单之第三人即于守璐，字佩文。[③] 1922 年，在“关于汪静之《蕙的风》的辩论”之中，他时在济南一中，写了《答胡梦华君——关于“蕙的风”的批评》[④]。1924 年 9 月，他写信给王统照讨论冰心的诗歌问题。[⑤] 1962 年 8 月，他以《马克思学说研究会成立前后》为题目，将马克思学说研究会成立的有关情况作了回忆。

二、马克思学说研究会的成立

一九二二年我还在济南省立一中读书，那时学校有一个师生合办的刊物《一中旬刊》，由我主编。因为旬刊社单独有一间工作的屋子，比较方便，所以王尽美、邓恩铭等同志便常到这旬刊社里来（那时王尽美同志在省立第一师范读书，邓恩铭同志在第一中学）。有一个晚上他们二位又到旬刊社找我，谈到各学校青年对马克思主义的爱好时，王尽美同志主张由我们几个爱好马克思主义的人组织一个团体，一面我们自己可以互相研究共同提高；一面可以把马克思主义向广大青年作系统地介绍。自然大家都同意了。关于名称的问题，我记得当时有人主张叫“马克思主义学会”，后来因为用“学说”，用

① 王蔚明：《回忆王尽美同志》，《纵横》2011 年第 7 期，第 27～30 页。

② 《上海革命史资料与研究（第 7 辑）》，上海古籍出版社 2007 年版，第 782 页影印件。“调查表”第 5 项“有什么委任状”，邓恩铭（又铭）填写为“山东励新学会委任状”。从其字迹判断，应该为邓恩铭的亲笔。

③ 王蔚明口述、女儿王永宁笔录：《给山东省党史资料征委会的信》，一九八四年五月。中共山东省委党史研究室资料室存档件。

④ 于守璐：《答胡梦华君——关于“蕙的风”的批评》，《学灯》1922 年 12 月 29 日。

⑤ 《于守璐致剑三》，《晨报》1924 年（民国 13 年）9 月 21 日。

“研究”等字样比较好一些，不致引起人们的注意。所以，就用了这个名称。过了几天，又经过一度会商便成立了。当时参加的人数并不多，好像也没经过隆重的形式，这点已记不清楚。①

于守璐称该会1922年成立，当时王尽美尚在一师。王尽美1921年8月已被一师开除，10月赴俄国远东民族会议，1922年5月回国，8月坚持要求调北方部工作。邓恩铭1922年回国，4月在淄川，年底即去青岛并与王象午在青岛开展党团活动。二人均非在学校读书。根据上引文所提供线索排比分析，王尽美、邓恩铭二人若尚为学生，则该会只能在1921年发起成立。总之，上述有关马克思学说研究会的回忆资料，都不尽准确。而对于山东党组织早期情况的钩沉，丁惟汾、张公制之说还是有重要参考价值的。

五 生根山东的历史真相

关于山东党组织创建情况，学术界也提出各自看法。有研究者认为，王乐平为山东党组织创建工作做出了较大贡献，这一评价是比较客观公允的。“王尽美和王乐平是亲戚”关系，在王乐平的帮助下，王尽美等在济南建立了组织。② 这一评价，从侧面承认了王乐平在山东党组织（团体）内的应有地位。至于成员名单，多是一些无依据的揣测。如有研究者提出山东党组织成员名单是“不断增多的”，“最初可能只有王尽美、邓恩铭、王翔千三人，到一九二一年春发展到五人（据段子涵回忆），中共“一大”召开前夕发展到八人（据张国焘回忆）。他们的姓名是：王尽美、邓恩铭、王翔千、鲁伯峻、魏嵋、魏复中、魏复丽，还可能有庄龙甲。”③上述说法，不客气说，确实有拼凑和编造历史之嫌，也难怪因此引起另外一些研究者的讥讽。

国外一些研究者指出，中国共产党成员构成主要为“从事宣传工作

---

① 于佩文：《马克思学说研究会成立前后》，《山东党史资料》1982年增刊。

② 沈庆林：《关于共产主义小组》，原载于中国革命博物馆党史研究室编《党史研究资料》1979年第17期，引自《党史研究资料》（1），第89页。

③ 余世诚：《关于山东共产主义小组一些问题的商榷和补充》，引自中国革命博物馆党史研究室编《党史研究资料》（2），四川人民出版社1981年版，第54页。

而成分又相当复杂的知识分子”,[①] 各地早期党组织成员构成主要为“青年学生（大部分不到二十五岁）；70%的成员出身是地主和绅士，10%是官员。”[②] 这是全国层面的党员构成情况，具体到山东，已知的山东早期党员7人之中，几乎均为知识分子（王复元虽然工人出身，也通文墨并能够向报刊投稿和发表文章）；家庭出身除了王尽美出身佃农、邓恩铭据说为贫农、王复元为工人之外，王乐平、王翔千、王象午、王志坚均为地主士绅家庭。

关于山东党组织成员问题，有人把一大后山东第一批共产党员、“励新学会”“马克思学说研究会”，甚至山东社会主义青年团（1922年8月建立）的成员，都称之为“山东共产党小组”的成员则不恰当。[③] 当时比较公认王尽美、邓恩铭、王翔千三人为党员，并认为贾石亭（乃甫）、王象午、王复元很可能为成员，但尚无证据。[④] 至于贾石亭自称一大后入党，有人认为可能是贾石亭“把一大后重新登记入党作为自己正式入党的时间”。[⑤] 王翔千、贾石亭为1921年党员的可能性是有的。至于王天生（用章）、庄龙甲、张玉山等人，则不太可能。[⑥] 笔者认为，王翔千在“自述”之中，自称“1922年入党”，最有可能为1921年党员。如前文所考证，王乐平、王象午、王复元、王尽美、邓恩铭及王志坚6人，为山东党组织成员（党员）。王象午虽然有伊尔库茨克会议时留存的《调查表》为据，能证明他在1921年为党员。但实际上他却被认定是1922年7月入党。王翔千自填写的“1922年入党”，或许是他将重新入党时间界定为了

① 当然，不仅仅是中国共产党有这个特点，列宁指出“到处都是这样，在运动初期，知识分子是占多数的。”（《列宁全集》俄文版第28卷，第22页）。转引自［俄］K·E·舍维廖夫著，彭宏伟、潘荣译，穆萝校：《中国共产党成立史》，原文刊发于［苏联］《远东问题》1980年4期，引自《党史研究资料》（3），第73页。

② 参看《中国现代史（1917～1970）》，莫斯科，1972年出版，第60页。转引自［俄］K·E·舍维廖夫著，彭宏伟、潘荣译，穆萝校：《中国共产党成立史》，原文刊发于［苏联］《远东问题》1980年第4期，引自《党史研究资料》（3），第80页。

③《余世诚和周子信同志回忆关于山东共产主义小组的若干问题辩误（1981年7月）》，引自中共山东省委党史研究室库存档案·初期·归档号2，卷号4，件号6，共10页；第1页。

④《余世诚和周子信同志回忆关于山东共产主义小组的若干问题辩误（1981年7月）》，引自中共山东省委党史研究室库存档案·初期·归档号2，卷号4，件号6，第6～7页、第9页。

⑤《余世诚和周子信同志回忆关于山东共产主义小组的若干问题辩误（1981年7月）》，引自中共山东省委党史研究室库存档案·初期·归档号2，卷号4，件号6，第6～7页。

⑥《余世诚和周子信同志回忆关于山东共产主义小组的若干问题辩误（1981年7月）》，引自中共山东省委党史研究室库存档案·初期·归档号2，卷号4，件号6，第7～8页。

自己的入党时间，或许是因为他换算错了纪年时间（后文另有专论）。

段子涵称：在马克思学说研究会进行当中，闻有共产党活动。该会解散后，至1921年4月间他与王尽美在街相遇。王尽美说："此会暂且停止，另有一个新组织。"隔了几天，他去南关毛家坟街找王尽美，看见王尽美和邓恩铭在谈话，邓恩铭请段在《白话报》上登载一首白话诗。段次日将该诗登出。月余之后，王尽美、王翔千到通俗白话报社找段，王翔千告诉他："济南共产党组织起来了，现在有五个人负责，正在活动期间。以后介绍你们见面。"又隔月余，一直未见到王尽美。段以后遇见邓恩铭，问这五人是谁。邓恩铭说有他和王尽美、王翔千，还有二人段不认识。后来段离济南到《北京日报》编辑副刊，彼此断绝联系。[①]

段子涵提供的几个"时间点"，1921年4月、月余、又月余等，时间已6月了，并提出山东党组织"五人说"。段子涵似乎时为《白话报》记者，邓恩铭要求发表之白话诗亦无从考证。所谓《白话报》，大概为通俗教育讲演会所编之《通俗白话报》。通俗教育讲演会为"私立社会教育机关"。通俗教育讲演会于1916年成立，"会内午前附设半日学校，午后设立阅报所，晚间为讲演期，于客岁成立，每日听讲人士甚为踊跃，大有难容之势。"[②] 1921年，省通俗教育讲演所成立，制定章程26条及讲演细则20条，章程规定，该所宗旨为"启导国民，改良社会"。据此，段子涵供职的《白话报》应为1921年成立，段所闻称1921年4月山东党已经有"一个新组织"，似乎可信。至于其他栩栩如生的细节，则需加警惕。

另据明少华称，他是"早年中共党人王尽美、邓恩铭的同学和共过患难的朋友"，他认为"山东共产党活动的开始，是在五四以后1920年间李大钊派吴慧铭来济南，吸收各校学生组织马克思主义研究会"[③]。明少华这一回忆，与王蔚明、段子涵的回忆能够一致起来，即均认为1920年陈为人曾来济南。吴慧铭即吴容沧，1922年11月来济南接替马克先担任山东直属支部书记。这是一种可能。但是，吴慧铭曾到齐鲁书社工作，具体时间不详。明少华此说，目前尚未见到更多史料支持。

马克先于1980年6月，以《济南建党后初期活动片断》为题作了专

---

① 段子涵：《"七一"回忆录（1962年7月12日）》，《山东党史资料》1982年增刊。

② 《山东社会教育观》，上海《时报》1917年6月28日；转引自江沛：《二十世纪一二十年代沿海城市文化观念变动评析》，《史学月刊》2011年第4期，第117～122页。

③ 明少华：《明少华委员的书面发言》，文本出处不详。

题回忆。

（一）

一九一九年我在北京参加五四运动，以后就在北京畿辅、翊教等几个中学教书。我的同学许兴凯在北师大上学，是共产党员。那时，他在搞宣传活动，经常将油印的一些东西送给我看。后来，他和我谈话，准备发展我入党。可巧就在这时，一九二二年八月份，济南正宜中学聘请我到济南教书，我离开了北京。我走的时候，许兴凯到车站送行，让我带一封信到济南给王尽美，向王尽美介绍我的情况。他说他和王尽美虽然没见过面，可是经常通信，互相之间比较熟悉。他一再嘱咐我到济南务必找着王尽美，一切事情多和王尽美联系。

到济南以后，我立即到一师去找王尽美，他已被开除了。我又到贡院墙根一中去找。王复元那时在一中当传达，他说王尽美没去。我正要走，王复元突然说："他来了。"我回头一看，过来一个细高条身材的青年，留着平头，穿着竹布长衫，完全是学生打扮。他态度从容，举止大方，丝毫没有轻浮、傲慢的地方。他的整个形象可用"雅洁"两字概括。我即取出兴凯的信交给他。他看了以后说："此地说话不便。"我就带他到兴隆店街我的宿舍。

在我的宿舍，我们谈了很多，从个人到社会，无所不谈。王尽美谈了他自己的出身、家庭情况，又讲五四运动以后济南市学生有哪些变化，教师如何保守，政界如何腐败，军阀如何专横，商界如何不振作，帝国主义如何日益猖狂，等等。他讲他先从各学校有志青年入手，然后到工厂找有觉悟的工人，把他们组织起来，揭露帝国主义对我国的侵略，揭露帝国主义的走狗军阀政客，揭露吸血鬼资本家。他也讲到济南的党处在幼年时期，组织尚不健全，成员不多，与各地接洽也不多。他说话生动细腻，娓娓动听，很能吸引人。我们一直畅谈到天黑，尽美才离开了我的宿舍。

（二）

一九二二年秋以前，济南并无党的组织名义，当时中国劳动组合书记部山东支部由王用章领导。自从陈为人奉中央之命来济以后，劳动组合书记部名义取消，另成立直属中央领导的党直属小组，是为济南有党组织的开始。

一九二二年九月初，中央特派员陈为人来找我，领我到王尽美同志宿舍。在那里，我履行了入党手续，填了表，陈为人自己签了名，又代表王尽美签了名，他们作为我入党的介绍人。当时在场的有王翔千、王用章、王复元、贾乃甫。同时，陈为人同志以中央特派员身份分派我暂代王尽美任中共山东直属支部书记职务，因为王尽美当时去北京工作。其他人分工是：王用章保管文件、经费开支和工厂工人联系；王翔千掌文印；贾乃甫管学生工作，领导S·Y·；王复元管传递消息及一切来往信件和报章杂志。参加这次会的还有道生银行职员张葆莲和鲁丰纱厂两个工人。会上，陈为人同志交代我以后有事用书信和北京大学第三院张国焘联系。

我第一次写信给张国焘汇报济南的情况以后，张国焘回信批评我，他说："你太老实了，照你这样大敞辕门写，我这里进出的人这样多，信暴露就糟了。"让我以后写信多用些隐语，彼缓此心照就行了。所以后来我与张国焘通信，彼此仍用真名，就像朋友之间通信，并不用某组织的名义。通过这个途径，张国焘把中央意图和对工作的指示传达下来。

那时，北京还寄一些宣传品来，如《向导》等等，多则十几卷，少则七、八卷，由我拿到正宜中学小卖部设法出售。党内学习文件也由北京直接寄来，有一回寄来一大卷油印文件，是驳斥马尔萨斯人口论的。

山东党成立不久，经费来源很困难，一部分是由北京寄来，但不能按月寄。有紧急开支时，由党内收入较多的同志捐助。那时王乐平也经常给予帮助。王乐平曾与王尽美一同去苏联，与共产党颇能接近。王用章经常到王乐平在县东巷组织的俱乐部，联络两党关系。我也由王用章介绍见到王乐平一次，感谢他对共产党的经济帮助。

我在王乐平那里，看见进进出出的多是穿长袍马褂，拄文明棍儿的一些人物，心中颇不以为然。回来时我对王用章说："王乐平那里有那么多穿长袍马褂、拄文明棍儿的阔人出出进进，我看这些人活像'高等流氓'。"王用章把我这话传给了王乐平。过了没几天，接到张国焘自京来信，严责我说话失体，说王乐平得知我指责那些出入俱乐部的人，很不高兴，写信告诉陈独秀说我"妨碍国共合作"。就因为这，张国焘给我撤去代理书记的处分，另委我领导S·Y·。同时派吴容沧来济南。这是一九二二年十一月里的事。[①]

马克先于1922年8月由北师党员许兴凯介绍去济南正谊中学教学，王尽美当时已被学校开除，王复元在一中做传达。马克先称他来之前（即1922年秋之前），济南（山东）并无“党的组织名义”。所谓“党的组织名义”究竟以何为标准衡量，很成问题。马克先此处意思似乎是在说此前山东没有共产党组织。而丁惟汾、张公制等却均认定1921年山东共产党已经开始了有组织的活动。[②] 马克先客居济南，对于此前山东党组织（团体）的历史并不甚了解，因此他这一说并不可靠。马克先列出1922年9月，山东直属支部成立时9个党员的名单（王尽美、马克先、王翔千、王用章、王复元、张葆莒及2位工人）。王乐平、王志坚2人，未出现在名单之列。

邓恩铭、王象午均为老资格党员，他们二人1922年9月10日同时加入青岛青年团（邓恩铭化名“邓又铭”），也未列在名单之上。[③] 据此推测，可能二人当时人在青岛，故未能参加山东支部成立会议。此外，另有一种意见认为，这时邓恩铭已经退党。据王用章“笔供”记载，“在远东民族代表会中，（邓恩铭）与中共党团发生矛盾，一度退出中共党团，且与中央脱离了组织关系。同时，又因邓发展个性，与王尽美也发生矛盾而分道扬镳。所以在山东成立基本小组时，没有邓在内。一直到中共三次全会后，邓在青岛才恢复了组织关系。”[④] 这一看法，也为一些人所接受。

1922年4月，邓恩铭于淄川县公署给父亲写了一封信，要求父亲帮忙搜集家乡的歌谣。[⑤] 1922年6月，中国劳动组合书记部山东支部（又

---

① 马克先口述、董天佳整理：《济南建党后初期活动片断》，《山东党史资料》1982年第3期。关于吴容沧、陈为人，另请参看《山东党史资料》1986年第1期。

② 分别参看丁惟汾：《秘密进行之成绩》，杨展云、宋梅村编《山东文献》第三卷第3~4期，台湾民国六十六年十二月二十日，出版时间1978年。张公制：《田中玉操纵省议会和议会反田斗争》第六节，原载山东省政协文史委编《文史资料选辑》第一辑（山东人民出版社1982年版，共245页；内部发行），摘自《山东党史资料》1986年第1期。

③ 参看《青岛地方团员调查表（1923年11月19日）》，《山东革命历史档案资料选编（第一辑1923~1928）》，山东人民出版社1981年版，第7页。

④ 参见山东省公安厅档案2—210—84—3，“王天生供词”，第133页。

⑤ 邓恩铭：《给父亲的信（1922年4月6日）》《邓恩铭同志资料选编》（征求意见稿），1979年5月，第116页。

称济南分部）正式成立，王尽美任支部主任。9 月，王尽美调北方支部任副主任兼秘书，王用章接任山东支部主任。9 月，邓恩铭在青岛加入青年团。根据以上事实，王用章成为王尽美之后领导山东党组织的继任者，邓恩铭则主要在青岛发展。不过，根据中共早期“党团不分”特点，邓恩铭 1922 年若为团员，基本亦可视为党员，“脱党”之说似乎不妥。

根据《中国共产党第一个纲领（1921 年）》与《中国共产党章程（1922 年）》规定，这时山东党组织可以成立支部并设支部书记一人（书记王尽美，马克先暂代），10 人以上才能设立财务委员、组织委员、宣传委员各一人。但是，马克先此处回忆支部成员的分工，似乎王用章为财委、王翔千为组委、贾乃甫为宣委，那么山东直属支部成员至少 10 人以上。由此可见，山东支部与北京支部（张国焘负责）之间为领导关系，联系方式为通信联络，工作内容为贯彻上级指示、党内学习文件和出售宣传品，经费解决主要依靠北京按月寄来和同志捐助。

此处有几个问题，颇不合常理。（1）王翔千在山东党组织之中，一直深孚众望，为何却任命来济不久又不熟悉情况的马克先代理支部书记呢？一方面可能是王翔千在谦让；另一可能为北京已经“内定”马克先（北京履历、许兴凯介绍）。（2）马克先在协调工作方面出现重大失误。王乐平在山东党内威信很高，并经常给予经费帮助，王尽美、王复元、王用章均与他关系友善（当然另有同乡等关系在先）。王乐平对于山东党组织贡献功不可没。据王哲称，王乐平在青年学生中，特别在诸城青年学生中，“有较高的威信”。[①] 马克先初来乍到却又在背后诋毁王乐平，以至引发王乐平震怒。其中是否另有原因？不详。（3）1922 年 11 月，马克先被免职，由吴容沧接任。马克先的被免职，是山东党员“排挤”并罢免了他，还是另有原因？总之，山东党员对他并不满意。据马克先称，新任书记吴容沧“很能花钱，当时党的活动经费很困难，很难满足他”。有一次吴容沧“欠账太多”，马克先便写信给张国焘，“代吴请款”，张国焘回信称“即行设法汇寄”。[②] 所谓“代吴请款”，似乎是在向中央（张国焘）

---

① 王哲：《王哲同志谈王乐平情况（1985 年 6 月 18 日）》，《山东党史资料》1986 年第 1 期。王哲，王乐平之婿，原名王少文；其妻王平，中共党员，原名王贞民。

② 马克先：《关于吴容沧》，此件为济南市总工会采访马克先之后马克先本人的笔复件；参看《山东党史资料》1982 年第 3 期、《山东党史资料》1986 年第 1 期。

告状，而张国焘也似乎袒护了吴。吴容沧后来因为经费紧张，竟铤而走险“抢劫银行”，被捕入狱四年，致使山东党组织遭受重大打击。“引起当地重大反感，在济南的同志，几乎逃亡殆尽！”①

于此可见，王尽美之后中央委派的两任支部书记，似乎均不胜任，既未搞好同志间团结，也未发挥出领导核心作用，甚至几乎葬送了山东党组织。即便如此，山东党依然未全军覆没，由此亦可见马克思主义在山东扎根之深和生命力之坚强。

王翔千作为这一时间段山东党组织的灵魂人物，无论励新学会、马克思学说研究会以及直属支部等，无处不闪动着他的身影。他对于山东党组织影响巨大，以至于罗章龙不但认为王翔千本人，而且认为其女王辩都应为早期成员。1950 年，王翔千曾填写一份“履历表”（即“王翔千自述”）。

> 现名：王翔千。原名：王鸣球。曾用名：王劭髯。籍贯：山东省诸城县相州村镇。出生日期：公历一八八八年阴历八月二日。
>
> 本人于一九二二年由山东中共发起人王尽美介绍加入中国共产党，曾任中共山东省党组织部工作，虽在宣传上尽相当的努力，但成绩无可记述。后因避反动的白色恐怖回家，于一九二八年因工作不力失去党籍。又一九二四年，奉本党命令集体参加国民党，但在“四一二”事变以后，国民党籍也当然消灭……
>
> 学历：一八九四年（七岁）入私塾读旧书，不间断地至一九〇五年，共十二年。一九〇六年入相州中学一年。一九〇七年入北京译学馆肄业，至一九一一年毕业。辛亥后未入任何学校学习。
>
> ……
>
> 本人曾任中学国文教员，在“五四”以后，对新文化不间断地研究，但无甚创作及发明。教国文时所用讲义多系选采新思想新做法，随时应用未及编定专册。
>
> 一九一九年（按：应为一九二一年）在济南《大东日报》副刊上发表《劳动周刊》，约一年即停刊。
>
> 一九二一年主编《晨钟报》，系小型通俗报，但注重政治及社会

① 《山东地方报告》，《中国共产党党报》1924 年 6 月 1 日。

问题，不采低级趣味作风，经王尽美参加领导，为本党宣传时较多。在当时为山东仅有的进步言论。惟因系私人经营，刊数较少（日刊仅六百余份），经多次反动军阀的压迫及变乱后，原稿散失，事后搜集竟不能得……①

以往研究者似乎并没有太认真推敲这一原始文献，而是径直将目光聚焦在“1922 年入党”这一表面叙述上，而未做深入研究分析。王翔千在《大东日报》创办《劳动周刊》时间为 1922—1923 年，前文张公制已述及。显然，他将 1922 年错误换算为 1919 年，其间差别 3 年。即便按照他第一次创办《劳动周刊》的时间“1921 年 5 月”，他也是将 1921 年错误换算为 1919 年，其间差别 2 年。王翔千主编《晨钟报》的时间，是在 1923 年，他也错误换算为 1921 年，其间差别 2 年。显而易见：在时间换算上，王翔千可能犯了一个不小的习惯性错误。同理，王翔千所谓“1922 年入党”之自述也难免会存在这样一个时间换算错误。因此，王翔千所谓“1922 年入党”之自述其实并不可靠，自然也就不会是铁证如山了。如果以往研究者能够发现这一点，那么就不应该会对王翔千“1922 年入党”之自述完全信以为真，也肯定不会全盘接受王翔千的说法。当然，亦有另一种可能：王翔千确实是在 1922 年由王尽美介绍入党。从其称王尽美为“山东中共发起人”的口吻，可以判断出这应该是发生在 1922 年。而这一时间，显然是王翔千把一大后重新履行入党手续的时间作为了自己的入党时间。② 因此，即便是 1922 年这个时间准确，也不能将其简单、机械地接受为王翔千最初的入党时间。

根据上引文及其他资料可知，王翔千 1888 年 9 月 7 日出生（据阴历八月二日换算得出），1894—1907 年入私塾、相州中学学习；1907—1911 年北京译学馆学习；1911—1912 年任济南《大东日报》编辑；1912—1913 年任《齐鲁民报》编辑；1913—1916 年回乡办学校；1916—1921 年为济南法政专门学校文案、育英中学教员；1921—

① 摘自《山东党史资料》1983 年第 2 期。闫注：“（）”内按语部分文字，原文如此。

② 《中共山东地方组织创建史》，第 109 页。

1922年任《劳动周刊》主编；1922—1923，任省立十中（益都）教员；1923—1925年任《晨钟报》主笔；1925—1928年，回乡。……[①]王翔千在“自述”之中，段首共出现了3次1920年代的公元纪年，一是1922年入党（其后有1924年共产党集体加入国民党、1928年失去中共党籍），二是1919年发表《劳动周刊》，三是1921年主编《晨钟报》。这3次纪年时间，第三次应为“1923年”，第二次应为“1921年”（王翔千1921年5月创办《济南劳动周刊》，不久停刊；又于1922年7月创办《山东劳动周刊》）。前面两次均已证明他时间换算错误，那么第一次“1922年入党”之说恐怕也很值得怀疑，甚至可以根据王翔千时间换算上的“习惯性错误（减去2年）”推断他很有可能认为自己是“1920年入党”。

中共一些早期创建者，如毛泽东、董必武均认为自己为“1920年入党”（可参看毛泽东八大“登记表”），周恩来的入党时间由中组部认定为“1921年”，中组部于1985年5月规定，“我们党的其他创始人，其入党时间，都应从参加共产主义小组时算起。”[②] 换言之，一大前国内6个地区早期党组织的成员，均应视为“党的创始人”，入党时间均应认定为“1921年”。至于其后脱党或者退党，则是另一回事。

此外，在现存中央档案馆的一份珍贵原始档案“团员调查表”之中，登记团员共有21人，1920年入团的有2人（吴容沧、李树彝），1922年1月入团的有1人（张葆臣），1922年8月入团的有5人（依次为郝永太、王用章、贾迺甫、王尽美、王复元），1922年9月入团的有5人（依次为方洪俊、宋辅圣、李卓午、马馥塘、王翔千）；他们这些1922年及其之前入团的13人，在1923年12月15日填写“济南地区团员调查表”时，基本都加入了国民党；其中方洪俊、宋辅圣、李卓午、马馥塘4人在该项为空缺。这一“团员调查表”，后来收录在《山东革命历史档案资料选编（第一辑1923～1928）》。[③] 根据《青岛地方团员调查表（1923年11月19日）》统计，1922年9月入团的有2人（王象午、邓恩铭【化名又

① 另请参看《父亲王翔千》，《潍坊学院校报》2009年12月4日第5版。

② 《中共中央组织部关于重新确定周恩来同志入党时间的报告》，《觉悟》2009年第1期。

③ 参看《济南地区团员调查表（1923年12月15日）》，《山东革命历史档案资料选编（第一辑1923～1928）》，山东人民出版社1981年版，第9页。

铭】)，均加入国民党。[①] 据此可知，山东党员是在1923年年底之前已经集体加入了国民党。由此亦可证明，在王翔千“自述”之中他所称“1924年集体加入国民党”之时间也换算错误：不是“1924年”，而是在“1923年年底之前已经加入”。这亦再次证明王翔千在时间换算上确实不够准确。因此，王翔千“自述”中自称“1922年入党”之说并不可靠，很可能是错误的。

其实，不仅王翔千本人在年代换算上存在这样一个“习惯性错误”，其女王辩也有这样一个“换算错误”。对此，王辩本人认为计算年代，“有好多方式：1911年加从民国二年起是方式之一，是减去民国元年和1911年重复的一年，就应该是1911年加9，等1920年，民十(1921年)……没有减去一年是不对的。”[②] 通过王辩的这一“计算方法”，不难发现她的“习惯性错误”为“少算1年”。比如，民国十年换算为公元应为1921年，她则会错误换算为1920年。

王辩(1906—1987)，又名黄秀珍，因系王翔千之女，故其回忆录具有特定的史料价值。1957年2月，中国社会科学院近代史研究所的王莱棣女士曾采访她，并称为“山东省最早的女共产党员”。王莱棣后来指出，她的采访录在收入《“一大”前后》经过了“编辑处理”，于是她在编写《中共创始人访谈录》时遂将搁置了整整半个世纪的原始记录稿和修改稿一并收入，以便读者对照阅读，借以反映当事人对历史叙述的原貌。其中收录了黄秀珍《我的父亲和山东建党、建团活动(1957年2月)》一文(已经本人审定)。

> “五四”时，我才高小毕业。……“五四”后，学生组织学生会，宣传抵制日货。暑假时还派代表到乡下宣传。我的家乡诸城相州也罢过市，(听说由我父亲王翔千给商界跪求的)也来过学生会的代表。
>
> 1919年秋天，新文化运动到了济南，山东国民党负责人王乐平，团结青年学生王烬美(原名王瑞俊)等，在自己家里搞了一个“齐

---

① 参看《青岛地方团员调查表(1923年11月19日)》，《山东革命历史档案资料选编(第一辑1923~1928)》，第7页。另请参看余世诚、刘明义：《中共山东地方组织创建史》照片插页。萧甡：《关于王尽美“名字”的考证》，《中共党史研究》2001年第6期，第90~91页。

② 参看黄秀珍：《八一年七月材料读后补充意见》，1981年10月29日。

鲁通讯社”，贩卖《新青年》等新书，当时很有影响。我的父亲王翔千也买了不少新书，接受了新的思想。1920 年，“齐鲁通讯社”改为“齐鲁书社”，设立门市部。1919 年下半年，我父亲团结一些进步青年，组织“励新学会”。学会有三十来个会员，王烬美可能是负责人。会员大部分是学生，第一中学工友王复元和他的哥哥王杲也都是会员（他们二人后来都叛变了）。“励新学会”出版过《励新》半月刊（或月刊）。后来学会分化，一部分人参加国民党，一部分人成为党的发起人。

王烬美同志当时是济南第一师范学生，佃农家庭出身。他曾受过克鲁泡特金思想影响，信仰无政府主义，后逐渐转变为共产主义者。王烬美、王翔千、王复元、王杲等在 1920 年夏发起组织“马克思学说研究会”。这是一个公开的组织，有几十人，马克先也是会员，会址设在省教育会，研究会的成员当时对马克思主义还是了解不大清楚的。研究会曾经开过几次会。记得有一次在育英中学开纪念十月革命的会（当时王翔千在育英教书），会上提出“取消不平等条约”的口号。

1921 年，王烬美回到济南（他时常外出开会，不常在济南），时常到我家来。这时党已有活动。

同年，王翔千在济南《大东日报》编副刊《劳动周刊》，揭发资本家，鼓动罢工。《大东日报》是政府派张公制办的，我父亲所以在这报上编副刊，是通过这个报的编辑王静一的关系。王静一曾办过《曙光》，自称进步。

另外以王乐平为中心的“地方派”，有机关报《民主报》，副刊也较进步。以上两种副刊，都登载一些新文艺作品，批评揭发现实，介绍新事物、新思想。

王烬美、王乐平等，曾经参加在莫斯科召开的东方民族大会，回来如何传达贯彻这次大会精神，我不清楚。

大概是在 1921—1923 年间，党曾派高永清、王用章二人团结理发业领袖高永清，领导理发工人罢工，组织理发业联合会。在 1923 年前，山东除济南外，各地都有党的组织。群众工作逐渐开展，在这时，煤矿工人可能罢过工，铁路两旁可能已开展农民运动。

1923 年我父亲失业，应一小报叫《晨钟报》的邀请，担任主编，揭发、暴露、攻击当时的不合理现象，但缺乏策略。就在这一年，我由父亲介绍参加社会主义青年团。我入团后，邓中夏、王荷波、李子芬、罗章龙等都曾来过济南。这时父亲的皮包里，时常装着党的文件和《向导》等，我有时也拿来看，这些报刊已开始宣传国共合作。[①]

根据王辩的回忆，王翔千对革命确实非常热忱和充满激情。1919 年五四运动之后他为了鼓动相州商界罢市，曾亲自向商人“跪求”，即为一例。关于励新学会成立时间，系王辩将时间换算错误，应为 1920 年；励新学会负责人，其实为王志坚、邓恩铭等人，王尽美只是编辑之一，王辩也只是含糊其辞称王尽美“可能”是负责人；王复元兄弟二人，并不是马克思学说研究会会员。王翔千 1911—1912 年曾任济南《大东日报》编辑，他先后于 1921 年、1922 年在《大东日报》创办《劳动周刊》。《大东日报》为山东早期报纸之一，“一度成为山东新闻的中心；后增《劳动周刊》，介绍苏联十月革命后的情况”，为马克思主义在山东传播做出了一定贡献。[②]

王尽美、王乐平早在 1919 年秋即志同道合，王尽美参与齐鲁通讯社工作，传播新思想，团结进步青年，并受其影响逐渐走上革命道路。后来王尽美成为马克思主义的坚定信仰者，王乐平则走向“改组”国民党的道路。王翔千也是通过齐鲁通讯社所卖新书刊，从中接受了新思想并逐渐成为马克思主义的坚定信仰者。从这一点讲，齐鲁通讯社（齐鲁书社）对于马克思主义在山东传播和山东党组织的创建，功莫大焉。而且，从王辩回忆中可以明晰：王乐平、王尽美的早期活动以齐鲁书社为平台和载体，王翔千、王尽美的早期活动则以励新学会为平台和载体。励新学会之前的一些活动，王翔千并不知情。马克思主义生根山东即山东党组织创建，可能发生在齐鲁书社。由于王乐平与王翔千关系不睦，因而彼时王翔千似乎尚未加入。相关情况，王尽美后来亦未告知王翔千。王乐平退出之后，王翔千的“核心地位”才开始凸显起来。

王乐平作为山东“地方派”的中心，其所办齐鲁通讯社（齐鲁书社）

---

① 参看黄秀珍：《我的父亲和山东建党、建团活动》，王来棣：《中共创始人访谈录》。该文另请参看山东省档案，“省校，全宗号 3，目录号 1，卷号 207，顺序号 16，《党成立前后山东地区的一些情况》”。

② 参看《一座县立中学的百年记忆》，《大众日报》2012 年 3 月 6 日。

及《民治报》（王辩误作“《民主报》”）和副刊；张公制的《大东日报》及副刊《劳动周刊》，均为马克思主义在山东传播起到了推波助澜的客观进步作用。实事求是讲，山东党组织参与创办、发行的《劳动周刊》（包括 1921 年 5 月创办《济南劳动周刊》和 1922 年 7 月创办《山东劳动周刊》），存在时间不过一年余，在传播马克思主义方面所做贡献显然非常有限。当然，在中共党人后来的叙述中，难免会突出或者夸大自己党派在历史上的实际地位和红色影响力。而且由于父女关系，王翔千的历史地位及贡献也不可避免会有所夸大和强调。但是，在当时，特别是王乐平逐渐远离马克思主义信仰之后，王翔千无疑成为影响力仅次于王乐平的山东党的核心人物。

王乐平为何会发生如此大的转变？恐怕与其 1921 年 10 月赴伊尔库茨克会议之行关系很大。张国焘称，他们这些“中国代表基本上多是赞成武装革命的”，但是总觉得俄国革命“过于依赖暴力”“破坏范围既广且深，无穷无尽”，以至于他们这些“曾充当俄国革命的卫道者”也“自觉说不出为它辩护的强有力的理由”，致使他们这些代表“回到国内以后，多对俄国情况不说好话，甚至公然发表反对的言论。后来中国职工运动和革命势力发生若干分化，与这次会议的中国代表对俄国实况发生不良印象这一点大有关系。”① 中国代表团主席张国焘尚且对“心向往之”的俄国革命如此失望和不满，更遑论其他代表（如王乐平）了。张国焘这一分析，似乎可以为王乐平对马克思主义信仰的破灭，添加了一个比较有说服力的历史背景注解。

王辩称，1921 年王尽美在济南“时常”去王翔千家中，“这时党已有活动”。1925 年 2 月，尹宽以“中央巡视员”身份来到济南，担任刚成立的山东地方执行委员会书记，不久兼任团山东地方执行委员会书记。8 月，尹宽调任上海区执行委员会书记，竟携王辩“私奔”（尹宽时年 28 岁，王辩时年 19 岁）。据说当时山东党员“几乎全体都闹起来”，“要求中央开除尹宽的党籍”，“王翔千本人要带刀来上海，与尹宽拼老命。山东的同志们都支持他。”② 最后中央决定：尹宽离职养病，由王一飞代理

① 《我的回忆》第 1 册，第 206 ~ 207 页。

② 参看郑超麟：《记尹宽》，1990 年手稿。参看唐宝林、陈铁健：《陈独秀与瞿秋白》，团结出版社出版 2008 年版。

上海区委书记，王辩去莫斯科读书。1927 年王辩回国，尹宽担任中共安徽省委书记，二人调到一起。但不久王辩即被捕入狱。1929 年王辩出狱后，尹宽已转向“托派”，二人分手。[①] 王辩后来改名，或即因为此缘故。在喧闹一时的“私奔”风波之中，以“相州王氏”为班底的山东党组织（团体）“几乎全都闹起来”，这在另一方面可能引起了中央“尾大不掉”的警觉。在王尽美去职之后，中央执意“派人”领导山东党组织，亦有深意焉。而在“私奔”这一表象之下，更可能隐含着中央与地方组织的政治博弈。

此后，杨一辰 1975 年 12 月 31 日的回忆，不客气说，并不太可靠。比如，他称王尽美“生于 1902 年”；[②] 而王尽美自己填写的出生日期为“1899 年 4 月 20 日”并已为一些研究者所认可。[③] 他说威金斯基与山东旅俄华侨杨明斋去上海“路过济南时，他们即与育英中学国文教员王翔千，一师、一中的学生、教师王尽美、邓恩明等联系”，[④] 此说更不可能。济南虽然是北京至上海必经之地，但是从北京至上海并不需要一定在济南停留。况且威金斯基一行在北京时尚不肯对李大钊全盘透露其所肩负的“建党使命”，即便他们在上海见到陈独秀之后也是经过一番考察了解之后才提出筹建中共之事，岂能在途经济南时轻率地与王翔千、王尽美等人贸然“联系”并全盘托出“建党使命”呢？

贾乃甫 1957 年 5 月 4 日在给中国近代史研究室现代史组的信中，称他是在党的“一大”后入党的。[⑤] 贾乃甫的回忆史料（1957 年 5 月之信），只能采信他曾经亲自参与的部分历史事件，此前内容由于他并非历史当事人（如误认为励新学会成立于 1919 年）故仅供参考。贾乃甫称，1920 年他尚为济南商专学生，王乐平当时开设“齐鲁书社”出售各种新书，贾乃甫在购书过程中结识了王尽美、邓恩铭、王翔千等。贾乃甫忘记了“齐鲁书社”的名字，只记得该书社大概叫“启明书社”，所谓“启

---

① 参看《记尹宽》，1990 年手稿。

② 《杨一辰回忆王尽美事迹片段》，引自中国革命博物馆党史研究室编《党史研究资料》（3），四川人民出版社 1982 年版，第 66～67 页。

③ 参看张玉菡：《略谈王尽美出生日期》，《上海党史与党建》2008 年 8 月，第 20～21 页。

④ 《杨一辰回忆王尽美事迹片段》，《党史研究资料》（3），第 67～68 页。

⑤ 周子信：《魏嵋父子等人是“山东共产党小组”成员吗？——与余世诚同志商榷》，《党史研究资料》（3），第 168～169 页。

明”推知应该为“齐鲁”的谐音；不过，这更可能是记录者之误。贾乃甫又称，山东“马克思主义学说研究会”大概成立于1921年，“王尽美、邓恩铭早有组织关系”，这说明他认为山东党组织1921年前后即已存在，只是当时他尚不知情，只知道王尽美、邓恩铭为组织的一员。贾乃甫为山东齐河人，1926年在济南被捕，出狱后回家养病，遂与组织失去联系。中华人民共和国成立后在陕西省西安中学任历史教员。①

马馥塘称，1920年暑假后他入济南第一中学读书，由同乡贾石亭介绍参加“马克思学说研究会”。②贾石亭称该会“大概成立于1921年”。③由此可见，马馥塘也并知情，只能为一间接当事人。马馥塘又称，该会会址设在当时省教育会，门口挂了一个牌子，上面写着“马克思学说研究会”数字，每个会员还有一枚瓷质圆形小徽章，上面有马克思的像。研究会一起开会的有三四十人，后来有的逐渐离开。王翔千和邓恩铭（一中学生）、王尽美、贾石亭是研究会的负责人。④ 马馥塘于1957年（1980年4月经本人修改）所作的这些细节性回忆，如会址、会牌等，与段子涵1962年7月12日的回忆几乎文字相同，因此非常可疑和不可信。⑤

1981年4月，侯志接受采访时称，她于1920年夏去济南，1921年“开始参加王尽美他们组织的一些活动。”⑥“据我所知，山东的共产主义小组是在一九二〇年以前建立的，开始时有王尽美、王翔千、邓恩铭，可能还要王天生，后来叛变了。王象午是王翔千的弟弟，有没有他我记不清楚了，这么几个人负责，主要是搞宣传，办工人夜校。到一九二一年七月

---

① 贾石亭：《党创立时期山东地区的一些情况》，摘自《贾石亭给近代史所现代史组的回信》，1957年5月4日，引自中共中央党史资料征集委员会编：《共产主义小组》（下），中共党史资料出版社1987年版，第645页。

② 马馥塘：《党成立前后山东地区的一些情况（1957年）》，摘自王来棣采访稿，1980年4月经本人审阅修改，引自《共产主义小组》（下），第646页。

③ 贾石亭：《党创立时期山东地区的一些情况》，摘自《贾石亭给近代史所现代史组的回信》，1957年5月4日，引自《共产主义小组》（下），第645页。

④ 马馥塘：《党成立前后山东地区的一些情况（1957年）》，摘自王来棣采访稿，1980年4月经本人审阅修改，引自《共产主义小组》（下），第646页。

⑤ 参看段子涵：《“七一”回忆录（1962年7月12日）》，《山东党史资料》1982年增刊。

⑥ 侯志：《大革命时期情况回忆（1981年4月）》，摘自武华、刘明义根据1981年4月13日、15日的谈话记录整理，经本人审定；引自《共产主义小组》（下），第649页。

建党时，山东的共产主义小组就有七八个人了。”[①] 而且她明显把自己的入团时间记错，1922 年建团时她和王辩都没参加；王辩则称她是 1923 年“就在这一年，我由父亲介绍参加社会主义青年团。”[②] 显然，侯志并没有参加山东党组织的创建，她也不是直接当事人，因此她所提供的名单（王尽美、王翔千、邓恩铭、王天生、王象午）也只能“仅供参考”。

据另一位间接当事人丁君羊回忆称，“王尽美、邓恩铭、王翔千、王象午等人在一九二〇年成立了共产主义小组”，“王尽美、邓恩铭是山东党的创立者，也是初期领导人。王翔千有时消极，王象午一九二五年以后消极。”[③] 丁君羊的这些回忆，自然也只能作为一说仅供参考。总结上述几条史料，可以发现：他们认为山东党组织（团体）是在 1921 年或者 1920 年成立的，即均认为成立于一大之前。

马克思主义生根中国、生根山东的落地阶段，是在与中国本土文化的碰撞中发生的。先进分子（马克思主义者）对马克思主义的认识，客观上存在一个“不太清楚”的“混沌期”，这是历史事实和必经阶段。他们在学习研讨马克思主义的同时，更注重以马克思主义为思想指导展开社会变革的实践探索，比如组织理发工人罢工、成立理发业联合会，在各地建立党组织，领导煤矿工人罢工，开展铁路沿线农民运动等。尽管这些工运、群运活动开展得还不够深入和彻底，甚至往往局限于经济利益方面的物质诉求，但这毕竟是山东党组织（团体）以马克思主义为指导思想的工运、群运先声。与此同时，中央也加强了对山东党组织的领导，持续派人来山东领导工作，并对山东党组织一些元老成员进行调整。邓恩铭的离济，王象午的开除，王翔千的脱党，可能多少都与此有些干系。1922 年、1923 年，山东党组织相继发展大批党团员之后，中央对山东党组织的领导更加有力，马克思主义在山东的传播之火也势不可遏地在齐鲁大地上熊熊燃烧起来。

---

① 《大革命前山东革命团体资料汇编》，见《山东党史资料》创刊号，第 68 页。另请参看沈庆林：《关于共产主义小组》，原载于中国革命博物馆党史研究室编《党史研究资料》1979 年第 17 期，引自《党史研究资料》（1），第 96 页。

② 参看黄秀珍：《我的父亲和山东建党、建团活动》，王来棣：《中共创始人访谈录》。该文另请参看山东省档案，“省校，全宗号 3，目录号 1，卷号 207，顺序号 16，《党成立前后山东地区的一些情况》”。

③ 丁君羊：《回忆山东党的早期情况》，摘自丁君羊 1965 年 10 月 26 日写给潍坊市委的材料，存潍坊市档案馆；引自《共产主义小组》（下），第 651 页。

附表1 **励新学会会员通信处一览①**

姓　名	年　龄	籍　贯	通　信　处
于其惠	二十六	蓬莱	大辛店源顺长
李法田	二十三	齐东	齐东城内万庆增
靳鸿训	二十二	青城	青城福顺成
王象午	二十二	诸城	诸城相州送曹村
王瑞俊	二十二	莒县	诸城积沟邮局转北杏
王志坚	二十一	诸城	相州镇福星堂
陈汝美	二十一	临朐	辛寨谦享号转王家圈
张承豫	二十	禹城	本城东街南胡同
谢凤举	二十	高唐	城西关
邓恩明	二十	贵州	青城县公署
王克捷	十九	胶县	城里惜阴堂
张世炎	十九	滕县	本埠魏家庄魏家胡同张寓
吴　隼	十九	江苏	济南新街十七号
李柞周	十八	京兆宝抵	济南西公界孟家胡同四号
王牲琳	十八	诸城	相州居敬堂
崔万秋	十七	观城	淮县古云集德兴长转
贾乃甫	十七	齐河	晏城北里仁庄交
赵震寰	十七	诸城	相州镇九思堂
王纯嘏	十六	诸城	高密邮局转水西义源恒交

附表2 **王蔚明所列的励新学会名单②**

姓　名	学　校	身　份	籍　贯
孟超，字励吾	一中	学生	诸城
王崇武	正谊	学生	日照
于守璐，字佩文	一中	学生	诸城
李星野	正谊	学生	诸城
李汝超	一中	学生	诸城

① 原载《励新》半月刊第2期（1921年1月1日），另请参看：《共产主义小组》（下），第623页。

② 王蔚明口述、女儿王永宁笔录：《给山东省党史资料征委会的信（1984年5月）》，中共山东省委党史研究室资料室存档件。

附续表 2

姓　名	学　校	身　份	籍　贯
王辩	女师	学生	诸城
王杲	一中	传达	济南
王象午	一中	学生	诸城
王金镶	女师	学生	诸城
王纯嘏，字景鲁	一中	学生	诸城
王复元	一师	传达	济南

附表 3　《励新》部分目录①

期　数	篇　名	作　者
2	山东教育界应有的觉悟	陈汝美
2	山东教育不好的原因	张世炎
2	山东教育的将来	崔万秋
2	山东的学生	赵震寰
2	山东省立学校与教会学校的比较	丁其惠
2	山东的师范教育与乡村教育	王瑞俊
2	山东师范教育的缺点	谢凤举
3	山东教育的现状	李祚周
3	山东的实业教育	王象午
3	山东的小学教育	靳鸿训
3	风俗习惯与乡村教育	李法田
3	济南女校的概况	邓恩明
5	成年补习班与工学主义	王全来稿
5	贫乏与教育	王志坚
5	我对于中国将来之乐观	王锦湘
5	克鲁泡特金的略传	谢凤举、陈汝美合译
5	诗　儿歌	会员
5	小说	王纯嘏

① 这是《励新》第一卷第二期和第三期“山东教育号”及第五期《励新》半月刊（出版于 1921 年 4 月 15 日）的文章目录。

附续表 3

5	对于诸城贞女事件的批评	张承豫
5	我们的真自觉	李法田
5	寒假内的杂感	张世炎
5	随感录	崔万秋
5	会务报告	

第五章　地方精英的博弈：马克思主义是怎样生根山东的

导言：历史发展是由众多的合力所推动的。这是人类史研究的“指南针”。20世纪初，中国地方政治中的政党，往往是基于地缘或家族等私人关系网结合形成的小精英团体。这种团体的结合尤为牢固，甚至超越了某些依托“革命理想”组合起来的“革命团体”。在中国“熟人社会”的特殊国情之下，革命团体的纪律约束力根本无法与延绵数千年的乡谊亲情分庭抗礼。在新文化运动和五四运动中崛起的山东地方精英以王乐平为代表，经由马克思主义这一文化传播平台，成功地发展出一种以新文化应对和掌控学生运动与集团政治的新策略。地方精英在齐鲁大地上对马克思主义思潮传播与博弈的最终结果，促成了中国共产党得以在山东地区建立其组织（或曰团体）和马克思主义在山东的生根。地方精英的精神启蒙作用，在马克思主义传播早期这一特定时间段发挥了无可替代的历史作用。他们的开创之功，是值得尊重的。他们的历史局限性，也是客观存在的。

历史发展的推力及消长态势，往往是非线性和非主观性的。马克思主义认为：“历史是这样创造的：最终的结果总是从许多单个意志的互相冲突中产生出来的，而其中的每一个意志，又是许多特殊的生活条件，才成为它所希望的那样。这样就有无数互相交错的力量，有无数力的平行四边形，由此就产生出一个合力，即历史结果。而这个结果又可以看作一个作为整体的不自觉地和不自主地起着作用的力量的产物。因为任何一个人的愿望都会受到任何另一个人的妨碍，而最终出现的结果就是谁都没有希望过的事物。”① 用结果推断原因的研究方法，对于探究或还原历史真相实

① 马克思、恩格斯：《马克思恩格斯文集》，人民出版社2009年版，第697页。

无异于一“障目之叶”。中国共产党究竟如何在山东地区建立其组织（或曰团体）之历史真相，已然静寂无声地淹埋在了历史长河的泥沙层里面而难以考究，遗存文献似乎是略窥端倪的一个比较可靠的研究视角。但是，遗存文献也只能折射一定程度的历史真实。即使遗存文献本身的真实性毋庸置疑，也并不能认为它就是历史当事人真实意图的客观反映。依赖遗存文献（历史碎片）重新建构起来的“历史真相”，更可能为部分的片段的“历史”。研究者能够做到的也只能是将历史拼图尽可能完整地拼凑在一起，运用史识予以综合梳理分析，努力从中钩沉出一部分历史真相。

马克思主义在中国的落地生根，落地阶段虽然关键却最容易为人忽略和熟视无睹。马克思主义与中国文化、与中国实践的相结合，即肇始于落地阶段。生根中国本土，则是马克思主义中国化“万里长征的第一步”。在当时，马克思主义只是一种可能的革命理论，马克思主义信仰者却是使之成为社会实践的关键。马克思主义从理论到实践的本土化嬗变，亦即马克思主义的中国化、大众化。作为新思潮的马克思主义传播至山东地区，毫无疑问要与当地社会产生不小的碰撞与互动。在新文化运动和五四运动中崛起的山东地方精英以王乐平①为代表，经由马克思主义这一文化传播平台，成功地发展出一种以新文化应对和掌控学生运动与集团政治的新策略。② 这一新策略，最初利用同乡、家族、亲朋等关系构成一个小型社会网络，整合了一些社会资源，逐渐形成了导师与门徒的私人关系。山东早期共产主义者借由王乐平的这种“私人关系”，聚合在一起，秘密成立了一个共产党团体。地方精英在齐鲁大地上对马克思主义思潮传播与博弈的最终结果，促成了中国共产党得以在山东地区建立了其组织（或曰团体）。地方精英的精神启蒙作用，在马克思主义传播早期这一特定时间段

---

① 王乐平，名者塾，诸城相州人。他本人所填出生时间为“1887 年 9 月 13 日”。1918 年当选为省议会秘书长。1919 年 5 月 11 日，当选为山东旅沪同乡会主席，在山东会馆召开力争山东主权爱国大会。19 日，率山东请愿团赴京请愿，北洋政府总统徐世昌被迫两次接见了王乐平等请愿代表。12 月，带头弹劾山东督军张树元，轰动全国。1930 年在上海被国民党特务刺杀，1933 年归葬济南。

② “地方精英（Local Elites）”是历史社会学中的一个理论，在 20 世纪中叶起引入社会学理论后发展出的成果，它较之传统的“士绅”（gentry）概念，更具包容性和弹性，更看重精英与地方社会的关系，而不像士绅概念那么强调士绅与国家的关系以及士绅在国家与地方之间扮演的中介功能。这也符合晚清以来中央权威衰落和地方势力崛起的趋势。本文认为，在省一级或省级以下，使用“地方精英”概念则较为合适。

发挥了无可替代的历史作用。他们的开创之功，是值得尊重的。他们的历史局限性，也是客观存在的。

地方精英的另一个社会身份，往往也是当地深孚众望的知识分子领袖。“在落后的国家中，知识分子是少数的特出人物，也是政治气候的测量器，以往太平天国的革命运动，康、梁的维新运动和孙中山的革命运动等，也都是一些得风气之先的知识分子发动起来的。”“中国共产党的组成，受了五四运动的影响，这是毫无疑问的。五四运动推动中国青年向左走，构成一种爱好社会主义的风气，这是使得共产小组得以产生并迅速发展的一个主要因素。”① 美国学者阿里夫·德里克认为，五四运动是“近代中国史上的第一个运动。”② 中共一大代表陈公博 1924 年 1 月在美国哥伦比亚大学提交的硕士论文《共产主义运动在中国》之中，即主张：“在追溯共产党的起源时，对我们来说比较实际的还是描绘 1919 年的‘五四’运动，即大学生运动的序幕。”③ 已有研究者指出，新文化运动及其后的五四运动，“最初是地方精英而非学生起着主导性的作用”，山东即如此。④ 山东问题是五四运动爆发的直接原因。在新文化运动及之后的五四运动中，地方精英对于马克思主义新文化思潮在当地的传播，或不屑一顾，或不以为然，或果断跟进。身处五四运动风潮浪尖的一些地方精英如王鸿一、张公制、王乐平等，纷起抗争，成为时代的弄潮儿。

西方研究者认为，1919 年五四运动以后，在以马克思主义为指导的教科书中“可以看到一系列的论战，每次论战都有一方明显获胜，并在经过逐渐进步的过程中，最后到达马克思主义的胜利。然后在马克思主义阵营内部，导致‘真正’的马克思主义的胜利。对这些争论，不去着眼

---

① 张国焘：《我的回忆》（第 1 册），东方出版社 1998 年版，第 129 页。

② ［美］阿里夫·德里克：《五四运动中的意识与组织：五四思想史新探》，王跃、高力克编：《五四：文化的阐释与评价——西方学者论五四》，山西人民出版社 1989 年版，第 65 页。

③ 陈公博：《共产主义运动在中国》，中国社会科学出版社 1982 年版，第 92 页。中国共产党正式建立两年半后的 1924 年 1 月，陈公博在哥伦比亚大学写了一篇名为《共产主义运动在中国》的硕士论文，一直保存在哥伦比亚大学图书馆，未曾引人注意。后来被美国学者韦慕庭发现并整理出版。参看韦慕庭：《共产主义运动在中国·绪言》，《共产主义运动在中国》，中国社会科学出版社 1982 年版（根据美国哥伦比亚大学 1960 年版翻译、根据纽约奥克特贡出版社 1979 年版校订），第 2 页。

④ 季剑青：《地方精英、学生与新文化的再生产——以五四前后的山东为例》，《现代中国文化与文学》第 7 辑。

在胜利的看法，其间并没有什么明显的胜利和明显的失败。”[①] 这些评论，指出了中国研究者“政治性学术”的弊端与僵化，“形而上”的分析，往往直接导致了研究结论的“非黑即白”。在历史发展的“合力”之中，个人的意志及作用是客观存在的，对历史结果的影响也是非常有限的。领袖人物只有顺势而为，才能引领时代方向，“扭转历史趋势”是不可能的。身处一个时代，置身于“乱花渐欲迷人眼”的环境，又因种种利害关系“为浮云遮望眼”，能够拨云见日、预见未来并勇于跟进历史发展方向的杰出人物，褒奖以“时代弄潮儿”决非过誉之词，他们确实名至实归，当之无愧。

山东问题是五四运动爆发的直接原因，山东地方精英由此在新文化运动及之后五四运动中展开了一场政治博弈。马克思主义作为新文化思潮之一传入齐鲁大地，一批具有政治头脑的地方精英果断地跟上了马克思主义在山东传播的思想潮流，走上信仰马克思主义的人生道路。五四运动直接导火索为巴黎和会外交失败而引发，实质是由当时中国的“弱国”地位所决定。“弱国无公义，弱国无外交”。[②] 身处五四运动风潮浪尖的山东人，尤其是一些地方精英人物，如王鸿一、王乐平、张公制等，也纷起抗争。[③] 新文化运动及其后五四运动中，“最初是地方精英而非学生起着主导性的作用”。[④] 在当时的中国各地，青年学生不但未起到“主导性的作

---

① 费正清等：《剑桥中华民国史》（上卷），中国社会科学出版社1994年版，第423页。

② 这是1919年担任中华民国外交总长、并在巴黎和会上拒绝签字的陆征祥，于1945年抗战胜利后在比利时接受中国记者采访时所发出的一句著名警言。陆征祥1871年生于上海，28岁时与50岁的比利时天主教教徒博斐·培德女士在俄国结婚，1915年被迫签订《二十一条》后愤然辞职，1949年病逝于比利时。

③ 关于地方精英理论的发展和主要内容，参见 Joseph W. Esherick and Mary Backus Rankin. ed, Chinese Local Elites and Patterns of Dominance, Berkeley: University of California Press, c1990. 中文文献见李猛《从“士绅”到“地方精英”》，《中国书评》1995年5月号。此外，周锡瑞和兰金将“地方精英”界定为在县或县以下的地方“行使支配权力的个人或家族”（p10），在省一级的层面上有些学者使用“省籍精英”（provincialelites）的概念，见 David D. Buck, “The Provincial Elitesin Shantung during the Republican Period: Their Successes and Failures” Modern China, Vol. 1, No, 4 (Oct. 1975)。事实上正是这一点使得“地方精英”概念在一些中国学者那里备受争议，王先明：《士绅构成要素的变异与乡村权力——以20世纪三四十年代的晋西北、晋中为例》（《近代史研究》2005年第2期）一文就指出，在乡村一级，士绅比“地方精英”概念更加真实有效。在省一级或省级以下，使用“地方精英”概念则较为合适。

④ 季剑青：《地方精英、学生与新文化的再生产——以五四前后的山东为例》，《现代中国文化与文学》第7辑。

用”，反而是地方精英施以引领与掌控的受众对象。德里克曾经指出：“把五四运动只当作其少数知识分子领袖的，或只是在北京、上海发生的运动，而把其他地区视为它的消极接受者的看法是错误的。如果五四运动的一般内涵需从社会关系的关联方面来理解的话，同样也应该从它最初的，不仅被吸引进运动，而且积极参与了其创造的参加者方面去理解。”① 山东问题曾是五四运动中最受关注的社会焦点之一，五四效应使得山东地方精英也在传播包括马克思主义在内的各种社会思潮当中发挥了较大作用。② 山东地方精英不仅是“被吸引”的参加者，更是“积极参与”的“主导性”的一股社会进步力量。这些先进分子，其中一些成为马克思主义者，引领马克思主义在当地传播的时代发展方向；另一些，则为汹涌的历史暗流所吞噬。

在经过大浪淘沙和政治博弈之后，山东地区的马克思主义者开始集结在一起，成立党团组织，创办发行杂志，传播马克思主义，推动了山东地区马克思主义的进一步传播与发展。以山东革命导师王乐平的弟子王尽美、邓恩铭等为首的共产党，在这一时期与国民党的博弈，虽然明显处于下风，但是他们已经在齐鲁大地上燃起了势不可遏的燎原之火。至1945年，中国共产党在山东白手起家，从无到有、从弱到强，建立了第一个“名副其实的完全意义上的省级人民政权”③，实现了在山东一省的局部执政，山东抗日根据地也因此成为解放战争时期支撑国共两党大决战的战略支点。这一伟大历史地位的取得，若追根溯源也离不开王乐平等地方精英早期的精神启蒙与革命拓荒。

一　文化中的政治博弈

20世纪初，中国地方政治中的政党，往往是基于地缘或家族等私人关系网结合形成的小精英团体。这种团体的结合尤为牢固，甚至超越了某些依托“革命理想”组合起来的“革命团体”。或者可以说，在中国“熟人社会”的特殊国情之下，革命团体的纪律约束力根本无

① ［美］阿里夫·德里克：《五四运动中的意识与组织：五四思想史新探》，王跃、高力克编：《五四：文化的阐释与评价——西方学者论五四》，山西人民出版社1989年版，第65页。

② 这一点，与“人民群众是历史的创造者”之观点并不相悖。

③ 《中国共产党山东省组织史资料》，第163～164页。

法与延绵数千年的乡谊亲情分庭抗礼。山东的地方精英，在政治上能够发声并有一些话语权的，基本集中在省议会这个平台。自民国初年起，省议会即已形成了以王鸿一为领袖的“王派”和以张公制为代表的“张派”。“王派”的王鸿一、王乐平等人，均为国民党人。① “张派”的张公制，则属进步党。“王派”的成员，多来自鲁西曹州地区，又被目为“曹州团体”。1914 年 2 月，在袁世凯授意下，时任山东督军靳云鹏②解散了省议会，国民党和进步党均停止了活动。尽管政党活动被取消，但“曹州团体”依然存在。③ 于此亦可见政党的凝聚力，确不如乡情绵长稳固。

1916 年，被解散的省议会恢复活动，两派议员重新集结，在省议会选举中展开了激烈竞争。代表北洋军阀系统的军事势力，也参与到了这一竞争之中。为此，张、王两派曾经取得暂时妥协，组织“地方政治讨论会”，着手地方事务，避免因自身分裂而给军事势力以可乘之机。这种互相妥协的局面，维持的时间并不会长久。1918 年第二届省议会选举时，为争取选票，王派和张派重又分裂。督军张树元利用两派矛盾，趁机推举同乡郑钦担任了议长，王鸿一和张公制当选为副议长。④ 派系政治的掣肘制衡之弊，亦由此可见。

地方精英的博弈形式，往往是通过各种社会活动来引领政治方向。1918 年秋，副议长王鸿一发起成立“山东各界外交后援会”，省议会秘书长王乐平、省议员聂湘溪任干事，省议会遂成为全省爱国运动的领导机关。王鸿一也因此成为全省风云一时的知名人士，并被梁漱溟称为“盖

---

① 同盟会 1912 年 8 月改组为国民党，1913 年二次革命失败后被袁世凯解散，流亡党员逃往日本并于 1914 年在日本成立中华革命党。1919 年 10 月 10 日，孙中山宣布将中华革命党改为中国国民党。为行文方便，统称以上三个阶段的革命党人为“国民党人”或“国民党员”。另，王鸿一 1874 年生于鄄城县，1917 年当选山东省议会议长兼省立第一中学校长，五四运动期间他领导全省民众团体开展大规模请愿活动，1930 年病故于北京。

② 靳云鹏 1876 年生于邹城，1913 年年底任山东都督，1919 年、1920 年两任国务总理，1951 年病死于天津。

③ 《济南十日见闻记》（二），《晨报》1920 年 12 月 12 日。

④ 《张公制自传》，《安丘文史资料》第 11 辑，政协山东省安丘市委员会文史资料委员会，1995 年 12 月；《五四运动在山东资料选辑》第 431 页。另，张树元 1888 年生于无棣县，1918 年任山东督军、省长，1919 年 12 月因侵吞军饷 300 余万元丑闻而遭山东省议会弹劾、辞职，1934 年病死无棣。郑钦 1860 年生于滨县，1911 年辛亥革命时发起成立“十县联合会”，1918 年当选山东省议会议长，1921 年亲临利津县黄河决口处指导堵复工作，1925 年去世。

今世之一个真人也”。[1] 11月中旬，在省议会的协助下，省立工业专门学校学生李开文[2]等发起成立“山东学生外交后援会”，会址即设在山东各界外交后援会内。这是五四之前，山东成立的第一个全国性的学生运动组织。[3] 王鸿一等得风气之先，在山东运动学生成立学运组织，成为山东政坛上象征民意、叱咤风云的领袖人物。

张公制也不甘示弱，奋声疾呼。1919年五四运动的次日，时在北京的副议长张公制和王鸿一，即召集参众两院山东籍议员共商计策，设法营救被捕学生。[4] 7日，国耻纪念大会在省议会召开，与会民众3万余人。11日，山东籍旅京劳动者1万余人在北京彰仪门集会，请求政府拒绝在巴黎和约中有关山东交涉问题上签字。22日，济南工人、学生及其他各界民众10万余人在南门外大校场集会。23日，济南21所学校学生联合抵制日货，铁业工人展开罢工支援学生的爱国斗争。6月10日，济南学生、商人、工人举行了持续一周的罢课、罢市、罢工斗争，要求政府惩办卖国贼、释放被捕学生等，罢工取得胜利。6月上旬，省议会、省学生联合会、省教育会等团体在省议会连续开会，于18日推选出赴京请愿代表83人，王乐平、聂湘溪等当选为议会代表。[5] 在当时社会舆论看来，“省议会为外交问题出力甚大，处处在学生前面”。[6] “山东省议会在日益奋起的山东各界民众中是最积极救国的，因而起到了带

---

① 参看王凤鸣、宁秀芹：《毕生尽瘁为民生的社会活动家——王鸿一》，《山东档案》2007年第4期。

② 李开文，生平不详。

③ 田少仪《五四时期的山东学生爱国运动》，《山东文献》第1卷第1期，1975年6月20日。《民国山东通志》［台北：山东文献杂志社，民国91（2002）年］第一册卷六《政党志》中所记略有差异，为“山东国民外交后援会”，并指出此为“首开五四运动先河之民众团体”，见第570～571页。

④ 胡汶本、田克深编：《五四运动在山东资料选辑》，山东人民出版社1980年版（下引只注明书名），第255页。另，张公制1876年生于安丘县，1913年当选为第一届山东省议会议长，1916年第一届山东省议会复会后仍任议长。1918年起任第二届山东省议会副议长兼育英中学校长，曾暗中支持山东党组织创办《劳动周刊》，1966年去世。

⑤ 《五四运动在山东资料选辑》，第254、第312～314页。另据“山东省情网”有关资料记载，6月19日，山东各界组成109人请愿团，20日抵京后即赴新华门递交请愿书；28日，第二批请愿团108人到达北京。王乐平所在“83人请愿团”，与山东各界“109人请愿团”“108人请愿团”之间有何关系，尚不清楚。综合目前所掌握资料判断，山东请愿团似只有2批次，王乐平应该为第一批请愿团之首领。

⑥ 《山东安福部之捣乱与被捣》，《晨报》1919年7月25日。

动、组织作用。”[①] 冲在“学生前面”的地方精英，在声援五四运动的新平台的博弈结果，较为明显的发展趋势似乎是王派王乐平的声望开始蒸蒸日上。

在山东各界赴京请愿活动中，王乐平开始崭露头角，迅速上升为山东政坛一颗炫目新星。王乐平，名者塾，字乐平，在他本人所填写的一份表中自称生于1887年9月13日。[②] 1918年当选为山东省议会秘书长，1919年5月11日，当选为山东旅沪同乡会主席，在山东会馆召开力争山东主权爱国大会。19日，他率山东请愿团赴京请愿，北洋政府总统徐世昌被迫两次接见了王乐平等请愿代表，王乐平“反复陈述，声泪俱下”。同年12月，他带头弹劾山东督军张树元，轰动全国。1922年1月，他率王尽美等五人远赴伊尔库茨克出席共产国际召开的远东各国共产党及民族革命团体第一次代表大会，参会身份自称为“中华共产党山东部”，即“中共山东支部党员”。[③] 1930年在上海被国民党特务刺杀，1933年归葬于济南。倘若山东学运能够成功，王乐平日后在山东之地位很可能无出其右者。然而，山东学生运动最后并没有取得如北京学运成功的理想结局。因为山东地方精英面对的是严酷的“当局压力”。这是他们的不幸，也是山东历史发展的不幸。有研究者分析指出，五四运动之所以能在北京取得成功，“跟北京军警当局缓和的态度很有关系。”相比较而言，地方学生，包括山东学生，“则没有这么幸运。真正用军警压制学生运动的全是皖系及拥护皖系的军阀——长沙的张敬尧、济南的马良、西安的陈树藩、上海的卢永祥、杭州的杨善德、安庆的倪嗣冲、福州的李厚基。”[④] 尽管山东地方军事势力对学生运动采取高压态势，山东省议会中的王派仍表现极其活跃。1919年年底山东省议会对督军张树元提出弹劾并迫使其去职，树立了山东省议会“地方民意机关”的形象。[⑤]

五四运动主要为社会精英领导的学生运动。这一集体政治形式，与地

---

① 刘永明：《国民党人与五四运动》，中国社会科学出版社1990年版；第339~340页。又见王续添：《论五四运动中的省议会》，《中共党史研究》1999年第4期。

② 参看《调查表·中华共产党部·王居一》，《上海革命史资料与研究（第7辑）》，第774页。这是目前所能见到的，王乐平本人所填写的记载其出生日期的一份表格，笔者认为应以此日期为准。

③ 参看《调查表·中华共产党部·王居一》，《上海革命史资料与研究（第7辑）》，第774页。

④ 陈志让：《军绅政权——近代中国的军阀时期》，广西师范大学出版社2008年版，第114页。

⑤ 吕伟俊等：《山东区域现代化研究（1840~1949）》，齐鲁书社2002年版，第218页。

方精英所熟悉的派系政治很不同。鲁佛民曾以“律师公会代表”身份参加赴京请愿代表团，他回忆说：山东省学生联合会开始组织时，“由山东省议会议员多人参加，讨论交还山东青岛问题，迨后学潮渐次扩大，形成真正群众运动时，议会人士均藏匿不见”[①]。面对大规模的集体政治活动，地方精英似乎并未做好准备。对于接踵而来的群众运动，更是唯恐避之不及。他们的种种表现，让曾经对其寄予期望的社会各界颇感失望。此后，安福系在山东建立地方组织“路矿维持会”，王鸿一参与其中，事为学生侦悉并公布于众，王派首领王鸿一等人遂为民愤所指。[②] 7 月 21 日，山东各界人士在省议会召开各界联合救国大会，主席王鸿一刚开始致辞，便招致听众的质问和诟骂，只得悻悻退出会场。王乐平随后继续发言，也同样遭到斥骂，亦被迫“遁去”。王派声望一落千丈，出现了戏剧性的转折。

大浪淘沙，适者得存。王派之中，最先为历史潮流所抛弃的是王鸿一。事实上，王鸿一对学生运动一直持保留态度，甚至认为是“不务正业”。1920 年 1 月，北大学生、新潮社成员徐彦之[③]回乡考察，在济南拜访王鸿一。王鸿一却明确表示反对当时的学生从事于办杂志结社团的活动，认为这是“务外”和荒废学业，他认为“求学是自治，作修身的工夫”。[④] 对发源于北大之“新潮流”，他也表示怀疑。虽经徐彦之介绍，晤见蔡元培、李石曾，然“谈许久不得要领，始知两先生虽居北大中坚地位，其实是莫名其妙。”[⑤] 在反对山东督军兼省长田中玉的斗争中，田中玉恐吓他说，“你在山东，我不保障你的安全。”王鸿一被迫辞去议长一

---

① 《五四运动在山东资料选辑》，第 241 页。另，鲁佛民 1881 年生于济南，1914 年毕业于山东法政学校，1916 年创办《公言报》，1917 年取得律师证书开始挂牌营业。五四运动中他积极赞助山东学生联合会各项工作，还以“教育界代表”身份参加山东赴京请愿团。1922 年外交解决山东悬案问题时，以“首席民意代表”身份在京列席鲁案会议。七七事变后由北平转赴延安，向毛泽东汇报了在北平十年情况，毛泽东赞誉他“十年党节可嘉”。1944 年病逝于延安。

② 参看方传桂、王群演：《砸昌言报馆始末》，中国社会科学院近代史研究所编《五四运动回忆录》下册，中国社会科学出版社 1979 年，第 705～706 页。另，7 月 21 日这天，济南各界群众千余人在工人代表王春浦等领导下，将皖系政客集团安福系所办《昌言报》报馆捣毁，并将其经理、主编等押出游街示众。

③ 徐彦之，1897 年生于郓城县，16 岁考入北京大学之后颇受蔡元培赏识，在传播新思想、新文化、改革教育、男女同校、解放妇女诸方面做了大量工作，参与组织了“中国马克思主义研究会”，1917 年官费赴美留学，1937 年任山东省议员，1938 年受孔祥熙之聘为孔子 77 代孙孔德成的辅导教师，1940 年在重庆遇日军空袭身亡。

④ 徐彦之：《济南两周见闻记》（二），《晨报》1920 年 1 月 24 日。

⑤ 王鸿一：《三十年来衷怀所志之自剖》，《山东文献》第 3 卷第 2 期，1977 年 9 月 20 日。

职，离开山东。① 此后，他与梁漱溟携手鼓吹“村治”理论，基本上告别了地方政治舞台。②

二 角色互动下的信仰追求

马克思主义在中国传播的源头，主要是在北京并通过《新青年》杂志的流传而传播至内地。③ 马克思主义在山东的传播，亦是随着《新青年》杂志所倡导的新文化运动而渐次展开的。传播学一些理论业已指出：大众传播中的信息流动，首先抵达“观点领袖（Opinion Leader)”，然后经由他们传递给受众。④ 一种观点（意见）的社会传播程式，一般为：广播、印刷品等传媒载体（原始观点）→观点领袖（提炼改造的观点）→广大受众。研究者并且指出，在每一社会经济层次和每一职业层次上，都存在着各自的观点领袖。⑤ 受教育程度和经济地位越高的社会阶层，越容易接受信息（观点或意见)。⑥ 这些传播学理论，能比较合理地解释马克思主义在中国传播的早期阶段，掌握话语权的地方精英，为何能够自然而然地扮演了观点领袖的社会角色。马克思主义在山东的生根与传播，按照权威说法，是经历了一个“由城市到农村，先学生、后工人、再农民”的传播过程。⑦ 如果把这一传播过程稍加解剖，则不难发现：马克思主义在山东的传播路径，首先是在城市内传播，传播者（观点领袖）首先是城区的精英人士。也

① 参看谌耀李：《王鸿一先生荣哀录》，《菏泽学院学报》1989 年第 3 期。另，田中玉 1864 年生于临榆县，1919 年 12 月至 1920 年 6 月任山东督军兼省长，1920 年 10 月再兼省长，1923 年 10 月因临城劫车案免去山东督军职务，1935 年病死。

② 谌耀李：《同盟会员王鸿一生平纪略》，山东省政协文史资料委员会编《山东文史资料选辑第 31 辑·辛亥革命在山东》，山东人民出版社 1991 年版。

③ 参看费正清等：《剑桥中华人民共和国史》，中国社会科学出版社 1994 年版，第 497 页。

④ 这个假设被称作“二级传播”。PaulF. Lazarsfeld，Bernard Berelson and Hazel Gaudet，The People's Choice，New York：Columbia University Press，1948（2nd edition)，p. 151. 另，“Opinion Leader”也译为“意见领袖”。

⑤ ［美］伊莱休·卡茨（Elihu Kate)：《二级传播：对一种假设的最新报告》，引自［美］奥格尔斯等著，关世杰等译，《大众传播学：影响研究范式》，中国社会科学出版社 2000 年版；第 29 页。

⑥ ［美］奥托·N. 拉森（Otto N. Larsen)，［美］理查德·J. 希尔（Richard J. Hill)：《一则新闻扩散中大众传媒和人际传播的作用》，引自《大众传播学：影响研究范式》，第 61 页。

⑦ 参看中共山东省委组织部、中共山东省委党史资料征集研究委员会、山东省档案馆编：《中国共产党山东省组织史资料（1921～1987)》，中共党史出版社 1991 年版，第 13 页。

就是说，马克思主义生根山东的地点，是在城市，而后延伸至农村。这些地方精英，往往具有观点领袖、地方名士、政治要员等多重社会角色。

新潮社是1918年年末在北京大学成立的一个学生社团，却与山东地方精英有着千丝万缕的关系。《新潮杂志社启事》称："同人等集合同趣组成一月刊杂志，定名曰《新潮》。专以介绍西洋近代思潮，批评中国现代学术上、社会上各问题为职司。不取庸言，不为无主义之文辞。成立方始，切待匡正，同学诸君如肯赐以指教，最为欢迎！"① 1919年1月，《新潮》杂志正式创刊，下设编辑部和干事部，编辑为傅斯年、罗家伦、杨振声，干事为徐彦之、康白情、俞平伯。杂志甫一出版，便受到读者的欢迎，创刊号一月内再版了3次。"新潮流"伴随着学生运动，滚滚而来，声势渐大，成为地方精英不可小觑的一股社会力量。

1919年秋，既为《新潮》杂志社编辑又是五四运动学生领袖的傅斯年，从北京大学国文系毕业，回到原籍山东办理官费赴欧留学事宜。其间，他目睹了山东政治教育的腐败黑暗，也看到了"一件很乐观的事，就是有了所谓的新旧之争，而第一师范就是争的场所。"他还注意到了"王乐平的齐鲁通讯社在济南销新思想的出版物，很有些力量。"② 王乐平及其齐鲁通讯社（书社），因为契合了社会需求（如教育界和学界）而迅速成为马克思主义在山东传播的主阵地，并且在社会上取得了良好传播效果。③

在傅斯年所称的"新旧之争"中，当时"大肆攻击"新派教员"最为有力"的《新齐鲁公报》，却并非军阀或保守势力的报纸，而是国民党山东党部的机关报。该报曾积极支持学生运动，以批评军阀政府镇压活

① 《新潮杂志社启事》，《北京大学日刊》1918年12月13日。

② （傅）孟真：《济南一瞥记》，《晨报》1919年12月23日。

③ 在新旧之争中，傅斯年所称赞的新派教员代表王祝晨，1882年生于齐河县，1910年毕业于山东优级师范学堂，曾任《山东教育》编辑兼山东法政专门学校教员、济南一师校长、山东省政协副主席等，1967年病逝。他在任济南一师校长之际，"当时学校风潮之后，学生浮嚣，他大刀阔斧，彻底纠正"，被教育界人士称为"大牛"。请参看赵光明：《教育家王祝晨》，《春秋》1994年第4期。另一新派教员代表刘次箫，曾留学日本，历任胶澳中学教务长、山东大学训导长等，新中国成立后在"镇反"时被枪决。

动、支持社会进步而著称。[①]《新齐鲁公报》的前身《齐鲁公报》，乃为山东各界联合会的机关报。1912 年 4 月，《齐鲁公报》又以《齐鲁民报》《新齐鲁公报》之名义复刊出版，铅印，对开 4 版，日刊。[②] 但是，《齐鲁公报》及其麾下的一批山东国民党人“似乎尚未充分认识到新文化的意义及其与学生运动的关联，不过王乐平等部分国民党人已经开始着手于新文化的介绍和传播了”[③]。王乐平敏锐地看到了“新文化的意义”和“学生运动的伟力”，并以其“个人威望”与“人际关系”，不但将齐鲁通讯社（书社）打造为山东传播马克思主义的主阵地，而且成为凝聚马克思主义者的最初平台。山东党组织（团体）与中共中央的第一条联络渠道，便是经由王乐平而建立的“陈独秀（张国焘）—王乐平”单线联系。

1919 年 10 月，王乐平召集教育界部分同人，创办了齐鲁通讯社。据当时《晨报》记载：“五四后，就是沉闷的山东，也是如梦初醒。”素以“孔孟之乡”自诩的山东的“沉闷”，是众所周知的。山东的“初醒”，则是马克思主义传入之后。齐鲁通讯社（书社），便是唤醒山东民众的报晓之音。“在今夏间，王者塾曾约些同志在济南组织了通讯社，一方面做通信事业传达到外边去，一方面代派各地出版物，为介绍新思想的先声。直到现在，各种杂志销路一天天推广起来，志同道合的人也渐渐多了。谁知官府里得到这种消息，就变尽方法取缔。”[④] 遭到官方明令取缔和禁售的两种杂志，即《建设》《解放与改造》。通讯社附设贩书部，专门贩卖各项杂志及新出版物。创设贩书部本意不为营利，营业额却逐月增加，第一个月只卖了五六十元，后来每天平均可卖十几元钱。齐鲁通信社在短短两个月时间，“已经有了骇人的效果了。《新青年》《新潮》《少年中国》

① 山东省地方史志编纂委员会办公室编：《山东省图书馆馆藏山东地方史志文献选目》，山东省图书馆，1983 年 12 月，第 300 页。《五四运动在山东资料选辑》第 254 页。《齐鲁公报》的总经理为同盟会会员王讷，总编辑为赵心如。王讷 1880 年生于安丘县，1911 年 11 月创办《齐鲁公报》，1912 年被查封后又以《齐鲁民报》名义出版，还曾创办山东高等师范学堂并任监督（即校长），历任山东省教育厅厅长、实业厅厅长等，1960 去世。赵心如，生平情况不详。

② 参看张登德：《〈齐鲁公报〉对辛亥革命后中国政局的关注和评论》，《东岳论丛》2012 年第 5 期。

③ 季剑青：《地方精英、学生与新文化的再生产——以五四前后的山东为例》，《现代中国文化与文学》第 7 辑。

④《济南特约通信 · 山东的文化运动》，《晨报》1919 年 12 月 28 日。

《新教育》诸报，销数都在百份左右。其他如《解放与改造》《建设》《星期评论》等期刊销数亦都不少。”[①] 营业额接连翻番的利好业绩，其中很重要的一个原因就是山东知识分子接受新文化新思潮的迫切心情“如大旱之望云霓”。1920 年 9 月，该社正式更名为“齐鲁书社”，董事会公推王乐平为社长，聂湘溪为副社长，租赁大布政司街（今省府前街）北头路东铺房为营业地点。在招股简章中，明确表示“本社以传播文化为宗旨”“不纯粹以营利为目的，而以促进社会文化的进步为主要目的”。[②] 一旦齐鲁书社打开了山东知识界与外界思想交流的文化闸门，山东思想界、教育界沉闷压抑的社会风气便为之一振，马克思主义等新思潮便如洪水一般，在齐鲁大地上传播开来。山东马克思主义者的思想启蒙，山东党组织的几乎所有成员，都曾与齐鲁书社发生过联系。如王翔千（育英中学教员）、王尽美（一师学生）等都曾在齐鲁书社购买新书，从中接受了新思想。[③]

齐鲁书社既是五四时期山东新文化运动的中心，又是山东国民党的秘密活动机关。[④] 据担任过齐鲁书社经理的王立哉（王乐平堂弟）回忆，在公开销售书报的门市部后面，另有厅房三间，陈设桌椅及桌球台架等，供青年学生驻足休息和各方人士联络开会，从事政治活动。齐鲁书社众多的读者群，逐年递增的营业额，也颇为同行所羡妒。[⑤] 齐鲁书社不但在青年学生中有着巨大的市场，也为政党政治提供了可能的社会新资源。对于文化与政治之间的紧密关系，王乐平在五四运动之前，即已有所察觉，意识到青年学生在今后很可能会成为一支重要的政治力量。1916 年 10 月，诸城同乡学生在济南成立诸城旅济学生会，王乐平亲自祝词：“峨峨青年，

---

① 徐彦之：《济南两周见闻记》（四）续，《晨报》1920 年 2 月 1 日。

② 《山东新文化与齐鲁书社》，《晨报》1920 年 10 月 7 日。

③ 参看黄秀珍：《我的父亲和山东建党、建团活动》，王来棣：《中共创始人访谈录》，明镜出版社 2008 年版。该文另请参看山东省档案，“省校·全宗号 3·目录号 1·卷号 207·顺序号 16，《党成立前后山东地区的一些情况》”。

④ 参见丁惟汾主编：《山东革命党史稿后编》（一），台北：山东革命党史编纂委员会，民国 60（1971）年，第 1 页。另见成湘舟：《关于齐鲁书社的沿革略记》（《山东出版志资料》第 1 辑，山东人民出版社 1984 年版）；《齐鲁书社的创办及活动》，刘大可：《山东重要历史事件》（北洋政府时期），山东人民出版社 2004 年版。

⑤ 王立哉：《九十忆往（二）》，《山东文献》第 11 卷第 4 期，1986 年 3 月 20 日。

摩厉以须。异日宣劳，实为国柱。”[①] 王乐平在五四运动中相当活跃，主动接近青年学生并介入到学生运动中，并曾在女师驱赶校长周干庭的运动中发挥作用，受到了青年学生的信任。[②] 他的这一“先知先觉”，与王派另一领袖人物王鸿一后来的表现形成了鲜明对比。

王乐平是诸城“相州王氏”在济南最为声名显赫的“老乡”和民间领袖，在乡党中间拥有很强大的影响力与号召力。他的言行，更成为青年人，尤其是族中青年才俊“心向往之”并加以追随的一面旗帜。其表弟范予遂回忆说：“在他每次回到诸城时，都向我们讲述天下大势，宣传孙中山关于推翻君主专制建立民主共和的主张。”[③] 范予遂是《曙光》杂志的撰稿人，与王统照交往甚密。《曙光》杂志的主笔王统照、王晴霓（字静一）与王乐平，均属诸城王氏家族。《曙光》杂志创办伊始，便在济南、烟台和东京的山东侨胞中设有代派（办）处，它在济南的代派（办）处便是齐鲁书社。[④]

傅斯年所称“新旧之争”的“场所”省立一师，该校一些学生也常常在齐鲁书社开展活动，并于1920年10月成立了励新学会，会址即设在齐鲁书社内院图书室内，出版了《励新》杂志。励新学会常以齐鲁书社为活动场所，王乐平亦经常出席讲演和指导。王尽美与王乐平既是同乡（王尽美是莒县人，莒县毗邻诸城，现已划归诸城）也是远亲，王翔千、王志坚、王象午、李祚周等或为王乐平的族人，或系亲戚。[⑤] 在诸城相州

---

① 王钧五、臧任堪：《王乐平传略》，政协日照市文史联谊委员会编：《日照文史》第7辑，1999年12月，第54页。另，1916年，诸城旅济同乡会成立，丁昌燕被推举为会长。丁昌燕（1863—1937），字师汝，号剑虹居士，诸城人，光绪十六年（1890）进士，官至四川省大足县知县。后因同情农民起义被革职，归里后任诸城县防御会会长，1915年任山东省议会议员，1916年被推举为诸城旅济同乡会会长，1930年任山东省志馆馆长，1937年抗日战争事起后回归故里，病逝于下六谷村。

② 隋灵璧：《回忆王乐平》，五莲县政协文史资料委员会编《五莲文史资料》第3辑，1992年6月版。另，周树桢字干庭，1875年生于潍县，1902年留日期间加入同盟会，历任淄川县长、山东高等师范学校学监、山东省立女子师范校长、齐鲁大学国文系主任等，1957年病逝。

③ 范予遂：《辛亥革命对我的影响》，山东省政协文史资料委员会编：《文史资料选辑》第12辑，山东人民出版社1981年版，第68页。另，范予遂1893年生于诸城县，1917年考入北京高师，在校期间参加了五四运动，参与创办《工学》杂志。参看范予遂：《九十回顾》，山东省政协文史资料委员会编《文史资料选辑》第16辑，山东人民出版社，1985年，第4页。

④ 余世诚、刘明义：《中共山东地方组织创建史》，石油大学出版社1996年版，第85页、102页。

⑤ 《五四时期的王乐平》，《五莲》，山东省出版总社潍坊分社1988年版，第59页。丁龙嘉、张业赏：《王尽美》，河北人民出版社1997年版，第25页。

王氏家族中，王翔千、王象午、王统照为15世，王乐平、王志坚为16世。王志坚、邓恩铭、王尽美等发起“励新学会”时，王乐平捐资十元钱作为该会基金，并作演讲。王乐平不但为“相州王氏”的翘楚，在济南、青岛青年学生中也享有“较高的威望”。[①] 1919年至1921年间，王乐平以齐鲁书社为核心，逐渐形成了“诸城—济南—北京”的地缘关系网络，并以社团形式寻求社会实践和政治活动的空间，经常为一些秘密集会、通讯提供掩护，帮助筹措经费等。以励新学会为例，便颇得王乐平支持。对于诞生不久的山东党组织，他更是经常给予经济支持。据1922年9月代理中共山东直属支部书记的马克先称：

> 山东党成立不久，经费来源很困难，一部分是由北京寄来，但不能按月寄。有紧急开支时，由党内收入较多的同志捐助。那时王乐平也经常给予帮助……我也……感谢他对共产党的经济帮助。[②]

王乐平不但对山东党组织的各种活动给予支持，对成立山东青年团组织也提供了多种方便。励新学会最年轻的会员王克捷，1973年8月10日曾回忆说励新学会“其实即是共青团”。[③] 囿于“孤证不立”的考证原则，这一说法未引起有关研究者的重视。但是王统照[④]的遗著《民国十年日记》发现之后，里面记载了一个可能要改写山东党团史的重要史实：

---

① 余世诚：《王哲同志谈王乐平情况（1985年6月18日）》，该文已经王哲本人审阅，引自《山东党史资料》1986年第1期。另请参看：中共山东省委党史研究室存档文献资料，第2页。

② 马克先口述、董天佳整理：《济南建党后初期活动片断》，《山东党史资料》1982年第3期。马克先1895年生于北京，1915年毕业于武昌高等师范学校，1922年到济南私立正谊中学任教，当年9—11月代理中共济南地方支部书记，1937年抗日战争爆发后流亡四川，1948年任济南正谊中学校长，曾任民盟济南副主委等职，1982年去世。

③ 在1971年12月和1973年8月，王克捷曾写过三首回忆邓恩铭的诗，回忆他与邓恩铭的相识经过和亲密关系。上引文为他1973年8月10日所写《再忆又铭》。又铭，即邓恩铭。

④ 王统照，1897年生于诸城，1918年考入北京中国大学英国文学系并参与创办《曙光》杂志，1920年冬发起组织文学研究会，中华人民共和国成立后历任山东省文联主席、山东大学中文系主任、山东省文化局局长等。1957年王统照病逝后，其三子王立诚在遗物中发现了王统照的《民国十年日记》，整理之后，公开发表。王立诚说：“在整理他的遗物时，发现了这本秘藏终生，从不示人的日记，纸色发黄，抚之已脆……”，这是“一部纯粹恋爱方面的私人日记”。这一部“生活实录”，忠实记录了王统照的社会交往与活动，也是“五四”新文学运动以来“发掘出的极少数活生生的历史见证之一。”（参王统照遗稿、王立诚整理：《民国十年日记（第二部）》，《潍坊学院学报》2005年第1期，第1页。）

1921 年 4 月，励新学会的王志坚、邓恩铭二人，曾被北京 SY 青年团教育委员宋介（字唯民）委以组建山东 SY 青年团的重任。

据《民国十年日记》1921 年“4 月 14 日”记载，4 月 13 日晚，宋介与范予遂（佩鞘）结伴由济南返回北京。次日下午二点钟后，宋介向王统照谈起“济南青年及学校现状”，又称在济南可由王志坚、邓恩铭诸人成立一 SY 青年团。[①] 宋介时已当选为北京 SY 青年团教育委员。另据潜伏在北京 SY 青年团内部的密探关谦“密报”称，召开该次会议时，宋介缺席，只知其已回济南，为何事而往则不详。[②] 北京青年团负责人张国焘亦称，1921 年春曾在济南成立了一个 SY 青年团。综合这些信息，不难推断出宋介济南之行筹建 SY 青年团之说，应当属实。

按照相州王氏的族谱，王志坚系王统照之族侄、王乐平之族弟。以年龄论，他年长了邓恩铭一岁（根据励新学会会员通信一览表所填各自年龄）。王统照与宋介为乡党挚友，又分别担任《曙光》杂志的主笔和主编，故此肯将其拟委任王志坚筹组济南 SY 青年团之机密告知王统照。王统照遂将此事付诸笔端，载入日记。这一秘密，至王统照病逝时已尘封 36 年，至 2004 年公开发表时已经尘封了 83 年。

在《民国十年日记》中，宋介之名出现的频率颇高，他与王统照二人关系之密切可见一斑。宋介此次济南之行，他本人亦曾撰文纪念此行，当然筹组 SY 青年团之秘密他是三缄其口、不提一字。[③]

以“相州王氏”之一王志坚为首的济南 SY 青年团，命运多舛。《民国十年日记》此条记载，实为截至目前关于山东建团问题的最早一则文献史料。由于诸多原因：（1）1921 年 5 月，北京 SY 青年团“实在办不下

---

① 《民国十年日记（第二部）》，《潍坊学院学报》2005 年第 1 期，第 7 页。王志坚 1899 年生于诸城，与王尽美为省立一师同班同宿舍同学，是励新学会核心成员和山东学运名噪一时的风云人物，1928 年曾在杭州半山寺出家为僧，1929 年回乡筹办相州小学，教书为生。1947 年国民党进攻诸城时，他因脚疾转移不便，被中共诸城县公安局枪杀。1979 年，中共诸城县委研究确定王志坚“属于误杀”，1987 年确定王志坚为“因公牺牲”。

② 《关谦关于北京社会主义青年团第四次大会情况报告》，北洋政府步军统领衙门档案，原载《青运史资料与研究》第一集，第 122 页。

③ 宋介：《两周中之山东》，《曙光》第二卷第三期，1921 年 6 月出版。另，宋介 1893 年生于兖州，1918 年秋考入北京中国大学政治经济系，1919 年主编《曙光》杂志，1921 年年初参加北京 SY 青年团并任教育委员，随后赴美留学，抗战时期曾任伪济南道道尹等，1946 年国民党山东省高等法院判处有期徒刑 5 年，1951 年被中共山东省政府处决。

去了”，“只得宣告暂时解散”；[①]（2）7月，宋介大学毕业，随后赴美留学；（3）襁褓之中的“济南SY青年团”，相继失去了上级组织（北京SY青年团）和直接联络人（宋介）；恐怕也只能不了了之。

不可否认，王乐平1921年10月至1922年春的赴伊尔库茨克远东会议之行，耳闻目睹了俄国十月革命无产阶级专政的胜利果实之后，严重动摇了他对中国革命前景的基本判断，对于马克思主义也产生了很大怀疑。而这种信仰的改变，在当时也绝不是发生在先进知识分子之中的个案，更不宜简单视为对革命信仰的“叛变”。西方研究者认为，1917—1921年间，“改信马克思主义既涉及信仰者对中国现实的认识，也涉及其个人的性格和气质，同时又与其对学说的理解相关”[②]。这一判断还是比较中肯的。

三　亲情纠结里的组织关系

研究者往往喜欢一厢情愿的用结果推断原因，以为只有王尽美、邓恩铭（因为参加了中共一大）才是山东党组织的创建者，反而忽略了在此组织关系之上更有亲情纠结的复杂社会关系。毫无疑问，在王乐平亲手编织的这张私人关系网络之中，真正能够掌控局面的也只有他本人。

1919年11月10日，由全国学生联合会发起的全国各界联合会在上海四川路青年会召开成立大会。张国焘称，在这次会议中，他曾与王乐平“共同工作过”。[③] 张国焘颇尊重王乐平，在王尽美等人面前却动辄以“导师”自居。1921年6月，张国焘称王尽美“他们视我为他们的先进者和老朋友，向我提出许多问题，不厌其详的要我讲解。他们一面静听，一面记录要点，并商谈如何执行的方法。他们来到上海以后，仍本着学习的精神贪婪地阅读有关书刊，有时且向到会的代表们请教。”[④] 尽管王乐平并未亲自参加中共一大，但是中共高层对他仍是继续倚重。1922年9月，

---

① 《“一大”前后》（一），第26页。参看王亚春：《北京社会主义青年团创建时期的几个问题掇拾》，《北京党史》2000年第5期，第21页。

② 费正清等：《剑桥中华民国史》（上卷），中国社会科学出版社1994年版，第495页。

③ 《我的回忆》第1册，第184页。

④ 张国焘：《中国共产党第一次全国代表大会》，摘自《我的回忆》第一册第二篇第六章，香港明报月刊出版社1971年版，引自《中共“一大”资料汇编》，第155页。

中共山东直属支部成立，从北京来济南正谊中学任教员的马克先代理书记之后，曾在背后议论王乐平家里“出入的人活像高等流氓”，王乐平知道之后即给陈独秀去信，张国焘于11月即撤去马克先的代理书记之职。[①]无论孰是孰非，王乐平在当时中共高层内具有一定话语权是不言而喻的事实。

马克先提供的上述史实，有力证明了“陈独秀（张国焘）—王乐平”单线联络渠道的确实存在，也间接证明了陈独秀“函约”王乐平建党之说是很有可能的，更表明了王乐平在山东党组织（团体）之中的崇高地位与巨大影响。1921年10月，王乐平、王象午、王尽美、邓恩铭、王复元五人赴伊尔库茨克会议时，皆在所填“调查表”自称为“中华共产党山东部”（即中共山东支部）党员。[②]在这五人团体之中，显然王乐平才是核心人物。有研究者认为，王乐平应该是山东共产党的创建者，此说有其道理。[③]如果说王乐平为创建者不够准确，称之为“奠基者”似无不妥。[④]

反对者认为，“王乐平不是真正的马克思主义者，王乐平的共产党员身份是值得怀疑的。”王乐平亲笔所填写的“这张《调查表》的可靠性是经不起推敲的”。其理由为：（1）“王居一”之名，未见他使用过；（2）党的名字，不是“中华共产党山东部”，应该为王尽美填写的“中国共产党山东部”。[⑤]这些反对理由，其实更站不住脚。因为：（1）当时的所谓中共党员，几乎都不是“真正的马克思主义者”。（2）包括王乐平在内的山东5

---

① 马克先口述、董天佳整理：《济南建党后初期活动片断》，《山东党史资料》1982年第3期。

② 参看《调查表·中华共产党部·王筱锦》《调查表·中华共产党部·王居一》《调查表·中华共产党部·王福源》《调查表·中华共产党部·王尽美》、《调查表·中华共产党部·邓又铭》，《上海革命史资料与研究》（第7辑），第773页、774页、776页、780页、782页。根据“调查表”记载，这5人排序依次为王筱锦（象午）、王居一（乐平）、王福源（复元）、王尽美、邓又铭（恩铭）。

③ 殷汉文、李肇年：《济南共产主义小组的发起人和创建者是王尽美和邓恩铭吗?》，《东岳论丛》1993年第2期，第74～75页。但是，该文误认为，“中国共产党部”只有山东代表4人：王尽美、王居一（王乐平）、王福源、王筱锦（王象午），竟将“邓又铭（恩铭）”遗漏。

④ 参看苗体君、窦春芳：《关于济南共产主义小组创始人的新考证》，《宝鸡文理学院学报（社科版）》2007年第2期，第22～26页。该文也沿用了殷汉文、李肇年的一个明显错误，即：将山东“邓又铭（恩铭）”遗漏，致使将山东中共党员5人误作为4人。闫注：本文首次提出王乐平为“奠基者”，其他研究者似乎喜欢使用“创建者”之称谓。

⑤ 臧金峰：《再论山东共产党小组的创建人问题》，《哈尔滨学院学报》2010年第11期，第27～33页。该文亦犯有一个错误，即：误将山东代表人数统计为6人了。

位代表，在填写“调查表”时均采用了化名（假名）。不仅如此，在远东局事先准备好的一幢两层楼的招待所中，4位日本代表（一位学生、三位工人）“用的都是假名”。[①] 以最著名的王尽美为例，王尽美原名“王瑞俊”，自此之后方使用“尽美”之名。[②]（3）所谓“中华共产党”，乃是会议主办方专为“中国共产党”设计的一个称谓。凡是与会的中国代表的“调查表”，均为“中华共产党”。这只要亲见了这些“调查表”之后，应无任何异议。

俄罗斯当代文献保管与研究中心（现名为“俄罗斯国家社会/政治史档案馆”，Russian State Archive of Socio—Political History，全宗号495，目录号154，卷宗号181）存档并已公开的原始文献——参会代表的“调查表”，对于王乐平的中共党员身份有着确凿无疑的记载。该“调查表”第6项“属什么党派或团体”，王乐平填写为“中华共产党山东部”，其中“华”“产”“东”均为繁体字。[③] 从字迹分析，应该为王乐平的亲笔。不但王乐平，同时赴俄参加伊尔库茨克会议的其他4位山东代表亦均如此填写，只有王尽美大概系笔误而填写成了“中国共产党山东部”。[④] 中共代表张国焘填写的“调查表”，也是“调查表·中华共产党部”的同样表格，并无“中国共产党”之称谓。[⑤] 国民党代表张伯亚填写的“调查表”，仍然使用的是“调查表·中华共产党部”。[⑥] 山东党组织第一次使用“中国共产党”这一名称，据记载是在1923年5月5日召开“马克思诞辰105周年纪念会”会后所散发的传单。

如果只有王乐平的一份“调查表”，显然系“孤证”；但是，这5份“调查表”一起问世则可以相互印证，足以证明山东党组织的秘密存在了（而且成员可能不止五人）。无论是否机缘巧合，这5份“调查表”都是山东党组织（团体）的一次公开亮相。至于为何未能留存更多的文本证据，这大概主要是因为当时白色恐怖的特殊时代背景。如果罔顾这一历史

① 《我的回忆》第1册，第183页。

② 《中国国民党第一、二次全国代表大会会议史料》，转引自萧甡：《关于王尽美“名字”的考证》，《中共党史研究》2001年第6期，第90页。

③ 参看《调查表·中华共产党部·王居一》，《上海革命史资料与研究》（第7辑），第774页。

④ 参看《调查表·中华共产党部·王筱锦》、《王居一》、《王福源》、《王尽美》、《邓又铭》，《上海革命史资料与研究》（第7辑），第773页、774页、776页、780页、782页。

⑤ 参看《调查表·中华共产党部·张国焘》，《上海革命史资料与研究》（第7辑），第802页。

⑥ 参看《调查表·中华共产党部·张伯亚》，《上海革命史资料与研究》（第7辑），第806页。

事实而“刻舟求剑”，是不能够得出实事求是的历史结论的。

这些遗存文献，在1980年代尚未公布，因此国内外研究者对于山东党组织的创建问题并未形成一致共识。1981年12月，山东省中共党史学会成立。1982年1月6—10日，该会在济南举办“关于山东地方党组织创建时期的若干问题讨论会”，党史界40余人集中讨论这一问题。尽管大家认识到这一问题“也是山东党组织创建时期中的一个重要的、带关键性的，而且又比较难统一认识的问题”，实际在会议结束时并未形成共识。[①]

此外，由于意识形态等政治原因，研究者对于中共创建者之一的张国焘等有关回忆也往往视而不见。张国焘对陈独秀极力褒扬和推崇，称其为“是组织中国共产党的最先发动者和设计者。他具有决心和信心，拟定发展中国共产党组织的初步蓝图，并从事实际活动。由于他多方推动和组织，各地的马克思主义者的零星活动终于演进到中国共产党的正式组成。”[②] 在陈独秀“拟定”的“中共组织的初步蓝图”之中，山东赫然在列。陈独秀委托李大钊与张国焘“从速在北方发动，先组织北京小组，再向山东、山西、河南等省和天津、唐山等城市发展”。[③] 毫无疑问，在陈独秀、张国焘等筹建中共之时，一度成为举国瞩目的五四运动导火索——山东，已经势所必然进入了他们的规划视野之中。张国焘进一步指出，“中国共产党各小组，能在像湖南、山东这样的

---

① 贾蔚昌：《关于山东地方党组织创建时期若干问题讨论会讨论情况介绍》，《山东党史资料》（增刊）1982年3月出版，第16～17页。其中，余世诚认为：“济南共产党小组”的成立时间“在1920年底或1921年初的可能性最大”；人数最初建立时是3人，1921年春可能发展到5人，到“一大”召开时可能为8人；成员有王尽美、邓恩铭、王翔千、贾石亭（贾甫）、王象午、鲁伯峻、庄龙甲、王复元、王用章。刘明义认为：“1920年秋末（约10月），树立了共产主义信仰的王尽美、邓恩铭等人发起秘密成立了康米尼斯特学会（共产主义学会）也就是被后人所称的共产主义小组或共产党小组”；成立时间推定“在1920年秋末（即10月中、下旬）是比较妥当的”；成员“可以肯定的有王尽美、邓恩铭、王象午、王复元”，“可能性大的有王用章，有可能是的有贾甫、王志坚、李祚周、王克捷、赵震寰等。”李肇年、王文泉认为：“济南共产主义小组”的成立时间，大概在1920年冬到1921年春，“很难得出更具体的结论了”；成员“则只有王尽美、邓恩铭、王翔千三人”，“还应有王复元、王用章二人。”曲琦明确提出“一大”以前没有“济南（山东）共产主义小组”的否定观点；参看曲琦：《棒打假党史——给中央党史的第二封信》。

② 张国焘：《我的回忆》第1册，东方出版社1998年版，第90页。

③《我的回忆》第1册，第98页。另外，除了北京、山东之外，山西、河南、天津等省市未能按时实现组建当地党组织的既定计划，具体原因不详，因而他们也未派代表参加一大。

省份发展起来，倒也不是偶然的。山东因为是日本侵略的目标，所以一般青年在北方各省中显得较为左倾。”① 山东建立党组织（团体）的消息，让党内同志们颇为振奋。参加一大的周佛海（日本小组代表）回忆：

> 接着上海同志的信，知道七月间要开代表大会了。凑巧是暑假期中，我便回到上海，党务发展得真快，不单是我们去年计划的上海、汉口、长沙、北京、广州，都成立了组织，就是济南也有了支部……汉口是陈潭秋、包惠僧，上海是李达、李汉俊，济南是谁记不清了……②

山东党组织（团体）的建立，按照周佛海的说法，为“济南支部”。它与上海等五地区，后者是去年（1920 年）计划建立党组织的“党务发展”规定任务，前者却是一个“计划外”产物。上述“六个地区”马克思主义者的“零星活动”终于正式组成了中国共产党。早在周佛海之前，党内其他同志也留意到山东党组织（团体）的一些情况。施存统 1921 年 6 月赴日留学，12 月即为逮捕，在日本警视厅留存了一份珍贵的“口供”。③在“口供”中，施存统称济南有党员“10 名”。这是迄今，关于山东党员确切人数的最早文献记载。施存统、周佛海均不熟悉山东党务，亦未见他们与山东党组织（团体）发生过任何联系。由此可知，山东党组织（团体）在一大之前已成立，而这亦为党内同志所皆知。此外，张国焘在回忆录中，也另外提供了一组数据，其中称山东有“8 名党员”。④

综合上述史料加以分析，不难发现：山东党组织（共产党团体）应该在中共一大召开之前即已存在。而这一客观事实，在党内也成为几乎人尽皆知的“秘密”和“喜讯”，如远在异国他乡的周佛海也都知道了。该信的字里行间洋溢着说不尽的欢欣与鼓舞。在 1982 年初那场最著名的纷争之中，双方存在争议之处，在于所谓“中共济南小组”的成员，公认

---

① 《我的回忆》第 1 册，第 124 页。

② 周佛海：《扶桑籍影溯当年》，摘自《往矣集》1943 年出版，1944 年增订八版，引自《中共“一大”资料汇编》，第 169～170 页。另参见：周佛海：《回忆中国共产党的成立（1942 年 1 月）》，摘自周佛海《往矣集》（1942 年 1 月上海平报社版）中的《扶桑籍影溯当年》；引自《共产主义小组》（下），第 793 页。

③ 《中国共产党成立史》；“附录三施存统口供”，第 369 页。

④ 《我的回忆》第 1 册，第 108 页。

的1921年党员只有王尽美、邓恩铭二人，而无第三人。而争论焦点，也是集中在对“组织”或者“团体”之概念的纠缠上。至于一大之前山东党组织（团体）是否建立的根本问题，却因为一些具体论据的分歧（有无第三个1921年党员），竟被“舍本逐末”。而这一个具体论据，仅为一个细枝末节的问题，并不足以成为完全否定上述根本问题的“致命伤”。一个组织的构成成员，究竟是二人还是三人，并不重要。最重要的应该是：一大前，山东党组织（团体）已经存在的历史事实，是不能因此而被否定的。最近挖掘出来的新史料（如“调查表”和《民国十年日记》等），已经能够支撑这一基本事实。然而，遗憾的是：时过境迁，山东党组织（团体）何时成立，居然成了一桩长期未能解决的历史悬案。至于地方精英（如王乐平）对马克思主义生根山东的历史性贡献，也被有意或者无意忽略了。日本学者石川祯浩认为长沙小组“不过是与毛泽东交往过密的两三个志同道合者，远非一个团体或组织”。无独有偶，中共长沙、山东及日本小组均被认为是“只有2个党员”。对于山东，针对某些研究者简单依据一些并非直接当事人的口述史而率意解说的泛滥现状，他又特别指出：

> ……很遗憾，没有任何原始资料可以解答这些问题。武汉和长沙的情况，因为有直接当事人的回忆录，尚可粗知其概要；而济南的情况，由于直接当事人王尽美和邓恩铭都离世极早，本人生前没有任何回顾材料，只有他们周围的有关人士写的间接回忆录。
>
> 在国内当初曾经存在的“共产主义小组”里，就数济南小组的真实情况最难把握。此前关于“济南共产主义小组”的几乎所有研究，其所依据的也都是间接的回忆资料；而这些回忆的内容，有不少经不起推敲，因而，这类资料再多，也不可能使我们把握事实真相。①

在1982年的纷争之中，以及2006年出版的《中国共产党成立史》一书，都未能发现和使用到本书所挖掘的这些“新史料”，因此他们的有些结论，现在看来有补充和修正的必要，这也是可以理解的。时至今日，一

---

①《中国共产党成立史》，第193～194页。

些研究者仍然对于王乐平五人的“调查表”等遗存文献熟视无睹，甚至未见其影印件即主观臆断或上纲上线，这些都不算是科学的历史唯物主义的研究态度。众所周知，考证需要大量的文本证据和完整的证据链。但是，特定的历史环境，决定了山东党组织无法为其提供文本上的“出生证明”。而这又绝不是仅仅只有山东如此，其他皆如此。如果按照“反方举证”原则，可以发现反方实际并未能提供有分量的反驳证据，而那些想当然的口舌之争至少在研究者看来是并无任何意义。

在王乐平精心编织的这张社会网络之中，既掺杂了错综复杂的家族、同乡、亲朋关系，又与其人格魅力有关。也许，王乐平的人格魅力，更能吸引方方面面的青年才俊聚集在其麾下，这张网络才能源源不断向外扩张。因此，其政治声望虽然屡遭挫折，他仍然能够一而再地成为山东比较醒目的一面旗帜。在这面旗帜之下，最重要大概是一种导师和门徒的事实关系。但这种革命者之间的师生关系，又大不同于既往的“门生故吏”关系。这种导师和门徒的关系，在当时甚为普遍。

在中共的顶层和中层，更多的依靠是与陈独秀、李大钊两人的私人关系，在大多数情况下，是导师和门徒的关系，而不是依靠不带个人色彩的纪律。事实上，一旦这些联系纽带因其他原因而被削弱，有关的党员便会表现出脱离组织倾向。[①]

王乐平即依托这些“私人关系”，在身边聚集了一批革命青年。王乐平的革命门徒之中，王尽美、王翔千、王象午、邓恩铭等人选择了继续信仰马克思主义；王志坚等人选择了“出世”的逃避主义；王复元、王用章等则背叛了马克思主义……王乐平本人，试图以“改组理论”挽救革命，结果出师未捷身先死。不同的信仰抉择，也决定了他们各自不同的人生归宿。

1930 年，王乐平在上海被国民党特务刺杀身亡。

王尽美 1921 年 6 ~7 月参加中共一大，8 月返回济南，10 月赴伊尔库茨克会议，11 月 1 日到达满洲里，1922 年春回国后协助王乐平在齐鲁书社成立“平民学会”，1924 年随王乐平参加国民党一大并被

① 费正清等：《剑桥中华民国史》（上卷），第 508 页。

任命为“特派员”之一筹建国民党山东党部，1925年病逝。

邓恩铭，1900年生于贵州省荔波县，水族。[①] 邓恩铭自称“生性与人不同，最憎恶的是名与利”。[②] 后来，他又“因爱人关系未能充分切实负责工作，生活表现阔绰，不能无产化，感情太重，太主观冲动，对中学工作不注意，对政治分析不清楚”而受到批评。[③] 1923年3月，邓恩铭在给刘仁静的信中，汇报完青岛工运工作之后，最后一句却写道：“听说张特立掉到爱河里淹没了，你们还不赶快救救他?”[④] 张特立即张国焘，邓恩铭字里行间充斥着揶揄之气，并不掩饰他对张国焘的讥讽，由此也可以看出邓恩铭的倔强性格。这年底，张国焘与杨子烈（杨毅）结婚，1924年5月张国焘夫妻被捕变节。在《张国焘供出在京党员姓名单》中，有李大钊、高尚德、刘仁静、方洪杰、朱务善、陈佩兰、缪伯英等11人；《张国焘供出各路在党工人姓名单》中，有京绥路7人，京奉路21人，胶济路3人，正太路2人，京汉路8人，津浦路2人，粤汉路1人，道清路2人，陇海路1人，广州24人，招供名单都有具体的姓名和地址。[⑤] 根据北洋政府京师警察厅1924年6月11日逮捕李大钊的密令称：“据张犯国焘提训明确，伊等以私组工党为名，实行共产主义，南方首领为陈独秀，北方则以李大钊为首，伊与张昆弟为辅助者。”[⑥] 1931年，邓恩铭第三次入狱后，与其他22人被枪决，英勇就义。[⑦]

---

① 贵州省博物馆：《邓恩铭事迹访问调查报告》（1964年1月），李肇年编《邓恩铭同志资料选编》（征求意见稿），1979年5月，第50页。邓恩铭1921年参加远东各国共产党及民族革命团体第一次代表大会时在满洲里填写的《调查表》中，自称其“出生年月日”为“1900年10月15日”。邓恩铭究竟是汉族还是水族，一说邓恩铭的“祖先父母及他本人绝对是汉族”，“大众日报及新编辞海把他写成苗族是不对的”。其弟邓恩光称，“我们也搞不清楚”，“为了读书和外出工作方便，又怕人家歧视”，“就干脆讲我们也是汉族”。后来调查认为“应是水族为宜”。参看贵州黔南自治州文化局：《中国共产党第一次全国代表大会代表邓恩铭烈士故居调查报告》（1978年12月7日），李肇年编《邓恩铭同志资料选编》（征求意见稿），1979年5月，第57~60页。

② 邓恩铭：《给父亲的信（1925年5月8日）》《邓恩铭同志资料选编》（征求意见稿），第119页。

③ 《山东革命历史文件汇集》（乙种本），第44页。

④ 《邓恩铭关于青岛工运工作等问题致刘仁静的信》，《山东革命历史档案资料选编》（第一辑），山东人民出版社1981年版，第6页。

⑤ 参看《张国焘的供词》，《历史档案》1981年第2期。

⑥ 《程总长照会京师警察厅密令一九二四年第一百五一号》，《中华民国内务部档案汇编》第六册，凤凰出版社（原江苏古籍出版社）1991年版，第52页。

⑦ 《山东枪决大批红匪》，《申报》民国二十年（1931）四月八日。

王象午与王尽美同岁，沉稳干练，1926年被开除出党，1941年病故。

王翔千是山东党组织的另一核心人物。在一些晚辈心中，被认为是“山东共产党之父”。[①] 王翔千号“劬髯”，颇具名士风范，据王统照《民国十年日记》记载，王翔千曾编写过一部食谱。[②]

工人阶级出身的王复元，1921年10月追随王乐平参加了远东会议，1927年出席中共五大返回途中谎称失窃，将山东党组织活动经费1000元贪污，事泄后被开除党籍。1928年底，王复元索性叛变，抓捕了邓恩铭等17人。次年，王复元被中共地下组织“清理门户”除掉。

四　共产党组织与马克思主义在山东的扎根

中共一大之前，山东党组织（团体）已经秘密成立了。而且，现在发现的一些遗存文献业已能提供部分文本证据。1921年12月日本警视厅的讯问笔录记载，时在日本的“赤化嫌疑犯”施存统所留存的“口供”称：至1921年12月，国内学（党）员“约六十余人”，其中“济南10名”。[③] 张国焘称，由他负责的北京小组还在济南帮助成立了“一个共产党小组和社会主义青年团”[④]。总之，以王乐平为首的地方精英在山东的政治博弈、文化博弈已显见成效。

1921年9月，陈独秀从广东回到上海之后第一次召集的会议即这次中央扩大会议，北京、武汉、上海、山东、湖南、广东“各地代表十多人”出席，负责北方区工作的罗章龙向中央建议调王尽美去北方部工作，“中央赞成，但山东党不同意。后来各方商量结果，山东书记部与北京合并，尽美调到北京，山东党由邓恩铭等负责。北方书记部另派专人驻济南协助山东党委工作”[⑤]。王尽美9月参加中央扩大会议时，大概已经对自

① 姜贵：《旋风》，1951年9月—1952年1月写作完成，1957年自费出版500册。台北市九歌出版社1999年再版（繁体竖排版）。此书在［美］鲍威德：Urban Change in China：Politics and Development in Tsinan，Shandung，1890—1949列为“清末民初山东社会史的参考文献”。

② 参看王统照：《民国十年日记》，“2月13日”，《潍坊学院学报》2004年第1期，第2页。

③ 《中国共产党成立史》；“附录三施存统口供”，第369页。

④ 《我的回忆》第1册，第123页。

⑤ 罗章龙：《记北方劳动组合书记部》，《社会科学战线》1980年第3期，第13页。

已将被学校开除的警告有所风闻，因而产生“异地工作学习”的想法并在罗章龙帮助下得以实现。表示“不同意”的“山东党”，似乎在1921年9月已经确凿存在了。“山东党”的这一意见，并没有得到中央的支持。

如果说邓恩铭不能服众，山东党的另一核心人物王翔千则应该是不二的人选。而这时，尚未发生“私奔”风波，王翔千德高望重，中央对他应该有一个较为积极和客观的评价。但是中共中央最后决定，“另派专人驻济南协助山东党委工作”。中共中央的这一组织布局，颇耐人寻味。所谓“专人”，似乎是指马克先、吴容沧等。1922年11月，暂代书记仅2个月的马克先被免职，由吴容沧接任。马克先被免职，是山东党员“排挤”之故还是另有原因，不详。

在北方区工作的王尽美因为“机智勇敢”，被工人们起了一个绰号为“盖韩信”，而“张特立足智多谋称为张孔明”，“吴容沧性如烈火称南方蛮子”。[①]“性如烈火”的吴容沧接替马克先，但是其工作能力似乎还不如邓恩铭。吴容沧，又名吴慧铭，浙江杭州人，1920年加入北京社会主义青年团，1922年年底任中共济南支部代理书记，1923年10月中共济南地委成立时任中央特派员。[②]据马克先称，新任书记吴容沧“很能花钱，当时党的活动经费很困难，很难满足他”。有一次吴容沧“欠账太多”，马克先便写信给张国焘，“代吴请款”，张国焘回信称“即行设法汇寄”。[③]所谓“代吴请款”，冠冕堂皇之下亦很难摆脱实为向中央（张国焘）告状的嫌疑。吴容沧“很能花钱”的原因，据说是他喜欢上了一个“女戏子”。[④]1924年他铤而走险“抢劫银行”索要1000元“活动经费”，被捕入狱四年余，致使山东党组织遭受重大打击，“引起当地重大反感，在济南的同志，几乎逃亡殆尽!”[⑤]他出狱后离开济南，下落不明。[⑥]

---

① 罗章龙：《记北方劳动组合书记部》，《社会科学战线》1980年第3期，第18页。

② 参看李曙新：《吴芳和吴容沧是两个人》，《党史博采》2012年第5期，第59页。

③ 马克先：《关于吴容沧》，此件为济南市总工会采访马克先之后马克先本人的笔复件；参看《山东党史资料》1982年第3期、《山东党史资料》1986年第1期。

④ 参看姜贵：《旋风》，第3章。

⑤ 《山东地方报告》，《中国共产党党报》1924年6月1日。

⑥ 参看李曙新：《吴芳和吴容沧是两个人》，《党史博采》2012年第5期，第59页。

吴案之后，1925年2月，尹宽[①]任山东地执委书记，8月即调任上海工作。尹宽匆匆调走，亦另有原因：他与王翔千之女王辩私奔了。王辩的自由恋爱之举，现在看来无可厚非，在当时却掀起了轩然大波。有“山东共产党之父”之称的王翔千，愤怒无法形容。此事“导致山东全省的党员们群情激愤，一致要求中央严惩拐骗少女的尹宽，开除其党籍”，据说当时山东党员“几乎全体都闹起来”“要求中央开除尹宽的党籍”，山东党的元老“王翔千本人要带刀来上海，与尹宽拼老命。山东的同志们都支持他。”“后来山东方面退了一步，要求举行大婚，并要求由陈独秀与恽代英作证婚人”。陈独秀“让尹借养病之机离开上海区委书记的位置”，“王辩则派到莫斯科去学习”。此事遂不了了之。[②]

大概或因为此缘故，王辩追求爱情之举，不但思想激进的革命父亲王翔千断然不能接受，全体山东党员几乎都不能接受，其中肯定也包括她的亲叔叔王象午。王象午1926年被开除出党，恐怕与此多少会有牵连。王翔千最为沮丧，竟气得回了相州老家。1928年年底，他“与党组织失掉联系”，之后“辗转各地，以教书为生。”当然，官方说法是1925年年底由于局势恶化，他遭到“通缉”，“被迫离济返乡，与党组织失去联系”。

除了中央指定的几位书记马克先（1922.9—11）、吴容沧（1922.11—12）、尹宽（1924.10—1925.8）之外，基本仍由王尽美主持着山东地方党组织工作。1925年8月，王尽美病逝，邓恩铭接任书记（1925.8—11）。王尽美的棺柩，由王象午护送至原籍入葬。王尽美遗属孤儿寡母五人，此后一直受到王乐平、王翔千等族人的不断接济。

---

① 尹宽，1896年生于安徽桐城，1924年赴苏联莫斯科东方大学学习，回国后任陈独秀秘书，1929年因坚持追随陈独秀而被开除党籍，1966年病逝。王辩1906年生于诸城，1917年随父来济南读书，1920年考入山东省立济南女子师范学校，1923年加入青年团，1925年在济南竞进女校任教，11月赴莫斯科中山大学学习，1927年在中共安徽省委宣传部工作，1930年到东北地区从事地下工作，1937年回山东工作，中华人民共和国成立后调任北京图书馆苏联图书室主任，1987年病逝。

② 在当时，凡是去了莫斯科的中国女人“都有爱人在国内”，但是她们几乎“都在莫斯科另找爱人”，中国女同志在莫斯科的这种行为被戏称为“倒戈”，其中唯一例外的姑娘就是王辩。1927年王辩回国，尹宽时任中共安徽省委书记，二人调到一起工作。王辩不久被捕，出狱后尹宽已成“托派”，王辩遂与尹宽断绝关系。王辩后来改名黄秀珍。参看郑超麟《郑超麟回忆录》（上册）第七章《记尹宽》，东方出版社2004年版。原文刊于1998年香港版《史事与回忆》。

王翔千[①]的辈分比王乐平长一辈，只是叔侄二人关系似乎不太融洽。王乐平创办齐鲁通讯社之后，王翔千曾多次去该社购买新书。1920 年 10 月底，据说是王翔千组织了一些学生在齐鲁书社内成立了励新学会。[②] 这些学生，主要有一师王尽美及王志坚、一中邓恩铭、工专王象午、商专贾乃甫等。王翔千曾有一篇回忆录，但是并非他本人直接写成，乃是经过曾任山东省政协副主席的马保三的修改、转述，并经过山东省和中央党史资料征集委员会的编辑。在该回忆录中，王翔千把励新学会视为山东党组织的“母体”，认为它（励新学会）成立之后“从此奠定了革命的基础”，在研究山东建党问题时“很值得我们追溯”。励新学会不久分化，其一部分先组成“马克思学说研究会”，继成立“共产主义小组”，以后成立“共产党山东支部”。[③] 所谓“山东支部”，可能即指 1922 年 9 月初成立，马克先暂代支部书记，王翔千掌管文印工作。[④] 只是，山东党组织这一段历史（励新学会—马克思学说研究会—山东共产主义小组—共产党山东支部），似乎太过“完美”而让人不敢尽信，篡改痕迹也隐约可见。

1925 年 11 月，邓恩铭首次被捕入狱，不久“保外就医”获释。其后，孙秀峰（1925. 11—12）、张昆弟（1925. 11—1926. 9）、吴芳（1926. 9—1927. 5）相继负责山东工作。[⑤] 此后，邓恩铭（1927. 8—10）、卢福坦（1927. 10—11）、邓恩铭（1927. 11—1928. 2）、卢福坦（1928. 2—1929. 2）轮流负责山东工作。[⑥]

山东马克思主义传播进入组织传播阶段之后，特别是山东党组织的成立，有力地推动了山东地方党团组织建设和工人运动的纵深发展。1922

---

① 王翔千生于 1888 年 9 月，1907—1911 年在北京译学馆学习，1911—1912 年任济南《大东日报》编辑，1912—1913 年，任《齐鲁民报》编辑，1913—1916 年回乡办学校，1916—1921 年任济南法政专门学校文案、育英中学教员，1921—1922 年主编《劳动周刊》，1922—1923 任省立十中（益都，今青州）教员，1923—1925 年任《晨钟报》主笔，1925—1928 年回乡。

② 参看黄秀珍《我的父亲和山东建党、建团活动》，王来棣《中共创始人访谈录》，明镜出版社 2008 年版。该文另请参看山东省档案，“省校，全宗号 3，目录号 1，卷号 207，顺序号 16，《党成立前后山东地区的一些情况》”。

③ 王翔千:《山东共产党的发端（1951 年）》，摘自《山东党史资料》（增刊）1982 年 3 月，引自中共中央党史资料征集委员会编:《共产主义小组》（下），中共党史资料出版社 1987 年版，636 页。

④ 马克先口述、董天佳整理:《济南建党后初期活动片断》，《山东党史资料》1982 年 3 期。

⑤ 参看中共山东省委组织部、中共山东省委党史资料征集研究委员会、山东省档案馆编:《中国共产党山东省组织史资料（1921 ~ 1987）》，中共党史出版社 1991 年版，第 14 ~ 19 页。

⑥《中国共产党山东省组织史资料（1921 ~ 1987）》，第 40 ~ 44 页。

年5月，中共济南独立组成立；6月，中国劳动组合书记部山东分部建立。8月，中共济南支部成立。[①] 1923年，中共济南地方执行委员会建立。1925年2月，中共山东地方执行委员会建立。1927年6月，中共山东省委成立。这一时期，先后建立潍县、寿光、青州（益都）、高密、张店、鲁北等党的地方执行委员会；在济南、青岛、张店、淄博、博山、寿光、广饶、青州、潍县、高密、烟台、枣庄、曲阜、沂水、泰安、莱芜、齐河、禹城、平原、庆云、阳谷、东昌（聊城）等地建有党的支部；在惠民、菏泽等地也有少量党员。至1927年7月，全省有党员近1500人。[②]

根据新挖掘的一些史料，1921年4月山东社会主义青年团（SY青年团）已在筹建，北京社会主义青年团教育委员宋介曾来济南指导建团，并指定王志坚、邓恩铭诸人负责，但是未见它开展活动的史料记载。[③] 直至1922年，山东重建了青年团。8月，贾乃甫、郝永太等人在济南首批加入青年团；王尽美等党员也加入了青年团。9月，青年团济南地方团成立。1923年初，团济南地方执行委员会建立。此后，张店、青州、烟台、寿光等地相继建立团支部，青岛建立团地方执行委员会。1926年7月，团山东区委建立。1926年冬至1927年夏，团益都、寿光、潍县等县委和青州地方执行委员会先后建立。[④]

山东工人运动也在短时间内得到较快发展。1921年夏，山东第一个工人组织“津浦铁路济南大槐树机车厂工人俱乐部”成立。1922年6月，中国劳动组合书记部山东分（支）部成立，这是党公开领导山东工人运动的机关。同时，济南津浦大厂工会成立，发起山东矿业工会淄博部；济南印刷厂工人同志会、纺织工人会也相继成立。1923年，山东工人运动在声援二七大罢工活动中出现第一次工运高潮。7月，济南理发工人成立济南市理发工会（对外称济南理发业联合会）。数日之间，济南16个县、8000余人参加了理发业联合会。1925年2月，胶济铁路和四方机车厂取得罢工胜利，成立胶济路总工会，下设6个分会。胶济铁路全线罢工及其胜利，被邓中夏誉为“异军突起”。4—7月，青岛纱厂工人举行3次大罢

① 《中国共产党山东省组织史资料（1921～1987）》，中共党史出版社1991年版，“概述”，第2页。
② 《中国共产党山东省组织史资料（1921～1987）》，“概述”，第2～3页。
③ 王统照遗稿、王立诚整理：《民国十年日记（第二部）》，《潍坊学院学报》2005年第1期，第7页。
④ 《中国共产党山东省组织史资料（1921～1987）》，第27页。

工，数十家工厂企业成立工会组织，刘少奇、傅书堂到青岛指导罢工斗争。[①] 至此，山东的马克思主义传播本体已由政治理论完全转变为政治实践，并顽强地扎根于山东本土了。

五 余论

1920—1930 年的十余年间，在山东首府济南曾经风云一时的地方精英们相继凋零、谢幕。1925 年，王乐平最著名的共产党门徒王尽美首先不幸病逝。翌年，王乐平亲手创办的齐鲁书社被迫关闭。1926 年，工作扎实、务实干练的王象午，被开除出党；山东党的另一核心人物王翔千也随后“自行脱党”。原本支撑、维系山东党组织的“相州王氏”成员，相继离开了该组织（团体）。1928 年年底，王乐平正在上海忙于筹建“中国国民党改组同志会”（简称改组派）。而这时，他在济南倾注了不少心血的“中共山东党”却正在分崩离析。不久，他的门徒之一和曾经的同志王复元[②]在济南叛变了中共，并直接导致了山东另一位著名共产党员邓恩铭被捕。以“相州王氏”为班底的“中共山东党”，此时此刻几乎已经名存实亡了。

1929 年王乐平成为改组派负责人（另一负责人陈公博，当时已出国）；10 月，国民政府下令通缉王乐平；1930 年 2 月，王乐平被 7 名特务暗杀，“改组派”遂告解体。[③] “改组派”曾经提出“没收地主土地，工人有罢工自由”等，在当时青年中影响很大。[④] 王乐平“在上海法租界环龙路迈尔西爱路三一四号寓所遇刺谢世”的消息，让当年亲自处理王用

---

① 《中国共产党山东省组织史资料（1921～1987）》，第 33～34 页。

② 王复元，又名王全，1900 年生于济南。早年读过私塾，当过修表工。1919 年在山东省立第一中学当电工兼传达员，1921 年在济南《大东日报》任校对、参与创办《山东劳动周刊》，曾任青年团济南书记。1927 年出席中共五大返回途中，谎称失窃，将山东党组织活动经费 1000 元贪污，时任省委书记邓恩铭将其开除。1928 年 11 月，王复元叛变，抓捕了邓恩铭等 17 人。1929 年 8 月，中共青岛地下组织将王复元秘密处决。为处决王复元，中共及山东党组织也付出了沉重代价，负责锄奸的王科仁、张英分别于 1930 年、1932 年被捕牺牲，假扮张英妻子的傅桂兰（傅书堂之妹）当年即被捕关押至死。

③ 李娉：《从改组左派走向共产信仰——从馆藏资料剖析王乐平的政治生涯》，《东京文学》2011 年第 4 期。

④ 参看刘建皋：《改组派初探》，《历史研究》1981 年第 6 期。

章叛变事宜的堂弟王立哉大受刺激，称这是“余自参加革命以来，所受刺激最深之一次”。[①] 1933 年，王乐平迁葬济南千佛山墓地。[②] 1931 年，亦即王乐平被暗杀的第二年，邓恩铭等 22 名共产党人以“破坏三民主义”“阴谋暴动”之罪名被枪决于济南纬八路刑场。[③] 如果用一个“小数据”来统计和分析，可以发现：王乐平去世时年为 43 岁，王尽美年仅 26 岁，邓恩铭年仅 31 岁，王复元年仅 29 岁，王象午年为 42 岁，王志坚年为 48 岁，王翔千享年 68 岁。这 7 人之中，正常死亡的只有王尽美、王象午、王翔千 3 人。死于国民党之手的有 2 人：王乐平、邓恩铭。死于共产党之手的也有 2 人：王复元、王志坚。

在山东近现代化的历史进程中，如何客观评价这些地方精英的贡献及影响，是一个难以把握恰当的研究难点。“对历史人物的评价，应该放在其所处时代和社会的历史条件下去分析，不能离开对历史条件、历史过程的全面认识和对历史规律的科学把握，不能忽略历史必然性和历史偶然性的关系。不能把历史顺境中的成功简单归功于个人，也不能把历史逆境中的挫折简单归咎于个人。不能用今天的时代条件、发展水平、认识水平去衡量和要求前人，不能苛求前人干出只有后人才能干出的业绩来。”[④] 在特定历史条件下，马克思主义在山东传播的得与失、成与败，必须回到当时的历史环境之下去认知，必须放置于马克思主义中国化的曲折进程之中去考察。马克思主义在山东传播的早期，以王乐平为首的地方精英首当其冲起到了推波助澜的关键作用，促成了山东党组织（团体）的秘密成立。马克思主义在山东的落地生根，即由他们实现。马克思主义从一种社会思潮发展成为指导山东工人运动的实践，山东党组织力量的日渐增强、马克思主义影响的日益扩大，都是奠基在他们开创之功的基础上。在传播对象（受众）的选择上，山东共产党以中下层民众为主，国民党则偏重于中上层。

---

① 王用章，又名天生，1897 年生于济南，1917 年招募为华工赴欧洲，1920 年回国，1921 年与参与创办《济南劳动周刊》等，1923 年出席中共三大，1924 年代理中共济南地执委委员长，1925 年被捕，1928 年出狱后任中共山东省委交通处主任等。1929 年夏，刚出狱不久的王用章叛变。1949 年，被逮捕，1957 年死于济南狱中。参王立哉：《九十忆往（四）》，《山东文献》第 11 卷第 4 期，1986 年 3 月 20 日。

② 《王乐平先生公葬记》，《山东文献》第八卷第二期，七十一年（1982）九月出版。

③ 《山东枪决大批红匪》，《申报》民国二十年（1931 年）四月八日。

④ 习近平：《在纪念毛泽东同志诞辰 120 周年座谈会上的讲话（2013 年 12 月 26 日）》，中共中央文献研究室编：《十八大以来重要文献选编》（上），中央文献出版社 2014 年版，第 687—701 页。

国共两党的组织发展路线，似乎自发地采用了“蓝海战略（Blue Ocean Strategy）”原理，各取所需、各得其所而不致发生大的正面冲突。而居中斡旋的调和者，显然非王乐平莫属。王乐平所幻想的“国共两党之间要和平竞赛，不要互相拆台”之主张，也彰显了他对于政党政治不甚了解与天真幼稚的一面。而他对于政党政治的这一理念，可能受到了其导师丁惟汾的熏陶与教诲。丁惟汾曾与王乐平“商定”，国共两党在山东可以“作竞争”，但是“不得有倾轧”。[①]而从实践来看，王乐平对于这一规则是一力遵循的。从这个角度而言，王乐平的“知识分子”特质显然颇为浓郁，这或许是以他为首的山东地方精英（亦多为早期马克思主义者）一个比较突出和共性的时代烙印。

一大之前建立的山东党组织（团体），基本骨干为诸城“相州王氏”的家族成员。在已考证出的7人之中（王乐平、王尽美、邓恩铭、王象午、王复元、王志坚、王翔千），只有王复元一人不是该家族成员，只有邓恩铭一人不是“王姓”。王乐平的主动退出，王翔千的一度脱党，邓恩铭的离济赴青，王象午的开除出党，以及喧嚣一时的“私奔”风波，乱纷纷表象之下，实际折射出的是地方精英与中共中央的政治博弈。博弈的过程，也是中央权威逐渐树立和山东党组织完成改造的过程。“相州王氏”家族成员的相继退出，地方精英的渐次谢幕，标志着中央改组地方党组织政治意图的成功实现。此后，山东党组织真正成为一个五湖四海、纪律严明的地方组织，在挫折中发展，从失败中学习，至抗日战争时期已经将山东抗日根据地建设成为全国唯一一个完整的省级政权。这一发展结果，标志着马克思主义在山东已经长成了一株生机勃勃的参天大树。

---

① 丁惟汾：《秘密进行之成绩》，杨展云、宋梅村编《山东文献》第三卷第3~4期，台湾民国六十六年十二月二十日，出版时间1978年。

附表 1　　　　1931 年 4 月 5 日遇害的“红匪”名单①

序号	姓　名	年龄	籍　贯	罪　名
1	宋占一	25	山东唐邑县	破坏三民主义，执行红匪重要职务，意图暴动
2	纪子瑞	36	山东胶县	加入红匪，意图颠覆国民政府，阴谋暴动
3	黄伯云	31	安徽歙县	阴谋暴动，图谋不轨
4	刘一梦	26	山东沂水县	破坏三民主义，阴谋暴动，执行红匪重要职务
5	王锡三	41	山东长山县	在俄国加入红匪，回国担任工作
6	张子炎	20	山东肥城县	阴谋暴动，意图颠覆国民政府
7	李钰	28	山东历城县	十四年加入红匪，在淄川担任宣传工作等
8	李华亭	31	山东潍县	宣传邪流，以推翻国民政府为目的
9	车锡贵	32	山东淄川县	图谋颠覆国民政府，阴谋暴动
10	王风歧	24	山东德县	阴谋不轨，图谋暴动，联络土匪
11	陈德金	23	安徽怀远县	在青岛鼓动工潮，阴谋暴动
12	孙守诚	21	山东淄川	加入红匪，阴谋不轨，破坏三民主义
13	刘谦初	34	山东平度县	执行红匪重要职务，图谋不轨

① 闫注：根据《山东枪决大批红匪》，《申报》民国二十年（1931 年）四月八日编制。这一批“红匪”，均为男性。另，根据该报所列名单，实际只有 21 人，却称“共枪决共匪二十二名”，或者该名单有疏漏。附此存疑。这些烈士，有些使用了化名或假名。黄伯云，即邓恩明（铭）。其籍贯，可能系其所自称。张子炎，即朱霄（1907—1931），原名朱桂生，又名朱啸、张子炎，肥城县人。1922 年入济南育英中学读书。1924 年加入中国共产党，同年 6 月任共青团济南第三支部书记，1926 年担任团济南地委委员，并担任山东学生联合总会主要负责人之一，1927 年 7 月大革命失败后在津浦线和鲁南一带活动。由于叛徒出卖，1929 年 1 月 19 日在济南被捕。在狱中，两次协助邓恩铭等越狱。在越狱暴动中，朱霄被追回。1931 年 4 月 5 日，朱霄与邓恩铭、刘谦初等 22 人被杀害，史称济南“四五烈士”。车锡贵（1898—1931），又名车希贵，淄川县人。12 岁当矿工下煤窑，1925 年秋参加淄川炭矿工人俱乐部，1926 年 3 月参加反对鲁大公司裁减工人的罢工斗争，是年冬加入中国共产党，1928 年 5 月任淄川炭矿工会执行委员会宣传委员，6 月 25 日组织淄川炭矿 4000 余名矿工全体罢工，不幸被捕。10 月获释后担任中共淄川特支书记，1929 年 4 月被逮捕，7 月押往济南山东省第一监狱，1931 年 4 月遇害。孙守诚，即孙守成（1910—1931），淄川县人。1927 年加入中国共产党，1928 年被选为洪沟煤矿党支部负责人，1929 年任青岛钟渊纱厂党支部书记，领导了 1929 年青岛纺织工人大罢工，1930 年 1 月被秘密逮捕，1931 年 4 月 5 日遇害。刘谦初（1897—1931），原名刘德元，字乾初，化名黄伯镶，山东平度人。1916 年春赴青岛参加讨袁军攻克潍县、高密，1917 年初考入县立平度师范讲习所，1918 年考入济南齐鲁大学文预科，1922 年夏考入北京燕京大学，1924 年 6 月加入社会主义青年团，1927 年初赴武汉参加北伐军，同年先后任漳州地区书记、福建省委书记等，1929 年年初到山东恢复和重建党组织，4 月任省委书记兼宣传部部长，8 月被捕，1931 年 4 月遇害。党维荣，即林毅。被捕时担任中共青岛市委书记。

附续表 1

序号	姓　名	年龄	籍　贯	罪　名
14	刘太和	28	山东沂水县	与刘谦初共同组织团体，阴谋不轨，颠覆国民政府
15	张金德	33	江苏宿迁县	加入红匪，在青岛担任工作
16	王清书	26	山东潍县	加入红匪，图谋不轨，并执行重要职务
17	李克平	31	河南开封	加入红匪，担任工作
18	党维荣	23	陕西富平县	执行红匪职务，阴谋不轨
19	孔庆嘉	26	山东曹县	煽动罢市，阴谋暴动
20	任守钧	20	山东曹县	组织团体，煽惑民众，阴谋暴动，破坏国民政府
21	赵鸿功	21	山东蓬莱县	加入红匪，组织农会，阴谋不轨

第六章　秘密播种：关于杨明斋的再研究

导言：建党初期，创建者几乎都是凭借着“个人威望”和“人际关系”，脱颖而出，凝聚同志，引领方向。地方党组织与中央党组织的联系渠道，也主要掌握在组织（团体）内极少数几个人、甚至通常集中在某一个人手中，即所谓“单线联系”。一大之前，按照既定分工，南方地区各地党组织的创建发展，由上海党组织负责；北方地区各地党组织的创建发展，由北京党组织负责。山东与中央党组织的联系渠道，在马克思主义生根山东的关键阶段，除了王乐平—张国焘、王尽美—罗章龙这两条联络渠道之外，还存在着一条极为隐蔽的联系渠道。而这一渠道，便是通过杨明斋，实现了山东与中央层面的直接“接轨”。杨明斋作为共产国际的秘密使者和党的创建者之一，被认为“可能为山东秘密建党做出了重大贡献”。新中国成立67年来，关于杨明斋的研究虽然不少，但是高质量、有影响、有深度的研究成果却乏善可陈，多为一些资料汇编。通过梳理其身世，借以管窥他省亲之行与山东秘密建党之间的可能关系。这位神秘人物，在山东秘密播种却几乎不留痕迹（这种秘密工作性质也为后人考证带来了许多困难），在传播马克思主义和中共党建方面建树颇大，并系统地以马克思唯物主义观点阐释了中国早期马克思主义者的文化观，可谓中国共产党人自觉探索马克思主义中国化道路的先行者。

在马克思主义生根中国的落地阶段，山东人杨明斋居中起到了非常关键的“中介”作用。他不仅是一名俄语翻译，更是直接参与党的创建的当事人。他不但对我们党、团的创建做出了较大贡献，对于山东党组织（团体）的建立更发挥了特殊的“直接指导”作用，做出了重大贡献。[①] 通过梳理杨明斋的身世，本章考证了他省亲与山东地区建党之间的事实关系。在马克思主义生根中国的扎根时期，他是一位举足轻重的关键人物。在马克思主义生根中国之后，他又成为一名辛勤园丁，努力探索着马克思主义与中国本土文化相结合的道路，推动着马克思主义之“根”向中国本土更深、更广、更远处延伸。作为自学成才的先进分子，杨明斋较早地提出“中国革命要走中国道路”和加强党的自身建设等党建论述，并系统地以马克思唯物主义观点阐释了中国早期马克思主义者的文化观。而他的这些努力与实践，既是同时代人也是今天研究者未曾注意或者注意不够之处。杨明斋“勇于任事”的历史唯物主义精神，今天尤其值得我们大力继承和弘扬。

一　少为人知的先驱者

《中国共产党历史》（第一卷）提到1920年春，俄共远东局海参崴分局派维经斯基来华了解中国情况和能否建党问题时，只有一句：“与其同行的有旅俄华人、俄共（布）党员、翻译杨明斋等人”。杨明斋的身份，在此仅被界定为“翻译”和“旅俄华人、俄共（布）党员”，对于其帮助中共建党、建团、建社（华俄通讯社）、建校（外国语学校）及传播马克思主义理论等贡献几乎只字未提。[②] 在美国哈佛大学1971年出版的《中国共产党人名辞典》中，关于“杨明斋”其人的释文为：

> 杨明斋，山东人。
>
> 他出身于山东一个贫苦家庭，曾移民至西伯利亚。沙皇时期，杨横越西伯利亚到达莫斯科，在那里工作和学习了十多年。十月革命后，他参加了苏联共产党。1920年4月，与一个共产国际代表团到达北京，他是代表团的向导和翻译。代表团成员有维经斯基、马马也夫和他们的妻子（马马也夫懂些中文，他是伊尔库茨克远东秘书处负责中国事务的。1924年底，他又到中国任黄埔军校政治顾问，北

① 罗章龙：《我对山东建党初期情况的回忆（1981年）》，摘自《济南工运史料》第2辑，1983年10月；引自中共中央党史资料征集委员会编：《共产主义小组》（下），中共党史资料出版社1987年版，第652～653页。

② 中共中央党史研究室：《中国共产党历史》（第一卷上册），中共党史出版社2002年版，第58页。

伐时是国民军第七军李宗仁的顾问）。

1920年5月，陈独秀召开会议讨论组织中国共产党事，出席者为李汉俊、沈玄庐、李达、俞秀松、施存统。这个会议，选陈独秀为书记，并提出在其他城市也建立同样的支部（小组）。杨明斋这时在上海帮助建立了第一个共产主义小组，并于8月帮助建立了第一个社会主义青年团的第一个核心。他还负责中俄通讯社（是掩护维经斯基工作的机构）和外国语学校（是掩护当时共产党人活动的）。吸收青年共产党人在这里学习俄文，以便送苏联进东方劳动者大学，培养党的干部。1920到1921年之间的冬天被派去苏联学习的有刘少奇、任弼时、彭述之、罗亦农、廖化平等人。

1920年底，陈到广东任教育厅长，维经斯基回苏，共产党人的活动看来有所减少，无政府主义和共产党人之间的分歧日益明显。沈玄庐到广东去了，施存统到日本去了。大约在这时，在董必武和杨明斋负责下成立了一个教育委员会，主要任务是掩护青年团员到苏联去受教育和训练。

1921年中，中国共产党成立时，杨以联共党员转为中共党员。1921年9月，与陈独秀及其妻高君曼和包惠僧一起为上海租界当局逮捕。马林请了一个法国律师，一天半后将陈独秀以5万元保释。杨和其他人又关了几天，以5000元保释（共产国际的经费）。据张国焘说，1923~1924年间，杨与他们断绝关系，后来的情况就不得而知了。[①]

上引文关于杨明斋生平及其在中共建党时期做出的贡献，基本叙述是比较准确和客观的。只是由于当时史料和编撰体例所限，上述二书在一些具体史实方面尚不尽如人意。现在根据《杨明斋传》和《杨明斋生平年表》，[②] 以及笔者所掌握的其他若干资料，对此再略作一些史实上的补充和考证，仅供其他研究者参考。

（一）杨明斋的准确籍贯，经过山东党史工作者的大量努力，业已

① 杨云若译自［美］端纳·克莱恩（Donald·Wklein）编写：《中国共产党人名辞典》，美国哈佛大学出版社1971年版。转引自余世诚、张升善编：《杨明斋》，中共党史资料出版社1988年版（下引只注明书名）；第91~92页。

② 《杨明斋传》，《杨明斋》，第1~34页。武革非：《杨明斋水平年表》，《杨明斋》第184~191页。

确定他的籍贯是“山东省平度县西乡马戈庄”，其名“好德，字明斋”。[①]

（二）杨明斋的出生时间，应为“约1882年”。

根据《杨明斋传》和《杨明斋生平年表》，杨明斋的出生日期是“1882年3月”。[②] 这一时间的得出，可能是根据杨明斋的侄子杨德信所谈情况而推算出来的。[③] 杨德信在1983年接受采访时自称“68岁”，考虑到当时农村普遍习惯采用“虚岁”计算的惯例，推知杨德信实际年龄应为67周岁（在此仅按照其虚一岁计算），大概在1916年出生。杨德信声称其大姑大其36岁，其大伯（杨明斋）又比其大姑小两岁，推知其大姑大概出生在1880年，杨明斋大概出生在1882年。至于“3月”之说，则不知所据，《杨明斋传》和《杨明斋生平年表》亦未作说明。而且，“1882年”只是一个推算得出的时间，在没有其他实证资料发现之前，为严谨计，笔者以为宜改为“约1882年”较为审慎。此其一。

其二，作为杨氏家族“比较直系”的后人，杨德信对其家族成员的世系、辈分、排行等情况，掌握得应当非常准确。因此，杨德信所称“大姑”，应为杨明斋的胞姐，或称为“姊”。在《杨明斋传》中，传主对杨明斋“姐弟”的关系，处理不妥，竟称“1885年春天，胞妹夭亡，不久又丧生母……”。笔者以为，此处错误，当系笔误或者校对疏忽，误将“姊”作“妹”了。[④] 另外，在《杨明斋生平年表》中，则称“1885年春，杨明斋胞姊夭亡，……”[⑤] 由此亦可佐证，《杨明斋传》中之所谓“胞妹”，实系“胞姊”之误无疑。

（三）杨明斋的家庭情况。

杨明斋并非一生未结婚，而是大概在1900年，当时他年约18岁（虚岁则为19岁了），[⑥] 估计他这个年龄结婚在当年农村同龄人之中可能是“中等情况”，不算太大，也不是太小。婚后生下一子，名字为“杨延

① 中共平度县委党史办：《我们是怎样查找杨明斋的》，《山东党史工作》1983年第8期。余世诚：《关于杨明斋生平事迹的调查》，《齐鲁学刊》1983年第4期；余世诚：《杨明斋调查记》，《党史通讯》1984年第3期和《人物》1984年第4期。

② 《杨明斋传》，《杨明斋》1页。《杨明斋生平年表》，《杨明斋》，第184页。

③ 杨德信：《杨德信谈伯父杨明斋的情况（1983年4月18日）》，《杨明斋》，第164~165页。

④ 《杨明斋传》，《杨明斋》，第2页。

⑤ 《杨明斋生平年表》，《杨明斋》，第184页。

⑥ 本文如无特别说明，均指“周岁”。

年”。婚后不久，杨明斋的妻子病逝。1901 年 3 月，杨明斋去“闯关东”，4 月底至海参崴。[①] 出生不久的杨延年，由其祖父与继祖母抚养。

若干年之后，杨延年曾去海参崴寻找父亲杨明斋。但是不知何故，杨明斋“不愿见”这个唯一的儿子，因此杨延年“不到半年就回来了”。在很多当事人的记忆里，杨明斋非常忠厚善良，对待革命青年尤其热诚关心，他如此对待自己的儿子实在让人费解。甚至后来断断续续在国内生活和工作了五六年，也未再回老家探亲。

杨延年后来也结婚成家，并生下一子杨久庆。杨久庆在青岛解放时离家出走，后来下落不明。根据杨德信提供的信息推测，杨久庆可能在东北地区安家了，后来他也生下一子，不知道叫什么名字，据说是“现在东北”。这已经是杨明斋的第四代了。[②]

（四）杨明斋的几次探亲。

1913 年春节前，杨明斋回家探亲，父亲杨仁鉴尚在世，儿子杨延年大概 12 岁，弟弟妹妹都长大、长高了，一家人过了一个团圆年。春节后，杨明斋又回到西伯利亚。杨延年大概就是在这个春节见到父亲之后，才萌生了随父去俄国闯荡的念头。至 1920 年春杨明斋再度回国，杨延年也不过 19 岁。

1920 年“八九月间”，[③] 杨明斋回家探亲。杨德信说当时他“五岁”，“刚刚记得事”。而其堂兄杨延年时年 19 岁，如果尚且在世杨德信肯定会有所回忆，也不能不有所提及，但是他对于堂兄父子相见居然毫无印象，似乎也未听到老人说起。大家居然避而不谈，据此只能让人推测最大的一个事实很可能是：这时杨延年已经去世了，因为杨德信称他的这个哥哥（杨延年）“早已死”了。[④] 如果按照一般估计，杨延年大概也是在 17 或 18 岁时，由其继祖母操持而结婚，婚后不久即有一子（杨久庆）。至于他是在有子前或后去世，恐已不可考。

杨明斋 1920 年这次归省，衣着打扮是“戴一顶大白帽子”“不同寻常人”，以至于乡邻对他印象颇为深刻。不仅穿着上古怪，而且族亲和邻居们还认为杨明斋“脾气怪，不大和凡人说话”，实事求是讲对他的印象

---

① 《杨明斋传》，《杨明斋》，第 3 页。《杨明斋生平年表》，《杨明斋》，第 185 页。

② 杨德信：《杨德信谈伯父杨明斋的情况（1983 年 4 月 18 日）》，《杨明斋》，第 164 ~ 165 页。

③ 《杨明斋传》，《杨明斋》，第 9 页。

④ 杨德信：《杨德信谈伯父杨明斋的情况（1983 年 4 月 18 日）》，《杨明斋》，第 164 ~ 165 页。

恐怕不会太好。[1] 不过这种“反感”更能加深乡亲们对他的记忆，故而此事应该确凿。杨德信回忆称杨明斋“回来后住在锅灶前地上，盖一条毛毯”，[2] 这一生活细节是很难编造的，尤其是这一“席地而卧”的睡觉方式可能让乡党和长辈们觉得非常怪诞，闻所未闻，遂当作笑谈或者谈资口口相传。杨德信彼时只是一个小孩子，这种生活细节多半是不止一次听祖母或者叔伯长辈口述而知的。[3] 杨德信之言，可予采信。

杨德信还“听老人说过”，杨明斋“闯（海参）崴子后，过几年就回来一次，一共回来过三次”，最后一次即1920年他五岁这次。前两次分别是什么时候？他不能记起，在接受采访时只记得“1920年这次”。[4]《杨明斋传》和《杨明斋生平年表》记载了两次：1913年春节和1920年八九月间。如果杨德信“三次说”无误，那么杨明斋另一次回家会在什么时候呢？

杨明斋的父亲杨仁鉴大概于1915年去世，时年51岁。依照农村习俗，杨明斋作为长子，理应返回家乡安葬父亲。不过，考虑到他家中还有四个弟弟，父亲丧事也可能不须他亲自返乡操持。《杨明斋生平年表》即明确记载说杨明斋“在俄未归”，[5] 只是未见有何史料依据。

杨明斋在其履历中，将自己的来华时间写为“1919年末”。[6] 日本学者石川祯浩研究认为，“如果这个时间无误，那么，杨明斋很可能是在魏金斯基来华前因故回国，而在魏金斯基来华后又与其会合的。”[7] 石川祯浩推论的“因故回国”，到底是什么缘故呢？在此基础上，笔者进一步认为，关于“1919年末”之时间，大概有如下可能性：（一）或者是“1913年末”的笔误。因为在这年，杨明斋第一次回家过了春节。不过，这一可能性不大。（二）如果确实是“1919年末”，而且没有发生公历与

---

① 杨德信：《杨德信谈伯父杨明斋的情况（1983年4月18日）》，《杨明斋》，第164～165页。

② 杨德信：《杨德信谈伯父杨明斋的情况（1983年4月18日）》，《杨明斋》，第164～165页。

③ 闫注：久居东北地区之山东人，既已适应当地寒冷生活，再回到山东家乡之后反而会“嫌热”，即便寒冬雪天仅一床被子在地下亦足能安睡。闫曾亲见鲁西南一族叔祖，从东北回老家定居，冬日睡眠即如此，我们都惊诧于其“不怕冷”。这一细节，与杨明斋极其相似。

④ 杨德信：《杨德信谈伯父杨明斋的情况（1983年4月18日）》，《杨明斋》，第164～165页。

⑤《杨明斋生平年表》，《杨明斋》，第185页。

⑥《俄共（布）、共产国际与中国国民革命运动》（第一卷）：SteveA. Smith，A Roadis Made：Communismin Shanghai 1920～1927，Richmond，2000，pp. 16，232.

⑦ ［日］石川祯浩，袁广泉译：《中国共产党成立史》，中国社会科学出版社2006年版，第85～86页。

民国纪年上的换算错误，那么笔者认为：很可能在“1919年末”，杨氏家族里发生了一件对于杨明斋而言非常重要的事情，以至于他本人不得不赶回国内。根据前文所推测，杨氏家族传来的信息很可能是一条噩耗，即：杨明斋的儿子杨延年新婚后不久猝然病死了，而杨明斋匆匆回国即是处理此事。这可能是杨明斋第二次回家。（三）奉命秘密潜回国内“鼓吹社会主义”。据1919年1月23日“王兴文密电”记载：

昨奉藤井师长面告：现过激派主义传染甚速甚烈，闻有阻留欧俄之华工万人，已悉附激党，由列宁政府出款五千万卢布，畀此华人，使潜回国内鼓吹社会主义。日前沙河子煤矿已发现此等华工三名，当即逮捕。日军对此极为注意，尚望中国亦严加阻范，于蒙古、新疆各边界尤宜注意，勿任传播，害及东亚，实为至盼。……①

这些“潜回国内鼓吹社会主义”的华工，已经在沙河子煤矿被日军逮捕了三人。据外交部督军鲍贵卿1月27日致电“国务院、参战处”称，在沙河子煤矿被日军逮捕的“华工三名”，“确受过激派之传染，由西伯利亚归来者，现在该处大肆鼓吹，幸发现尚早，未成巨患……”② 据此，2月5日北洋政府国务院密电指示：

……该华工回国，恐含有煽乱情事，应于抵边境时设法从严检查，分别遣归原籍等因……③

北洋政府国务院又于3月18日密电指示：

近据确报，有华人二千余人，曾投入俄国境内过激党中，近有三百余名，将行回国。该党宗旨乖谬，扰害公安，此项华工，濡染已久，回国后难保无煽诱军警、工党情事，极宜切实防范，弭患无形。所有沿边各省区，于该华工回国时，务当切实侦查，即时设法遣散，勿任煽聚……各军警检察机关，有维持治安之责，遇有此项华工到

---

① 王兴文密电（1月23日），北洋政府督办边防事务处档案；引自《五四爱国运动档案资料》，中国社会科学出版社1980年版，第613页。

② 鲍贵卿电（1月27日）；引自《五四爱国运动档案资料》，第613~614页。

③ 国务院密电（2月5日），北洋政府内务部档案；引自《五四爱国运动档案资料》，第614页。

境，务须注意侦防，如果有勾结煽惑情事，即应查拏，从严究办……①

根据上引电文，这时从西伯利亚回国的杨明斋，很可能也被视为“危险分子”之一，甚至可能受到比较严密的监视，致使无法开展革命宣传，“亟欲传播其主义于我国内地”而不得，很可能被“遣归原籍”了，他只好先回家探亲再伺机而动。② 由于尚未发现杨明斋这方面的有关史料，故只能作此推测。所谓“过激主义”，1919 年 7 月胡适曾说：

我再举现在人人嘴里挂着的“过激主义”做一个例：现在中国有几个人知道这一个名词做何意义？但是大家都痛恨痛骂“过激主义”，内务部下令严防“过激主义”，曹锟也行文严禁“过激主义”，卢永祥也出示查禁“过激主义”。前两个月，北京有几个老官僚在酒席上叹气，说，“不好了，过激派到了中国了。”前两天有一个小官僚，看见我写的一把扇子，大诧异道：“这不是过激党胡适吗？”哈哈；这就是“主义”的用处！③

总之，杨明斋 1919 年末回国之后，旋又接受共产国际的任务担任维经斯基的翻译，在次年春与维经斯基等人会合。这即为杨明斋第三次也是最后一次回家。据《杨明斋传》记载，在中共上海发起组成立之后至 1920 年十月李大钊领导北京共产党小组成立的期间，“杨明斋还到济南，与王尽美、邓恩铭、王翔千等进行了会见，推动了济南地区的共产主义运动的发展。”④ 如果杨明斋在济南与王尽美三人的这次会见，不是指“1920 年八九月间”，而是在这年春天，“杨明斋一年回家两次”这一家族大事，杨德信肯定会有所记忆。因此，《杨明斋传》所记载的“杨明斋 1920 年在济南与王尽美三人会见”，尽管其特加了一个注释：“据杨一辰、丁群回忆”，也只能是指“1920 年八九月间”这次。换言之，1920 年是

---

① 国务院密电（3 月 18 日），北洋政府内务部档案；引自《五四爱国运动档案资料》第 615 页。

② 卢永祥复电（1920 年 3 月 13 日），引自《五四爱国运动档案资料》，第 618 页。

③ 胡适：《多研究些问题，少谈些“主义”》（一九一九年七月），原载《每周评论》第 31 号，1919 年 7 月 20 日；引自中国人民解放军政治学院党史教研室编：《中共党史参考资料》（第二册），出版社及出版日期不详，第 10 页。

④ 《杨明斋传》，《杨明斋》，第 9 页。

杨明斋第三次回家，因为根据他1920年回国后的紧张日程安排，且既身为翻译又参与中共创建，工作繁忙，一年内连续回家两次且族人并无相关记忆的可能性不大。1920年回家后，杨明斋在家住了十多天，临走时还把四弟杨好益“带到济南读书”。只是杨好益比较“调皮”“不久就被学校开除回来了”。1931年“九一八”后，杨明斋不知所终，“音信全无”，从此与家人彻底失去了联系。[①] 显而易见，杨明斋1920年这次回家探亲，是他与其家族最后一次联系。

二　传播火种的先行者

杨明斋回家三次还是两次，其实无关紧要。但是他在1920年回家探亲并带杨好益到济南读书这一重大史实——尽管该史实早已存在，但却长时间未予足够重视并充分挖掘——对于考证和研究中共在山东地区建党问题，则是极其关键的一个重大突破。

长期以来，国内外许多学者以及党史工作者针对中共在山东地区建党问题聚讼不休，时至今日依然各执一词，互不服气。其争论焦点是：在中共一大召开（1921年7月）之前，山东究竟有没有一个共产主义小组？双方相互展开了长时间的论战。20世纪80—90年代，反方认为没有，根据是山东除了王尽美、邓恩铭之外，根本找不出第三个一大前入党的中共党员。正方一直提出“王翔千最可能是山东第三个早期党员”的假设，被反方出具的王翔千本人填写的一纸履历“1922年入党”所推翻。正方又提出杨明斋曾帮助山东建党，反方驳斥说“并无实据”。21世纪以来，随着一则新史料《1922年王乐平（居一）出席远东弱小民族会议调查表》的发现，王乐平在该表“属什么党派或团体”栏中自署为“中华共产党山东部”。正方据此提出，王乐平是山东早期党员。反方则称“孤证不立”云云。纵观在这场争论中，正方似乎一直处于下风。

1901年3月，杨明斋即从老家下关东，4月底至海参崴，之后一直在俄国居住，其间，除了一次或两次回家探亲，直至1920年春节才回国。可以想见，他当年作为一个“劳工”，即使他曾路过济南几次，恐怕也只是一介匆匆过客，与济南应该没有发生什么实质性联系。但是1920年这

---

① 杨德信：《杨德信谈伯父杨明斋的情况（1983年4月18日）》，《杨明斋》，第164～165页。

次回家，情形与以往大不相同，他已经有能力把四弟杨好益带到济南读书。一直在国外的他，怎么突然在济南有了这种社会能量呢？这一点不能不让人生疑。

1920 年 4 月，杨明斋与共产国际派出的其他代表团成员（维经斯基及其妻库兹涅佐娃，杨明斋为翻译[①]）在北京汇合。在杨明斋的建议下，维经斯基与李大钊等取得初步联系，5 月，持李大钊介绍信去上海与陈独秀等接洽，这时与他们一起工作的还有马马耶夫、斯托亚诺维奇和佩尔林。[②] 马林，即“马马耶（也）夫”，是其中国式的化名。[③] 根据 1984 年 5 月 10 日中国驻苏联大使馆提供的苏联科学出版社东方文献编辑部在莫斯科出版的《中国现代史》（第一卷）第一章记载，这个代表团的“任务是了解中国国内情况，同中国进步人士建立经常联系，并研究是否有可能在上海建立共产国际东亚书记处。”[④] 5—9 月，杨明斋在上海帮助建立上海共产主义小组、社会主义青年团，负责中俄通讯社和外国语学校。[⑤] 9 月 28 日—10 月 2 日，外国语学社连续在《民国日报》刊登招生广告，“有志学习外国语者请速向……本社报名。”[⑥] 10 月 3 日，上海机器工会在杨明斋住处召开发起会，杨明斋在会上作了演讲。[⑦] 11 月 21 日，杨明斋作为筹备者之一参加上海机器工会在白克路上海公学召开的成立大会。[⑧]

根据其以上工作行程，推算杨明斋大概是利用 10 月 3 日—11 月 21 日这一个时间空挡，抽出了 10 ~ 20 天时间回家省亲的。因为 5—9 月，建党工作刚展开，作为翻译和参与者，杨明斋肯定不能离开。9 月下旬至 10 月上旬，筹办外国语学社，作为负责人他亦不能离开。10 月上旬至月底，发动成立机器工会诸工作基本走上正轨，他则可以放心离开一段时间，回家探亲。而且，结合上海 5 月会议提出的“在其他城市也建立同样的支部（小组）”，杨明斋此行也有可能肩负着指导帮助创建山东支部的秘密使

---

① ［俄］K·E·舍维廖夫著，彭宏伟、潘荣译，穆蓼校：《中国共产党成立史》，原文刊发于［苏联］《远东问题》1980 年 4 期，引自《党史研究资料》（3），四川人民出版社 1982 年版，第 79 页。

② 《杨明斋》，第 95 ~ 96 页。

③ 矛盾：《回忆录》（四），《新华月报》文摘版 1979 年 7 号。

④ 《国外中国近代史研究》（第三辑），中国社会科学出版社 1982 年版，第 74 页。

⑤ 《杨明斋传》，《杨明斋》10 ~ 17 页。《杨明斋生平年表》，《杨明斋》，第 186 ~ 187 页。

⑥ 《民国日报》1920 年 9 月 30 日。

⑦ 《杨明斋传》，《杨明斋》15 页。《杨明斋生平年表》，《杨明斋》，第 187 页。

⑧ 《杨明斋传》，《杨明斋》16 页。《杨明斋生平年表》，《杨明斋》，第 187 页。

命。对此，曾经指导山东党组织若干工作的罗章龙（北京早期党组织主要成员）也回忆说：

> 如果说杨明斋为建党的事去过山东，这是可以的，因为他是山东人。杨明斋二〇年前后在北京住过很长时间，他是我们北京马克思学说研究会的会员。在北京，我和他曾住在一起。①

罗章龙对杨明斋比较了解，故此他有上述推测。这从一个侧面可以推断杨明斋很有可能利用回家探亲之机，初步与“济南同志”取得了联系并曾得到他们的一些帮助（如安排杨好益到济南读书）。但是，他是通过什么渠道与“济南同志”进行联系的呢？这又是一个难解之谜。不过，另一则史料可以帮助我们加以推测。1920 年九月中旬（阴历），大概为公历 10 月 21 日，中共武汉支部成立，包惠僧担任支部书记，支部活动地点在武昌多公祠五号。

> 共产国际在这阶段也曾两次派代表来武汉和我们联系。一九二〇年冬，马迈耶夫和包立维两人没有事先通知我，就突然来多公祠五号找我，他们先做了自我介绍，说明来意，任务是了解湖北党的工作。他们向我了解支部是怎样建立的，有多少人，是那些人以及我本人的情况，他们还介绍了俄国革命后的情况，交谈的内容很广泛。第二次是马迈也夫和他的夫人来武昌，是刘伯垂通知我去汉阳门小火轮码头接待，我们彼此谈了一些工作问题。这两次会见间隔不到半个月。②

根据以上包惠僧的回忆，推知所谓“一九二〇年冬”，大概是在中共武汉支部成立后不久，即约在公历 10 月底 11 月中上旬。马迈耶夫和包立维两人作为共产国际的派出人员，采用“没有事先通知”的突袭工作方式，亲赴武汉了解该支部情况，可见共产国际对当时各地刚成立的支部（小组）之重视。据此分析，共产国际应该是掌握了中共各地方组织情况之后，才会派代表直接与各地方党组织发生直接联系，考察了解各地方党

---

① 罗章龙：《我对山东建党初期情况的回忆（1981 年）》，摘自《济南工运史料》第 2 辑，1983 年 10 月；引自《共产主义小组》（下），第 652 ~ 653 页。

② 包惠僧：《回忆武汉共产主义小组》，《党史研究资料》1979 年第 9 期。

组织的实际进展情况。既然他们会突然亲自与武汉支部发生直接联系，那么也很有可能同时或者分别派遣代表去其他已有中共党组织的地区，杨明斋无疑便成为考察山东地方党组织发展情况的最佳人选。于是，有了他1920年秋冬之交的这次山东省亲之行。

公历1920年10月3日至月底，正是中国农历的八月廿二至九月二十。虽然天气可能已过“寒露（10月8日，农历八月廿七）”或者“霜降（10月24日，农历九月十三）”，夜晚会较冷，但是杨明斋久居西伯利亚寒冷之地，晚上睡“在锅灶前地上，盖一条毛毯”也会恬然入梦。又从“毛毯”一词，推知当时气温可能比较冷了，时间在“霜降（10月24日）”左右的可能性比较大。《杨明斋传》说是“八九月间”，《杨明斋生平年表》则称是“秋天”，都不太准确。

杨明斋此次回家省亲，即使与山东地方党组织主要成员取得了联系，也应该是非常隐蔽和机密。山东党组织的骨干成员王尽美、邓恩铭、王翔千等人都未留下任何相关文献资料，这就使得这次秘密会见更加扑朔迷离。不过，根据山东地方党组织其他一些老同志的“记忆碎片”，杨明斋确曾与山东地方党组织发生过联系。如杨一辰曾回忆说：维经斯基、杨明斋他们一行“在去上海找陈独秀，路过济南时，他们即与育英中学国文教员王翔千，一师、一中的学生、教师王尽美、邓恩明等联系，传播马克思主义”[①] 丁君羊也称维经斯基、杨明斋他们“途经济南曾与王尽美、邓恩铭等人会过面，后来到上海会见了陈独秀……”[②] 当然，这些“记忆碎片”之中经不起推敲的东西较多，如会见时间、会见范围、会见经过、会见内容等都不尽准确，反而掩盖了“会见”这一基本史实。

山东地方党组织负责人王尽美1925年病逝，杨明斋1931年后杳无音信，邓恩铭1931年牺牲，他们均未能如武汉支部负责人包惠僧那样留下了文字资料，致使这次会见成为一个历史谜团，甚至山东党组织当时是否确曾存在也成为一桩历史悬案而至今聚讼不休。对此，日本学者石川祯浩在其力作《中国共产党成立史》中，特别指出：

---

① 杨一辰：《回忆王尽美同志事迹片断》（1975年12月31日），《党史研究资料》1981年第6期、7期。

② 《丁君羊给余世诚的信》（1982年3月17日），《杨明斋》，第124页。

> ……很遗憾，没有任何原始资料可以解答这些问题。武汉和长沙的情况，因为有直接当事人的回忆录，尚可粗知其概要；而济南的情况，由于直接当事人王尽美和邓恩铭都离世极早，本人生前没有任何回顾材料，只有他们周围的有关人士写的间接回忆录。在国内当初曾经存在的"共产主义小组"里，就数济南小组的真实情况最难把握。此前关于"济南共产主义小组"（共产主义小组）的几乎所有研究，其所依据的也都是间接的回忆资料，而这些回忆的内容，有不少经不起推敲，因而，这类资料再多，也不可能使我们把握事实真相。[①]

当然，石川氏所说"没有任何原始资料"，只是局限于他当时写作该书之时。那时，他似乎尚未发现：（1）关于山东党组织及成员情况的5份"调查表"（1992年由俄国档案馆移交中方）；（2）1957年发现、2004—2005年公开发表在《潍坊学院学报》的王统照《民国十年日记》（第一部）、（第二部）；（3）其他关于山东党组织的若干档案文献。相信他看到这些文献之后，会有所修正自己的研究结论并有助于他能够进一步"把握事实真相"。

三　理论联系实际的躬耕者

杨明斋的历史贡献不止参与了中共、社会主义青年团的创建，还在早期马克思主义理论的传播和研究方面做出了突出贡献。因此，杨明斋绝非仅是一个普通翻译人员。"不少材料仅仅说他是维经斯基的翻译，一带而过。事实上，他的活动决不仅限于翻译而已。从已经掌握的材料看，杨明斋是热心中国革命的活动家。建党初期，他在创办华俄通讯社、外国语学校、马克思主义研究会，组织上海最早的工会，以至推动建立党的上海发起组、创建社会主义青年团……等一系列活动中，都起了重要的作用。非但如此，在建党初期，杨明斋在思想理论战线上的贡献也是不可忽视的。他通过以华俄通讯社名义发出的大批稿件，向中国人民介绍了俄国革命及十月革命后的苏俄情况，推动马克思列宁主义在中国的传播。他还撰著了

① 《中国共产党成立史》；"第三章"，第193～194页。

《评中西文化观》《中国社会改造原理》等著作，批判了当时一些学者提倡的'发扬国故''儒学救国'等抵制马克思主义传播的唯心主义谬论。"[①] 这一评价，还是比较中肯和恰当的。

杨明斋投身革命的突出贡献，使其在中共党史上占有一席之地。据说曾被李大钊赞为"万里投荒、一身是胆"[②]，被罗章龙誉为"自甘韬晦、埋首革命"[③]，被周恩来推为"忠厚长者"[④]。然而，纵观30余年来的杨明斋研究史，多叙述，少考证，低水平重复现象比较严重，真正有深度有影响的研究成果确实不多。从马克思主义早期传播者和马克思主义中国化先驱者的角度研究杨明斋，几乎没有；对于其文化观的研究，亦多局限在"论战"的角度，而未能真正重视和充分挖掘其某些闪光的理论创见。

20世纪80年代，涉及杨明斋的研究论著和回忆录约18篇（部），[⑤] 关于杨明斋及其革命活动的研究成果约有25篇，多是一些回忆性叙述、

---

① 高克亭：《序》，《杨明斋》，第1页。

② 舒志超：《万里投荒一身是胆——记华侨杨明斋在中共创建中起的桥梁作用》，《上海党史与党建》2001年第9期。何立波、张哲：《被李大钊誉为"万里投荒、一身是胆"的杨明斋》，《党史纵横》2011年第6期。

③ 罗章龙：《自甘韬晦埋首革命——回忆杨明斋》，《华东石油学院学报（社科版）》1986年第1期。

④ 曹靖华：《曹靖华访问记》，《新文学史料》1986年第1期。

⑤ 中国社科院现代史研究室、中国革命博物馆党史研究室合编：《"一大"前后》，人民出版社1980年版。《回忆李大钊》，人民出版社1980年版。叶累、丘作健：《外国语学社》，《党史资料丛刊》1980年第1辑。周养儒：《"一大"前的上海"共产党"》，《党史研究》1980年第1期。张静等译，苏联科学院远东研究所等编：《中国革命与苏联顾问》，中国社会科学出版社1981年版。［苏联］乌斯季洛夫著，石产陶译，《在苏维埃俄国的华人共产主义组织》，《益阳师专学报》1981年第2期、3期。李玉贞：《十月革命前后的旅俄华人组织及其活动》，《吉林大学学报》1981年第5期。向青：《关于共产国际和中国革命建立联系的探讨》，《党史研究资料》1982年第6、7期。邵维正：《建党前后的上海工人运动》，《党史资料丛刊》1982年第3辑。陈绍康、张擎：《首批赴俄学习的青年》，《上海青运史资料》1982年第5期。［美］韦慕庭编，中国社科院近代史研究所翻译室译：《共产主义运动在中国》，中国社会科学出版社1982年版。强重华等编：《陈独秀被捕资料汇编》，河南人民出版社1982年版。杨云若编：《共产国际和中国革命关系纪事》，中国社会科学出版社1983年版。《包惠僧回忆录》，人民出版社1983年版。罗征敬：《共产主义事业的先驱者—纪念中国社会主义青年团创建人俞秀松烈士》，《人民日报》1983年8月16日。《回忆张太雷》，人民出版社1984年版。倪兴祥：《建党初期陈独秀在上海两次被捕始末》，《上海地区建党活动研究资料》，上海一大会址纪念馆编。俞乐滨：《建党前后的俞秀松》，《上海地区建党活动研究资料》，上海一大会址纪念馆编。

资料性补充，还谈不上研究力度和深度。[1] 在此期间，主要集中在对杨明斋生平经历、早期革命活动的调查研究。在山东党史工作者的努力下，基本梳理清楚了杨明斋的身世及生平，并结集出版了资料性专辑《杨明斋》，收录《杨明斋传》《杨明斋论著评价》《回忆与怀念》《我们怎样查找杨明斋的》《杨明斋调查记》《杨明斋生平年表》等，共约16.4万字。[2] 其中，余世诚做了《关于杨明斋生平事迹的调查》[3]，并进一步弄清了杨明斋的下落。[4] 中共创建者之一罗章龙高度评价了杨明斋"自甘韬晦、埋首革命"[5]，此外，还有2篇介绍杨明斋的资料性论文。[6] 在此阶段，山东党史研究者付出大量艰辛劳动，推动了杨明斋研究的深入发展，并在社会上产生了一定影响。

90年代，展开了对杨明斋中西文化观的研究与探讨，拓展了这一研

---

① 余世诚：《杨明斋在早期中国革命中的活动》，《青运史资料与研究》第3辑（1983年10月）。余世诚：《关于杨明斋生平事迹的调查》，《齐鲁学刊》1983年第4期。余世诚、张升善：《杨明斋》，《山东党史工作》1983年第8期。中共平度县委党史办公室：《调查杨明斋身世的做法和体会》，《山东党史工作》1983年第8期。余世诚：《杨明斋的下落》，《党史资料丛刊》1984年第1期。徐燕、韦人：《我党早期的外语学校》，《历史知识》1984年第2期。余世诚：《参加共产国际"三大"的另一名中国共产党人是杨明斋》，《党史研究资料》1984年第1期。余世诚：《杨明斋调查记》，《党史通讯》1984年第3期。余世诚：《共产国际派他来中国帮助建党》，《人物》1984年第4期。鲁蒴、齐戈：《我党早期著名活动家研杨明斋》，《支部生活》1984年第4期。陈绍康、朱少伟：《我党最早的通讯社》，《新闻记者》1984年4期。《山东最早的布尔什维克》，《大众日报》1984年5月25日。何连甲：《杨明斋老师音容宛在》，《支部生活》1984年第7期。宋敏之：《对杨明斋同志历史情况的一点补充》，《党史通讯》1984年第8期。俞乐滨：《上海社会主义青年团的创建及其活动》，上海《社联通讯》1984年第7期。王迪先：《关于外国语学社和赴俄学习的几个问题》，《党史研究资料》1985年第1期。余世诚、张升善：《杨明斋》，《中共党史人物传》第21卷，陕西人民出版社1985年版。王效炳、张升善：《杨明斋曾在北京著书》，《山东党史通讯》1985年第8期。余世诚、张升善：《忠厚长者杨明斋》，山东革命烈士事迹选《光照千秋》第六辑（1986年3月）。《杨明斋》，《革命烈士传》第2辑。任武雄：《记杨明斋》，上海党史学会《中共党史文集》。余世诚、张升善：《杨明斋在建党初期的活动》，《人民日报》1987年10月23日。

② 余世诚、张升善编：《杨明斋》，中共党史资料出版社1988年版。

③ 余世诚：《关于杨明斋生平事迹的调查》，《齐鲁学刊》1983年第4期。余世诚在此方面颇为活跃，所发文章也较多。据初步统计，他参与调查和参与撰写发表在各类期刊的文章有12余篇。

④ 余世诚：《杨明斋的下落》，《党史资料丛刊》1984年第1期。余世诚：《苏联同志帮助我们搞清楚了杨明斋的下落》，《中共党史研究》1989年第4期。叶志超、［苏联］М·Л·吉塔连科：《苏联科学院远东研究所所长吉塔连科致余世诚教授的信》，《中共党史研究》1989年第4期。

⑤ 罗章龙：《自甘韬晦埋首革命——回忆杨明斋》，《华东石油学院学报（社科版）》1986年第1期。

⑥ 梅枫：《建党时期的杨明斋》，《历史教学》1983年第6期。季江：《杨明斋》，《石油大学学报（社科版）》1988年第3期。

究领域的广度与深度。[1] 比如，对杨明斋的《评中西文化观》作了历史定位，有学者认为《评中西文化观》是“五四后期文化论争的重要成果”，“不仅是当时为数不多的专门探讨中西文化问题的著作之一，而且是对活跃一时的东方文化派主要代表人物的学术文化思想进行系统批评的唯一专著。”[2] 在承继80年代杨明斋最后下落的史料基础上，对杨明斋去世前的一段历史又作了延伸与挖掘。[3] 杨明斋在中共创建史上湮没无闻的历史贡献，也逐渐为人所知和首肯，并被誉为“也是一颗启明星”。[4] 在此期间，最难能可贵的是，发现了一则新史料：1932年10月21日，杨明斋致张国焘的一封亲笔信。[5]

21世纪以来，关于杨明斋的研究成果从网络搜索到约9篇。其中，肯定杨明斋在中共创建过程中所做贡献的有5篇，认为他是中共建党的“牵线人”，起到了“桥梁作用”，是“为中国共产党建立做出特殊贡献的人”。[6] 也有学者研究了杨明斋对五四文化保守主义思潮的批判，是一篇较有深度的学术论文。[7] 其他资料性文章有3篇。[8]

杨明斋的革命信仰和经历，使他对中国革命道路以及文化问题有了独特的体会与认识。（一）在传播马克思主义过程中，他较早认识到“中国革命须走自己的路”以及党建工作的重要性，并具体提出了改造中国的根本和立党基础关键在于“得信于群众”这一论断。在给张国焘的信中，

---

① 马宏：《杨明斋的中西文化观及其历史地位》，《中共党史研究》1990年第1期。刘辉：《五四后期文化论争的重要成果——杨明斋〈评中西文化观〉试探》，《北京党史》1999年3期。

② 刘辉：《五四后期文化论争的重要成果——杨明斋〈评中西文化观〉试探》，《北京党史》1999年第3期。

③ 徐及之：《杨明斋1936年病逝于苏联托木斯克》，《中共党史研究》1991年第6期。张亚斌、韩淑伟：《中国革命之路的孜孜探求者——杨明斋的最后岁月》，《党史纵横》1997年第1期。

④ 贾玉斌：《也是一颗启明星——杨明斋与中国共产党》，《党史纵横》1994年第11期。

⑤ 杨宗文、李玉晓：《杨明斋资料的新发现》，《中共党史研究》1995年第2期。

⑥ 慈丹、刘磊：《受共产国际委派来中国帮助建党的杨明斋》，《兰台内外》2001年第4期。舒志超：《万里投荒一身是胆——记华侨杨明斋在中共创建中起的桥梁作用》，《上海党史与党建》2001年第9期。何立波、张哲：《被李大钊誉为“万里投荒、一身是胆”的杨明斋》，《党史纵横》2011年第6期。余世诚：《寻找中共建党“牵线人”——重要党史人物杨明斋调查记》，《名人传记（上半月）》2011年第7期。冯晓蔚：《为中国共产党建立作出特殊贡献的人》，《四川统一战线》2011年第11期。

⑦ 刘黎红：《评杨明斋对“五四”文化保守主义思潮的批判》，《广东社会科学》2002年第4期。

⑧ 余世诚：《杨明斋在苏联的最后岁月》，《百年潮》2001年第7期。吴晓：《杨明斋为陈独秀鸣不平》，《炎黄春秋》2005年第3期。苗体君：《鲜为人知的杨明斋》，《党史文汇》2010年第7期。

杨明斋说：

> 1930年春，……做了80页的报告书。书内无非是说中国有特殊的经济条件和特殊的政治、文化等历史，要改造中国必须利用民族所有的经济条件和政治历史，尤其要注意工作上的方法和农民的组织，必须根本地改变从前做事的方法，要留信用于群众，不可照旧的利用群众虚张声势。要立下党的基础和得信于群众。①

杨明斋在此信中，已经敏锐地注意到“中国的民族特点及经济、政治、文化、历史的特殊”，提出须由此出发去探索中国革命的正确道路。这无疑是早期中国马克思主义传播者在探索马克思主义中国化的一次自觉总结，也是杨明斋关于中国革命道路的基本立场与观点。他的解决方案则是加强党的自身建设，改进工作方法，取信于民。现在来看，他这一认识抓住了中国革命发展的要害，一语中的而切中时弊。但在当时，他此番言论则触怒第三国际（如他指斥以往做事方法为“利用群众虚张声势”），由此导致他长期被充军流放，直至1930年代去世。②

（二）在传播马克思主义过程中，杨明斋自觉以马克思唯物主义观点激浊扬清。在文化观上，杨明斋的根本思想是承认“人的意识决定于人的社会生活；所以靠人的主观的意识不能解释人的社会生活，只有从人的社会生活方面可以解释人的意识。”③ 其《评中西文化观》一书共分4卷9章，卷一至三分别为“评《东西文化及其哲学》”“评《先秦政治思想史》”“评《农国辨》”，卷四为“总解释，一一批评了梁漱溟的“意欲文化观”、梁启超的“伪社会主义文化观”、章士钊的“农国文化观”。该书“拿大多数社会生活的实事及其历史”来批评上述三书的论点，提出了“文化为社会生活，也由社会生活而产生”的马克思主义文化观，由此被誉为是五四文化论战“留下的出色的文献之一，也是早期马克思主义启

---

① 杨宗文、李玉晓：《杨明斋资料的新发现》，《中共党史研究》1995年第2期。

② 《中共党史研究》1989年第4期的余世诚：《苏联同志帮助我们搞清楚了杨明斋的下落》以及叶志超、[苏联] M·Л·吉塔连科：《苏联科学院远东研究所所长吉塔连科致余世诚教授的信》，均据吉塔连科之信认为杨明斋1938年病逝。徐及之：《杨明斋1936年病逝于苏联托木斯克》（《中共党史研究》1991年第6期）则提出异议，认为杨明斋1936年病逝。

③ 李维汉：《评介〈评中西文化观〉》，《新民周报》1924年9月4日。

蒙运动、中国现代启蒙思想运动留下的珍贵遗产。”① “可以帮助青年解决很多的疑难”“使读之者能得一个关于中国文化的正确的概念”。② 目前学界认为，杨明斋的文化观有三个特点：一是从唯物而不是唯心的立场来探讨文化问题；二是从大多数人而不是单纯从精英文化的角度来研究文化问题；三是主张文化研究要注意文献记载和历史、社会事实相统一。③ 这一认识，还是比较科学和准确的。

中西两种文化是两种不同类型的文化系统。西方文化崇尚科学精神和方法反映在西方哲学上就是主客二分的思维模式，中国传统文化探求人之生命存在的终极关怀问题，表现在哲学上就是主客合一或“天人合一”。“五四”时期，中西两种文化观念和价值体系“正式发生冲撞”，“用西学取代中学，特别主张用西方的科学主义的观念和方法作为主导思想”成为当时中国思想文化界的“主流”。④ 梁漱溟则独树一帜，认为“世界未来文化就是中国文化的复兴。”⑤ 在文化本源问题上，梁漱溟坚持“生活的根本在意欲，而文化不过是生活的样法”⑥。“人的精神是能决定经济现象的”“生产力不是什么最高动因”，并自认为其观点是对唯物史观的“一种补充”。⑦ 对于梁漱溟文化哲学的唯心性，章士钊认为主精神与主环境“二说者，合之两是，离则两非”⑧。胡适认为，“我们承认各民族在某一个时代的文化所表现的特征，不过是环境与时间的关系，所以我们不敢拿‘理智’‘直觉’等等简单的抽象名词在概括某种文化”⑨。

杨明斋则从马克思唯物主义认识高度，指出“人类的意欲并不是人类的生活的根本，更不是产生文化的本因。人类生活的根本，原来就是那

---

① 罗荣渠主编：《从西化到现代化·序》，北京大学出版社 1997 年版，第 11 页。

② 李维汉：《评介〈评中西文化观〉》，《新民周报》1924 年 9 月 4 日。

③ 刘黎红：《评杨明斋对“五四”文化保守主义思潮的批判》，《广东社会科学》2002 年第 4 期。

④ 康中乾：《20 世纪中西文化观念的冲突与会通》，《南开学报》2000 年第 4 期。

⑤ 梁漱溟 1922 年出版了《东西文化及其哲学》一书，第一次把中国文化纳入到世界文化架构中来进行平等的讨论。他认为西方文化、印度文化、中国文化这三种文化之间不能作优劣之比，它们都对人类有自己的独特贡献。梁漱溟：《东西文化及其哲学》，商务印书馆，1922 年，第 199 页。

⑥ 梁漱溟：《梁漱溟全集》第 1 册，山东人民出版社 1989 年版，第 382 页。

⑦ 梁漱溟：《梁漱溟全集》第 1 册，第 374 ~ 375 页。

⑧ 孤桐：《原化》，《甲寅周刊》第 1 卷第 12 号。

⑨ 胡适：《读梁漱溟先生的〈东西方文化及其哲学〉》，《胡适文集》第 3 册，北京大学出版社 1998 年版，第 195 页。

些养生的物质。”① 并从生理学的角度剖析，意欲除受生理的支配外，还受境遇、自然和物质的支配。他认为，文化的产生，以及造成文化差异的原因，“以地理经济为主，教育次之”②，“由于所见不同之景所生不同之情，再加之以日用常行之生活习惯种种的不同，于是其信仰希望思想观念各有异，演之既久则自成一种民族性。在民族性之不同上所产生的文化无论是属于对自己的或上对人与人之关系的也各自有其适宜之不同。”③ 他指出中国传统文化“无论是中外学者的观察，历史政治家等的研究以及我们自己的觉悟，总以为中国有文化历史三四千年，其中必有一种比较有价值的文化存在”，中国文化的价值“归总为一句话就是他占一部分人类生活之互相原谅的情”，“所以中国自秦以后的政治——儒家治天下——思想对内外几乎都是取不干涉主义，都是要由己之情而推到人之情”，“自儒家掌政治教育大权后专注操情，不讲环境，把经济除外，于是遂把征服自然这件事扔到九霄云外。”④ 西方文化“偏于论理及干涉人”，“我们赞成采择中西政治之优点，但是必须在中西政治史上下一番严密的研究批评的功夫，察其文化之比较益于大多数社会生活者，然后才能得到比较良好之采择结果。”⑤

在文化认识论上，“现量（感觉）”“比量（理智）”“直觉”是梁漱溟观察中西文化所用的三个重要工具。杨明斋认为，感觉是生理的自然作用；理智是由经验和习惯而来，他认为决定“仁”的因素是客观条件。“所谓亲亲而仁民，仁民而爱物，更非极高德望、理智的教育普及一般民众，所有的社会皆有平等，相当的经济上的条件享受，以及相等的理智之明不可做到。不然，被经济的条件逼迫，莫说是爱物仁民，就是至亲也一样卖掉。试看我们中国的贫民自古至今，几乎公开的买卖儿女人口，就是个明证，难道说那些贫民就不知道父女之情么！”⑥ 他从唯物史观原理出发，指出“文化为社会生活，可也是又社会生活而产生”，实际情形是“文化与生活相应”，“离开社会生活的实事讲文化，犹之乎离开人的生理

① 《评中西文化观》，上海书店1991年版，第10页。
② 《评中西文化观》，第10页。
③ 《评中西文化观》，第326页。
④ 《评中西文化观》，第233页、324页、122页、245页。
⑤ 《评中西文化观》，第176页。
⑥ 《评中西文化观》，第74页。

高谈心境那样幼稚荒唐。”“人类意欲自己是被动的东西”，并不是“产生文化的根本”。[①] 一般人过于轻视中国文化固然错误，过于尊重它并抹杀其“本有的价值”，这也是“作践中国文化”[②]。“对于西洋文化莫名真相，更强人之所有为己有，以致使人迷于自己的文化真相。凡此种种，危害社会莫大，尤其为害的是在这种中西文化交斗的时候和中国正在改革之际。”[③] 时至今日，这番话仍具有时代性的震撼感。杨明斋这一哲学认识高度，是其他早期马克思主义者所难以企及的，在早期马克思主义传播过程中起到了振聋发聩的导向作用。“在所有批评者当中，只有杨明斋和保守主义杂志《学衡》的编辑刘伯明想到了要从反直觉主义的角度人手进行辩论。”[④]

杨明斋以马克思主义为指导思想，从本体论、历史观、认识论、方法论等各方面对当时名家大儒梁漱溟、梁启超、章士钊作了系统批驳，这些批判也正是“马克思主义和文化保守主义的几个重大理论分歧所在”[⑤]。在中国早期马克思主义者之中，杨明斋大概是出类拔萃的，“与来自同时代的其他评论相比，他的批评无疑是把深刻性和系统性结合得最好的。”[⑥] 比较而言，其他早期马克思主义传播者则未能“系统地做出立足于唯物史观的研究”[⑦]。

对于梁漱溟、梁启超文化研究的学院派方法，杨明斋也提出不同看法：归纳一个民族的文化，要从社会大多数人的角度来看；要注意书本上的思想和实际历史、生活的统一。要得到中国文化的真相，必须拿文献资

---

① 《评中西文化观》，第 1 页、101 页

② 《评中西文化观》，第 234 页。

③ 《评中西文化观》，第 164 页。

④ ［美］艾恺：《最后的儒家——梁漱溟与中国现代化的两难》，江苏人民出版社 1995 年版，第 131～132 页。

⑤ 关于马克思主义同文化保守主义的理论分歧，参看李毅：《中国马克思主义与当代文化保守主义思潮研究》，天津社会科学院出版社 1998 年版。

⑥ 刘黎红：《评杨明斋对“五四”文化保守主义思潮的批判》，《广东社会科学》2002 年第 4 期。

⑦ 例如，郭湛波即指出：之前，虽然已经有《物质变动与道德变动》（李大钊，1919 年 12 月）、《由经济上解释中国近代思想变动的原因》（李大钊，1920 年 1 月）、《现代文明的问题与社会主义》（瞿秋白，1924 年 1 月）等文章，以初步的马克思主义理论论述文化问题，但自 1919 年后，李大钊、陈独秀、瞿秋白忙于建党和马克思主义整体理论的宣传，很难有精力对文化问题系统地做出立足于唯物史观的研究，而且 1927 年前唯物辩证论在中国学术界又尚未取得主导地位，因而杨明斋对文化保守主义的理论批判就更显得弥足珍贵了。郭湛波：《近五十年中国思想史》，山东人民出版社 1997 年版，第 148～149 页。

料和社会、历史实际相对照。“讲学问不独是能解释书本子上的说话，还要进到大多数民众的生活里去看他们的生活是否与书本子上的话相符……简捷说，要拿大多数群众生活的真相证明从书本子上得到的思想去讲社会的生活和书上的政治思想，不独是拿着书本子造成之我们的思想去讲书本子上的政治思想和社会的生活。”[①] 杨明斋认为“儒家执掌教育二千余年，其成绩如何除载于历史者外，有大多数国民之生活之事实可察，实在无替他曲解辩护之必要。”[②]

（三）当然，杨明斋的马克思主义文化观也存在一个明显问题或者缺陷，即忽略了“人的主观能动性”，这似乎是中国早期马克思主义引进之时即已存在的一个通病。[③] 对此，梁漱溟即曾指出“那种唯物史观，似亦未妥。他们都当人类只是被动的，人类的文化只是被动于环境的反射，全不认创造的活动，意志的趋往”[④]。曾任北京大学教师的严既澄则批评“唯物史观全以人处于被动地位的说法，我们固然不敢相信”[⑤]。章士钊也认为，“其偏于质观者，又谓环境万能，纵无天才，文化亦能自立，马克思之说是也”[⑥]。这说明，杨明斋本人所存在的这一缺陷，恐怕是中国早期马克思主义者对马克思主义的一处集体误读，很可能是“中国早期马克思主义引进时便已存在着对人尤其是个体人的主观能动性的忽略”[⑦]。而这种忽略和缺失是怎样造成，以及它们在马克思主义中国化的早期过程中产生什么影响，这都将是有待于进一步深入研究的新题目和子课题。

① 《评中西文化观》，第 110 页。

② 《评中西文化观》，第 109 页。

③ 另外，也有人指出，杨明斋的文化观由于过分强调民众在文化上的地位，并深受政治斗争的影响，因此不够冷静和具有其片面性。参看马宏：《杨明斋的中西文化观及其历史地位》，《中共党史研究》1990 年第 1 期，第 13 页。

④ 《梁漱溟全集》，第 1 册，第 372 页。

⑤ 严既澄：《评〈东西文化及其哲学〉》，《民铎》第 3 卷第 3 号。

⑥ 孤桐：《原化》，《甲寅周刊》第 1 卷第 12 号。

⑦ 刘黎红：《评杨明斋对“五四”文化保守主义思潮的批判》，《广东社会科学》2002 年第 4 期。

第七章　根深叶茂：济南 SY 青年团的新解析

导言：一直以来，甚至时至今日，都有一种阴魂不散的反动传说：共产主义是某种为了毫无个性的集体而牺牲个人的东西。但是，恰恰与之相反，《共产党宣言》中却将共产主义定义为“这样一个联合体，在那里，每个人的自由发展是一切人的自由发展的条件。”作为党的助手和后备军，青年团向来为我们党所重视。早期团员，几乎等同于党员，可以直接转为党员。草创时期的中共党团组织，最大的特点就是“党团不分”；另一突出特点，则是“频繁解散”。“频繁解散”的积极意义在于它有效保护了团组织的优秀种子，维系了团组织的延续和新生，防止了敌人的渗透与破坏。消极的一面，便是牺牲了一些地方团组织（因“失联”而夭亡）和一部分根基（忠贞团员）依靠。在山东，便有这样一个因“失联”而偃旗息鼓的 SY 青年团。1921 年 4 月，山东团组织曾经秘密创建的历史事实，更是鲜为人知。由于未见其开展活动的文献记载，当然也未引起学界重视。最新发掘的史料——王统照《民国十年日记》，是迄今为止关于山东建团的最早一则文献。另据《励新》第五期《会务报告》记载，该会曾计划邀请宋介讲演，可见宋介与励新学会必有接触事实。又据曾经担任宋介讲演“记录”的会员王克捷回忆称：该会实为“共青团”（即 SY 青年团）。综上，可以钩沉出：1921 年 4 月，宋介秘密指导组建了济南 SY 青年团，由王志坚、邓恩铭等人负责。但是，上级团（北京青年团）的“频繁解散”和联络人（宋介）的出国留学，导致了济南 SY 青年团昙花一现的历史命运。1922 年，济南青年团重建。1923 年，青岛青年团建立。1926 年，团山东地委建立，并在 8 个地区建立了团组织。马克思主义不但成功地生根山东，而且根深叶茂，茁壮成长。

马克思主义生根中国暨中国共产党建立伊始，便把青年团作为一项重要工作来开展，视之为党的助手和后备军、接班人。早期团员，几乎等同于党员，可以直接转为党员。这是在党的创建初期“党团不分”的突出特点。另一突出特点，便是“频繁解散”。“频繁解散”是团组织用以自保、自净的一种非常手段和极端措施，具有壮士断腕的悲壮和不得已。通过这一办法，混入团组织内部的“间谍”或者“投机者”，便会遭到排除和淘汰。一些优秀分子，则在新组织里面重新凝聚和延续，由此确保了党团事业的薪火相传。当然，这一“休克疗法”，也很容易造成一部分地方组织和成员的“失联”，并成为特殊时期的牺牲品。1921 年 4 月，山东 SY 青年团匆匆建立又迅即消亡的昙花一现命运，便是因“失联”而“牺牲”。它的这一宿命，既让人叹息，也让人深思。

通过梳理一些鲜为人知的新史料，钩沉出了一段尘封的历史：1921 年 4 月，在北京青年团负责人宋介的指导下，山东（济南）SY 青年团秘密组建，王志坚、邓恩铭为负责人。这段已为人们所忘记的历史，载于最新发掘的王统照《民国十年日记》之中。山东人王统照是当时中国文坛上的一颗新星，新中国成立后曾担任山东省文化局局长等职。1957 年王统照病逝后，家人“在整理他的遗物时，发现了这本秘藏终生，从不示人的日记，纸色发黄，抚之已脆……”[①] 这就是《民国十年日记》。经过王统照三子王立诚整理并于 2004—2005 年公开发表出来。《民国十年日记》陆续发表之后，研究者均认为这是中国近现代文学史上的重大发现，充分肯定并高度评价了其史料价值。但是，对于它在山东建团史上的重大意义，迄今却一直未见专论。

根据这一新史料，大致可以钩沉出山东 1921 年秘密建团这段历史。不过，帮助山东秘密建团的时任北京青年团“教育委员”的宋介，由于抗战时期曾经担任日伪济南道尹，后来为中共山东省人民政府处死而被永远贴上“汉奸”标签。在山东济南担负秘密建团使命的地方负责人王志坚[②]，1927 年遁世出家、1947 年被中共诸城地方政府“误杀”，成为一

① 王统照遗稿、王立诚整理：《民国十年日记（第二部）》，《潍坊学院学报》2005 年第 1 期，第 1 页。“编者按”。

② 王志坚于 1927 年在杭州半山寺出家，1928 年回到家乡筹办恢复相州私立小学，1937 年日寇入侵后携家人在青岛等教书，1945 年诸城解放后他曾在县教育科工作，1947 年被隔离审查，转移时遂为中共诸城县公安局误杀。

个悲剧性历史人物。济南SY青年团另一位负责人邓恩铭，辗转于济南、青岛等地，为马克思主义生根山东和茁壮成长而奋斗不息，1931年以“红匪”罪名被枪决于济南纬八路刑场。[①]上述三位直接当事人，均未留存有关济南SY青年团的文献资料，又皆为有争议、甚至为反面的党史人物，无形中也被研究者视为了“研究禁区”和敏感地带。因此，直面正视并实事求是研究这段党（团）史，尤须勇气和审慎。

一　山东建团文献的新发现

北京早期党团负责人张国焘称：1921年“北京小组除了在北京市区及四郊开展上述那些工作外，还在济南成立了另一个共产党小组和社会主义青年团。最先参加小组的有王尽美、邓恩铭等八人，参加青年团的人数还要多些，他们开始在济南、青岛以及胶济、津浦两路展开工人运动。”[②]由于“孤证”以及其他原因，这一问题并未引起研究者的足够重视，学术界和党史界亦未引起什么反响。同时，由于这次秘密建团并不成功，知情者少之又少，且又未能留存开展活动的文献资料，这让研究者即使有心，也是“力不从心”。文本证据的缺失，导致我们不能了解该组织的更多情形。多视角、跨学科研究，则为我们另辟蹊径洞开了一个研究新天地，至少可以帮助我们粗知其梗概与原委。

张国焘所称的“济南社会主义青年团”，究竟系杜撰还是确有其事？学术界一直并无定论，迄今也未见就此展开的相关研究成果。直到20世纪50年代王统照《民国十年日记》发现和21世纪初发表之后，才有了本文对此问题解读的第一版本，同时也是最新版本。

王统照（1897—1957），字剑三，山东诸城人，中国现代文学研究会主要发起人之一，现代文坛著名作家但又“并非中国现代文学史上处于中心位置的作家”。[③]长期以来，对王统照的评价、研究、宣传，“与其贡献极不相称”；以至于学界戏称曰：“王统照的研究是寂寞的研究”。[④]或

① 《山东枪决大批红匪》，《申报》民国二十年（1931年）四月八日。

② 张国焘：《我的回忆》第1册，东方出版社2004年版，第123页。

③ 参看杨洪承：《王统照研究的概述与反思》，《中国现代文学研究丛刊》1997年第2期，第59页、74页。

④ 参看杨洪承：《王统照研究的概述与反思》，《中国现代文学研究丛刊》1997年第2期，第59页。

许正是这个原因，1957 年王统照病逝后，其三子王立诚发现了他遗留下来的这本“秘藏终生，从不示人”的“日记”，经过 40 多年漫长时间的整理之后，才于 2004—2005 年以《民国十年日记》为题陆续公开发表。[①]由于王统照本人在中国现代文学史上“并非处于中心位置”，其遗著《民国十年日记》所发表的期刊《潍坊学院学报》亦不太著名；而且整理者认为该“日记”是一部“生活实录”，忠实记录了王统照的社会交往与活动，是“一部纯粹恋爱方面的私人日记”；研究者也局限于认为这是“五四”新文学运动以来“发掘出的极少数活生生的历史见证之一。”[②] 党史界对此几乎无人问津，甚至一无所闻。没有鲜花与掌声的“寂寞研究”，也是令研究者不感兴趣的另一原因。这些因素，都直接影响到了学术界对《民国十年日记》的关注和研究。尽管如此，《民国十年日记》作为最近发掘出来的一部新史料，仍然具有举足轻重的史料价值和研究价值。相关当事人“日记”之类文献资料的挖掘、搜集、整理、研究工作，也为中共党史研究、特别是地方党史研究开辟了一条新路径。

根据《民国十年日记》记载，1921 年 3 月 28 日“晚因唯民明日定赴济南，往请其观电影，并嘱到济时勿提及玉妹在此诸事。彼亦云然然”。29 日上午，王统照“送唯民往车站，十钟半回。托彼带交郭绍虞一信。”[③] 唯民即宋介的字，在《民国十年日记》中，又作“惟民”等。宋介（1893—1951），山东滋阳（今兖州）人，1918—1921 年在中国大学学习。1919 年，宋介与山东籍同学王统照、徐彦之、王晴霓等创办《曙光》杂志，宋介任主编，王统照任主笔。1921 年秋赴美国留学，1924 回国后任中国大学教授兼秘书主任、北平大学法学院政治系主任、东北大学政治系主任及东北第一交通中学校长、吴佩孚幕府外交处长，1937—1946 年担任伪职至伪济南道道尹，1946 年被国民党山东省高等法院以“汉奸罪”逮捕并判处有期徒刑 5 年，1951 年被中共山东省人民政府处死。[④]

王统照在宋介去济南前夜，特意请宋介看电影，旨在请宋介回到济南

---

① 王统照遗稿、王立诚整理：《民国十年日记（第二部）》，《潍坊学院学报》2005 年第 1 期，第 1 页。目前仅见到第一部和第二部。

② 王统照遗稿、王立诚整理：《民国十年日记（第一部）》，《潍坊学院学报》2004 年第 1 期，第 1 页。

③ 《民国十年日记（第一部）》，《潍坊学院学报》2004 年第 1 期，第 12 页。

④ 《中共山东地方组织创建史》，第 178 页。

之后为王统照与隋焕东（即“玉妹”）在北京“不愿为外人道”的“恋情”保守秘密。次日（29 日），王统照又亲至车站为其送行。虽然动机纯真，笼络之意殷殷，却也为彼性情中人的真实写照。由此可见王统照实为宋介济南之行的见证人。据此可知，3 月 29 日上午宋介已经乘车离开北京。

在北京青年团组织内部，也确实“潜伏着”至少一名间谍关谦。后来，人们发现了一些关谦向北洋政府提供情报的“密报”。据关谦“密报”记载：3 月 30 日下午 1：30，在北京大学第二院召开青年团四次会议，李大钊、罗章龙、张国焘、刘仁静、宋介等 25 人到会，书记张国焘报告指出 3 月 16 日之前共计团员 47 人，现又加入 8 人，共 55 人，内中已有出京者 7 人。经费共筹得 96. 5 元。大会决定改设执委会，书记张国焘，会计刘仁静，组织委员顾文萃、高尚德、祁某（大朋），教育委员宋价（介）、王伯时、某，出版委员李大钊、郑振铎、某。①

比对《民国十年日记》和关谦“密报”有关记载，可以发现在 30 日北京大学团四次会议上，宋介实际并未到场（昨日上午已去济南），关谦“密报”所云“宋介到会”记载失实，而且多次把宋介的名字写错为“宋价”。张国焘在报告中所称团员“已有出京者 7 人”，宋介显然为其中之一。尽管缺席会议，宋介仍当选为北京青年团“教育委员”，名列第一位。最著名的李大钊先生，列“出版委员”第一位。

关于宋介赴济南之行有关情况，王统照在《民国十年日记》中“4 月 14 日”条记载道：

> 昨晚卧后酒力犹存，体热甚，不能寐，风吹愈大，万籁齐作，继而门铃大响则闻刘文启门声，盖唯民已回，同佩鞘由济抵此。予遂披衣起，略询济南情况。彼等言车行巨野中，黄沙迷漫，不能见人，车行较迟已逾一钟。少谈一钟半，遂各归卧。予搅衾迷茫，辗转难寐，脑涔涔痛，意至烦躁，及四钟余始睡去。比醒，则红日满窗，盖已九钟矣……
>
> 自十钟至午后二钟，皆抄莎士比亚戏曲生字及阅其文意。天色尚

① 《关谦关于北京社会主义青年团第四次大会情况报告》，北洋政府步军统领衙门档案，原载《青运史资料与研究》第一集，第 122 页。另，括注为笔者所加。

为止沙所蔽，不为清朗。饭后等唯民谈济南青年及学校现状。彼又谓筹款事约可得七八百元，但须俟选举过后方可得到云云。又谓在济可成立一 SY 之青年团即王志坚、邓恩铭诸人。彼亡济地学生有红色思想者不少，此亦社会制度不良之所致耳。此固自然之趋势，无足异者，不过予以为真正能博施济众实行劳动者恐亦太少，厚以自奉骄以自恣者新旧人士中皆不少其人，真正平等云何成立，识时务者则为俊杰耳。予此论虽太苛然，不得谓予为向壁虚造也……①

上引文王统照所称“昨晚”，应为“4 月 13 日”。是晚，宋介与范予遂（佩韒）结伴由济南返回北京。宋介与范予遂在返程中遭遇了“沙尘暴”，“黄沙漫天，不能见人”，因而他们也对此事印象颇深。

范予遂为王乐平的表弟，按照“相州王氏”的辈分关系，他也是王翔千和王统照的表侄。范予遂 1893 年生于诸城县，1917 年考入北京高师，在校期间参加了五四运动，参与创办《工学》杂志；② 又是《曙光》杂志的撰稿人，与王统照交往甚密。宋介与之偕归，并不意外。

14 日下午二点钟，在中国大学王统照宿舍，宋介向王统照谈起在济南成立 SY 青年团之事，王志坚、邓恩铭诸人为骨干。宋介所谓“可以成立”，大概系他此行秘密调研考察的最终结论。成立济南 SY 青年团究竟只是宋介的一个初步设想，还是已经创建，宋介似乎未作深谈。王统照继之感慨一番，又大大冲淡了这一主题。王统照这些记载，只是二人闲谈的事后随录。不过，根据“彼亡济地学生有红色思想者不少”云云，却可以验证前引张国焘所称济南“参加青年团的人数还要多些”（即济南青年团人数不少）此言不谬。两则史料互证，推知济南 SY 青年团这时或者稍后已经建立，它即为张国焘所称的由北京党小组指导成立的济南社会主义青年团。《民国十年日记》相关记载，则解密了宋介济南此行任务之一即为指导济南“有红色思想”的进步学生们秘密建团。

宋介称济南 SY 青年团即王志坚、邓恩铭诸人，可知他们当时均为济南比较著名的“有红色思想”的进步学生代表。王志坚排名尚在邓恩铭

① 《民国十年日记（第二部）》，《潍坊学院学报》2005 年第 1 期，第 7 页。另，原文之中存在一些句读错误和错字，已做改正。

② 范予遂：《九十回顾》，山东省政协文史资料委员会编《文史资料选辑》第 16 辑，山东人民出版社 1985 年版，第 4 页。

之前，他应该为彼时济南 SY 青年团之主要负责人。以王志坚、邓恩铭为代表的风云一时的进步学生，于 1920 年 10 月底由王志坚等 11 人发起成立励新学会，王志坚担任交际部主任，邓恩铭担任庶务，会址设在王乐平的齐鲁书社内。王志坚年长邓恩铭一岁（根据励新学会会员通信一览表所填各自年龄），又系王统照之族侄、王乐平族弟。据此推断，励新学会应当为济南"有红色思想"的进步学生的社团。因此，有些会员后来回忆称该会"即是共青团（SY 青年团）"似乎并非空穴来风之语。他们虽未参与，却也会有所见闻和背后议论。

宋介的名字，在王统照《民国十年日记》中频频出现。宋介能将组建济南青年团这等机密大事告知王统照，可见他视王统照为推心置腹的朋友。王统照有记日记习惯，遂将此事付诸笔端信手记载下来，并成为事关济南青年团创建的最早一则文献。结合张国焘回忆、关谦"密报"相关内容，笔者认为《民国十年日记》此处记载的宋介帮助组建济南 SY 青年团及相关"人事安排"，可予采信。由此，不但《民国十年日记》该条记载遂成为截至目前关于山东建团的最早一则文献，宋介也成为中共党团史、特别是山东团史上不得不提及的一个重要人物。

二　山东团史上被湮没的"扉页"

关于宋介及其研究，目前基本为一处研究空白。[①] 至于他曾于 1921 年来济南秘密帮助建立 SY 青年团这一段历史，学术界和党史界的知情者似乎寥寥无几，相关研究更是谈不上。山东党史界甚至有人认为，宋介"虽然在五四运动时期有过短暂的进步表现，但后来却沦为汉奸"，而且他"与山东建党没有任何关系"。这一判断，是基于当时未发现王统照《民国十年日记》这一新史料而且可能未见关谦的"密报"以及对张国焘的回忆录视而不见的前提之下所作出的。宋介 1921 年 4 月指导山东秘密建立了济南 SY 青年团，确有其事，并有文献资料为证和互证。如果按照中共草创时期"党团不分"特点，不难发现宋介实则与山东建党（团）

---

① 笔者通过网络、期刊查询和检索系统，迄今未发现一篇其人的专论。涉及其人研究的，也只发现一篇论文。常进军：《李大钊对宋介思想的影响及二人交往关系述论》，《滨州学院学报》2011 年第 4 期。

有着密切联系。

宋介曾创办《曙光》杂志，为马克思主义在中国早期传播，特别是推动了马克思主义在山东的传播，做出了一定贡献。《曙光》杂志创刊于 1919 年 11 月 1 日，共出版 9 期。创办者为一些山东籍旅京学子，包括中国大学学生宋介、王统照、王晴霓，以及北京大学学生徐彦之、北京高等师范学校学生范予遂等，宋介为主编，王统照、王晴霓任主笔，王晴霓兼任经理事务。创刊号在文学方面有王晴霓、王统照、宋介的诗、小说、杂感等作品。创刊不久，《新社会》杂志的编辑郑振铎、耿济之、瞿世英等相继加入，壮大了该刊的编辑队伍，提升了该刊传播马克思主义的水平。[①] 据说《曙光》杂志及其编辑人员与山东"励新学会"联系密切。[②] 王晴霓曾代表《曙光》杂志作为"特邀来宾"出席"励新学会"成立大会，并向《励新》杂志捐资 10 元。[③] 王统照长篇小说《春花》的创作素材，据考证即取自"励新学会"。[④] 因此，《曙光》杂志"对于研究和了解党在创立前的历史，提供了珍贵的资料"，"《曙光》杂志对五四运动后期山东新文化运动的影响是较大的，对马克思主义在山东的广泛传播起了较重要的作用。"[⑤]《曙光》从一开始就把山东读者作为主要接受对象，在济南、烟台和东京的山东侨胞中均设有代派处，它在山东济南的代派处便是齐鲁书社。[⑥] 对于他的这一历史贡献，学术界和党史界现在也基本予以肯定。

《曙光》杂志第一批入社者即有：王晴霓、王统照、宋介、祁大朋、范煜璲、徐彦之等九人，"在知识分子中曾起一定的积极作用。"[⑦] 宋介不仅热爱文学，也热衷于革命宣传和政治活动，这是他与王统照为人处事的最大不同。宋介曾为北京早期党团组织的重要成员，他大概在 1920 年底到 1921 年初加入北京共产党组织。[⑧] 据说他还是李大钊创办的"亢慕义

---

① 参看何洪：《五四时期〈曙光〉杂志研究》，《中国国家博物馆馆刊》2012 年第 9 期。

② 余世诚、刘明义：《中共山东地方组织创建史》，石油大学出版社 1996 年版，第 85 页。

③ 《励新会务报告》，《励新》第 1 卷第 1 期，1920 年 12 月 15 日。

④ 杨洪承：《王统照〈春花〉创作素材小考——关于山东革命组织"励新学会"的侧影描写》，《中国现代文学研究丛刊》1986 年第 4 期。

⑤ 刘明义：《〈曙光〉杂志社与北京、济南共产主义小组》，《中共党史研究》1994 年第 5 期，第 72 页、86 页。

⑥ 《中共山东地方组织创建史》，第 85 页、102 页。

⑦ 参看：《五四时期的社团（三）》，三联书店 1979 年版，第 49—51 页。

⑧ 参看何洪：《五四时期〈曙光〉杂志研究》，《中国国家博物馆馆刊》2012 年第 9 期。

斋”成员之一，很受李大钊的器重。[①] 据《曙光》另一位编辑刘静君回忆，她1920年来到北京大学做旁听生，同时参与《曙光》编辑工作，第一次见到李大钊就是由宋介与张国焘共同引见的。[②] 宋介与张国焘当时为关系密切的革命同志，张国焘在中国共产党第一次全国代表大会上发言，报告了北京共产党早期组织成立以来的工作，其中“在知识分子中的宣传工作”一节里有这样一段话：“《曙光》杂志虽有我们的一个同志负责出版，但不纯粹是我们的刊物，而是一个混合性的刊物，我们刊登了一些翻译的和创作的文章。”[③] 据一些研究者认为，《曙光》杂志社之中“我们的一个同志”，就是指宋介。[④] 又据张国焘回忆，是他和李大钊发展宋介入党的，他说：“北京小组成立……北京新中国杂志宋介也加入。”[⑤] 宋介在五四运动前曾参加《新中国》杂志社，1920年李大钊提名曙光社参加进步社团座谈。从1920年第1卷第6号开始，《曙光》杂志以大量篇幅刊登介绍苏俄十月革命以后情况的文章，其中就有宋介译写的《新俄罗斯之建设》《克鲁泡特金之安那其的社会学》《赞Lenin》（即“赞列宁”）、《劳动家与专利者》等文章。[⑥]

宋介与《曙光》杂志主要成员祁大朋、郑振铎均为北京社会主义青年团的骨干。据潜入北京社会主义青年团内部的北洋政府密探关谦的几次密报，宋介、祁大朋、郑振铎多次参加北京社会主义青年团的会议，并分别当选为教育委员、组织委员、出版委员。[⑦] 关于宋介在北京青年团的有关活动，据关谦“密报”称：（1）1921年3月16日下午二时，在北京大学第二院召开共产主义青年团会议，李大钊及宋价（介）等24人到会。据其“3月密报”称，青年团“成立只有四个月”，团员50余人。（2）3月30日下午1：30，在北京大学第二院召开青年团四次会议，李大钊、

---

① 王洁：《李大钊北京十年》，中央编译出版社北京图书发行部2010年版，第185页。

② 刘静君：《记忆中的李守常先生》，选自《回忆李大钊》，人民出版社1980年版，第178页。

③ 张国焘：《北京共产主义组织的报告》，译自共产国际中共代表团档案的俄文稿，原载《党史研究资料》1981年第6期、7期合刊。

④ 刘明义：《〈曙光〉杂志社与北京、济南共产主义小组》，《中共党史研究》1994年第5期，第85页。

⑤ 见［俄］舍维廖夫：《张国焘关于中共成立前后情况的讲稿》，《百年潮》2002年第2期。转引自王立诚：《曙光社考》第196页。

⑥ 王立诚：《曙光社考》，《近代史研究》2004年第5期，第195页。

⑦ 《关谦关于北京社会主义青年团第四次大会情况报告》，北洋政府步军统领衙门档案，原载《青运史资料与研究》第一集，第122页。

罗章龙、张国焘、刘仁静、宋介等25人到会，书记张国焘报告指出3月16日之前共计团员47人，现又加入8人，共55人；内中已有出京者7人。经费共筹得96.5元。大会决定改设执委会，书记张国焘，会计刘仁静，组织委员顾文萃、高尚德、祁某（大朋），教育委员宋价（介）、王伯时、某，出版委员李大钊、郑振铎、某。（3）4月6日在北京大学第一院召开执委会。（4）4月24日下午二时，在北京大学第二院召开青年团五次会议，李大钊及宋价（介）等16人到会，张国焘作了报告。①

根据这些记载，宋介参加了1921年3月16日、3月30日、4月24日这三次会议。当然，前文已经考证出3月30日宋介实际上并未参会。至于他为何出京，张国焘在报告之中只是一带而过，因此关谦“密报”之中亦未能提及。而在《民国十年日记》之中，王统照则对宋介“出京”的秘密使命做了比较权威的诠释和补充。综合以上史实记载，1921年4月济南SY青年团秘密创建这一基本史实至此被钩沉出来。

此次济南之行，宋介本人亦有文字记载。在《曙光》第二卷第三号《两周中之山东》一文，他自称1921年“三月二十九日到济南——四月十三日回到北京”，在济南逗留历时二周。

> 我漂泊异乡，已近十载。民国元年曾在济南一个中学校里作过几天的学生，不久就别去了。直到民国五年夏间才又来到济南，闲游一次，现在是民国十年四月了，别来五年的济南又见面了。我自己虽然是“今吾已非故吾”，济南却是“风景依然，江山依故”。
>
> ……我这次春假旅行，就想作一个济南社会的观察。但在济南只住了两个礼拜，又忙我个人的私事和应酬，遂把我从事济南社会观察的工夫给耽误了！我很引为憾事。不过我既来济南一趟，总要把我的见闻和社会杂事，及对于学校之观察，草草写下来，或者也是一个“慰情聊胜于无”的办法。

---

① 分别引自关谦：《关于北京社会主义青年团活动情形致王怀庆报告（1921年3月17日）》《北京社会主义青年团致国际少年共产党大会书（1921年3月）》《关于北京社会主义青年团第四次大会情形报告（1921年4月2日）》《关于北京社会主义青年团筹备“五一”活动等事项报告（1921年4月8日）》《关于北京社会主义青年团第五次大会情形报告（1921年4月25日）》，《北洋政府步军统领衙门档案》，《五四爱国运动档案资料》，参看：《战斗的足迹：北大地下党有关史料选编》，北京大学出版社2001年版。闫注：此处“宋介”误作“宋价”，在文中已做改正。引文中的括注，亦为闫所补加。

……由（第一师范）接待室的窗中，看见出入的学生，大概是宽衣博袖，俯首屈背，很有几分老先生风派。至于管理，教授，设备，听说都也死气沉沉，不甚精彩，但我也不愿深说了。①

比较宋介本人所记载的离京与返京时间（3 月 29 日—4 月 13 日），与王统照《民国十年日记》记载完全一致，便可印证《民国十年日记》所记载内容并不虚谬。刊发宋介《两周中之山东》的这期《曙光》杂志，实为其终刊。随后宋介大学毕业并赴美留学，《曙光》杂志遂告夭折。宋介在文中清楚说明，他从 1912 年（民国元年）离开山东以后，只回过山东两次：一次是 1916 年（民国五年）夏间；第二次就是 1921 年（民国十年）春在济南“住了两个礼拜”。

行文至此，难免会引发一个疑问：宋介久未回去，如何认识王志坚、邓恩铭诸人，并委之组建济南 SY 青年团重任，而王志坚、邓恩铭居然又皆奉命不违，其中若非上下级组织关系则殊难理解。然则这一组织关系，又是通过何种渠道（联系人）取得联系？王志坚为名噪一时的山东学生领袖，又是王统照的族侄和山东革命声望日隆的王乐平的族弟。宋介可能通过王统照引见，然后由王志坚召集邓恩铭诸人谋划建团事宜。与宋介偕行的范予遂的突然出现，则提供了另外一种可能：经过范予遂引见，宋介与王乐平取得联系，然后由王乐平指定或内定了下一步的人事。

建团乃为组织内部机密事宜，以常理度之宋介不宜、也不会向王统照透露过多。根据王统照《民国十年日记》有关记载的语焉不详，表明王统照对于济南 SY 青年团成立之事并不知情，似乎他事前不知、事中未闻、事后不详。王统照当时“心有所属”，对组党建团之事也并不热心，推测宋介通过王乐平组建济南 SY 青年团的可能性较大。况且，北京党团负责人张国焘与山东革命领袖王乐平早就认识，他们“曾在上海各界联合会共同工作过”②；因此北京党组织负责人张国焘与山东党组织领导人王乐平，通过“单线联系”之后，即委派宋介来到济南，物色人选，培养骨干，从而组建济南 SY 青年团。上引文中，宋介称在济南的两个礼拜因为“又忙我个人的私事和应酬”耽误了不少工夫；他所谓的“私事和

① 宋介：《两周中之山东》，《曙光》第二卷第三期，1921 年 6 月出版。另，括注为闫所补加。
② 《我的回忆》第 1 册，第 184 页。

应酬”，极可能是在暗指《民国十年日记》所记载的“筹款事”和在济南成立 SY 青年团的秘密活动。如非意外，北京与山东将很可能建立第四条联络渠道：“宋介—王志坚”。可惜，这一“单线联系”即便曾经建立和存在，也很快因为“失联”而不复存在。①

三　昙花一现的济南 SY 青年团

宋介济南之行，无疑曾与山东励新学会发生过直接的接触和联系，因此才会委任该会负责人王志坚、邓恩铭等人组建济南 SY 青年团。《励新》第五期《会务报告》记载：4 月 3 日，励新学会在常会处开会，决议“至国会（耻）纪念日，请宋唯民先生，来会讲演，公举赵震寰，王克捷为记录。”② 所谓“国会纪念日”，应为“国耻纪念日”之误，即 5 月 9 日。③ 有人认为，是日宋介“是否按约从北京来济南到励新学会讲演”及其“讲演的题目和内容”，“现在没有任何可靠的原始资料可以查考，无法确定。”④ 不过，无论宋介是否践行了此约，但是他既然在 4 月 3 日出现在该会会务日程之上，足以证明是日或者此前他已经与励新学会有过了实质接触，并可以推测出他肯定也接受了励新学会请他讲演的邀请，否则不会将此列为该会的《会务报告》并公之于众。

宋介此次讲演“记录人”王克捷，事后回忆道：

> 近读马恩回忆录，二公友好殊可钦。
> 感情全因主义合，非如他人为势金。
> 因忆又铭与我友，也曾亲密如马恩。

---

① 28 年之后，全面抗日战争爆发。抗战期间，宋介担任伪济南道尹时，“老部下”王志坚已携家人定居青岛，二人未发生交集。1945 年诸城县解放之后，王志坚回到家乡在县教育科工作。1947 年，他被“误杀”。而在 1946 年，宋介已为国民党山东省高院判处 5 年有期徒刑，身陷囹圄之中。5 年之后即 1951 年，宋介被共产党山东省人民政府以“汉奸罪”处决。二人至死，都未再有交集。命运多舛，不仅济南 SY 青年团如此，主要当事人亦如此。而王志坚的人生结局，尤其让人嗟叹。

② 《励新》第五期《会务报告》，1921 年 4 月 15 日出版。另，括注为闫补加。

③ 袁世凯政府于 1915 年 5 月 9 日承认了丧权辱国的“二十一条”，遭到全国人民一致反对。5 月 9 日遂被确定为国耻纪念日。参看苏全有、邹宝刚：《从〈申报〉的报道看“五九国耻纪念日”的兴衰》，《开封大学学报》2011 年第 3 期。

④ 关于国耻纪念日，有研究者曾误认为“5 月 7 日”。

初识只以余一诗，后以接刊交更亲。
不久同入一学会，学会其名是励新。
其实即是共青团，称会避免军政侵。
孰意自余留英去，先犹通信后断音。
归国惊闻其被捕，不久即为党殉身。
记得一中卒业后，他曾来胶为探亲。
其叔当时宰吾邑，以故结伴来云滨。
曾至余家数访问，亲胜骨肉难解分。
毕业以前他入党，嘉兴党会十二星。
他即其中之一位，负起山东建党工。[1]

王克捷在“诗”中称，他与邓恩铭（又铭）一同加入励新学会，关系“亲密如马恩”。邓恩铭曾数次至王克捷家中“访问”。王克捷并声称励新学会名为“学会”，实为“共青团”，此举是为避免军阀政府的无端侵扰。王克捷1920年10月底参加励新学会时年仅19周岁，邓恩铭年为20周岁。[2] 他50余年之后作诗回忆往昔，应视为当事人回忆的第一手资料。他认为励新学会即为共青团，虽然可能语有夸张，却也未必尽是虚谬。王克捷的这一认识和判断，有可能源自于王志坚邓恩铭诸人成为济南SY青年团负责人之后，励新学会一些骨干成员亦随之转为团员，因此张国焘有济南社会主义青年团“人数更多”的深刻印象。而王克捷的这一口述史资料，亦可视为对济南SY青年团创建活动的一则史实补充。

至于为何未见到济南SY青年团活动的更多文献史料，其主要原因可能有二：一是北京SY青年团“到了一九二一年五月，看看实在办不下去了，就只得宣告暂时解散”。[3] 草创时期的中共党团组织一大特点是“党团不分”，另一特点是“频繁解散”。之所以如此，“根据朱务善等人回忆，北京青年团把解散作为一种自我保护，一旦混进密探或组织成员不纯

---

① 在1971年12月和1973年8月，王克捷曾写过三首回忆邓恩铭的诗，回忆他与邓恩铭的相识经过和亲密关系。上引文为他1973年8月10日所写《再忆又铭》。又铭，即邓恩铭。

② 参看《励新学会会员通信处一览》，原载《励新》半月刊第2期（1921年1月1日），另请参看：《共产主义小组》（下），中共党史资料出版社1987年版，第623页。

③ 《“一大”前后（一）》，人民出版社1980年版，第26页。

即召开全体会议宣告解散，而可靠成员仍照样活动。”① 北京青年团这种“自保”方式，骨干成员宋介当然心领神会。二是宋介这年大学毕业之后即赴美留学。上级组织北京 SY 青年团的突然解散，居中联系北京和济南团组织的直接联系人宋介又随后出国，济南 SY 青年团无异于断线风筝，失去组织联系，实际上宣告了济南 SY 青年团无形解散的结局已经注定。

济南 SY 青年团负责人王志坚，1921 年年前即曾“只身南下”，王统照为此还对他进行了谆谆教诲，“予语以此后务宜敛心向学，即应活动之事业亦不必废置，总须量余力而为之，不可使有害学课。趁此青年，须及时努力，万勿为虚矫之事所误也。九点钟皆去。”② 王统照所谓“即应活动之事业”，大概是指成立励新学会等社团以及开展有关活动。

北京青年团不仅曾指导了济南 SY 青年团成立，还先后帮助天津、唐山、太原建立团组织，“在中国北方建团中发挥了中心作用”，1920 年 11 月委派张太雷创建了天津社会主义青年团，后因张去苏俄中断后委派北大学生、青年团员李树彝帮助建立唐山团组织。1921 年 4 月，委派高君宇建立了太原社会主义青年团并订立章程，“这些活动，推动了北方早期共产党组织的创建。”③

现在一般认为，济南社会主义青年团是在“1922 年 9 月 16 日”成立，负责人先后为陈为人、王复元。1922 年 10 月 10 日，王复元写给团中央负责人施存统的一封信称，济南社会主义青年团于 1922 年 9 月 16 日成立，团员 10 人，陈为人担任会议主席。至 12 月，济南团执委书记由王复元担任，经济部张筱田（王翔千代理）、宣传部贾乃甫，团员 39 人。④ 此信所称济南青年团于“1922 年 9 月 16 日”成立，应该修改为“新建”或者“重建”，当然在事实上二者并无直接的先后关系。现存中央档案馆的一份珍贵原始档案“团员调查表”之中，登记团员共有 21 人，1920 年入团的有 2 人（吴容沧、李树彝），1922 年 1 月入团的有 1 人（张葆臣），1922 年 8 月入团的有 5 人（依次为郝永太、王用章、贾迺甫、王尽美、王复元），

---

① 王亚春：《北京社会主义青年团创建时期的几个问题掇拾》，《北京党史》2000 年第 5 期，第 21 页。

② 王统照遗稿、王立诚整理：《民国十年日记（第一部）》，《潍坊学院学报》2004 年第 1 期，第 5～6 页。

③ 王亚春：《北京社会主义青年团创建时期的几个问题掇拾》，《北京党史》2000 年第 5 期，第 22 页。

④ 赵朴：《中国社会主义青年团第一次全国代表大会及其前后的若干问题（1983 年 11 月 24 日）》，《中国社会主义青年团创建问题论文集》，团中央青运史研究室，1984 年。

1922年9月入团的有5人（依次为方洪俊、宋辅圣、李卓午、马馥塘、王翔千）。他们这些1922年及其之前入团的13人，在1923年12月15日填写“济南地区团员调查表”时，基本都加入了国民党，其中方洪俊、宋辅圣、李卓午、马馥塘4人在该项为空缺。这一“团员调查表”，后来收录在《山东革命历史档案资料选编（第一辑 1923～1928）》（参看附表1）。[①] 根据《青岛地方团员调查表（1923年11月19日）》统计，1922年9月入团的有2人：王象午、邓恩铭（邓化名“又铭”），当时均加入国民党（参看附表2）。[②] 这就是1922年山东团组织的基本情况和成员阵容。

贾乃甫也回忆称，1922年山东青年团（S. Y.）成立，在“五四”运动至1924年山东革命组织与活动情况中，王尽美、邓恩铭、王翔千占主要地位。[③] 至于1921年济南秘密建团这段历史，则再无人提及。

尽管如此，综合新史料《民国十年日记》《励新·会务报告》、会员王克捷的回忆、关谦“密报”等记载，仍可以验证张国焘所称“济南1921年秘密建团”这一基本事实无误。上级组织北京青年团5月突然解散和上级组织特使宋介7月毕业赴美留学，这些客观情况直接导致了济南SY青年团因“失联”无果而终的历史宿命。

中共在建党建团时所采取的“单线联系”工作方式，很大程度上要仰赖于革命者的“私人关系”，往往会出现“成也萧何败也萧何”的局面。这种过于依靠“私人关系”，特别是“导师和门徒的关系”，导致了上述局面的出现，“一旦这些联系纽带因其他原因而被削弱，有关的党员便会表现出脱离组织倾向。”[④] “不带个人色彩的纪律”的优越性，也开始冲击着中国熟人社会的亲情纽带。济南SY青年团负责人王志坚、甚至邓恩铭，表现出的所谓“脱离组织倾向”，某种程度是更可能是因为“失联”之后苦闷彷徨的一些具体表现。王志坚出家遁世的“极端表现”，大概也是其内心孤独、信仰迷失的心理折射。倔强的邓恩铭，对于张国焘的不满与愤懑，

① 《济南地区团员调查表（1923年12月15日）》，《山东革命历史档案资料选编（第一辑 1923～1928）》，山东人民出版社1981年版，第9页。

② 《青岛地方团员调查表（1923年11月19日）》，《山东革命历史档案资料选编（第一辑 1923～1928）》，第7页。

③ 贾石亭：《党创立时期山东地区的一些情况》，摘自《贾石亭给近代史所现代史组的回信》，1957年5月4日，引自《共产主义小组》（下），第643～644页。

④ 费正清等：《剑桥中华民国史》（上卷），第508页。

更是行诸于色。中国共产党包括青年团，以组织纪律性强而著称，作为下级组织的济南 SY 青年团“其生也勃焉，其亡也忽焉”，这虽然是特定环境之下的无奈之举，也是有一些值得商榷之处。因此，1921 年 4 月济南秘密建立 SY 青年团并不久夭折，及其负责人王志坚的动摇、退党，乃至悲剧性人生命运，恐怕既与其个性有关，也与上述的工作方式不无关系。

一直以来，甚至时至今日，都有这样一种阴魂不散的反动宣传：无数共产党员为之流血牺牲、奋斗不已的“共产主义”理想目标，竟被某些居心叵测的人（“带路党”之类）刻意地描述成了毫无个性的集体的东西。但恰恰与之相反，在《共产党宣言》中，将共产主义定义为“这样一个联合体，在那里，每个人的自由发展是一切人的自由发展的条件。”① 这即是说，“共产主义”是每个人自由发展的“联合体”，而且是每个人可以最大限度受到自由发展保障的“联合体”。为了早日实现这一目标，无数共产党员前赴后继为之奋斗、流血、牺牲。“要奋斗就会有牺牲，死人的事是经常发生的。但是我们想到人民的利益，想到大多数人民的痛苦，我们为人民而死，就是死得其所。不过，我们应当尽量地减少那些不必要的牺牲。”② 然而，很遗憾，我们党内一些同志，乃至一些领导同志，竟然也都认为可以无原则地牺牲个体利益，这当然是严重违背马克思主义的错误思想。在白色恐怖的革命战争年代，采取一些非常手段尚有情可原，也是迫不得已。但是，如果在 21 世纪，仍有一些领导干部，动辄强调“集体利益”，甚至拍脑袋决策、搞政绩工程和烂尾工程，而置人民群众的个体利益于不顾，甚至要求群众为之“牺牲个人利益”，这些都是应该极力避免和引以为戒的。

附表 1　　青岛地方团员调查表（1923 年 11 月 19 日）③

姓名	年岁	性别	生长地	现任职业	所具技能	受何教育	加入时间	曾为团体作何工作	现为团体作何工作	加入民国党否
王少文	23	男	山东长山	电话局职员	经商	中等教育	1923. 11. 18		工人运动	加入

① ［法］丹尼尔·本赛德：《马克思主义使用说明书》，红旗出版社 2013 年版，第 627 页。

② 《为人民服务（一九四四年九月八日）》，《毛泽东选集》（第三卷），人民出版社 1991 年版，第 1005 页。

③ 《青岛地方团员调查表（1923 年 11 月 19 日）》，《山东革命历史档案资料选编（第一辑 1923 ~ 1928）》，第 7 页。

附续表 1

姓名	年岁	性别	生长地	现任职业	所具技能	受何教育	加入时间	曾为团体作何工作	现为团体作何工作	加入民国党否
王象午	24	男	山东诸城	工程科职员	机械	专门教育	1922. 9. 10	青年运动	青年运动	加入
孙秀峰	21	男	山东峄县	电话局职员	经商	小学教育	1923. 11. 18		工人运动	加入
许兴业	21	男	山东即墨	职业学校学生		职业教育	1923. 11. 18		青年运动	未加入
李松舟	19	男	山东沂水	职业学校学生		职业教育	1923. 11. 18		青年运动	未加入
李萃之	19	男	山东沂水	职业学校学生		职业教育	1923. 11. 18		青年运动	未加入
姜秩东	22	男	山东	职业学校学生		职业教育	1923. 11. 18		青年运动	未加入
郝骏夫	24	男	山东诸城	职业学校学生		职业教育	1923. 11. 18		青年运动	未加入
傅健生	18	男	山东历城	职业学校学生		职业教育	1923. 11. 18		青年运动	未加入
李树伯	19	男	山东安邱	职业学校学生		职业教育	1923. 11. 18		青年运动	未加入
张肃甫	18	男	山东沂水	职业学校学生		职业教育	1923. 11. 18		青年运动	未加入
邓又铭	23	男	贵州荔波	胶澳日报编辑		中等教育	1922. 9. 10	学生运动工人运动	书记、学生运动与工人运动	加入

附表 2　　济南地区团员调查表（1923 年 12 月 15 日）①

姓名	年岁	性别	生长地	现任职业	所具技能	受何教育	加入时间	曾为团体作何工作	现为团体作何工作	加入民国党否
方洪俊	22	男	历城	印刷工人		国民小学	1922. 9. 20	劳动运动	劳动运动	
郝永太	22	男	益都	印刷工人		高小卒业	1922. 8. 16	工人运动	工人运动	加入
王用章	27	男	历城	报界		私塾	1922. 8. 16	工人运动	工人运动	加入
高峰	16	男	历城	工人		国民小学	1923. 5. 1	工人运动	工人运动	
宋辅圣	22	男	齐河	学生		中等教育	1922. 9. 17	青年运动	青年运动	
李卓午	21	男	长清	学生		中等教育	1922. 9. 17	青年运动	青年运动	
马馥塘	20	男	齐河	学生		中等教育	1922. 9. 17	青年运动	青年运动	
贾迺甫	24	男	齐河	失业		高等教育	1922. 8. 16	青年运动	青年运动	加入
张葆臣	22	男	江苏无锡	商界		中等教育	1922. 1. 1	青年运动	青年运动	加入
王尽美	25	男	莒县			中等教育	1922. 8. 16	工人运动	工人运动	加入

① 《济南地区团员调查表（1923 年 12 月 15 日）》，《山东革命历史档案资料选编（第一辑 1923～1928）》，第 9 页。

附续表 2

姓名	年岁	性别	生长地	现任职业	所具技能	受何教育	加入时间	曾为团体作何工作	现为团体作何工作	加入民国党否
刁步云	24	男	诸城	失业		高小卒业	1923. 10. 1	工人运动	工人运动	
周克俊	21	男	桓台	学生		中等教育	1923. 10. 29	青年运动	青年运动	
徐琳	25	男	新太	学生		中等教育	1923. 11. 29	青年运动	青年运动	
吴容沧	22	男	浙江	教员		专门教育	1920	工人运动	工人运动	加入
李树彝	23	男	湖南	教员		专门教育	1920	工人运动	国民运动	加入
王翔千	36	男	诸城	教员		专门教育	1920. 9. 1	青年运动	青年运动	加入
王辩	17	女	诸城	学生		中等教育	1923. 11. 7	妇女运动	妇女运动	
王复元	25	男	历城	铁路		私塾	1922. 8. 16	工人运动	工人运动	
于占麟	20	男	历城	工人		高小卒业	1923. 5. 1	工人运动	工人运动	
李炳文	22	男	山西太原	学生		专门教育	1923. 11. 25	青年运动	青年运动	
刘圣揆	23	男	齐河	学校书记		中等教育	1923. 12. 2	青年运动	青年运动	

第八章　马克思主义生根山东的实践与启示

导言：马克思主义生根山东的最大实践，便是山东党组织（团体）的成立。马克思主义在山东从呱呱落地，到扎地生根，到根深叶茂，展示了它一经指导实践所发挥出的巨大威力。通过梳理马克思主义生根山东的传播实践，可以发现：这段传播史，分为初始传播、广泛传播、组织传播三个阶段；表现出四个特点：从可能到实践，从隐秘到公开，从涣散到集中，从零散到组织的动态发展。由此启示我们，马克思主义在当下的传播，也应着力于三点：（1）本土化传播，也需要与时俱进，实现最大程度上的“形式创新”；（2）努力培育“蓝海受众”，引领传播方向，发挥我们党组织传播的战略优势；（3）执政党仍能够继续获得“天使投资”，关键在于能否继续赢得民心支持。总之，在山东这样一个受传统儒家思想束缚最为深重的地区，在马克思主义者和全体党员的努力之下，山东党组织实现了茁壮成长和壮大发展，至1945年建成了我们党领导下的全国唯一一个真正完整意义上的省级政权，实现了局部执政。而这一空前绝后的历史业绩，便是肇始于一大前成立的山东党组织（团体）。尽管它没有现代文本意义上的“出生证”，但它的客观存在并日益发挥重大作用的历史事实却已无法否认。“英雄不问出身”，就让那往事淡淡随风去吧。

马克思主义生根山东的传播实践，催生了中共山东组织的诞生。山东党组织从无到有、从弱到强、从松散社团到全省执政，肇始于马克思主义在山东地区早期传播的燎原之火。马克思主义在山东的落地生根与传播发展，充分显示了马克思主义用于指导实践所产生的巨大社会力量。而这种力量的激发与释放，离不开传播主体（山东党组织及其成员）的主客观推动。早期马克思主义者的精神启蒙作用，在特定时间段发挥了无可替代的历史作用。他们的开创之功，是值得尊重的。他们的历史局限性，也是客观存在的。马克思主义从一种社会思潮发展成为指导工人运动的实践，山东党组织力量的日渐增强、马克思主义影响的日益扩大，都是奠基在早期马克思主义者的开创之功的基础上。当然，在特定历史条件下，山东马克思主义传播的得与失、成与败，必须回到当时的历史环境之下去认知，必须放置于马克思主义中国化的历史潮流之中去考察。

一 早期传播的阶段划分

考察马克思主义在山东的早期传播，需要借助大量的历史文献和口述史资料。由于特殊的客观原因（主要当事人早逝且未遗留有关文献），山东马克思主义的早期传播情况除了努力发掘新史料之外，只能通过这类回忆性资料去探究。使用这类资料，必须格外慎重。日本学者森时彦、石川祯浩都着重强调：在使用回忆性资料之前，先要进行一番“彻底清算”，再依据第一手资料“重新建构”，这才是正本清源的科学治史态度。[①] 其实，不惟口述史如此，其他任何文献皆具有个体的主观性，同样需要先行甄别、分析方可使用。重构山东马克思主义早期传播的历史脉络与基本趋势，需要重新解读已有史料和挖掘新史料。基于此，通过梳理山东马克思主义早期传播的历史过程与发展脉络，从理论层面予以提炼、概括和总结，认为山东马克思主义早期的传播实践，大致经过了其传播史上的三个传播阶段，依次为初始传播、广泛传播和组织传播。

（一）初始传播阶段（1906—1919 年冬）

马克思主义在山东传播的序幕，根据现有文献记载，似可以追溯到 20 世纪初。1906 年秋，山东同盟会会员丁惟汾等在日本东京创办《晨钟》周刊，这是山东人最早创办的一份革命刊物。同盟会会员栾星壑（山东栖霞人）这年归国后，在青岛主持该杂志的国内发行事务，并参与创建震旦公学。青岛震旦公学，1908 年由同盟会会员陈

① 参看［日］石川祯浩，袁广泉译：《中国共产党成立史》，中国社会科学出版社 2006 年版，第 9 页。

干、刘冠三创办。[1] 1907 年冬，陈干接到章太炎的一函：

> 明侯我兄如见：连接数书，未知复处。近接手书，知青岛大有可为，喜极。鄙意学堂不当骤办，盖此事既须经费，讲师又不易求，不如专立学会，讲社会主义为妙。溥泉可至青岛一游，与同人开讲社会主义一两礼拜。但今尚无旅费，由日抵胶不过二三十元而已，不可骤得，君若能为溥泉筹集川资寄下，则甚好也。手此。敬颂岁祉。冬至后二日，章炳麟白。[2]

据此函推知，陈干此前曾多次向章太炎请教创办震旦公学之事，章太炎欣然建议"专立学会，讲社会主义为妙"，并推荐溥泉（张继）由日本赴青岛"开讲社会主义一两礼拜"。这年 8 月，张继已经在东京发起成立了中国第一个研究马克思主义的团体——社会主义讲习会，他本人在斯时也以传播社会主义理论著称当世。张继之后遂有青岛之行，讲授社会主义理论，成为山东马克思主义传播的先驱，章太炎亦有功焉。此函，大概是截至目前有关马克思主义在山东传播的最早文献记载。

马克思主义在济南的传播，则是随着《新青年》杂志所倡导的新文化运动而展开的。正如西方学者所指出的，马克思主义的源头主要是在北京并通过《新青年》杂志的流传而传播至内地。[3] 在省立一中和第一师范，甚至在较为偏僻的诸城枳沟小学堂，都有师生订阅《新青年》杂志。1916 年，省立一中学生王统照曾向该杂志写信，称之"洵为最有益青年之读物"，"不胜为我诸青年喜慰也"，"凡我青年，宜手一编，以为读书之一助"。为此，《新青年》杂志第二卷第四号（1916 年 12 月）专复此

---

① 陈干（1881—1927），字明侯，山东昌邑人，1905 年赴日本并加入同盟会，先后任山东同盟会主盟人、陆军部中将咨议、山东省政务厅厅长、广东非常大总统咨议、"鲁案"协定善后委员会委员、胶澳商埠督办公署顾问等，1927 年蒋桂之争时被桂系军阀杀害。另请参看翟广顺：《陈干与青岛震旦公学——兼论其文韬武略、穷达尽善精神谱系形成之基础》，《青岛职业技术学院学报》2009 年第 3 期。刘冠三（1872—1925），山东高密人，1905 年加入同盟会，1906 年春在济南创办《白话报》并创办山左公学，1908 年被迫离济赴青岛，先后任山东同盟会副会长、临时省议会副议长等，1925 年病逝。

② 此为陈干后人所拓章太炎写给陈干的手书碑文拓片，现藏于中国革命博物馆。原石碑立于昌邑县白塔陈氏家祠，"文化大革命"中被毁。转引自陈隽、佟立容：《陈干与辛亥革命史料一组》，《民国档案》1999 年第 4 期，第 48 页。

③ 参看费正清等：《剑桥中华人民共和国史》，中国社会科学出版社 1994 年版，第 497 页。

信，称赞以王统照为代表的山东青年学生“疾时愤俗，热忱可感。中学校有此青年，颇足动人中国未必沦亡之感……”[①] 由此可见，《新青年》之类激进期刊及其传播的有关马克思主义理论，这时已经在山东地区有所流传了。

各种共产主义读物在山东地区比较大量的传播，则是在1919年五四运动之后。据山东督军张树元1919年6月11日发给北京政府的密电称：“《共产党宣言》时有发现，均经会电各该地文武，严防密捕。”[②]《共产党宣言》在山东的“时有发现”，表明马克思主义在山东已经传播起来，并在社会上产生了相当大的影响，以至当地政府如临大敌。中国最早版本的《共产党宣言》现存仅4本，其中一本即在山东广饶县历史博物馆。[③] 这些传播事实，均为马克思主义在山东地区有大量传播的力证。此外，山东旅京学生主办的《曙光》杂志，“赤色十分浓厚”“真可谓面目一新”。[④] 该杂志在济南、烟台和日本东京山东侨胞当中设有代派处，“对五四运动后期山东新文化运动的影响是较大的，对马克思主义在山东的广泛传播起了较重要的作用”。[⑤] 山东教育图书社、山东官书局在五四运动之前，也是出版发行各种进步书刊的主要机构。1919年10月山东省议员王乐平创办的齐鲁通讯社“专卖最新各种丛书杂志”，更加推动了马克思主义书籍及各种进步书刊在山东地区的传播。以此为标志，马克思主义在山东进入了其传播史上的第二个传播阶段。

（二）广泛传播阶段（1919年冬—1921年7月）

教育图书社、官书局和齐鲁通讯社作为《新青年》杂志的“代派处”，对于传播马克思主义起到了一定作用。[⑥] 齐鲁通讯社据说是“山东

---

① 参看余世诚、刘明义：《中共山东地方组织创建史》，石油大学出版社1996年版，第83页。

② 《“五四”爱国运动档案资料》，中国社会科学出版社，1980年，第287页。

③ 中国最早出版的《共产党宣言》1920年8月在上海由英文翻译出版。这个版本因为当时排版和校对疏忽，把书皮错印成《共党产宣言》。这是中国第一部专门宣传马克思主义的专著。目前这一版本在中国只有四本，一本存在北京图书馆，一本在上海图书馆，一本在上海档案馆，一本在山东广饶县历史博物馆。请参看余世诚：《一本〈共产党宣言〉的传奇》，《瞭望》1987年第1期。

④ 《施存统致宋介》，《曙光》二卷三号。

⑤ 刘明义：《〈曙光〉杂志社与北京、济南共产主义小组》，《中共党史研究》1994年第5期，第85～86页。

⑥ 《新青年》第七卷第三号，1920年9月。

省第一家推销进步书刊的书店”。此处表述并不准确，因为在当时，教育图书社、官书局均经销进步书刊包括马克思主义书籍，而且它们的成立时间都早于该社。这里应该是在褒扬该社为山东营销进步书刊的第一家专卖（营）书店及其传播马克思主义的历史贡献。该社附设贩书部，专门贩卖各项杂志及新出版物，第一个月营业额只有五六十元，后来增加到平均每天十几元。营业额短时间内即增长了6倍，这一接连翻番的利好业绩，折射出了山东进步知识分子对于包括马克思主义在内的新文化新思潮，“如大旱之望云霓”的迫切心情。一旦山东与外界思想交流的文化闸门打开了，山东思想界教育界沉闷压抑的社会风气为之一振，马克思主义等新思潮便势如洪水野兽一发而不可收，山东马克思主义传播局面也为之焕然一新，在齐鲁大地上迅速传播开来。山东进步知识分子的思想启蒙，便是通过该社营业额的迭次上涨而具体体现出来。事实上，山东党组织的几乎所有早期成员，都曾与该社有联系，由此亦可见该社在马克思主义早期传播史上的重要地位。1920年9月，该社召开全体股东大会，公推王乐平为社长，更名为“齐鲁书社”，以促进社会文化进步为主要目的，营业内容为代派日报、销售杂志、贩卖各项中外书籍。据统计，齐鲁书社经销《俄国革命史》《资本论入门》《辩证法》《唯物辩证法研究》《社会科学大纲》等书籍，销售《新青年》《新潮》《奔流》《创造》《少年中国》等进步杂志和《每周评论》《努力》《觉悟》《莽原》《醒狮》等报刊，各种期刊每期销售量都在100份左右。由该社主办，王尽美等负责编辑的《齐鲁青年》周刊销量也不少。齐鲁书社成为马克思主义在山东广泛传播的主阵地。

齐鲁书社“对于推动山东新文化运动的发展，宣传马克思列宁主义，起了积极的作用。”① 它不仅是一个推销进步书刊的书店，也是许多进步青年和国民党左派人士进行活动、联络感情的场所，有些政治活动极为机密。山东早期马克思主义者，正是在此秘密集结，成立了各种团体、组织，包括中共山东组织（团体）。传播主体及其活动的壮大，进一步推动了马克思主义在山东的传播，并且为山东党组织的建立打下了基础。因此有研究者认为，齐鲁书社“在传播马克思主义，推动新文化运动的深入

① 权恩奉：《党的创立和第一次国内革命战争时期的山东地方党组织》，《理论学刊》1984年第1期，第62页。

发展，对革命青年进行启迪教育等方面都起了积极的作用。”[①] 以齐鲁书社成立为标志，在五四运动之后，马克思主义在山东得到“广泛传播”。[②]

随着马克思主义的广泛传播，山东一些进步知识分子开始组建各种社团，公开活动并出版各类期刊，从不同角度、不同侧面传播马克思主义。这些社团及其活动，进一步推动了马克思主义向纵深传播。1920 年 10 月底，山东一些进步青年学子觉悟起来，不再甘心一味“老实读书”，遂筹组励新学会，“当时列名发起者，系王志坚、吴隼等十一人。”[③] 王志坚位居发起人之首，又主编《泺源新刊》，名噪一时。《泺源新刊》是当时影响最大的一份刊物，1920 年 10 月由省立第一师范学生自治会出版。从现有资料来看，还不能证实王尽美是该刊的编辑员。[④] 在山东五四运动后期创办的新刊物中，《泺源新刊》出版期数最多、办刊时间最长，至少发行 40 余期。“它在宣传新思想、新思潮，启蒙青年学生觉悟，推动新文化运动深入发展诸多方面都发挥了重要的作用”。事实上，在励新学会中，王尽美的地位可能尚不如邓恩铭重要。邓恩铭为“庶务”，在 1921 年 10 月赴伊尔库茨克会议时其公开身份为“山东励新学会负责人”，而王尽美则以“山东劳动报记者”身份参加该会。[⑤] 该会创办了《励新》半月刊，旨在宣传新文化、新思潮。[⑥] 会址设在齐鲁书社院内，王乐平出席了成立大会。齐鲁书社和励新学会，被当时进步报刊称为“济南文化运动之曙光”。[⑦] 而这一道“曙光”的出现，似乎也可以视为山东马克思主义传播的胜利曙光。

1921 年 5 月，王翔千、王尽美等人在《大东日报》开办副刊《济南劳动周刊》。7 月，山东学生联合总会在济南创办《新山东》杂志，热情宣传社会主义思想，有力地推动了马克思主义在山东的广泛传播。以发起

---

① 王继春：《马克思主义在山东的传播》，《山东师范大学学报（人社版）》1983 年第 2 期，第 58 页。

② 权恩奉：《党的创立和第一次国内革命战争时期的山东地方党组织》，《理论学刊》1984 年第 1 期，第 62 页。

③ 《会务报告》，《励新》第 1 卷第 1 期，1920 年 12 月 15 日出版。

④ 参看牟钧、纪镇西：《王尽美同志与〈泺源新刊〉》，《山东图书馆季刊》1982 年第 4 期。

⑤ 参看《调查表 · 中华共产党部 · 王尽美》《调查表 · 中华共产党部 · 邓又铭》，《上海革命史资料与研究（第 7 辑）》，上海世纪出版股份公司、上海古籍出版社 2007 年版，第 780 页、782 页影印件。

⑥ 《励新》半月刊第一卷第一期，1920 年 12 月。

⑦ 《晨报》1921 年 1 月 17 日。

济南劳动周刊社和《新山东》刊行为标志，山东马克思主义传播进入了其传播史上的第三个传播阶段。

（三）组织传播阶段（1921 年 7 月—　）

中共一大召开之后，标志着山东马克思主义传播步入了组织传播的新阶段。至于其后传播阶段的具体划分，此不赘述。1921 年 7 月，王尽美、邓恩铭代表山东马克思主义者参加了中国共产党第一次代表大会返回济南之后，“积极开展党的活动”。[①] 山东马克思主义传播开始了其组织传播阶段。

9 月，即建立了马克思学说研究会。[②] 该会由山东党组织直接领导，主要任务为学习、传播马克思主义。这 50 名会员，后来大多数加入了共产党或社会主义青年团。10 月，王象午（化名“筱锦”）、王乐平（化名“居一”）、王复元（化名“福源”）、王尽美（原名瑞俊，至此之后使用化名“尽美”）、邓恩铭（化名“又铭”）五人远赴伊尔库茨克会议，11 月 1 日到达满洲里。他们五人在登记“调查表”时，均自称为“中华共产党山东部”，亦即自称为山东党组织的成员（党员）。[③] 这是迄今为止，中共山东组织确凿存在并有成员名单的最有力的证据。这些原始文献，原由俄罗斯当代文献保管与研究中心存档保管，现已公开。[④] 这五人之中，王乐平显然是当仁不让的核心人物。中共代表团主席张国焘也认为王乐平为山东五人代表团的核心，“山东省各团体的代表是前山东省省议会议长王乐平，他曾在上海各界联合会和我共同工作过，后来成了著名的国民党员。”[⑤] 至于一大代表王尽美、邓恩铭二人，张国焘则只字未提。

成立社团组织，标志着传播形式由零散传播变为组织传播，推动了马克思主义向山东纵深传播。在此阶段，组织传播（中共山东组织）高效率的一面得到淋漓尽致的展现。组织传播的力度更大，传播效果自然也更

---

① 《中国共产党山东省组织史资料（1921 ~ 1987）》，“概述”，第 2 页。

② 《中国共产党山东省组织史资料（1921 ~ 1987）》，“概述”，第 2 页。

③ 参看《调查表 · 中华共产党部 · 王筱锦》《调查表 · 中华共产党部 · 王福源》《调查表 · 中华共产党部 · 王尽美》《调查表 · 中华共产党部 · 邓又铭》，《上海革命史资料与研究（第 7 辑）》，第 773 页、774 页、776 页、780 页、782 页影印件。

④ 现名为“俄罗斯国家社会/政治史档案馆”，Russian State Archive of Socio—Political History；全宗号 495，目录号 154，卷宗号 181。

⑤ 张国焘：《我的回忆》第 1 册，东方出版社 1998 年版，第 184 页。

为明显。励新学会一些活动，被视为“有组织地研究和宣传马克思主义”的开始。[①] 励新学会组织会员深入到新城兵工厂、鲁丰纱厂、电灯公司的工人中活动，吸收少数工人参加励新学会的活动，“促进了革命力量与革命实践的结合”，培养了大槐树机车工厂李广义、黄锦荣、刘乃泮等一批工运骨干，成立了山东第一个工会性质的产业工人组织——津浦铁路济南大槐树机车工厂工人俱乐部。中共山东地方组织的建立，“是随着工人运动的兴起和马克思主义的传播而建立起来的”。[②] 但是，真正意义上的工人运动是在马克思主义广泛传播之后，即其顺序为：先有马克思主义的广泛传播，再有山东党组织的建立，次有以马克思主义为指导的工人运动。

二　早期传播的突出特点

山东马克思主义早期的传播实践，比较清晰地表明了山东马克思主义早期传播的基本脉络与发展进程。通过梳理其传播史上的三个传播阶段，可以发现在这一动态传播发展的过程中，初步表现出了四个传播特点。

（一）从可能发展为必然的实践

马克思主义在山东得以传播并成为创建中共的地方组织之一并非偶然，而是建党之初即已列在陈独秀、张国焘等中共创建者的规划设计之中。按照事先约定的建党计划，陈独秀委托李大钊、张国焘“从速在北方发动，先组织北京小组，再向山东、山西、河南等省和天津、唐山等城市发展”。[③] 因此张国焘称赞陈独秀为“组织中国共产党的最先发动者和设计者。他具有决心和信心，拟定发展中国共产党组织的初步蓝图，并从事实际活动。由于他多方推动和组织，各地的马克思主义者的零星活动终于演进到中国共产党的正式组成。”[④] 据此，陈独秀等三位中共创建者彼时的共识为：山东在北方是仅次于北京的第二梯队之首。他们如此看重山东，自有其原因。

山东是五四运动爆发的导火索，一度为全国瞩目，它以其特殊的政治

① 《中国共产党山东省组织史资料（1921～1987）》，“概述”，第2页。
② 《中国共产党山东省组织史资料（1921～1987）》，第2页。
③ 《我的回忆》第1册，第98页。
④ 《我的回忆》第1册，第90页。

影响和地缘优势，毫无悬念的进入到中国早期马克思主义者的规划视野之中。“中国共产党各小组，能在像湖南、山东这样的省份发展起来，倒也不是偶然的。山东因为是日本侵略的目标，所以一般青年在北方各省中显得较为左倾。”[①] 这一看法，体现了当时中共创建者对山东青年革命性的赞赏。山东青年思想左倾和追求进步，尤能为马克思主义所激发出不同于其他地区的革命热情，使之由信仰马克思主义开始转向实际组建共产党组织（团体）。马克思主义在山东的早期传播和思想启蒙，逐渐凝聚了一批进步知识分子。山东马克思主义者依托齐鲁书社这一阵地，创办各种公开、半公开团体并发行报刊，组织各种理论学习、研讨、宣传活动，推动了马克思主义在山东的深入传播。其间，他们积极与北京党组织取得联系，并在其指导下秘密组建了山东党（团）组织，由此开辟了山东马克思主义传播的新篇章。马克思主义与工人运动相结合，则是其传播深入的另一结果。正是这些早期马克思主义者的努力推动，才使得马克思主义由理论上的可能性转化为现实的实践，马克思主义才得以成为指导实践的工人运动的最强大思想武器。以此为标志，山东马克思主义传播实现了其从理论到实践的飞跃。

（二）从隐秘发展为公开的团体

中共山东地方组织是创建中共的6个地方组织之中最为隐秘的一个，其早期组织的名称、创建时间、成员等皆不详，而且载诸文献的史料、具有实证价值的史料亦乏善可陈。其实不惟山东如此，其他几个地方党组织的创建历史也同样存在着证据链的缺失。著名党史专家邵维正指出：“当时各地的建党活动，由于各地政治环境不一样，各地的建党活动方式、名称和公开程度都不一样。”[②] 当事人毛泽东则回忆说，他本人入党“没有介绍人”，“我们那时候就是自己搞的，知道的事也并不多，可谓年幼无知，不知世事。”[③] 这些客观原因，更增加了山东马克思主义早期传播的隐秘性。

山东马克思主义早期传播的最大实践成果，是建立了山东党组织。但

---

① 《我的回忆》第1册，第124页。

② 参看邵维正：《创新的理论不变的忠诚》，中国青年网 http：//www. youth. cn，2011年7月6日。

③ 《中国共产党第七次全国代表大会的工作方针》，《毛泽东文集》第3卷，人民出版社1996年版，第291页。

是，由于太过隐秘，特别是缺乏文本证据，导致了山东党史界对它的存在问题一直聚讼不休。为此，1982 年 1 月，中共山东党史学会在济南举办“关于山东地方党组织创建时期的若干问题讨论会”，全国党史界 40 余人专题讨论这一问题，可惜并未能解决这一问题。[①] 此后 30 余年来，它依然是一桩历史悬案。因此山东马克思主义早期传播的隐秘性特点，在全国最为突出，也最令人印象深刻。石川祯浩即认为它的“真实情况最难把握”，而此前的研究成果“也不可能使我们把握事实真相”。[②] 当然，石川先生的这一论断，主要是基于他所掌握的资料情况，而有些地方党史资料他似乎未能占有且关注不够，如“调查表”。

根据现在掌握的一些资料，基本可以认定王象午、王乐平、王复元、王尽美、邓恩铭五人为山东党组织的早期成员，主要依据即为他们五人所填写的“调查表”。[③] 这五人之中，对于王乐平的争议最大。有人甚至质疑王乐平的“这张‘调查表’的可靠性是经不起推敲的。”怀疑的理由一是“王居一”其名未见其人使用过；二是其所填写的“中华共产党山东部”名字不对，应该为王尽美填写的“中国共产党山东部”[④]。事实上，这些怀疑只是想当然耳。因为在“调查表”中，不但上述王乐平等五人皆系使用化名（假名），其他部分中国代表亦如此。至于“中华共产党”一词，则是该“调查表”统一设计的一个专用称谓，凡是中国代表的“调查表”，皆标注为“调查表·中华共产党部”，而王尽美所填则系笔误。据此，他们五人应该为目前所知的山东党组织的最早成员。至于是否还有其他成员（理论上应该还有），由于缺乏文本证据，俟考。简言之，无论是否机缘巧合，伊尔库茨克之行都成为山东党组织一次公开的集体亮相。此后，济南支部、济南地方执行委员会相继成立。1923 年 5 月，山东党组织在济南主办马克思诞辰 105 周年纪念会，会场主席台中央悬挂王尽美亲绘 1 米高的马克思像；王尽美在会上作了长篇演讲，会后“第一次

---

① 贾蔚昌：《关于山东地方党组织创建时期若干问题讨论会讨论情况介绍》，《山东党史资料》（增刊）1982 年 3 月出版，第 16 ~ 17 页。

② 《中国共产党成立史》，第 193 ~ 194 页。

③ 参看《调查表·中华共产党部·王筱锦》《调查表·中华共产党部·王福源》《调查表·中华共产党部·王尽美》《调查表·中华共产党部·邓又铭》，《上海革命史资料与研究（第 7 辑）》，第 773 页、774 页、776 页、780 页、782 页影印件。

④ 臧金峰：《再论山东共产党小组的创建人问题》，《哈尔滨学院学报》2010 年第 11 期，第 27 ~ 33 页。该文另误将山东代表人数统计为 6 人了。

以中国共产党的名义散发了传单”。这表明，山东党组织已经迈入了公开活动的历史新纪元。

（三）从涣散发展为有纪律的组织

“组织涣散”似乎是山东马克思主义早期传播实践中最为突出的特征之一，也是其自身发展过程中不能超越的一个必经阶段。一直以来，有人坚持据此否定山东党组织的存在。考虑到当时特定的历史环境，无政府主义和信仰自由是吸引知识分子的最动人的一面旗帜，而早期党组织基本又是知识分子的小团体，因此他们表现出“涣散”的一面也相当正常。况且在建党之初，百废待兴，中央组织协调力度的鞭长莫及，无形中也纵容了地方党“组织涣散”的这一面。山东如此，其他地方党组织皆如此，概莫能外。

“组织涣散”最为突出的表现之一，即党员的认定并无统一标准，亦无程序约束，入党自愿，退党自由，典型的“无政府主义”。团体或者组织成员彼此一起参加活动，即可互认为“同志（党员）”，并无“入党程序”之具体形式，也无组织考察之内容要求。“信仰者即为党员”的观念在当时颇为流行，很有市场。比如中共创始人李汉俊、中共一大代表刘仁静均坚持认为“信仰马克思主义者即为党员”，强调不宜用程序形式加以约束党员，并因此在一大会议期间引发了一场大争论。由此可见，当时最信仰马克思主义的精英人士，也并不全都主张采用具体程序的办法来纯洁其组织。王乐平与山东党组织的若即若离关系，伊尔库茨克会议之后邓恩铭负气脱党的可能，以及王象午、王复元未被列为中共山东组织早期成员的种种事实，表明山东党组织在其成立之初，可能确实为一个比较松散的团体。

“团体”与“组织”，实则有着较大区别。根据《现代汉语词典》的释义，“组织”为“按照一定的宗旨和系统建立起来的集体，如党团组织、工会组织”[①]。“团体”则为“有共同目的、志趣的人所组成的集体”[②]。据此，早期山东党组织应该属于后者。一大之后，中央初步规范了党员发展程序，要求各地党组织必须按照《中国共产党第一个纲领》

---

① 《现代汉语词典》（修订本），商务印书馆 1999 年版，第 1679 页。

② 《现代汉语词典》（修订本），第 1279 页。

之规定重新登记和履行入党程序，各地党组织开始发展成为纪律严明、坚强有力的一级组织。当然，从涣散状态发展到纪律严明，也是一个组织自身发展的必经阶段。另外，必须指出：传播主体所处的地位、环境、团体、平台等等，决定了其理想信念的坚定程度、传播贡献的大小；马克思主义理论自身的传播力度，也影响着传播主体的信仰度与贡献量。[①]

（四）从星火发展为燎原的事业

山东党组织从无到有、从弱到强、从松散社团到全省执政，肇始于马克思主义在山东地区早期传播的燎原之火。山东马克思主义早期传播经过三个传播阶段，党团组织和工人运动都有了新发展。早期马克思主义者通过组织团体、创办报刊和采用一些形象化、通俗化的传播形式与传播手段，向工农群众、知识分子传播马克思主义，为无产阶级政党建立奠定了思想基础。山东马克思主义早期的传播途径，主要为：（1）出版发行马克思主义书籍、报刊，创办刊物；（2）组织团体、工会，参加工人运动，创办工人刊物，开办工人夜校；（3）组织演讲、通信、讲学等具体途径；（4）工农大众喜闻乐见的一些本土化的传播形式。[②] 山东早期马克思主义者紧贴人民群众的实际需要，注重理论与实践的结合，采用本土化传播形式，努力推动马克思主义的具体化、通俗化、普及化。

随着马克思主义传播的深入发展，山东马克思主义传播进入组织传播阶段之后，特别是山东党组织的成立，有力地推动了山东地方党团组织建设和工人运动的纵深发展。1922 年 5 月，中共济南独立组成立；6 月，中国劳动组合书记部山东分部建立；8 月，中共济南支部成立；[③] 1923 年，中共济南地方执行委员会建立；1925 年 2 月，中共山东地方执行委员会建立；1927 年 6 月，中共山东省委成立。这一时期，先后建立潍县、寿光、青州（益都）、高密、张店、鲁北等党的地方执行委员会；在济南、

---

① 山东早期共产主义者对马克思主义信仰发生动摇和反复，甚至放弃，也是马克思主义在山东传播的客观历史阶段。山东早期共产主义者的队伍分化，对马克思主义传播效果的影响比较有限。究其原因，大概一方面是因为这时候尚无严格意义的“组纪律织”或者“脱党”压力，另一方面则是他们崇尚个体信仰自由的气质使然。

② 这一概括，参看王树荫、温静：《论马克思主义在中国早期的传入与传播》，《思想政治教育》2011 年第 6 期。

③ 《中国共产党山东省组织史资料（1921～1987）》，“概述”，第 2 页。

青岛、张店、淄博、博山、寿光、广饶、青州、潍县、高密、烟台、枣庄、曲阜、沂水、泰安、莱芜、齐河、禹城、平原、庆云、阳谷、东昌（聊城）等地建有党的支部；在惠民、菏泽等地也有少量党员。至1927年7月，全省有党员近1500人。[①] 根据新挖掘的一些史料，1921年4月山东社会主义青年团（SY青年团）已在筹建，北京社会主义青年团教育委员宋介曾来济南指导建团，并指定王志坚、邓恩铭诸人负责，但是未见它开展活动的史料记载。[②] 直至1922年，山东重建了青年团。8月，贾乃甫、郝永太等人在济南首批加入青年团；王尽美等党员也加入了青年团。9月，青年团济南地方团成立。1923年年初，团济南地方执行委员会建立。此后，张店、青州、烟台、寿光等地相继建立团支部，青岛建立团地方执行委员会。1926年7月，团山东区委建立。1926年冬至1927年夏，团益都、寿光、潍县等县委和青州地方执行委员会先后建立。[③]

山东工人运动在短时间内得到较快发展。1921年夏，山东第一个工人组织"津浦铁路济南大槐树机车厂工人俱乐部"成立。1922年6月，中国劳动组合书记部山东分（支）部成立，这是党公开领导山东工人运动的机关。同时，济南津浦大厂工会成立，发起山东矿业工会淄博部；济南印刷厂工人同志会、纺织工人会也相继成立。[④] 1923年，山东工人运动在声援"二七"大罢工活动中出现第一次工运高潮。7月，济南理发工人成立济南市理发工会（对外称济南理发业联合会）。数日之间，济南16个县、8000余人参加了理发业联合会。[⑤] 1925年2月，胶济铁路和四方机车厂取得罢工胜利，成立胶济路总工会，下设6个分会。胶济铁路全线罢工及其胜利，被邓中夏誉为"异军突起"。4—7月，青岛纱厂工人举行3次大罢工，数十家工厂企业成立工会组织，刘少奇、傅书堂到青岛指导罢工斗争。[⑥] 至此，马克思主义的星星之火，在齐鲁大地已成燎原之势。

---

① 《中国共产党山东省组织史资料（1921～1987）》，"概述"，第2～3页。
② 王统照遗稿、王立诚整理：《民国十年日记（第二部）》，《潍坊学院学报》2005年第1期，第7页。
③ 《中国共产党山东省组织史资料（1921～1987）》，第27页。
④ 《中国共产党山东省组织史资料（1921～1987）》，第33～34页。
⑤ 《中国共产党山东省组织史资料（1921～1987）》，第34页。
⑥ 《中国共产党山东省组织史资料（1921～1987）》，第34页。

三　早期传播的现实启示

马克思主义早期的传播实践，提供了殷鉴现实的“历史之镜”。山东党组织从一个涣散的数人小团体发展到1945年党员有20万人，其经验教训及现实启示，既具典型性，也有一般性。从这一个案中，可以得出一些规律性启示。

（一）创新传播形式的重要性

现实启示（一）：本土化传播是马克思主义早期传播成功的关键因素，有时传播实践中会出现“形式 > 内容”的传播态势。因此，与时俱进“创新形式”，是当今马克思主义传播的当务之急。

马克思主义作为外来理论（非民族的）传入中国，其内容晦涩艰深，语言风格、思维方式与中国文化存在较大隔阂，这是它在中国传播的最不利之处。早期马克思主义者未必精读马克思主义原著，有些认识、理解也未必精确。他们更偏重于将马克思主义基本原理同中国具体实际相结合，即采用本土化的传播手段，使用当地民众喜闻乐见的传播形式（当地语言与思维方式），有效地把马克思主义的基本原理与当地实际、当地历史文化结合起来，此亦即马克思主义的中国化、大众化。山东早期马克思主义者“善于用简单、明了、群众易懂的语言讲话”，注重用通俗的文字、群众性的语言、鲜活的事例对马克思主义理论进行具体生动形象的诠释。① 王尽美便是一个例子，他“多才多艺，精于各种乐器演奏，还擅长诗词、作曲、演讲、写作、绘画、书法”等，这些知识技能使他具备了传播马克思主义的个体优势，促进了马克思主义与实践的结合。② 在山东马克思主义早期传播阶段，正是由于传播主体（山东党组织及其成员）采用了本土化传播形式，善于从传统文化之中汲取传播智慧和注重发挥个体传播技能，从而收到了比较理想的传播效果。这说明，在传播实践中，传播内容并不总是决定传播效果的决定性因素，而实用高效的传播形式有时更为关键。

---

① 《列宁全集》第14卷，人民出版社1988年版，第89页。

② 苗体君：《多才多艺的王尽美》，《党史纵览》2010年第8期。

历史证明：有效的传播形式，可以超越内容本身并收到事半功倍的传播效果。当下，马克思主义中国化大众化的传播不尽如人意，并不主要是因为传播内容本身的滞后，也与传播形式、传播理念的严重滞后有着直接关系，因此亟需加大“形式创新”力度。

（二）培育“蓝海受众”的战略意义

现实启示（二）：“蓝海战略”原理的应用，能将有限社会资源实现最大化受益。组织传播则会继续放大这一传播效果。尽快培育“蓝海受众”，才能继续引领未来传播方向，才能更好发挥我们党的组织传播优势。这，已上升为一项关乎执政之基和国家传播战略的前瞻任务。

蓝海战略（Blue Ocean Strategy）是由 W. 钱·金（W. Chan Kim）和勒妮·莫博涅（Renée Mauborgne）在其著作《蓝海战略》一书中提出。[①]它把市场划分为红海和蓝海，红海代表已知市场，竞争激烈而利润极小；蓝海则代表着未知市场，竞争程度较低，发展空间却较大。这一理论虽然是在 2005 年提出，其原理却早为人们熟知和应用。马克思主义在山东传播之初，只是作为一种社会思潮，并没有特定的传播群体。当然，由于阅读接受能力的障碍，其传播早期事实上还是局限在了知识分子小群体之内。山东党组织成立之后，开始将马克思主义基本原理自觉地面向工农大众传播，用以指导群众运动。在传播实践中，他们即（自觉不自觉地）运用了“蓝海战略”的原理，避开了与山东国民党在工人运动中“发展上层”既定方针的正面竞争，转而将组织传播的受众对象确定为“着重在下层工作”，从中吸收成员和壮大组织。[②] 这一组织传播的明确定位，使得国共两党竞争弱化，各取所需，各得其所，减少了很多正面冲突，从而实现了双赢。山东马克思主义早期的传播实践，验证了“蓝海受众”一旦思想武装起来将在实践中产生无往而不胜的巨大力量。昨天如此，今天亦然。

当今中国马克思主义传播占有最优势的社会资源，加大对“蓝海受众”的培养，才能抓住未来的群众（受众），才能凝聚他们并继续代表最

---

① ［韩］W·钱·金、［美］勒妮·莫博涅：《蓝海战略》，吉宓译，商务印书馆 2005 年版。

② 参看黄秀珍：《我的父亲和山东建党、建团活动》，王来棣：《中共创始人访谈录》，明镜出版社 2008 年版。该文另请参看山东省档案，“省校，全宗号 3，目录号 1，卷号 207，顺序号 16，《党成立前后山东地区的一些情况》”。

广大群众的根本利益。以史为鉴，未雨绸缪，马克思主义在中国不仅会根深叶茂，而且传播效果也将会更凸显。

（三）执政党获得“天使投资”的关键

现实启示（三）：“天使投资”象征着对民心的凝聚力，吸引“天使投资人”的则是那些“潜力股”。作为“绩优股”的执政党，只要交出了一份合格答卷依然会获得“天使投资人”的继续青睐。

天使投资（Angel Investment）是权益资本投资的一种形式，是指个人出资协助具有专门技术或独特概念的原创项目或小型初创企业进行一次性的前期投资。这一概念源起于美国百老汇演出，具有捐赠性质。这种投资一般不是为了追求利润最大化，而是出于经济利益之外的多层次需求，如表达慈善、满足个人爱好、实现自己理想等。此类行为和机遇，在中国传统文化语境下则习惯称之为“有贵人相助”，此“贵人”大概相当于彼“天使投资人”。山东马克思主义早期传播实践中，受惠于此类“天使投资”者颇多。王乐平与山东党组织若即若离的关系以及他对山东党组织的慷慨捐助，有理由认为他是山东党组织的“天使投资人”之一。

> 山东党成立不久，经费来源很困难，一部分是由北京寄来，但不能按月寄。有紧急开支时，由党内收入较多的同志捐助。那时王乐平也经常给予帮助……我也……感谢他对共产党的经济帮助。[①]

除了王乐平，省议会副议长张公制曾支持山东党组织创办《劳动周刊》并提供经费帮助等，他大概也是一位“天使投资人”。正是得益于这些“天使投资人”的赞助，山东党组织才能逐渐走出发展困境。这种赞助，不宜简单目为“政客投机行为”。

“天使投资”是民意支持率的温度计，“多助”则“得道”，失助则危机丛生。改革开放30余年来，我国经济建设成就硕果累累，民意支持率却与之不成正比。改变这一局面，必须“党要管党”“从严治党”。以“全心全意为人民服务”为立党宗旨并成功实现了民心凝聚而执政的中国共产党，只有做到“党管好党”，以改革创新精神真正解决人民群众的焦

---

① 马克先口述、董天佳整理：《济南建党后初期活动片断》，《山东党史资料》1982 年第 3 期。

点难点问题，才能继续获得“天使投资人”的信任，才能更好代表社会发展的前进方向。

习近平同志说：“历史的经验值得注意，历史的教训更应引以为戒。”又说：“前事不忘，后事之师。一个马克思主义政党对自己的错误所抱的态度，是衡量这个党是否真正履行对人民群众所负责任的一个最重要最可靠的尺度。我们党对自己包括对领袖人物的失误和错误历来采取郑重的态度，一是敢于承认，二是正确分析，三是坚决纠正，从而使失误和错误连同党的成功经验一起成为宝贵的历史教材。”① 马克思主义生根山东的早期传播实践证明：在马克思主义中国化大众化不断向前发展演化的动态进程中，既要坚持旗帜引领不动摇（坚持马克思主义指导地位），又要勇于创新传播形式，才能开拓马克思主义传播新境界；既要坚持强基固本（坚持经济建设这个中心），又要加强党的执政经验总结并主动去占领党史阵地，努力用人民群众信服的科学理论引领社会发展的正确方向。

① 习近平：《在纪念毛泽东同志诞辰120周年座谈会上的讲话（2013年12月26日）》，中共中央文献研究室编：《十八大以来重要文献选编》（上），中央文献出版社2014年版，第687~701页。

结束语

历史真相具有唯一性。研究历史，就需要努力用尽可能多的历史碎片（可靠的文献资料）去完成这幅拼图。由于党史不仅仅是一门历史，决定了完成这幅拼图的难度更大。定稿之际，虽然自忖已经掌握了尽可能多的文献资料，但是疏忽和遗漏之处肯定在所难免。因为史料工作是无止境的，而即便是阶段性研究工作也是有截止期限的，因此本文至多只能算是截至目前的一个阶段性研究成果。同时，也更期望看到他人挖掘更多新史料和推出更多新成果。

马克思主义生根中国的传播史，实为马克思主义中国化的序章。以个案形式窥视整体，亦难免“一叶障目”之弊，却又是一个最为现实可行的方案。关于马克思主义中国化的宏观研究，仅从“导论”和“第一章”所提及大量优秀研究成果，即可以管窥其纷繁浩荡。相比之下，从区域史“中观角度”研究马克思主义中国化的科研成果却相形见绌。马克思主义在山东早期传播这一课题，便是导师周向军教授有针对性的选题之一。我很荣幸承担了这一任务，当然惴惴不安的惶恐感也始终萦绕心头。

马克思主义在山东落地生根和早期传播的最大实践，就是催生了中共山东组织的创建。一大前山东党组织是否成立、成员何人？一直是一桩历史悬案。新中国成立以来，研究者围绕这一问题，各执一词、聚讼不休。20 世纪 80 年代，中央和山东党史界曾就相关问题进行过一系列探讨。山东中共党史学会为此组织了一次全国规模的专题研讨会，却适得其反推动了分歧意见的加剧与扩大。从一些文字资料的字里行间，即使在时隔 30 余年之后，我依然能够清晰感觉到当年这场争论的激烈。而且，这种争论逐渐发展至一种不正常状态，争论范围也从学术问题升级到政治高度，以至声讨“山东党史学术造假”之声此起彼伏。

山东党组织的事实存在与文本证据的客观缺失，成为有些人指控山东党组织创建历史“造假”的焦点。众所周知，考证需要大量的文本证据和完整的证据链。山东党组织及其主要当事人，却并未留存有说服力的文本证据。特定的历史环境，决定了山东党组织无法为自身早期历史提供文本上的“出生证明”；由于缺失客观的文本证据，山东党组织的事实存在不但被一些人视而不见，甚至成为否定其存在最振振有词的“铁证”。这种“削足适履”逻辑，实则在研究路径上陷入了缘木求鱼的认识误区，亦不可能是一种实事求是、追求真理的科学态度。此外，有关部门在宣传语言上的率意拔高或者溢美之词，也不可否认地为这些研究者提供了否定和驳斥山东马克思主义早期传播实践成果的明显靶标。对此，我只能将这些背景情况简单概括处理为：由于文献资料阙如、时代及政治环境等主客观原因，致使本课题长期以来处于停滞不前的研究现状。我为自己设定的努力目标，就是努力超然于这些纷争之上，努力用尽可能多的历史碎片重构马克思主义在山东的落地生根与早期传播历史，然后得出自己的结论。在学术原则把握上，坚持宁可自以为是，也绝不人云亦云。

从开题至定稿期间，最让我纠结的问题，其实还不是文本证据的缺失，而是有些党史工作者动辄强调几乎无学术原则的“党性”立场及态度。我并不认可党性与科学性的对立观点，而是坚持认为二者可以统一起来并相得益彰。同样，我也并不认为：早期马克思主义信仰者，都是一旦选定了人生的信仰之后，从此便为之奋斗，矢志不渝，毫不动摇，直至牺牲，这既不符合历史事实，也不是历史唯物主义的态度。根据我所掌握起来的史料，山东大概只有王瑞俊（尽美）比较坚定。邓恩铭（又铭）由于种种原因，也可能存在一度脱离党组织的事实。王乐平（居一）对于马克思主义的信仰，自从1921年年底至1922年春在俄国耳闻目睹了十月革命胜利后的暴力专政现实，由失望、放弃而最终选择了国民党改组派，但是他对于山东马克思主义的早期传播、山东党组织的艰难发展，自始至终都给予了最大支持（如人才和经费）。王翔千、王象午曾经脱党或者被开除出党，恐怕也不是他们出于对马克思主义的信仰发生了动摇这一表层原因；我更倾向于认为时任山东党组织主要领导人和中央一些负责人的责任更大些。王志坚政治上的迷惘困惑，以至遁入空门和脱党，也是当时青年知识分子带有共性的时代悲剧。至于工人阶级出身的王福源（复元），叛变后积极捕杀山东共产党人，我认为他之前对于马克思主义的信仰，恐怕也不是从一开始就掺杂了相当成分的投机因素。关于早期马克思主义者的信仰动摇问题，我认为还有一点很重要的原因就是：在当时环境下，相当数量的所谓“动摇者”，天真认为改变人生信仰只是个人理想旨趣的选择，而并未意识到这更是一种政治选择。他们“政治上不成熟”，有时代局限的大原因，也未必真正是对马克思主义发生了信仰动摇，而是对于当时自认为代表党组织的某些人产生了信任危机。这一检讨，并不是为他们开脱。同样，负气退党、脱党也是后来党的纪律所不允许的。一味指责“动摇者”，既不公允也不实事求是。这些“动摇者”与那些叛变后屠杀同志的人，不应该也不能划为一类。即便是由于时代原因，导致了一些偏激措施（如枪杀王志坚）的采用，也应及时予以纠正（事实上，我们党已经在这样做了，如已经将王志坚之死定性为“误杀”和“牺牲”）。勇于检讨并纠正自己的错误，“是衡量这个党是否真正履行对人民群众所负责任的一个最重要最可靠的尺度”，也并无损于我们党的伟大形象，而是恰恰相反。

本课题在国外的研究现状及前景，也不容乐观。国外学者由于地理空间之限，在详尽占有山东地方文献史料方面具有较难突破的实际困难，他们在研究选题上一般不会涉及本课题；即使有所提及，也往往一带而过。文献资料的不能充分掌握，确实束缚了国外研究者深入研究的学术翅膀。日本学者石川祯浩的《中国共产党成立史》（中国社会科学出版社2006年版），是国外学者近年来研究中共创建暨马克思主义在中国早期传播的一部力作。但在论述山东党组织创建问题时，却语焉不详，明显可以看到其所掌握的山东史料并不丰富。石川先生坦承：“没有任何原始资料可以解答这些问题……在国内当初曾经存在的‘共产主义小组’里，就数济南共产主义小组的真实情况最难以把握。”不但国外学者普遍持此看法，在国内的历次“研究述评”之中，马克思主义在山东的传播研究也未被提及。有研究者因此断言道：迄今尚未出现一部对山东马克思主义传播作整体扫描且堪具相当专业学术水准的专论（著）问世。本课题的研究价值及意义，首先，即在于填补此项研究空白。其次，从区域传播史研究角度梳理山东马克思主义早期传播历史的发展脉络、基本规律及现实启示。再次，以个案形式深化了马克思主义中国化研究，并从战略高度上提出了当下加强马克思主义中国化传播质量的一些管见。已发表的阶段性研究成果，主要以《马克思主义早期传播实践及现实启示——以山东为例》为题进行过一次较为系统的梳理。其他相关阶段性成果，也在陆续发表中。

回顾本课题进展的总体情况，不难发现：破解制约研究“瓶颈”的关键，在于重新解读既有史料和发掘新史料。本文贡献之一，即提供了一些关键性的“新史料”。这些所谓“新史料”，其实已不“新鲜”，只是未曾引起相关研究者的足够重视而已。譬如，1921 年 11 月 1 日到达满洲里赴俄参加伊尔库茨克会议的山东代表，在其“调查表”中均自称为“中华共产党山东部”，即中国共产党山东支部的成员。我认为这就是最有分量的关于山东党组织 1921 年已经存在的文本证据。这些原始文献，在 1992 年由俄罗斯档案馆移交给中国中央档案馆。它们的留存和公开，真可谓研究者的侥幸。再如王统照的《民国十年日记》，明确记载了 1921 年春北京社会主义青年团刚当选的教育委员宋介回济南指导建立山东 SY 青年团之事，负责人为王志坚、邓恩铭等人。在史料的重新解读，特别是使用口述史（回忆录）方面，尤其强调去伪存真，排比核实，小心求证，从而理出了一些不为其他研究者所注意的线索。这两方面的努力结果，便构成了这篇博士后出站报告。尽管出站报告并无明确的字数要求，但是反复自忖亦稍嫌庞杂。而且，有些正文、引文、注释等也还可以再精炼、再删减，有些语句表达也还可以再精准、再柔和，有些遣词造句也还欠精确与推敲。这些具体修改工作，也是无止境的，现在看来只能留待以后了。

在研究方法上，本书借鉴了传播学、历史学、文献学、社会学等交叉学科理论方法，讲究文本证据为事实依据，但又不惟文本证据作为学术判断的唯一依据。古人云：“尽信书则不如无书。”我认为此原则自然适用于学术问题的研究考证。在创新点的设计上，诸如经由区域传播史探究山东马克思主义中国化之个案规律，从思想文化史角度考察马克思主义与山东地方社会文化的博弈经验，从执政规律方面总结山东马克思主义传播的得失成败，等等。只是这些问题虽然提出并做了一些研究，却总不够满意，总感觉有些解析还不够透彻。这些不足之处，也是今后继续努力的着力点。总体而言，本课题进展情况比较顺利，基本按照既定计划逐步落实，当然也仍存在一些问题。定稿之际，最遗憾之处为：由于时间、经费和资源所限，原拟查阅、影印的一些原始档案文献最终被迫放弃了。

按照我的初衷，曾计划从建党开始，全面系统展开对山东党史的深度研究，并陆续推出一些成果，本文即为该计划的第一页或者第一行。虽然前路漫漫，既修且长，但无论能否实现“初心”，我都希望自己能勉力维系着这一幻想。我也愿意为此下更多笨功夫。下一步研究，拟结合工作实际，适当将研究视野向下拓展或者跳跃式延伸至山东抗日根据地（枪杆子和锄把子：中国共产党是怎样引领抗战胜利方向的）、社会主义革命和建设时期（革命和建设：中国共产党是怎样执政的），等等。根据现在对于马克思主义在山东落地生根与传播历史的基本把握，我认为早期传播阶段为科研攻关最难点，1937—1945 年为其传播史上的最辉煌阶段，1949—1978 年（改革开放前 30 年）则为我们党带领人民群众进行社会主义建设的实践探索时期，也是“敏感区”。对此，我曾在一篇论文的摘要第一句提到：口述历史可能是打破国史“前 30 年”研究敏感区“瓶颈”的有益尝试。这当然只是一个地方党史研究者对所从事研究领域远景的展望。总之，在终稿结语之际，我内心仍有些焦灼、忐忑和不安。我亦无资格对尚未付出努力的未来，作出更高更具体的期望。暂套用一句歌词“梦想刻在远方，一路走，一路望……”以鞭策自己。且行且珍惜吧。

参考文献

论文类

C

蔡登山：《江亢虎：从“弄潮儿”到“落水者”》，《同舟共进》2011年第4期。

陈绍康、张擎：《首批赴俄学习的青年》，《上海青运史资料》1982年第5期。

陈家鹦：《江亢虎：从学者、政客到汉奸》，《文史杂志》1987年第6期。

陈铨亚：《马克思主义何时传入中国》，《光明日报》1987年9月16日。

陈文敬：《党史研究的十次高潮与五个特点》，《党史研究与教学》1991年第4期。

陈其贵：《“五四”运动后马克思主义在中国广泛传播的原因浅析》，《建设高教理论与实践》1997年第4期。

陈隽、佟立容：《陈干与辛亥革命史料一组》，《民国档案》1999年第4期。

陈志勇、崔国才：《五四社会思潮与马克思主义主流地位的确立》，《南京政治学院学报》2000年第3期。

陈文联：《对马克思主义妇女观在中国早期传播的历史考察》，《理论学刊》2007年第3期。

陈峰：《胡汉民与中国马克思主义史学的发轫》，《齐鲁学刊》2007年第4期。

陈明吾 :《在中国马克思主义早期传播语境下对田诚〈共产主义与知识阶级〉一文的解读》,《党史文苑》2009 年第 11 期。

陈明吾:《资产阶级革命派对马克思主义在中国早期传播的历史作用》,《湖北社会科学》2010 年第 8 期。

常进军:《李大钊对宋介思想的影响及二人交往关系述论》,《滨州学院学报》2011 年第 4 期。

慈丹、刘磊:《受共产国际委派来中国帮助建党的杨明斋》,《兰台内外》2001 年第 4 期。

D

戴邦:《马克思主义传播学的奠基之作——读〈精神交往论——马克思恩格斯的传播观〉》,《新闻界》1994 年第 3 期。

邓寿民:《马克思主义在四川传播的第一人——王右木》,《四川党史》2001 年第 3 期。

邓文钱 :《从传播学视角开辟马克思主义大众化的新途径》,《党史文苑》2012 年第 2 期 。

邸乘光:《五四时期马克思主义在中国广泛传播的历史条件》,《安徽史学》1999 年第 3 期。

丁惟汾:《秘密进行之成绩》,杨展云、宋梅村编《山东文献》第三卷第 3 ~4 期,台湾民国六十六年十二月二十日,出版时间 1978 年。

丁基实:《我所知道的丁惟汾》,《春秋》2011 年第 5 期。

董必武:《中国共产党"一大"的主要问题》,《人民日报》1961 年 6 月 28 日。

E

伊莱休 · 卡茨 (Elihu Kate):《二级传播:对一种假设的最新报告》,[美] 奥格尔斯等、关世杰等译:《大众传播学:影响研究范式》。

F

[美] 范洪亮:《马克思主义中国化的基本分析与深层探索》,《湖北行政

学院学报》2003 年第 2 期。

冯利花：《马克思主义在中国早期传播渠道的研究综述》，《湖北经济学院学报》2011 年第 3 期。

傅绍昌：《辛亥革命促进了社会主义和马克思学说在上海的传介》，《上海大学学报》2001 年第 6 期。

G

葛懋春：《五四时期马克思主义与无政府主义论战》，《山东大学学报（历史版）》1962 年第 63 期。

郭圣福：《五四时期国民党人对社会主义学说的介绍和研究》，《华中师范大学学报》1988 年第 1 期。

郭圣福：《五四时期国民党人对社会主义学说的介绍和研究》，《社会主义研究》1988 年第 1 期。

郭德宏：《马克思主义中国化与中国化的马克思主义研究述评》，《党史研究与教学》2004 年第 4 期。

郭庆光：《传播学的研究对象和基本问题（上）》，《新闻界》1998 年第 2 期。

郭磊：《浅谈马克思主义中国化的开端——以李大钊的〈我的马克思主义观〉和陈独秀的〈谈政治〉为例》，《群文天地》2011 年第 23 期。

［新加坡］顾昕：《无政府主义与中国马克思主义的起源》，《开放时代》1999 年第 2 期。

H

韩佳辰：《关于马克思主义在中国传播的史前史的探讨》，《马克思主义研究》1984 年第 3 期。

郝文清：《马克思中译名考》，《中共中央党校学报》2010 年第 6 期。另《图书馆杂志》1991 年第 4 期。

贺金莲：《论早期马克思主义中国化的社会文化因素》，《求索》2007 年第 7 期。

何扬鸣：《试论浙江早期传播马克思主义的报刊》，《浙江大学学报（人文社会科学版）》2001 年第 5 期。

何立波、张哲：《被李大钊誉为“万里投荒、一身是胆”的杨明斋》，《党史纵横》2011 年第 6 期。

何洪：《五四时期〈曙光〉杂志研究》，《中国国家博物馆馆刊》2012 年第 9 期。

胡乔木：《中国共产党三十年》，《人民日报》1951 年 6 月 22 日。

胡绳：《胡绳“论从五四运动到人民共和国”》，《中共党史研究》2001 年第 3 期。

胡为雄：《党成立前后马克思主义在北京地区的传播》，《学习时报》2011 年 7 月 18 日。

J

季江：《杨明斋》，《石油大学学报（社会科学版）》1988 年第 3 期 。

季剑青：《地方精英、学生与新文化的再生产——以五四前后的山东为例》，原载《现代中国文化与文学》第 7 辑，巴蜀书社，2010 年。

贾蔚昌：《关于山东地方党组织创建时期若干问题讨论会讨论情况介绍》，《山东党史资料》（增刊）1982 年 3 月。

贾玉斌：《也是一颗启明星——杨明斋与中国共产党》，《党史纵横》1994 年第 11 期 。

姜贵：《旋风》，台北市九歌出版社 1999 年再版（繁体竖排版）。此书在鲍威德：Urban Change in China：Politics and Development in Tsinan, Shandung, 1890—1949 列为“清末民初山东社会史的参考文献”。

江沛：《二十世纪一二十年代沿海城市文化观念变动评析》，《史学月刊》2011 年第 4 期。

K

匡珊吉：《无政府主义在中国的传播及其破产》，《四川大学学报（哲学社会科学版）》1979 年 1 期。

［俄］K·舍维廖夫：《中国共产党成立史摘记》，译自苏联《远东问题》杂志 1980 年第 4 期。

［俄］K·舍维廖夫提供《张国焘关于中共成立前后情况的讲稿》，《百年潮》2002 年第 2 期。

康凤云、张艳国:《近年来李大钊传播唯物史观研究述评》,《江汉论坛》2007年第12期。

康中乾:《20世纪中西文化观念的冲突与会通》,《南开学报》2000年第4期。

L

李德学、于景洋、姜思学:《马克思主义实践哲学在中国的早期传播》,《北方论丛》2002年第5期。

李田贵、赵学琳:《二十年代国民党人对马克思主义的传播》,《当代世界社会主义问题》2003年第4期。

李泽华:《试论五四时期中国国民党人对马克思主义的介绍与传播》,《广东教育学院学报》2007年第6期。

李波:《进化论对马克思主义哲学在中国早期传播的影响——以李大钊为例》,《西北工业大学学报》2008年第4期。

李庆英:《陈独秀创建“中国第一个共产党组织”始末》,《党史文苑》2010年第3期。

梁严冰:《马克思主义在陕北的传播及其党团组织的建立》,《延安大学学报》2007年第3期。

梁志平:《史学家缺席的马克思主义传播史研究》,《桂海论丛》2012年第1期。

林志友:《第一次世界大战与中国共产党的成立》,《河南职业技术师范学院学报》2003年第4期。

李玉贞:《十月革命前后的旅俄华人组织及其活动》,《吉林大学学报》1981年第5期。

李林:《还“问题与主义”之争本来面目》,《二十一世纪》1993年第1期。

李肇年:《关于王尽美生平中的几个问题》,《中共党史研究》1994年第4期。

李妍:《浅论五四时期马克思主义与无政府主义的论战》,《学术交流》1995年第5期。

李莹:《五四运动前后马克思主义大众化传播的特点》,《魅力中国》2009年第10期。

李晓梅:《马列主义在中国初期传播三次斗争的启示》,《群文天地·下半月》2010年第10期。

李娉:《从改组左派走向共产信仰——从馆藏资料剖析王乐平的政治生涯》,《东京文学》2011年第4期。

李曙新:《吴芳和吴容沧是两个人》,《党史博采》2012年第5期。

林国标:《马克思主义大众化的基本范式及其演变》,《中共中央党校学报》2010年第3期。

林霞:《论马克思主义在中国早期的选择性传播》,《学术论坛》2010年第10期。

凌燕萍:《最早在贵州传播马克思主义的乡贤》,《贵州文史》2001年第3期。

刘埜:《介绍李大钊同志的一篇具有重要历史意义的文献——"法俄革命之比较观"》,《历史研究》1956年第7期。

刘建皋:《改组派初探》,《历史研究》1981年第6期 。

刘镇:《五四时期的王乐平》,《齐鲁学刊》1982年第3期。

刘放:《无政府主义对中国早期马克思主义者的影响》,《佛山大学佛山师专学报(社科版)》1988年第1期。

刘明义:《王翔千王复元是济南共产主义小组成员》,《华东石油学院学报(社科版)》1986年第2期。

刘明义:《〈曙光〉杂志社与北京、济南共产主义小组》,《中共党史研究》1994年第5期。

刘辉:《五四后期文化论争的重要成果——杨明斋《评中西文化观》试探》,《北京党史》1999年第3期。

刘黎红:《评杨明斋对"五四"文化保守主义思潮的批判》,《广东社会科学》2002年第4期。刘锡诚:《歌谣研究会与启蒙运动》,《民间文化论坛》2004年第3期。

刘晶芳:《五四运动与马克思主义在中国的传播》,《史学集刊》2009年第2期。

刘宋斌:《论辛亥革命对中国共产党创建的历史推动作用》,《中共党史研究》2011年第10期。

罗章龙:《记北方劳动组合书记部》,《社会科学战线》1980年第3期。

罗章龙:《自甘韬晦 埋首革命——回忆杨明斋》,《华东石油学院学报(社科版)》1986年第1期 。

罗珍：《马克思主义与无政府主义“论战”新评》，《学术交流》1997 年第 4 期。

吕长源：《济南教育图书社与荣成人办书店》，《春秋》2006 年第 5 期。

M

马宏 ：《杨明斋的中西文化观及其历史地位》，《中共党史研究》1990 年第 1 期 。

马惊涛、李永枝：《契合与选择——传播视域中的马克思主义中国化》，《中共南京市委党校学报》2010 年第 1 期。

孟献丽等：《马克思主义中国化、时代化、大众化关系辨析》，《贵州师范大学学报（社科版）》2012 年第 4 期。

苗体君、窦春芳：《关于济南共产主义小组创始人的新考证》，《宝鸡文理学院学报（社科版）》2007 年第 2 期。

苗体君、窦春芳：《中共一大代表邓恩铭研究的几个谜团》，《世纪桥》2009 年第 8 期。

苗体君：《鲜为人知的杨明斋》，《党史文汇》2010 年第 7 期 。

梅枫 ：《建党时期的杨明斋》，《历史教学》1983 年第 6 期。

牟钧、纪镇西：《王尽美同志与〈泺源新刊〉》，《山东图书馆季刊》1982 年第 4 期。

N

聂长久、高仁立、张敏：《近代中国民粹主义与马克思主义的早期传播》，《社会主义研究》2008 年第 3 期。

倪培强、池中莲 ：《也谈“问题与主义”之争及其影响》，《新疆师范大学学报》1999 年第 2 期。

O

欧阳跃峰：《辛亥革命前无政府主义者对马克思主义的“业余宣传”》，《安徽师大学报》2002 年 3 期。

［美］奥托 · N. 拉森（Otto N. Larsen），［美］理查德 · J. 希尔

(Richard J. Hill):《一则新闻扩散中大众传媒和人际传播的作用》，［美］奥格尔斯等、关世杰等译：《大众传播学：影响研究范式》。

P

彭明：《“五四”前后的研究系》，《历史教学》1964 年第 1 期。

齐卫平：《五四运动前后马克思主义在中国传播的两个阶段比较研究》，《河南师范大学学报》2003 年第 5 期。

权恩奉：《党的创立和第一次国内革命战争时期的山东地方党组织》，《理论学刊》1984 年第 1 期。

Q

秋石：《大力推进马克思主义中国化、时代化、大众化》，《求是》2009 年第 23 期。

R

任武雄：《中共创建史上若干问题的探索》，《上海革命史料与研究》第 2 辑，三联书店，2002 年。

任继昉：《“传播”源流考》，《周口师范学院学报》2008 年第 3 期。

S

桑润生：《评〈中国东北农业史〉》，《历史研究》1996 年第 4 期。

沈庆林：《关于共产主义小组》，《党史研究资料》1979 年第 17 期。

沈传亮：《五四时期国民党人与马克思主义的传播》，《历史教学》2002 年第 8 期。

［日］森时彦：《中国……勤工俭学一大已经の动向［中国勤工俭学运动研究的动向］》，《东洋史研究》40 卷 4 号，1982 年。

［日］森时彦：《中国共产党旅欧支部的成立》，《爱知大学国际问题研究所纪要》第 80 号，1985 年。

邵维正：《建党前后的上海工人运动》，《党史资料丛刊》1982 年第

3 辑。

施国斌:《江亢虎沉浮记》,《江淮文史》1995 年第 2 期。

[日] 石川祯浩:《由考证学走向史料学——从中共“一大”几份资料谈起》,《中国浦东干部学院学报》2011 年第 5 期。

舒志超 :《万里投荒 一身是胆——记华侨杨明斋在中共创建中起的桥梁作用》,《上海党史与党建》2001 年第 9 期。

苏晓:《中国共产党早期历史档案保存及公布情况概述》,《北京党史研究》1997 年第 5 期。

苏全有、邹宝刚:《从〈申报〉的报道看“五九国耻纪念日”的兴衰》,《开封大学学报》2011 年第 3 期。

孙建华:《论马克思主义在中国的早期传播及其中国化的基础——从进化论“道”之裂变到唯物史观的确立》,《河南社会科学》2010 年第 1 期。

孙建昌:《马克思主义何时传入中国考略》,《学习时报》2012 年 3 月 26 日。

T

谭军:《戴季陶对马克思主义的传播与背弃》,《重庆教育学院学报》2010 年第 5 期。

唐宝林:《马克思主义何时传入中国》,《光明日报》1998 年 4 月 3 日。

陶季邑:《民主派与马克思主义学说在中国的传播》,《暨南学报》1997 年第 3 期。

陶季邑:《五四时期国民党理论家与马克思主义在中国的传播》,《湖南师范大学社会科学学报》,1993 年第 1 期(《新华文摘》1993 年 4 期、中国人民大学复印报刊资料《中国现代史》1993 年第 3 期、《高等学校文科学报文摘》1993 年第 2 期转载)。

陶季邑:《民主革命派客观上对早期马克思主义中国化起了积极作用》,《武汉科技大学学报(社会科学版)》2012 年第 4 期。

田子渝:《李汉俊是批判基尔特社会主义的最早斗士》,《湖北大学学报》2000 年第 2 期。

田子渝:《马列主义在中国早期传播研究综述》,《马克思主义研究》2001 年第 3 期。

田子渝:《一次马克思主义的对话——记 1922 年张闻天与李汉俊关于中

国革命的讨论》，纪念张闻天诞辰100周年学术研讨会论文，2000年9月。

田子渝：《武汉地区马克思主义早期传播的若干特点》，《湖北行政学院学报》2003年第4期。

田子渝：《在历史语境中审视马克思主义在我国的早期传播——以“瞿秋白第一个传播辩证唯物主义说”为例》，引自 http：//www. cssn. cn/news/355244. htm，2012—6—30。

田少仪：《五四时期的山东学生爱国运动》，《山东文献》第1卷第1期，1975年6月20日。

田永德、葛凤春《王乐平与中共山东党组织的创建》，戴维政主编《文博研究》第2辑。

汤婕、冯新宇：《马克思主义在中国的早期传播及其中国化》，《柳州职业技术学院学报》2010年第1期。

W

王鸿一：《三十年来衷怀所志之自剖》，《山东文献》第3卷第2期，1977年9月20日。

王继春：《马克思主义在山东的传播》，《山东师范大学学报（人社版）》1983年第2期。

王效炳、张升善：《杨明斋曾在北京著书》，《山东党史通讯》1985年第8期。

王立哉：《九十忆往（二）》，《山东文献》第11卷第4期，1986年3月20日。

王明钦：《中国共产党的早期组织对传播马克思主义的贡献》，《史学月刊》1991年第4期。

王钧五、臧任堪：《王乐平传略》，政协日照市文史联谊委员会编：《日照文史》第7辑，1999年12月。

王续添：《论五四运动中的省议会》，《中共党史研究》1999年第4期。

王也扬：《关于马克思主义何时传入中国的一个说法之误》，《马克思主义研究》2000年第2期。

王亚春：《北京社会主义青年团创建时期的几个问题掇拾》，《北京党史》2000年第5期。

王先明：《士绅构成要素的变异与乡村权力——以20世纪三四十年代的

晋西北、晋中为例》,《近代史研究》2005 年第 2 期。

王凤鸣、宁秀芹:《毕生尽瘁为民生的社会活动家——王鸿一》,《山东档案》2007 年第 4 期。

王飞:《十年内马克思主义传播原因研究述评》,《当代学术论坛》2008 年第 5 期。

王学亮:《1969 年康生签署的一份秘密处决令》,《党史纵横》2008 年第 10 期。

王刚:《论中国早期知识精英对马克思主义的选择性传播》,《中共党史研究》2009 年第 8 期。

王素莉:《“五四”前后马克思主义在中国传播的若干问题探讨:也评石川祯浩〈中国共产党成立史〉的有关论述》,《中共党史研究》2010 年第 5 期。

王建国:《〈中国共产党的三十年〉相关问题再探讨》,《党的文献》2011 年第 3 期。

王红霞:《十月革命前后马克思主义在中国的两个阶段比较研究》,《济宁学院学报》2011 年第 5 期。

王艳萍:《“国情不可与客卿谋”——李大钊〈国情〉一文发表始末及其国情观》,《传承》2011 年第 30 期。

王树荫、温静:《论马克思主义在中国早期的传入与传播》,《思想政治教育研究》2011 年第 6 期。

王艳勤:《罗素访华与研究系的基尔特社会主义思想》,《湖北文理学院学报》2012 年第 6 期。

卫兴华:《马克思主义经济学在中国的早期传播》,《青岛行政学院学报》2001 年第 1 期。

魏善珍:《马克思主义文艺理论在中国的早期传播——以留学生为视角》,《吉首大学学报》2010 年第 4 期。

[苏联] 乌斯季洛夫著、石产陶译,《在苏维埃俄国的华人共产主义组织》,《益阳师专学报》1981 年第 2 期、3 期。

吴汉全:《留学生与马克思主义在中国的传播》,《徐州师大学报》2001 年第 1 期。

吴艳东,李强:《马克思主义在中国的早期传播与大众化》,《湖北大学学报(哲社会版)》2008 年第 5 期。

吴永:《“马克思主义中国化”的话语特征及其价值——历史视阈下的

"马克思主义中国化"解读》,《中共党史研究》2011年第7期。

X

向青:《关于共产国际和中国革命建立联系的探讨》,《党史研究资料》1982年第6期、7期。

萧甡:《关于王尽美"名字"的考证》,《中共党史研究》2001年第6期。

肖铁肩、张相国:《马克思主义的早期传播与中国化》,《湖南省社会主义学院学报》2008年第1期。

谢宏雯:《"被中心"还是"被边缘"?——以〈新青年·第六卷·第五号〉为中心的考察分析》,《长江论坛》2011年第1期。

行龙:《中国社会史研究呼唤本土化》,《人民日报》2012年5月31日。

徐及之:《杨明斋1936年病逝于苏联托木斯克》,《中共党史研究》1991年第6期。

薛兆瑞:《马克思主义中国化的历史进程》,《中共太原市委党校学报》2008年第5期。

Y

鄢新萍:《知识分子与马克思主义在中国的早期传播的历史考察》,《知识分子与近现代中国社会》2007年。

颜复萍:《中国近代报刊对马克思主义译介与传播研究》,《边疆经济与文化》2011年第9期。

杨宗文、李玉晓:《杨明斋资料的新发现》,《中共党史研究》1995年第2期。

杨洪承:《王统照〈春花〉创作素材小考——关于山东革命组织"励新学会"的侧影描写》,《中国现代文学研究丛刊》1986年第4期。

杨洪承:《王统照研究的概述与反思》,《中国现代文学研究丛刊》1997年第2期。

杨代春:《华人编辑与〈万国公报〉》,《湖南大学学报(社会科学版)》2008年第6期。

杨鹏、马婷婷:《试述马克思主义唯物史观与史学术语在中国的早期传播》，《海军工程大学学报》2009 年第 4 期。

杨阳：《试析基尔特社会主义在中国的传播》，《广西社会科学》2009 年第 6 期。

姚芳藩：《我对五四时期三次论战中几个问题的看法——〈五四时期马克思主义反对反马克思主义思潮的斗争〉一书读后感》，《学术月刊》1961 年第 12 期。

叶志超、［苏］М·Л·吉塔连科：《苏联科学院远东研究所所长吉塔连科致余世诚教授的信》，《中共党史研究》1989 年第 4 期。

殷汉文、李肇年：《济南共产主义小组的发起人和创建者是王尽美和邓恩铭吗?》，《东岳论丛》1993 年第 2 期。

余世诚：《杨明斋在早期中国革命中的活动》，《青运史资料与研究》第 3 辑（1983 年 10 月）。

余世诚、张升善：《杨明斋》，《山东党史工作》1983 年第 8 期。

余世诚：《关于杨明斋生平事迹的调查》，《齐鲁学刊》1983 年第 4 期。

余世诚：《杨明斋的下落》，《党史资料丛刊》1984 年第 1 期。

余世诚：《参加共产国际“三大”的另一名中国共产党人是杨明斋》，《党史研究资料》1984 年第 1 期。

余世诚：《杨明斋调查记》，《党史通讯》1984 年第 3 期和《人物》1984 年第 4 期。

余世诚：《共产国际派他来中国帮助建党》，《人物》1984 年第 4 期。

余世诚、刘明义：《关于山东地方建党的若干问题》，《中国石油大学学报（社科版）》1985 年第 1 期。

余世诚、张升善：《杨明斋》，《中共党史人物传》第 21 卷，陕西人民出版社，1985 年 8 月。

余世诚、张升善：《忠厚长者杨明斋》，山东革命烈士事迹选《光照千秋》第六辑（1986 年 3 月）。

余世诚：《一本〈共产党宣言〉的传奇》，《瞭望》1987 年第 1 期。

余世诚、张升善：《杨明斋在建党初期的活动》，《人民日报》1987 年 10 月 23 日。

余世诚：《苏联同志帮助我们搞清楚了杨明斋的下落》，《中共党史研究》1989 年第 4 期。

余世诚：《杨明斋在苏联的最后岁月》，《百年潮》2001 年第 7 期。

余世诚：《寻找中共建党“牵线人”——重要党史人物杨明斋调查记》，

《名人传记（上半月）》2011 年第 7 期。

于湘琳：《马列主义在哈尔滨的早期传播及影响》，《继续教育研究》2001 年第 1 期。

袁刚等：《“问题与主义”之争九十年回顾与思考》，《南方论丛》2009 年第 2 期。

Z

臧金峰：《再论山东共产党小组的创建人问题》，《哈尔滨学院学报》2010 年第 11 期。

翟广顺：《陈干与青岛震旦公学——兼论其文韬武略、穷达尽善精神谱系形成之基础》，《青岛职业技术学院学报》2009 年第 3 期。

张国焘：《北京共产主义组织的报告》，《党史研究资料》1981 年第 6 期、7 期合刊。

张公制：《田中玉操纵省议会和议会反田斗争》第六节，摘自《山东党史资料》1986 年第 1 期。

张公制：《张公制自传》，政协山东省安丘市委员会文史资料委员会：《安丘文史资料》第 11 辑，1995 年 12 月。

张继良：《无政府主义在中国的传播及影响》，《河北师范大学学报（社科版）》1988 年第 3 期。

张亚斌、韩淑伟：《中国革命之路的孜孜探求者——杨明斋的最后岁月》，《党史纵横》1997 年第 1 期 。

张静如：《关于马克思主义在中国发展阶段的思考》，《湖湘论坛》1998 年第 1 期。

张俊国：《中国共产党的成立与马克思主义在河南的早期传播》，《洛阳师院学报》2002 年第 1 期。

张德旺：《五四时期马克思主义传播历史特点评议》，《哈尔滨工业大学学报》2003 年第 1 期。

张玉菡：《略谈王尽美出生日期》，《上海党史与党建》2008 年 8 月。

张玉菡：《王尽美研究述评》《北京党史》2008 年第 4 期。

张琳：《马克思主义在中国早期传播的思想土壤——以无政府主义为视角》，《科学社会主义》2009 年第 2 期。

张彦伟：《戴季陶与马克思主义》，《中国图书评论》2009 年第 5 期。

张兆根：《五四运动后至建党前马克思主义大众化进程的历史考察》，《北京科技大学学报（社科版）》2011 年第 1 期。

张文红：《世纪迷茫中的思想求索 马克思主义的早期传播》，《中国社会科学报》2011 年 6 月 30 日。

张悦：《从马克思主义理论传播者视角浅析马克思主义大众化》，《传承》2011 年第 26 期 。

张登德：《〈齐鲁公报〉对辛亥革命后中国政局的关注和评论》，《东岳论丛》2012 年第 5 期。

张钟：《关于中共“一大”代表人数问题的探讨》，《党史研究资料》（2）。

赵郇方等：《论二十年代马克思主义同中国无政府主义思潮的论战》，《东北师大学报》1983 年第 1 期。

赵朴：《中国社会主义青年团第一次全国代表大会及其前后的若干问题（1983 年 11 月 24 日）》，《中国社会主义青年团创建问题论文集》，团中央青运史研究室，1984 年。

赵光明：《教育家王祝晨》，《春秋》1994 年第 4 期 。

曾业英：《民元前后的江亢虎》，《历史研究》1980 年第 6 期。

郑江娥、刘满飞：《留日学生：社会主义思潮传入中国的主媒介》，《零陵师专学报》2001 年第 2 期。

郑匡民：《社会主义讲习会与日本思想的关系》，《社会科学研究》2008 年第 3 期。

志敏：《推荐〈五四运动时期期刊介绍〉》，《读书》1959 年第 4 期。

周养儒：《“一大”前的上海“共产党”》，《党史研究》1980 年第 1 期。

周子信：《上海“马克思主义研究会”》，《史学月刊》1984 年第 2 期。

周子信：《魏嵋父子等人是“山东共产党小组”成员吗？——与余世诚同志商榷》，《党史研究资料》（3）。

周行，田子渝：《马克思主义在武汉地区的早期传播》，《湖北大学学报》2009 年第 6 期。

周骁男、吕国辉：《二十世纪马克思主义在东北的传播》，《吉林工学院学报》2001 年 4 期。周星林：《赵必振：马克思主义中国传播第一人》，《常德晚报》2011 年 7 月 15 日。

朱乔森、黄真：《关于〈庶民的胜利〉的发表和〈Bolshevism 的胜利〉的写作》，《历史研究》1980 年第 4 期。

朱成甲：《“五四”时期马克思主义传播与李大钊历史作用问题的探讨：

兼评石川祯浩《中国共产党成立史》的有关论述》，《中共党史研究》2009年第8期。

庄虔友：《五四时期马克思主义与无政府主义的论战述析》，《理论界》2011年第9期。

禤倩红：《马克思主义在广东的早期传播》，《学术研究》1991年第5期。

祖丽米热·祖农：《评价李大钊对马克思主义中国化的贡献》，《时代报告》2012年第6期。

著作类

A

［美］艾恺：《最后的儒家——梁漱溟与中国现代化的两难》，江苏人民出版社，1995年。

［美］奥格尔斯等著，关世杰等译，《大众传播学：影响研究范式》，北京：中国社会科学出版社，2000年。

B

［日］波多野乾一：《中国共产党的成立》，时事通信社，1961年。

北京图书馆马列著作研究室编：《马克思恩格斯著作中译文综录》，书目文献出版社，1983年。

北京图书馆编：《列宁著作在中国（1919—1922年文献调研报告）》，书目文献出版社，1995年。

《包惠僧回忆录》，人民出版社，1983年。

C

陈锡德：《王尽美》，山东人民出版社，1961年。

陈公博：《共产主义运动在中国》，中国社会科学出版社，1982年。

陈独秀：《独秀文存》，安徽人民出版社，1981年。

陈志让：《军绅政权——近代中国的军阀时期》，广西师范大学出版社，

2008年。

[美] 柯文（Paul A. Cohen）、林同奇译：《在中国发现历史——中国中心观在美国的兴起》，中华书局，1989年。

D

[美] 端纳·克莱恩（Donald·Wklein）、杨云若译编写：《中国共产党人名辞典》，美国哈佛大学出版社，1971年。

David D. Buck，"The Provincial Elites in Shantung during the Republican Period：Their Successes and Failures" Modern China，Vol. 1，No，4（Oct.，1975）

邓中夏：《邓中夏文集》，人民出版社，1983年。

邓剑秋：《马克思主义中国化思想》，人民出版社，2009年。

丁守和：《十月革命对中国革命的影响》，人民出版社，1957年。

丁守和、殷叙彝：《从五四启蒙运动到马克思主义的传播》，三联书店，1963年。

丁惟汾主编《山东革命党史稿后编》（一），台北：山东革命党史编纂委员会，民国60［1971］年。

丁龙嘉、张业赏：《王尽美》，河北人民出版社，1997年。

F

[日] 福井准造：《近世社会主义》，上海广智书店。

费正清等：《剑桥中华民国史》（上卷），中国社会科学出版社，1994年。

G

《国外中国近代史研究》（第3辑），中国社会科学出版社，1982年。

《共产国际、联共（布）与中国革命文献资料选辑（1917—1925）》（2），北京图书馆出版社，1997年。

郭湛波：《近五十年中国思想史》，山东人民出版社，1997年。

郭建宁：《20世纪中国马克思主义哲学》，北京大学出版社，2005年。

H

郝涛：《研究系与五四运动》，硕士论文，吉林大学，2007 年。

胡汶本、田克深编：《五四运动在山东资料选辑》，山东人民出版社，1980 年。

胡绳：《中国共产党七十年》，中共党史出版社，1991 年。

胡绳主编：《从鸦片战争到“五四”运动》，中共党史资料出版社，1991 年。

黄彦编：《孙文选集》（中册），广东人民出版社，2006 年。

《回忆李大钊》，人民出版社，1980 年。

《回忆张太雷》，人民出版社，1984 年。

J

Joseph W. Esherick and Mary Backus Rankin. ed，Chinese Local Elites and Patterns of Dominance，Berkeley ：University of California Press，c1990

江泽民：《论有中国特色社会主义（专题摘编）》，中央文献出版社，2002 年。

季羡林：《病榻杂记》，新世界出版社，2007 年。

L

［唐］李延寿撰：《北史》卷 99，列传第八十七《突厥》；中华书局，1974 年。

［宋］李心传撰：《建炎以来系年要录》卷三十，建炎三年十有二月己丑（是月乙亥朔）。

［清］万鹗撰：《辽史拾遗》卷 15，《志第三十 · 刑法志上》，清光绪元年（1875）江苏书局刻本，一函八册。

李肇年：《邓恩铭同志资料选编》（征求意见稿），1979 年，

李茂政：《大众传播新论》，台北：三民书局，1984 年。

李毅：《中国马克思主义与当代文化保守主义思潮研究》，天津社会科学院出版社，1998 年。

梁漱溟:《东西文化及其哲学》,商务印书馆,1922 年。

梁漱溟:《梁漱溟全集》第1册,山东人民出版社,1989 年。

林茂生:《马克思主义在中国》,书目文献出版社,1984 年。

林代昭、潘国华:《社会主义在中国的传播与实践》,北京大学出版社,1991 年。

《列宁选集》第 2 卷,人民出版社,1995 年。

罗章龙:《椿园载记》,生活、读书、新知三联书店,1984 年。

罗梅君:《政治与科学之间的历史编纂——30 和 40 年代中国马克思主义历史学的形成》,山东教育出版社,1997 年。

罗荣渠主编:《从西化到现代化》,北京大学出版社,1997 年。

《联共(布)、共产国际与中国国民革命运动(1920～1925)》(1),北京图书馆出版社,1997 年。

李军林:《文化的传播与超越:论邓小平对中国传统文化的继承与发展》,湖南人民出版社,2005 年。

李海涛:《王尽美》,《山东革命文化丛书》(第 12 册),中共党史出版社,2005 年。

李方祥:《中国共产党的传统文化观研究》,中共党史出版社,2008 年。

李建柱:《当代中国马克思主义传播主体研究》,山东大学硕士论文,2011 年。

刘峻骥、王立志:《王尽美》,中国少年儿童出版社,1980 年。

刘军宁主编:《北大传统与近代中国自由主义的先声》,中国人事出版社,1998 年。

刘永明:《国民党人与五四运动》,中国社会科学出版社,1990 年。

刘大可:《山东重要历史事件(北洋政府时期)》,山东人民出版社,2004 年。

吕荣斌:《陨星之光:王尽美生平·家事》,济南出版社,1998 年。

吕伟俊等:《山东区域现代化研究(1840～1949)》,齐鲁书社,2002 年。

M

马恩列斯著作编译局研究室编:《五四时期期刊介绍(第一、二集)》,人民出版社,1958 年。

《马克思主义在中国从影响的传入到传播》,清华大学出版社,1983 年。

毛泽东：《毛泽东选集》第 4 卷，人民出版社，1991 年。

毛泽东：《毛泽东文集》第 3 卷，人民出版社，1996 年。

毛泽东：《如何研究中共党史》，1942 年 3 月 20 日，《毛泽东文集》第 2 卷。

马连儒《中国共产党创始录》，中国社会科学出版社，1991 年。

《民国山东通志》，台北：山东文献杂志社，民国 91（2002）年第一册卷六《政党志》。

P

彭继红：《传播与选择——马克思主义中国化的历程（1899 ~ 1921）》，湖南师大出版社，2001 年。

彭鹏：《研究系与五四时期新文化运动》，中山大学出版社，2003 年。

O

欧阳哲主编：《胡适文集》第 3 册，北京大学出版社 1998 年。

Q

瞿秋白：《瞿秋白诗文选》，人民文学出版社，1982 年。

强重华等编：《陈独秀被捕资料汇编》，河南人民出版社，1982 年。

S

《孙中山全集》第 2 卷，中华书局，1982 年。

［日］石川祯浩、袁广泉译：《中国共产党成立史》，中国社会科学出版社，2006 年。

《上海革命史资料与研究（第 7 辑）》，上海世纪出版股份公司、上海古籍出版社，2007 年。

《上海革命史研究资料》，上海三联书店，1991 年。

劭维正：《中国共产党创建史》，解放军出版社，1991 年。

沙健孙：《中国共产党的创建》，湖南教育出版社，1991 年。

《山东革命历史档案资料选编》（第一辑），山东人民出版社，1981 年。

《山东工人运动史》，山东人民出版社，1988 年。

T

唐宝林：《马克思主义在中国 100 年》，安徽人民出版社，1998 年。

唐宝林主编：《陈独秀与共产国际》，香港新苗出版社，2000 年。

唐宝林、陈铁健：《陈独秀与瞿秋白》，团结出版社出版，2008 年。

田子渝等：《马克思主义在中国初期传播史》，学习出版社，2012 年。

汤庭芬：《无政府主义思潮史话》，社科文献出版社，2011 年。

W

吴拯寰编：《中山全书》，上海三良图书公司，1925 年。

吴家林、谢荫明：《北京党组织的创建活动》，中国人民大学出版社，1991 年。

［美］韦慕庭编、中国社科院近代史研究所翻译室译：《共产主义运动在中国》，中国社会科学出版社，1982 年。

王力：《古代汉语》，中华书局，1999 年。

王洁：《李大钊北京十年》，中央编译出版社北京图书发行部，2010 年。

汪青松：《马克思主义中国化与中国化的马克思主义》中国社会科学出版社，2004 年。

汪晖：《文化与政治的变奏：战争、革命与 1910 年代的思想战》，童世骏：《西学在中国：五四运动 90 周年的思考》，北京三联书店，2010 年。

魏胤亭、杨东：《马克思主义中国化的内在逻辑》，天津人民出版社，2007 年。

《伟大的开端》，中国社会科学出版社，1983 年。

王跃、高力克编：《五四：文化的阐释与评价——西方学者论五四》，山西人民出版社，1989 年。

王统照遗稿、王立诚整理：《民国十年日记（第一部）》，《潍坊学院学报》2004 年第 1 期。

王统照遗稿、王立诚整理：《民国十年日记（第二部）》，《潍坊学院学报》2005 年第 1 期。

《五四时期期刊介绍》第1集（上），三联书店，1979年。
《五四爱国运动档案资料》，中国社会科学出版社，1980年。
《五四运动史》，人民出版社，1984年。
《五四运动前马克思主义在中国的介绍与传播》，湖南人民出版社，1986年。
《五四时期思想史论》，复旦大学出版社，1990年。

X

［南宋］徐梦莘：《三朝北盟会编》卷132 。
《现代汉语词典》（修订本），商务印书馆，1996年。
西安师专马列主义教研室、西北大学政治理论系党史教研室合编：《中共“一大”资料汇编》（内部使用），出版社及出版日期无（据“前言”，约在1979年12月）。
许纪霖主编：《公共空间中的知识分子》，江苏人民出版社，2007年。

Y

杨云若编：《共产国际和中国革命关系纪事》，中国社会科学出版社，1983年。
杨明斋：《评中西文化观》，上海书店，1991年。
《“一大”前后（一）》，人民出版社，1980年。
余世诚、刘明义：《中共山东地方组织创建史》，石油大学出版社，1996年。
余世诚、张升善编：《杨明斋》，中共党史资料出版社，1988年。
俞可平等：《马克思主义中国化与中国共产党90年》，重庆出版社，2012年。

S

《山东革命历史档案资料选编（第一辑1923～1928）》，山东人民出版社，1981年。
山东省政协文史资料委员会编《文史资料选辑》第12辑，山东人民出版社，1981 年。

山东省政协文史委编：《文史资料选辑》（第一辑），山东人民出版社，1982 年，共 245 页，内部发行。

山东省地方史志编纂委员会办公室编《山东省图书馆馆藏山东地方史志文献选目》，山东省图书馆，1983 年。

《山东出版志资料》第 1 辑，山东人民出版社，1984 年。

山东省政协文史资料委员会编《山东文史资料选辑第 31 辑 · 辛亥革命在山东》，山东人民出版社，1991 年。

邵维正：《中国共产党创建史》，解放军出版社，1991 年。

[日] 石川祯浩、袁广泉译：《中国共产党成立史》，中国社会科学出版社，2006 年。

苏慧廉 [英] 著、关志远等译：《李提摩太在中国》，广西师范大学出版社，2007 年。

苏联科学院远东研究所等编、张静等译：《中国革命与苏联顾问》，中国社会科学出版社，1981 年。

《俄共（布）、共产国际与中国国民革命运动》（第一卷）：Steve A. Smith, A Road is Made: Communism in Shanghai 1920 ~ 1927, Richmond, 2000。

T

[元] 托克托等修：《宋史》，中华书局。

田子渝等：《马克思主义在中国初期传播史》，学习出版社，2012 年。

唐宝林：《马克思主义在中国 100 年》，安徽人民出版社，2009 年。

唐文权、桑兵：《戴季陶集（1909 ~ 1920）》，华中师范大学出版社，1990 年。

Z

郑贞铭：《新闻学与大众传播学》，台北：三民书局，1978 年。

《中国现代思想史资料简编》第 2 卷，浙江人民出版社，1982 年。

中共中央党校科研办公室：《社会主义思想在中国的传播（资料选辑）》（共 6 册），1985 年、1987 年版。

《中共中央文件选集》第 11 册，中共中央党校出版社，1989 年。

中共山东省委组织部、中共山东省委党史资料征集研究委员会、山东省档案馆编：《中国共产党山东省组织史资料（1921～1987）》，中共党史出版社，1991年。

周子东等编著：《民主革命时期马克思在上海的传播》，上海社会科学院出版社，1994年。

钟家栋、王世根编著：《20世纪：马克思主义在中国》，上海人民出版社，1998年。

张静如：《中国共产党的创立》，河北人民出版社，1981年。

张国焘：《我的回忆》（根据现代史料编刊社1989年版重印），东方出版社，1998年。

周光训等：《马克思主义中国化：历程、经验与启示》，中国社会科学出版社，2012年。

中央党史研究室：《中国共产党历史》（第一卷上册），中共党史出版社，2011年。

中国人民解放军政治学院党史教研室编：《中共党史参考资料》（第二册），出版社及出版日期不详。

《中共中央文件选集》（第一册），中共中央党校出版社，1982年。

《中国共产党第一次代表大会档案资料》（增订本），人民出版社，1984年。

中共中央党史研究室第一研究部：《联共（布）、共产国际与中国国民革命运动（1920～1925）》第一卷，《共产国际、联共（布）与中国革命文献资料选辑（1917—1925）》第二卷，北京图书馆出版社，1997年。

《马克思恩格斯著作在中国的传播》，人民出版社，1983年。

《中国马克思主义哲学传播史》，中国人民大学出版社，1988年。

《马克思主义哲学在中国》，上海人民出版社，1991年。

《马克思主义史学在中国》，山东人民出版社，1992年。

《中国近代社会思潮》第二卷，湖南教育出版社，1998年。

中国革命博物馆党史研究室编：《党史研究资料（1）》，四川人民出版社，1980年。

中国革命博物馆党史研究室编：《党史研究资料》（3），四川人民出版社，1982年。

《中国共产党历史》，中共党史出版社，2002年。

中国社会科学院现代史研究室、中国革命博物馆党史研究室编：《“一

大”前后》（一）（二）（三），人民出版社 1980～1984 年版

《现代汉语词典》（修订本），商务印书馆，1999 年 10 月。

中央档案馆编：《中共中央文件选集一（1921～1925）》，中央党校出版社，1989 年。

中共中央党史资料征集委员会编：《共产主义小组》（下），中共党史资料出版社，1987 年。

中国社会科学院近代史研究所编：《五四运动回忆录》下册，中国社会科学出版社，1979 年。

中共诸城县委、山东大学历史系编：《王尽美传》，山东人民出版社，1981 年。

中共中央党史研究室：《中国共产党历史大事记》，人民出版社，1991 年。

周策纵：《五四运动史》，岳麓书社，1999 年。

中华全国铁路总工会：《革命战士集》（第 1 册），中共“一大”会址纪念馆藏本。

中共山东省委党史研究室、中共诸城市委合编：《王尽美传》，红旗报社，1998 年。

《中华民国内务部档案汇编》第六册，凤凰出版社（原江苏古籍出版社），1991 年。

《战斗的足迹：北大地下党有关史料选编》，北京大学出版社，2001 年。

报纸类（早期）

C

陈独秀：《此时中国劳动运动底意思》，《劳动界》第 4 册，1920 年 9 月 5 日。

存统：《“工读互助团”底试验和教训》，《星期评论》第 48 号（劳动纪念号），1920 年 5 月 1 日。

D

大我：《新社会之理论》，《浙江潮》1903 年 8 期。

戴季陶：《从经济上观察中国的乱源》，《建设》第 1 卷第 1 号，1919 年 9 月 1 日。

戴季陶：《劳动运动的发生及其归趣》，《星期评论》第 41 号，1920 年 3 月 14 日。

戴季陶：《我对于工读互助团的一考察》，《星期评论》第 42 号，1920 年 3 月 21 日。

戴季陶：《关于劳动问题的杂感》，《星期评论》第 48 号，1920 年 5 月 1 日。

戴季陶：《文化运动与劳动运动》，《星期评论》第 48 号，1920 年 5 月 1 日。

F

（傅）孟真《济南一瞥记》，《晨报》1919 年 12 月 23 日。

G

《广州民国日报》1924 年 1 月 7 日。

孤桐：《原化》，《甲寅周刊》第 1 卷第 12 号。

H

胡适：《多研究些问题，少谈些"主义"》（一九一九年七月），原载《每周评论》第 31 号，1919 年 7 月 20 日。

胡汉民：《唯物史观批评之批评》，《建设》1920 年第 1 期。

《会务报告》，《励新》第 1 卷第 1 期，1920 年 12 月 15 日出版。

J

《济南特约通信·山东的文化运动》，《晨报》1919 年 12 月 28 日。

L

李大钊：《国情》，《甲寅》第 1 卷第 4 号，1914 年 11 月 10 日。

李大钊：《法俄革命之比较观》，《言治》季刊 1918 年 7 月 1 日。

李提摩太翻译、蔡尔康笔述：《大同学》，《万国公报》1899 年第 121 卷。

李维汉：《评介〈评中西文化观〉》，《新民周报》1924 年 9 月 4 日。

李猛：《从“士绅”到“地方精英”》，《中国书评》1995 年 5 月。

梁启超：《干涉与放任》，《新民丛报》第 17 号，1902 年 10 月 2 日。

梁启超：《进化论革命者颉德之学说》，《新民丛报》第 18 号，1902 年 10 月 16 日。

梁启超：《二十世纪之巨灵托拉斯》，《新民丛报》第 42 号、43 号合期，1903 年。

廖仲恺选译、美国柏律氏著：《社会主义史大纲》，《民报》第 7 号，1906 年 9 月。

《励新》半月刊第 1 卷第 1 期，1920 年 12 月 15 号。

《励新》半月刊第 2 期，1921 年 1 月 1 日。

《励新》半月刊第 5 期，1921 年 4 月 15 日。

《励新学会会员通信处一览》，《励新》半月刊第 2 期，1921 年 1 月 1 日。

M

马君武：《社会主义与进化论比较——附社会党巨子所著书记》，《译书汇编》第 2 卷第 11 期，1903 年 2 月 16 日。

“民鸣”翻译，《天义报》第 15 期，1908 年。

N

《努力周报》第十号，1922 年 7 月 9 日。

R

《任静致代英》，1920 年 12 月 2 日，《新青年》第 9 卷第 3 号，1921 年 3 月。

S

《山东社会教育观》，上海《时报》1917 年 6 月 28 日。

《山东安福部之捣乱与被捣》，《晨报》1919 年 7 月 25 日。

《山东新文化与齐鲁书社》，《晨报》1920 年 10 月 7 日。

《山东地方报告》，《中国共产党党报》1924 年 6 月 1 日。

《山东枪决大批红匪》，《申报》民国二十年（1931）4 月 8 日。

宋介：《两周中之山东》，《曙光》第二卷第三期，1921 年 6 月出版。

W

《我们为什么要发行这种半月刊》，《励新》第一卷第一期，1920 年 12 月 15 日出版。

外国语学社：《民国日报·招生广告》，《民国日报》1920 年 9 月 30 日。

X

徐彦之：《济南两周见闻记》，《晨报》1920 年 1 月 23 日。

徐彦之：《济南十日见闻记》（二），《晨报》1920 年 12 月 12 日。

徐彦之：《济南两周见闻记》（二），《晨报》1920 年 1 月 24 日。

徐彦之：《济南两周见闻记》（四）续，《晨报》1920 年 2 月 1 日。

《新潮杂志社启事》，《北京大学日刊》1918 年 12 月 13 日。

《新青年·齐鲁书社广告》，《新青年》第 8 卷第 2 期，1920 年 10 月 1 日。

Y

（于）守璐：《答胡梦华君——关于“蕙的风”的批评》，《学灯》1922 年 12 月 29 日。

《于守璐致剑三》，《晨报》1924 年（民国 13 年）9 月 21 日。

严既澄：《评〈东西文化及其哲学〉》，《民铎》第 3 卷第 3 号。

Z

震述：《经济革命与女子革命》，《天义报》第13期、14期，1907年12月30日。

知非：《问题与主义》，《每周评论》第33号，1919年8月3日。

《最近三世纪大势变迁史》，《浙江潮》1903年第6期。

《中国共产党征集党员启事》，《民权报》1912年3月31日。

《中国共产党的政治纲领》，《盛京时报》1912年4月28日。

网络资料类

G

高金山：《李大钊社会主义思想的演变与建立中国共产党的实践》，引自：http：//blog. 163. com/tsgjs@ 126/blog/static/12062712820098113133126/，2013—3—8。

“广州市地方志”：http：//www. gzsdfz. org. cn/rsgz/lsmr/200804/t20080402_1884. htm ，2013—3—7。

“国学大师傅斯年”：http：//www. guoxue. com/master/fusinian/fusinian. htm ，2013—2—17。

H

“华文库”：http：//www. huawenku. cn/html/baokandieshi/zhimingbaoren/，2012—9—7。

K

“昆明党史网”：http：//kmds. km. gov. cn/dsbl/dsrw/rst/2622334185355A6JG909F76G9415A6JG909F76G941. shtml，2013—2—28。

L

刘子久：《二十年代的济南工人运动》，济南文史网：http：//www. jnzx. gov. cn：8080/Html/69632006515164107—1. Html ，2013—2—21。

M

明少华：《明少华委员的书面发言》，引自 http：//blog. sina. com. cn/s/blog_ 53fe7c380100kanp. htm，2012—7—19。

S

“上海地方志办公室·上海市地情资料库”：http：//www. shtong. gov. cn/node2/node4429/node4432/node70711/node70715/node70723/userobject1ai53943. html，2013—3—8。

“上海市地方志办公室·人物述林”：http：//www. shtong. gov. cn/node2/node4429/node4432/node70711/node70715/node70723/userobject1ai53972. html，2013—3—8。

邵维正：《创新的理论 不变的忠诚》，“中国青年网”：http：//www. youth. cn ，2011—7—6。

W

王笑荣、李东平：《近代济南报刊的发展与变迁》，“济南文史网”：http：//www. jnzx. gov. cn：8080/Html/87982006515170907—1. Html，2013—2—17。

“潍坊市档案信息网”：http：//da. weifang. gov. cn/indexFront. do?actionMethod = getDictateModelItemize&id = 1342750663755，2013—4—9。

“潍坊市情网”：http：//www. wfsq. gov. cn/2009/0209/702. html，2013—4—9。

《五四爱国运动档案资料》，引自：http：//news. sina. com. cn/c/2009—04—22/104517663491. shtml ，2012—11—27。

Z

中国社会科学网：http：//www. cssn. cn/news/355244. htm，2012—6—30。

http：//digitalmuseum. zju. edu. cn/front. do？ methede = showTheme&oid = 8a8691a628f75705012916f4e0ef5a34&schoolid = 54，2012—7—2。

张忠耀：《中央编译局图书馆馆藏早期（1949 年以前）马克思主义文献情况概述（一）》，2012—7—24 引自：http：//www. cctb. net/wxzl/tsgc/201012/t20101228_ 25351. jsp 据其介绍，上述 29 种文献实际能够确定的共有 27 种，其中中央编译局图书馆藏有 17 种。

档案类

B

鲍贵卿电（1 月 27 日）；《五四爱国运动档案资料》，中国社科院出版社，1980 年。

C

《程总长照会京师警察厅密令一九二四年第一百五十一号》，《中华民国内务部档案汇编》第六册，凤凰出版社（原江苏古籍出版社），1991 年。

D

《调查表·中华共产党部·王篠锦》，影印件。

《调查表·中华共产党部·王居一》，影印件。

《调查表·中华共产党部·王福源》，影印件。

《调查表·中华共产党部·王尽美》，影印件。

《调查表·中华共产党部·邓又铭》，影印件。

《调查表·中华共产党部·张国焘》，影印件。

《调查表·中华共产党部·张伯亚》，影印件。

《邓恩铭关于青岛工运工作等问题致刘仁静的信》，《山东革命历史档案资料选编》（第一辑），山东人民出版社，1981 年。

邓恩铭：《给父亲的信（1922 年 4 月 6 日）》，《邓恩铭同志资料选编》（征求意见稿）。

G

关谦：《关于北京社会主义青年团活动情形致王怀庆报告（1921 年 3 月 17 日）》，引自《北洋政府步军统领衙门档案》。

《北京社会主义青年团致国际少年共产党大会书（1921 年 3 月）》，同上引。

《关于北京社会主义青年团第四次大会情形报告（1921 年 4 月 2 日）》，同上引。

《关于北京社会主义青年团筹备“五一”活动等事项报告（1921 年 4 月 8 日）》，同上引。

《关于北京社会主义青年团第五次大会情形报告（1921 年 4 月 25 日）》，同上引。

《关谦关于北京社会主义青年团第四次大会情况报告》，《北洋政府步军统领衙门档案》，原载《青运史资料与研究》第一集。

贵州省博物馆：《邓恩铭事迹访问调查报告》（1964 年 1 月），《邓恩铭同志资料选编》（征求意见稿），1979 年 5 月。

贵州黔南自治州文化局：《中国共产党第一次全国代表大会代表邓恩铭烈士故居调查报告》（1978 年 12 月 7 日），《邓恩铭同志资料选编》（征求意见稿）。

国务院密电（2 月 5 日），北洋政府内务部档案；引自《五四爱国运动档案资料》，中国社科院出版社，1980 年。

国务院密电（3 月 18 日），北洋政府内务部档案；引自《五四爱国运动档案资料》，中国社科院出版社，1980 年。

J

《济南地区团员调查表（1923 年 12 月 15 日）》，《山东革命历史档案资料选编（第一辑 1923 ~ 1928）》，第 9 页。

L

卢永祥复电（1920年3月13日），《五四爱国运动档案资料》，中国社科院出版社，1980年。

M

毛泽东：《中共八大代表登记表》，中央档案馆影印件。

Q

《青岛地方团员调查表（1923年11月19日）》，《山东革命历史档案资料选编（第一辑1923～1928）》，第7页。

S

《山东省委党史研究室库存档案·初期》归档号2，卷号4，件号6，《余世诚和周子信同志回忆关于山东共产主义小组的若干问题辩误（1981年7月）》。

山东省档案，“省校，全宗号3，目录号1，卷号207，顺序号16，《党成立前后山东地区的一些情况》”。

山东省公安厅档案：2—210—84—3，《王天生供词》。

W

王兴文密电（1月23日），北洋政府督办边防事务处档案；《五四爱国运动档案资料》，中国社科院出版社，1980年。

《王复元关于济南地方团工作情况致存统信（一九二二年十二月二十日）》，《山东革命历史文件汇集（甲种本第一集一九二二—一九二五年）》，济南二中校办印刷厂，1994年。

Z

《张国焘的供词》，《历史档案》1981 年 2 期。

《中共中央组织部关于重新确定周恩来同志入党时间的报告》，《觉悟》2009 年第 1 期。

回忆录类

B

包惠僧：《关于广东党组织历史情况的回忆（1961 年 1 月 29 日）》，原件存广州市民政局。

包惠僧：《回忆武汉共产主义小组》，原载中国革命博物馆党史研究室编《党史研究资料》1979 年第 9 期。

C

曹靖华：《曹靖华访问记》，《新文学史料》1986 年第 1 期。

陈潭秋：《回忆党的“一大”》，原刊于《共产国际》1936 年 7 月，选自《百科知识》1979 年第 2 期。

陈为人的相关资料，参看《山东党史资料》1986 年第 1 期。

陈绍康、朱少伟：《我党最早的通讯社》，《新闻记者》1984 年第 4 期。

D

丁君羊：《回忆山东党的早期情况》，摘自丁君羊 1965 年 10 月 26 日写给潍坊市委的材料，原件存潍坊市档案馆。参看中共中央党史资料征集委员会编：《共产主义小组》（下），中共党史资料出版社，1987 年。

董必武：《创建中国共产党——与海林·福斯特·斯诺的谈话》，节自海林·福斯特·斯诺著《中国共产党人传记》，根据美国格润乌德出版公司一九七二年版译出，引自《中共“一大”资料汇编》。

段子涵：《“七一”回忆录（1962 年 7 月 12 日）》，《山东党史资料》

1982 年增刊。

F

范予遂：《辛亥革命对我的影响》，《文史资料选辑》第 12 辑，山东人民出版社，1981 年。

冯晓蔚：《为中国共产党建立作出特殊贡献的人》，《四川统一战线》2011 年第 11 期 。

H

何连甲：《杨明斋老师音容宛在》，《支部生活》1984 年第 7 期。

黄秀珍：《从“五四”到山东党组织的成立》，《山东省党史资料（创刊号）》1963 年。

黄秀珍：《八一年七月材料读后补充意见（1981 年 10 月 29 日）》；中共山东省委党史研究室资料室存档文件。

黄秀珍：《我的父亲和山东建党、建团活动》，王来棣：《中共创始人访谈录》，明镜出版社，2008 年。参看山东省档案，“省校，全宗号 3，目录号 1，卷号 207，顺序号 16，《党成立前后山东地区的一些情况》”。

J

贾石亭：《贾石亭给中国近代史研究所现代史组的信（1957 年 5 月 4 日）》，《山东党史资料》1963 年创刊号。

K

蒯树基《和王尽美同志在一起的时候》，政协山东省济南市委员会文史资料研究委员会编《济南文史资料选辑》第 2 辑，1983 年。

《康生为何急于签署处决卢福坦的命令》，《党史文苑》2007 年第 9 期。

L

李平年：《短暂而光辉的一生——纪念王尽美同志诞辰 80 周年》，《光明日报》1978 年 6 月 9 日。

刘仁静:《访问刘仁静的报告 (1957.4.22)》,《中共“一大”资料汇编》,第 140 页。

刘仁静:《访问刘亦宇谈话录 (1979 年 5 月 7 日于北京)》,《中共“一大”资料汇编》,第 144 页。

刘仁静:《回忆“五四”运动、北京马克思主义研究会和党的“一大”(1957 年 4 月)》,《“一大”前后 (二)》,人民出版社,1980 年。

鲁蒴、齐戈:《我党早期著名活动家研杨明斋》,《支部生活》1984 年第 4 期。

罗章龙:《我对山东建党初期情况的回忆 (1981 年)》,摘自《济南工运史料》第 2 辑,1983 年。参看中共中央党史资料征集委员会编:《共产主义小组》(下),中共党史资料出版社,1987 年。

罗章龙:《回忆王尽美光辉的一生》,中共诸城县委、山大历史系合编:《王尽美传》,山东人民出版社,1981 年。

罗征敬:《共产主义事业的先驱者——纪念中国社会主义青年团创建人俞秀松烈士》,《人民日报》1983 年 8 月 16 日。

M

马林:《给国际执委的报告 (1922 年 7 月 11 日)》,摘自刘堃译、李相崇校的打印材料,引自《中共“一大”资料汇编》。

马保三:《山东党组织的发端》,《山东党史资料》1963 年创刊号,第 1 ~ 2 页。

马克先:《关于吴容沧》,此件为济南市总工会采访马克先之后马克先本人的笔复件。参看《山东党史资料》1982 年第 3 期,《山东党史资料》1986 年第 1 期。

马克先口述、董天佳整理:《济南建党后初期活动片断》,《山东党史资料》1982 年第 3 期。

马馥塘:《党成立前后山东地区的一些情况 (1957 年)》,摘自 [美] 王来棣采访稿,1980 年 4 月经本人审阅修改,引自中共中央党史资料征集委员会编:《共产主义小组》(下),中共党史资料出版社,1987 年 9 月。

毛泽东:《毛泽东与埃德加·斯诺的谈话 (1936 年)》,摘自埃德加·斯诺《西行漫记》。

侯志：《大革命时期情况回忆（1981 年 4 月）》，摘自武华、刘明义根据 1981 年 4 月 13 日、15 日的谈话记录整理，经本人审定。参看中共中央党史资料征集委员会编：《共产主义小组》（下），中共党史资料出版社，1987 年。

N

倪兴祥：《建党初期陈独秀在上海两次被捕始末》，《上海地区建党活动研究资料》，上海一大会址纪念馆编。

S

《山东最早的布尔什维克》，《大众日报》1984 年 5 月 25 日。

宋敏之：《对杨明斋同志历史情况的一点补充》，《党史通讯》1984 年第 8 期。

隋灵璧：《回忆王乐平》，五莲县政协文史资料委员会编《五莲文史资料》第 3 辑，1992 年。

W

王云生口述：《一九二一年至一九三三年山东党的活动片断情况》，《山东省志资料》1961 年第 3 期。

《王乐平先生公葬记》，《山东文献》第八卷第二期，民国七十一年（1982）九月出版。

王翔千：《山东共产党的发端（1951 年）》，摘自《山东党史资料》（增刊）1982 年 3 月。

王翔：履历表，《山东党史资料》1983 年第 2 期。

王用章：《王用章的笔供（1953 年）》，原件存山东省公安厅；摘自《山东党史资料》1983 年第 2 期。

王纯嘏（景鲁）：《回忆励新学会》，《山东党史资料》1983 年第 2 期。

王蔚明口述、女儿王永宁笔录：《给山东省党史资料征委会的信（1984 年 5 月）》，中共山东省委党史研究室资料室存档件。

王文博译：《马林给（共产国际）执行局的报告（摘译）》，译自中国革命博物馆藏荷兰文影印件，原载于中国革命博物馆党史研究室编《党史研究资料》1979 年第 12 期；参看中国革命博物馆党史研究室编《党史研究资料(2)》，四川人民出版社，1981 年 9 月。

《王哲同志谈王乐平情况（1985 年 6 月 18 日）》，已经王哲本人审阅，引自《山东党史资料》1986 年第 1 期。参看中共山东省委党史研究室存档文献资料，共 2 页。

《父亲王翔千》，《潍坊学院校报》2009 年 12 月 4 日第 5 版。

王立哉：《九十忆往（四）》，《山东文献》第 11 卷第 4 期，1986 年 3 月 20 日。

王迪先：《关于外国语学社和赴俄学习的几个问题》，《党史研究资料》1985 年第 1 期。

《王乐平：小地主家庭走出的大革命家》，《齐鲁周刊》2012 年 8 月 27 日。

吴晓：《杨明斋为陈独秀鸣不平》，《炎黄春秋》2005 年第 3 期。

《五四时期的王乐平》，《五莲》，山东省出版总社潍坊分社，1988 年。

X

徐燕、韦人：《我党早期的外语学校》，《历史知识》1984 年第 2 期。

Y

杨一辰：《回忆王尽美同志事迹片断》（1975 年 12 月 31 日），《党史研究资料》1981 年第 6 期、第 7 期。

叶累、丘作健：《外国语学社》，《党史资料丛刊》1980 年第 1 辑。

于佩文：《马克思学说研究会成立前后》，《山东党史资料》1982 年增刊。

俞乐滨：《建党前后的俞秀松》，《上海地区建党活动研究资料》，上海一大会址纪念馆编。

俞乐滨：《上海社会主义青年团的创建及其活动》，上海《社联通讯》1984 年第 7 期。

《一座县立中学的百年记忆》，《大众日报》2012 年 3 月 6 日。

Z

张申府：《建党初期的一些情况（1979 年 9 月 17 日）》，《“一大”前后（二）》，人民出版社，1980 年 8 月。

郑超麟：《记尹宽》，1990 年手稿。

周佛海：《扶桑籍影溯当年》，《往矣集》1943 年初版，1944 年增订八版，引自《中共“一大”资料汇编》，第 169～170 页。

周佛海：《回忆中国共产党的成立（1942 年 1 月）》，《往矣集》，上海平报社，1942 年 1 月。

朱务善：《回忆北大马克斯学说研究会（1960 年 6 月 20 日）》，《“一大”前后（二）》，人民出版社，1980 年 8 月。

中共平度县委党史办公室：《调查杨明斋身世的做法和体会》，《山东党史工作》1983 年第 8 期。

中共平度县委党史办：《我们是怎样查找杨明斋的》，《山东党史工作》1983 年第 8 期。

索　引

后　记

2011年秋，我重新走进山东大学校园，开始了在马克思主义理论博士后流动站的科研学习。导师周向军教授在繁忙的院长行政事务和学术研究中，给予了悉心指导与无私帮助。他在治学上精益求精、教学上诲人不倦、生活上呵护备至的奉献育人精神，将成为指引我在无涯学海里求知修德的一盏航灯。

2000—2006年在山大攻读历史学硕士、博士学位期间，我从事学术研究的起点是中国古代史，研究方向为古代经济思想文化。硕士论文主要考察了宋真宗的封禅及其他，当时认为宋真宗之所以封禅和神道设教，自有其帝王深意（提升皇权威严）。倡树这种所谓“皇家宗教信仰”或者“主流意识形态”，无疑是基于现实经济基础和政治社会需要而人为设计，隐于其后的社会效果绝非“闹剧”二字足以形容。古谓之“祭如在，祭神如神在”，今天概括为“认认真真走形式、扎扎实实走过场”，其意一也。博士论文则走了“群众路线”，研究视角自上而下，关注起社会中下层民众的精神信仰生活，重点考察了源起和盛行于东南沿海地区并传播至北方黄渤海一带的妈祖（天妃）信仰，在耗时一年半查阅了目前所能见到的全部山东地方志书的基础上，梳理出了北方沿海渔民及运河沿岸部分信众顶礼膜拜的海神信仰在北方传播的轨迹图亦即航运经济带。这些研究，从某种意义上讲，梳理的是本土（民族）信仰的大众化。

马克思主义的中国化、大众化，似乎可以简单理解为外来信仰（非民族）的本土化。地方党史研究的着力点，则是对马克思主义中国化、大众化的具体阐释与个案注解。真正从事地方党史研究，严格算起应该始于2007年调入滨州市党史研究室工作。常委部长代表组织与我谈话时表示：希望我去协助筹建滨州市百项重点工程之一的渤海革命老区纪念园，同时开展渤海区革命与建设史的研究。五年光阴白驹过隙，渤海革命老区纪念园早已建成开放，当年的激情也渐行渐远。回首来看，我对于山东渤海区革命史的研究既谈不上深入，也不够系统，一直好像在蜻蜓点水而未能钻研下去。对于马克思主义如何在当地展开传播，只知其然而不知其所以然。入站之后，导师在指导我选题时，建议结合工作实践，系统地梳理一下马克思主义在山东早期传播情况。这让我的思路为之豁然开朗。我决心利用自己较熟悉地方党史资料的优势，以此为研究对象，迅速进入了资料搜集、整理、使用阶段。形成初稿之后，导师又提出了许多具体修改意见和指导要求。几番紧张修改之后，导师同意并指示尽快完成正文之外的其他工作，“后记”便是在斯时定稿。完稿在即，既有如释重负的身心愉悦，又有人世沧桑的悲怆感慨。

这两年，我相继失去了多位亲人。失怙之痛，让我倍感生命不能承受之轻。一向要强的我，也学会了示弱，更懂得了感恩。在人生、事业、家庭最困窘的关键阶段，我由衷地感谢导师、领导和同志们对我的宽容与鼓励、理解与支持。爱我者我恒爱之，责我者我坦承之。名字恕不一一列举，谢意自在心中流淌。

坦率地讲，无论工作还是学习，我都习惯于不遗余力去做。这是因为一方面自知天分不高，另一方面也深知自己一点一滴的进步都负载着师长亲朋的期望与信任。但是，由于学识能力有限，对照这些期望与信任，我深知自己还有很大的差距，而且有些差距还不是在短时间内能够弥补和缩短的。这让我感到无言以对的惭愧与默然，却也激发了我继续努力的口实与动力。

饮水思源。借此机会，也向我的硕士生、博士生导师王育济教授，以及历史文化学院的路遥、晁中辰、陈尚胜、张熙惟、姜生、王晓毅、谭世宝、王长青等先生表示感谢。张老师和晁老师一直对我格外关照，王老师更是我的恩师。再次感谢澳门学者黄晓峰、刘月莲博士曾经给予我的学术支持与慷慨帮助。还要特别感谢流动站盛强、齐子萍等老师，以及博士后管理办公室毕于沛老师，他们为我在站工作、学习提供了大量的无微不至的帮助。

最后，感谢我的家人无怨无悔地默默支持我。在我“自讨苦吃”恰又祸不单行的两年间，我深深体会到亲人之间相濡以沫的亲情和家庭的温暖。如果没有以上这些呵护与支持，我原本孱弱的“学术生命”根本不可能顽强地延续到现在。

2013 年 12 月 20 日子夜

鸣　谢

在本书即将付梓之际，我想首先应该感谢这样一个群体：匿名的评审专家。正是得益于这些素昧平生、默默奉献的先生，才有了本书的入选和出版。2015 年 7 月，我获悉了中国社会科学院与全国博士后管理委员会第四批《中国社会科学博士后文库》评审会评审专家的入选意见："虽有争议，但是是几本马克思主义里写得较好的。"

2017 年 4 月，我接到具体负责出版事宜的方志出版社责任编辑齐笑女士寄来的样稿和国家新闻出版广电总局同意出版的函（出版管字〔2017〕703 号）、中央党史研究室专家们的终审意见书（科审字〔2017〕第 50 号）："专家认为，书稿对马克思主义在山东早期传播的基本情况进行了专题研究，未见导向和史实方面的重大问题。个别表述不够准确，可作适当修改。"而其中一份审读意见则在第一段最后一句，对书稿做出了较高评价："……可以说这是一部有关这个问题研究成果的集大成的著作。"专家们的这些意见建议，坦率中肯，针对性强，甚至还指出了一些错别字，这让我是既惭愧又感动。

所以，我决定在本书最后，以此形式并借此机会，向所有曾经关心、支持和批评过本书的上述诸位先生，以及齐笑女士等，致以最衷心的感谢！

其次，要感谢我的博士后合作导师、山东大学马克思主义学院原院长周向军教授和我的博士生导师、山东大学历史文化学院原院长王育济教授。周老师多次肯定了书稿（博士后出站报告）的史料扎实等，而王老师的严厉教诲则使我受益终生并始终是引领我在学术殿堂里前行的"导航仪"。我可以用一句话来概括：没有他们的指导、帮助和支持，就没有本书。

此外，还要特别感谢中国社科院副院长张江先生为本书作序。感谢省委党史研究室室主任赵国卿同志，曾多次协调有关单位为我们开展科研工作提供便利。感谢原主任常连霆同志，支持我查阅了室藏有关档案卷宗。为准确把握马克思主义在山东传播的基本态势，我还多次向省社科联原巡视员包心鉴先生进行请教，受益匪浅。省社科院历史研究所原所长刘大可先生曾建议将第五章题目改为“马克思主义是怎样生根山东的”，这一顶层建议启发并促使我进一步思考而形成了现在的题目：《马克思主义是怎样生根中国的——马克思主义在山东早期传播研究》。其他领导和同事们、学友们，也在工作、学习上给了我许多关怀、帮助和支持，在此一并表示感谢！

最后，要感谢家人对我的理解和支持，特别是我们的父母。我的父亲于2012年正月初十病逝，这是我不惑之年所遭受到的最大打击。如果他九泉有知，应在继续以我为傲。

想说的话很多，又不知从何说起，索性少说或者不说。我无力改变现状。能做的，唯有加倍努力工作学习，坦然迎接无愧于今天的明天。

2017年4月12日